Moritz Grafen

Theoretisch Praktische Einleitung in die Taktik durch historische Beispiele

Zweiter Band

Moritz Grafen

Theoretisch Praktische Einleitung in die Taktik durch historische Beispiele
Zweiter Band

ISBN/EAN: 9783741174360

Hergestellt in Europa, USA, Kanada, Australien, Japan

Cover: Foto ©Thomas Meinert / pixelio.de

Manufactured and distributed by brebook publishing software (www.brebook.com)

Moritz Grafen

Theoretisch Praktische Einleitung in die Taktik durch historische Beispiele

Theoretisch-praktische
Einleitung
in die
Taktik
durch historische Beyspiele erläutert.
Aus dem Französischen
des Hrn. Joly von Maizeroy
übersetzt
von
Moritz Grafen von Brühl,
Obristen der Königlich-Französischen Infanterie
und Obristwachtmeister des Regiments Elsaß.
Mit Kupfern.
Zweyter Band.

Straßburg
Verlegt von Bauer und Compagnie.
1772.
Mit Erlaubniß der Obern.

Vorbericht
des
Uebersetzers.

Dieser zweyte Band meiner Uebersetzung hat ein näheres Recht auf die Nachsicht der Leser als der erste, weil sie größtentheils in einem Lande gemacht worden, das von allen Hülfsmitteln entblöst ist. Nichts als die Begierde mein Versprechen zu halten, und den deutschen Leser so bald möglich in den Stand zu setzen, das ganze Lehrgebäude des Hrn. von Maizeroy zu übersehen, hat mich abhalten können, diese Arbeit bis auf eine günstigere Zeit zu verschieben. Der gegenwärtige Band ist mit zwey ganzen

Hauptstücken, und zween neuen Abschnitten aus dem Supplemente vermehret worden; die häufigen und beträchtlichen Zusätze und Verbesserungen nicht mitgerechnet, welche der Verfasser mir schriftlich zugestellt hat. Einen neuen Zusatz für den ersten Band habe ich erst nach dem Drucke erhalten. Er scheinet mir aber zu merkwürdig, als daß ich den Leser desselben berauben sollte. Ich will ihn indessen diesem Vorbericht anhängen. Diejenigen meiner Landsleute, welche den Franzosen eine allzu große Partheylichkeit für ihre Nation Schuld geben, werden in diesem Bande mehr als einen Anlaß finden, den Herrn von Maiszeroy von diesem oft gegründeten Vorwurf auszunehmen. Seine Liebe zur Wahrheit verschonet auch sich selbst nicht. Bey Gelegenheit der S. 59 befindlichen Anmerkung sagt er in einem seiner Briefe: "Da ich nun „diese Stelle der Vulgate mit Aufmerksam„keit wieder lese, sehe ich ganz klar, daß dar„inn von einem Volke die Rede ist, welches „Saul ermahnte, sich von den Amalekitern „zu trennen u. s. w." Mit solchen Männern möchte man tausendmal lieber Unrecht als Recht haben. Lugo auf der Insel Corsica, im April 1771. B.

Zusatz
zu der 272ten Seite des ersten Bandes, nach den Worten: blind gestürmet.

Diese letztere Art die Festungen anzugreifen war vor Alexanders Zeiten sehr gewöhnlich, weil die meisten Stadtmauern schwach, niedrig, und selten mit Erde gefüttert waren. Wir finden auch vor dieser Zeit die mit Bogenschützen und Maschinen versehenen Thürme nicht, deren man sich nachher bediente. In dem ganzen Peloponnesischen und dem folgenden Kriege, welche Thucydides und Xenophon beschrieben haben, wird ihrer nicht erwähnet. Indessen kannte man sie bereits in Asien, und wir sehen, daß Cyrus bey der Belagerung von Sardis welche brauchte, die aber freylich sehr unvollkommen waren. Die Kunst der Belagerungen hatte ihre Vollkommenheit nicht erreicht, besonders verstunden sich die Lacedämonier sehr schlecht darauf. Wenn die Festungen und der Widerstand ein wenig stark waren, so mußten sie sich selten anders zu helfen, als daß sie die Belagerung in eine Berennung verwandelten. So blieben sie drey Jahre vor der messenischen Stadt Ithome und zwey vor Plataea liegen; welche sie nur durch Hunger zwingen konnten. Sie

I. Theil. Umjz.

umgaben diese letztere mit einem Kreiswall von zwoen Mauern, welche sechszehn Fuß von einander abstunden. Die Soldaten lagen in diesem Zwischenraume, den man in Kammern abgetheilt hatte. In gewissen Entfernungen waren Thürme angebracht, welche den ganzen Raum ausfüllten, und man konnte nicht aus einem Abschnitt in den andern kommen, ohne durch den Thurm zu gehen, der sie trennte. Oben waren die beiden Mauern durch einen Altan verbunden, auf welchem sich zwo Brustwehren mit Schießlöchern erhoben, wovon eine nach der Stadt, die andere nach dem Felde gerichtet war. Sie wurden sowol als die Thürme mit Wachen besetzt, und ein Rückhall von dreyhundert Mann hatte Befehl sich nöthigenfalls überall hinzuwenden. Deß ungeachtet entrann ein Theil der Belagerten, welche in einer dunkeln und stürmischen Nacht über die Mauer kletterten, wie in dem zweyten Buche des Thucydides zu lesen ist.

Was die Erdschütte betrifft, auf welche Maschinen gestellt wurden, so waren sie damals so wie die Sturmböcke, Schildkröten und Galerien bereits üblich. Plutarch äußert in seinem Pericles die Meynung, daß dieser athenienßische General solche Maschinen zuerst bey der Belagerung von Samos gebraucht, und zu diesem

Ende

Zusaz.

Ende einen geschickten Ingenier, Namens Artemon, mit sich geführt habe. Allein es erhellet hieraus blos, daß diese Erfindung noch nicht zur Vollkommenheit gebracht war; denn schon Milliades hatte sich ihrer ungefähr achzig Jahre zuvor bey der Belagerung von Paros bedienet. Andere haben behauptet, der Sturmbock sey in der Belagerung von Gades von karthaginensischen Soldaten erfunden worden, welche es versuchten die Mauer mit einem Balken umzustoßen. Ein tyrischer Schiffsbaumeister kam auf den Einfall, diesen Balken an einen Baum zu hängen, welches eine weit stärkere Wirkung that. Hierauf erfand man das Mittel, diejenigen welche die Maschine regierten, durch eine Schildkröte zu decken, und den Balken selbst in derselben aufzuhängen. Ich meines Orts glaube, daß es mit dieser Erfindung wie mit vielen andern ergangen ist, welche sich jedes Volk zueignen wollte, und deren wahrer Ursprung unbekannt geblieben. Dem sey wie ihm wolle, so wurden alle diese Arten von Maschinen nach des Athenäus Berichte zur Zeit des Tyrannen Dionysius und des macedonischen Königs Philippus, dem Sohne des Amyntas um die hundertste Olympiade, das ist ungefähr vier hundert Jahre vor der christlichen Zeitrechnung, zur Vollkommenheit gebracht. Diese Fürsten, welche beständig damit umgiengen ihre Macht

Cornel. Nep. Miltiades.

zu

zu befestigen und auszubreiten, wendeten alles an um für alle Arten der Maschinen geschickte Werkmeister zu bekommen, und hielten sich vortreffliche Ingeniers, welche ihre Anschläge bestens unterstützten.

Theoretisch-praktische Einleitung in die Taktik.

Dritter Theil.

Erstes Hauptstück.
Von der mondsförmigen Schlachtordnung, der man drey abgesonderte Corps entgegen stellet.

Erster Abschnitt.
Allgemeine Lehrsätze; Kriegsverfassung der Türken.

Die beiden Stellordnungen, von denen ich jetzt reden will, könnten zu der vierten und fünften des Weges gerechnet werden. Ob sie aber gleich viel ähnliches mit denselben haben, so scheinen sie doch nicht auf den nämlichen Grundsätzen zu beru-

Einleitung

hen, und dieser Unterschied wird leicht ins Auge fallen. Ich ziehe meinen Text aus dem Onosander, welcher die Einrichtung und den Zweck einer jeden mit vieler Deutlichkeit angibt.

Eine für ein zahlreiches Kriegsheer ziemlich gewöhnliche Schlachtordnung, ist, wenn dasselbe mit den Flügeln weiter vorrückt als mit dem Mittelpunkte, und solchergestalt einen eingehenden Winkel bildet, in der Hoffnung, daß der Feind beym Angriffe dieses Mittelpunktes einen ausgehenden Winkel formieren und man alsdann im Stande seyn werde, ihn durch die überlegene Menge zu umflügeln. Das Mittel dieses zu vermeiden bestehet darinnen, daß man sein Heer in drey Haufen theilet, wovon zween auf die Flügel los gehen, da indessen der mittlere unbeweglich stehen bleibt. Alsdann werden die im eingehenden Winkel befindlichen Truppen unnütze, wenn sie in ihrer Stellung bleiben, und wenn sie, um dieselbe zu verändern, zur Bildung einer geraden Linie vorrücken, so laufen sie Gefahr zu bersten, weil die im Treffen begriffenen Flügel ihnen keinen Platz machen können. Alsdann kann das gegenseitige Corps, so bisher müßig gewesen, einen vortheilhaften Angriff unternehmen. Bleibt aber die erste Stellung unverändert, so muß man leichte Truppen nach dem Mittelpunkte ausschicken, welche denselben beschäftigen und ohne Unterlaß zwacken müssen.

Die

Die Schlachtordnung, worinn man das Mitteltreffen zurück lehnet, um mit den beiden Flügeln vorzurücken, wird vom Frontin *Lunata Acies*, das ist,
die mondsförmige Stellart genannt. Als ein Beyspiel führet er die Schlachtordnung des Scipio Africa-
nus gegen den Asdrubal an, die ich oben * beygebracht
habe. Er redet noch von einer andern, welche Metellus gegen den Herculejus gebrauchte. Da Metellus wahrnahm, daß der Feind seine besten Truppen in die Mitte gestellt hatte, so bog er seine
Schlachtordnung stark einwärts, damit er mit
diesem Theile nicht eher zum Treffen käme, bis
seine beiden Flügel den Angriff gethan und den
Feind umzogen haben würden.

* B. I.
S. 412.

Hieraus erhellet, daß der Zweck dieser Stellordnung
ist, das Mittelheer vom Treffen abzuhalten, entweder
weil man dasselbe schwächet um die Flügel zu verstärken, oder weil man seine schlechtesten Truppen an diesen Ort stellet, oder auch, weil man bey dem Feinde
die Absicht wahrnimmt das Treffen daselbst aufzuheben.
Mit dem halben Monde hat es nicht ganz die gleiche
Bewandniß. Die Türken, welche sich dessen bedienen, haben zwar allerdings den Vorsatz, den Feind
mit ihren Flügeln zu umklammern; sie wollen ihn aber
auch auf ihren Mittelpunkt locken, den sie mit dem
Kern ihrer Truppen besetzen.

Seitdem man die Türken kennet, ist ihre Taktik
immer eben dieselbe gewesen. Ihre gewöhnliche Stellart ist der halbe Mond, dessen sie sich zum Lagern sowol als zum Schlagen bedienen. Ich weis nicht,

wie man behaupten konnte, daß sie sich in den ersten Zeiten keilförmig geordnet haben. (a) Es mag seyn, daß sie bey gewissen Gelegenheiten, wo sie in die Enge getrieben und umzingelt waren, um sich loszuwickeln, eine dahinaus laufende Form angenommen haben, welches gar wohl mit einem verzweifelten Entschlusse und mit der Wuth übereinstimmet, welche dieses Volk befällt, wenn es sich ohne Hoffnung eines Rückzuges im Gedränge siehet. Ich besinne mich in der That auf einen solchen Vorfall, der aber weit neuer ist als der Gebrauch des halben Mondes, von dem sie nur alsdann abweichen, wenn das Erdreich oder außerordentliche Umstände es erfordern. Die Geschichte dieser kriegerischen und durch ihre Eroberungen berühmten Nation ist voller Begebenheiten, welche bekannt zu werden verdienen. Vielleicht wird der begierige Leser mir einigen Dank wissen, wenn ich ihm ein Paar der merkwürdigsten vor Augen lege. Dieses soll geschehen, wenn ich zuvor ein Wort von ihrer Kriegsverfassung und Mannszucht gesagt habe.

Cbalcon- Die furchtbarste Miliz der Türken ist das Corps der
dilas.   Janitscharen, welches im Jahr 776 der Hegira durch
Organ,

Herr von (a) Der französische Uebersetzer des Aelian behauptet in
Buffo.   einer Abhandlung von dem Kriegswesen der Griechen, daß die Türken sich in Form eines Keils gestellet, ehe sie auf den halben Mond verfallen seyn. Seine allzu günstige Meynung von dieser Stellart dürfte ihn gar leicht auf einen Irrthum verleitet haben.

Organ, den zweyten Kaiser, errichtet worden. (a) Es bestund anfangs nur aus zwölf tausend Mann, und schien vornemlich zu seiner Leibwache bestimmt zu seyn. Unter seinen Nachfolgern ist es bis auf fünfzig tausend Köpfe angewachsen. Selim, Sohn des Bajazeth, verminderte zwar ihre Anzahl; allein sie hat nach der Hand wieder zugenommen, so daß sie ietziger Zeit die größte Macht der türkischen Armeen ausmachen. Sie sind in Regimenter eingetheilt, die sie Buluks, und den Befehlshaber derselben Buluk-Aga nennen. Diese Haufen werden auch in Kameradschaften oder Odas eingetheilt, deren Soldaten beysammen leben, wenn sie sich zu Constantinopel oder in den Provinzen befinden. (†) Bey der Armee sind sie

Ottom. Geich. des Demetrius Cantemir, Soliman II.

decuricn-

(a) Demetrius Cantemir setzt die Errichtung der Janitscharen unter Amurath I, den Nachfolger des Organ. Seiner Meynung nach wurden sie aus christlichen Gefangenen zusammen gesetzt, und nach der Hand durch Sclaven und Tributkinder ergänzt, welche im Serail erzogen worden. Sie wurden bey ihrer Einsetzung durch den Stifter eines mahometanischen Mönchsordens eingeweihet, der einem unter ihnen mit ernster Miene seinen Rockermel auffezte, wovon ihre Mütze die Form behalten hat. Es ist sonderbar, daß die besten Truppen dieses mächtigen Volkes aus Sclaven und Ausländern gezogen, und daß die eingebohrnen Türken am wenigsten geachtet werden. Eben dieses hat man auch bey den Mamelucken beobachtet. Indessen werden heut zu Tage auch gebohrne Türken unter die Janitscharen aufgenommen, und ihre Anzahl ist nur desto schwerer zu bestimmen, da nicht alle in Constantinopel, sondern auch viele in den Provinzen liegen.

(†) Es gibt dreyerley Janitscharen, welche durch die
Namen

Einleitung

decurienweis, das ist in Rotten zu zehn Mann gelagert. Jede Decurie hat ein Packpferd, welches ihr kleines Geräthe und ihre Mäntel trägt, nebst einem Knechte, der ihr die Speise zubereitet. Man liefert ihnen auch auf zwanzig Mann ein Kameel, welchem zwey Zelte, zwo grobe Feldbecken, zween Kochkessel und einige Wasserschläuche aufgeladen werden. In Ermangelung der Kameele muß ihnen das Land eine Anzahl Wagen liefern.

Montecuculi Kap. 3. Die Türken leben überhaupt sehr mäßig; sie essen des Tages nur einmal, und zwar nach Untergang der Sonne. Man reicht ihnen Brod, Schöpsenfleisch, Reiß und Butter. Sie trinken nichts als Wasser, welches sie zu den Winterfeldzügen einigermaßen untauglich macht. In dem Mangel können sie sich nicht schützen und müssen ihre tägliche Muntkost * regelmäßig empfangen. (†) Ihre Streitart ist dem unveränderlichen

* Ration.

Namen Jojabeis, Bolulis und Seimenys unterschieden werden. Die Jojabeis formieren hundert und eine Oda; die Bolulis machen ein und sechzig, und die Seimenys vier und dreyßig Odas aus. Obgleich ein Theil der erstern in den Gränzplätzen des Reiches liegt, so sind doch für alle hundert und sechs und neunzig Odas Baracken in Constantinopel, wovon einer jeden ein Oda-Baschi vorgesetzt ist. Ungeachtet das Wort Oda eine Kammer bedeutet, so sind doch die davon benannten Haufen eher mit unsern Compagnien zu vergleichen.

(†) Außer dieser freyen Verpflegung haben die Janitscharen noch einen Sold von einem bis zwölf Aspern, wovon ungefähr fünfzig auf einen Speciesthaler gehen. Sie steigen

lichen Gebrauche der asiatischen Völker gemäß, und läuft folglich auf die Stellordnung der Phalanx hinaus. Ihre Bataillonen sowol als ihre Schwadronen haben eine ungemeine Tiefe; sie werden in den Handgriffen geübt, und zu Haltung der Glieder und Rotten abgerichtet, worinnen sie aber den christlichen Nationen an Ordnung und Genauigkeit lange nicht beykommen. Picken haben sie niemals geführet; der Säbel ist jederzeit ihr Lieblingsgewehr gewesen. Vor Zeiten und noch im abgewichenen Jahrhunderte hatten sie Wurfspieße, Pfeile und Streitäxte; nun aber ist ihre sämmtliche Infanterie mit Flinten bewaffnet.

Belager. von Wien 1683.

So sehr man auch die Anstalten des berühmten Bonneval erhoben hat, so scheinet es doch nicht, daß er dieses Volk sonderlich weit in der Taktik gebracht habe. Noch wissen sie nicht mit dem Bajonet umzugehen. Dieser General hatte zwar ein kleines Corps dazu abgerichtet, welches aber nach seinem Tode zerstreuet worden. Ihre gewöhnlichste Art zu fechten bestehet darinn, daß sie nach Lösung ihres Feuergewehrs den Säbel ziehen, und mit großem Geschrey und Ungestüm einhauen. Ob sie gleich wenig Ordnung halten, so macht doch ihre Menge und die Gewaltsamkeit sowol als die Schwere ihres Angriffes sie zu einem sehr furchtbaren Feinde. Ihr erster Anlauf ist besonders schrecklich, und man muß sich mit größter Sorg-

A 4   falt

kriegen darinnen nach Maßgabe ihrer Dienstjahre oder ihres Wohlverhaltens. Eine weise Einrichtung, die allen europäischen Nationen zum Muster dienen sollte.

falt dagegen verwahren. Werden sie ein oder zweymal abgetrieben, so erkaltet ihre Wuth, und sie lassen sich nicht leicht zu einem neuen Anfalle zurück führen. Daher behauptet man auch, man müsse beym Anfange eines Feldzuges das Treffen mit ihnen vermeiden, um ihrer brausenden Hitze Zeit zu lassen sich zu legen.

Die Spahis oder Spahioglans sind der Kern der Reuterey, und gehören zur Leibwache des Sultans; (†) sie werden theils aus den Janitscharen ausgehoben, theils bestehen sie aus jungen Leuten, die im Serail erzogen worden, und aus andern Soldaten, die sich durch ihren Muth hervorgethan haben. Dieses Corps beläuft sich gemeiniglich auf zwölf tausend Mann. Die Timari-Spahis, welche weit zahlreicher sind, dienen wegen eines Timar oder Lehnguts, welches sie unter

---

(†) Die Spahis waren ursprünglich von den Spahioglans unterschieden. Sie werden noch in zwey Corps getheilt: die erstern führen auch den Namen Silhadaris, oder bewehrte Reuter, dahingegen das Wort Spahi-Oglani, Spahisknechte heißt. Sie waren es auch in der That; als unter Mahomet III in einem Treffen die Spahis durchgiengen, und diese reisigen Knechte, welche auf den Befehl des Sultans an die Stelle ihrer Herren getreten waren, den Sieg erfochten. Von dieser Zeit an ist den Spahioglans der Vorzug vor den Spahis gegeben worden. Der tägliche Sold dieser Reuterey ist von zwölf bis hundert Aspern. Der Sultan hat auch noch ein Corps Spahis von höhrem Range, welche Montafaraca heißen. Sie sind fünf hundert Mann stark, und müssen ihn als seine erste Leibwache überall begleiten; ihr Sold bestehet täglich aus vierzig Aspern.

unter der Bedingung besitzen, daß sie eine gewisse Anzahl Mannschaft ins Feld stellen müssen, die sich nach der Größe des Timars richtet. (†) Diese Lehen kommen auf ihre Kinder und Erben, wofern sie diensfähig sind; wo nicht, so vergibt der Sultan sie an andere, und belohnet damit die alten Soldaten. Diese Miliz, deren Verfassung und Policen mit dem reisigen Heerbanne der alten europäischen Staaten viel Aehnliches hat, ist die beste Reuterey der Türken. Die übrigen, welche sie als leichte Cavallerie betrachten, sind die Bechils und Akangis, welche von den Landschaften gestellet werden; die Freywilligen, die Agalais, Alcault.

A 5   welche

─────────────────

(†) Die Besitzer der Timars werden Timarioten genennet, und in zwo Classen getheilet. Diejenigen, deren Lehngüter drey bis sechs tausend Aspern jährlich eintragen, heißen Tsoketetis, und werden vom Beglerbeg belehnen. Die von sechs tausend bis zwanzig tausend Aspern, Tsoketelu genannt, empfangen ihre Lehnbriefe von dem Sultan selbst. Ein Lehngut von zwanzig tausend bis hundert tausend Aspern wird Zaim, und der Innhaber Zaimets genannt; trägt dasselbe mehr ein, so führet der Besitzer den Namen eines Sangiackbeg oder Bassa. Ein Timariot muß von jeden dreyhundert Aspern Einkommen, und ein Zaimet von jeden fünfhundert Aspern einen Reuter mit leichter Rüstung ins Feld stellen. Diese Lehnherren heißen Alitsch, und sind die Hauptleute ihrer sehr ungleichen Contingente, die in Regimenter eingetheilt werden, welche ein Paar Pauken und eine Fahne führen. Ihr Anführer ist der Alaibeg, welcher unter dem Sangiacbeg oder Bassa, und dieser unter dem Beglerbeg stehet.

welche den Baffen zur Leibwache dienen, und gleich unfern Dragonern zu Fuß und zu Pferde fechten. Die Provinzen liefern auch Fußvölker, die unter dem Namen Ajaps bekannt sind. Es sind gebohrne Türken, welche man wenig achtet; sie werden auch ohne Verschonen auf die Schlachtbank geliefert, und müssen die Dienste der Schanzgräber versehen. (a) Sie gebrauchen auch Hülfstruppen; dahin die Albaneser, Bosnier, Rätzen, Wallachen und andere christliche Völker gehören, welche unter türkischer Botmäßigkeit stehen. Der Tartar-Chan zieht ebenfalls mit einer zahlreichen Reuterey ins Feld, welche überall Verheerung und Schrecken verbreitet. Ihre Streitart, die der numidischen zur Zeit der Römer gleichet, macht, daß wohl abgerichtete Truppen wenig von ihr zu fürchten haben.

Die Türken haben niemals schwere Schutzwaffen geführt, ob sie gleich mit Völkern zu thun hatten, die ihnen wie die Deutschen, Hungarn und Persianer eine durchaus geharnischte Reuterey entgegen stellten. Zur Zeit des Generals Montecuculi war ihre Cavallerie bloß mit Panzerhemden oder gesteppten Waffenröcken und mit kleinen Schilden bedeckt. (b) Nach dem Berichte
dieses

(a) Wenn die türkische Kriegsmacht aufgeboten wird, so versammeln die Sangiacbegs oder besondere Statthalter die Truppen ihres Gebietes; die Reuterey und das Fußvolk jedes Kreises marschiert unter seiner eigenen Fahne: wenn alles beysammen ist, so werden Schaaren oder Regimenter daraus gebildet.

(b) Sie führet noch jetzt den Helm, das Panzerhemd, die Lanze und den Säbel.

dieses Feldherren sind die Türken sehr gehorsam und einer guten Kriegszucht fähig; ihre Strafen sind schrecklich und ihre Belohnungen überaus groß. Dieses Lob mag wahr seyn, wenn sie Lust haben zu gehorchen. Denn wem sind die Katastrophen unbekannt, welche die Meuterey und Zügellosigkeit der Janitscharen veranlaßt hat, die an Ausgelassenheit der prätorianischen Leibwache gleichen, welche nach eigenem Gutdünken die Kaiser ein- und absetzte. Wie oft haben sie nicht den Sultan auf seinem Throne zittern gemacht, und ihn genöthigt, ihnen seinen Vezier oder andere Staatsminister auszuliefern, mit denen sie nicht zufrieden waren. (†)

In dem Treffen an der Teiß im Jahr 1697, da ein Theil des türkischen Heeres, ehe dasselbe über den Fluß setzen

---

(†) Die Unbändigkeit der Janitscharen, welche größtentheils von dem Müssiggange und der guten Verpflegung herrühret, hat schon den Sultan Osman auf den Entschluß gebracht, sie auszurotten. Allein dieser Vorsatz kostete ihn das Leben. Der berühmte Vezier Kiuperli hat es unter Mahomet IV. seiner angegriffen, und nicht mit den candiotischen Krieg angefangen, sondern auch seinem Sohne und Nachfolger in der Vezierstelle den hungarischen auf das nachdrücklichste empfohlen, um darinnen den Kern dieser Meuter auf die Schlachtbank zu liefern. Von dieser Zeit an hat man sie durch mancherley Mittel, und besonders durch den ihnen verstatteten Handel, durch die Aufnahme vieles liederlichen Gesindels, durch die Einverleibung der Officierskinder von ihrer Geburt an, und überhaupt durch die Nachlassung der ehemaligen strengen Kriegszucht zu entkräften gesucht, aber auch zugleich ihre Brauchbarkeit im Felde vermindert.

setzen konnte, vom Prinzen Eugen angegriffen wurde, ergrimmten sie gegen den Vezier, hieben ihn mit verschiedenen Baßen in Stücken, schlugen sich hierauf als Verzweifelte herum, und wurden alle niedergemetzelt. Oft haben sie die Sultane genöthigt wider ihren Willen einen Krieg anzufangen; zu andern Zeiten haben sie dieselben durch ihr Misvergnügen gezwungen das Feld zu räumen, oder Frieden zu machen. (†) Ihre Tapferkeit ist nicht sowol die Wirkung eines angebohrnen Triebes und einer guten Kriegszucht, als der Belohnungen, die sie von der Pforte erwarten, der sie mit Leib und Leben zugethan sind, weil sie weder Vaterland, noch Eltern, noch irgend eine andere Zuflucht kennen. Der Wahn eines unvermeidlichen Schicksals trägt auch vieles dazu bey, sie in den Gefahren unerschrocken zu machen. Dem ungeachtet pflegen sie, wenn sie zum Treffen gehen, sich durch ein mit Opium vermischtes Getränke zu berauschen, welches sie betäubet und bisweilen ganz in Wuth setzt. Da die Türken sehr fest auf ihrem Glauben halten, so hat man sich nicht selten des Bewegungsgrundes eines andern Lebens bedienet, um ihren Aufruhr zu stillen und sie zum Gehorsam zu bringen. Wenn man sie gern ins Feld locken möchte, so gibt der Mufti eine Art von Bulle, welche Fetfa heißt, wodurch er erkläret, daß diejenigen welche in der Schlacht sterben, die Wollüste des Paradieses schmecken sollen. Will man aber ihrer unbedachten Hitze, welche

---

(†) Der gegenwärtige Krieg der Pforte mit Rußland bekräftiget die Beschreibung, welche der Verfasser von der Zuchtlosigkeit des türkischen Soldaten gibt.

welche den Feldherrn oft wider seinen Willen zum Treffen nöthigt, Einhalt thun, so bedrohet sie das Jetsa mit einer ewigen Verdammniß.

Zweyter Abschnitt.

Schlacht bey Zalderan.

Die Schlachtordnung in Form eines halben Mondes schickt sich nur für eine mächtige Nation, welche lauter zahlreiche Armeen zu Felde führt. Die Absicht dieser Stellart ist eine desto größere Menge von Truppen ins Treffen zu bringen, den Feind zu umflügeln und ihn durch eine überlegene Macht aufzureiben. Selim I war einer der größten Fürsten die den ottomannischen Thron besessen haben. Seine zwar kurze Regierung ist mit wichtigen Begebenheiten angefüllt, und durch verschiedene herrliche Siege bezeichnet, welche Früchte seiner Klugheit und seiner Tapferkeit waren. Aus seiner Geschichte will ich die ersten Beyspiele ziehen, welche hier Platz finden sollen. (a)

Selim bestieg den Thron nach der Vertreibung seines Vaters Bajazeth II, eines schwachen und trägen Prinzen, der den Janitscharen und den Großen des Reichs mißfiel. Nachdem er seine Herrschaft durch den Tod und

(a) Dieser Prinz hat nur neun Jahre und acht Monate regieret. Er ward im Jahr der Hegira 918, und nach unserer Jahrzahl 1512 zum Kaiser ausgerufen.

und die Niederlage seiner beiden Brüer befestiget hatte, so beschloß er seine Waffen gegen die benachbarten Mächte zu wenden. Der vornehmste Gegenstand seines Ehrgeitzes war die Eroberung von Egypten, das beynahe drey Jahrhunderte lang den Circassiern unterwürfig war, welche unter dem Namen der Mamelucken bekannter geworden sind. Um aber nicht zween mächtige Feinde auf einmal gegen sich zu haben, beschloß er zuvorderst den persianischen König Ismael anzugreifen, welcher ihm Proben seiner widrigen Gesinnungen gegeben hatte. Ueber-

Demetr. Cantemir Buch 3. Bajajeth II.

dieses waren die beiden Nationen durch die Religionsstreitigkeiten aufgebracht, die sich kurz zuvor erhoben hatten. Die Persianer hatten die im Alkoran gemachten Veränderungen angenommen, und waren nur eben der neuen Lehre beygetreten, welche nachher einen so großen Haß zwischen ihnen und den Türken veranlasset hat.

Selim zog an der Spitze einer mächtigen Armee nach Asien; er stieß auf einer weiten Ebene ohnweit der kleinen Stadt Chaltiran auf das persianische Heer. (a) Die beiden Armeen waren ungefähr von gleicher Stärke; die persianische war zahlreicher an schwerer Reuterey. Die Türken hatten mehr Fußvolk und ihre Cavallerie war, wie gewöhnlich, leicht bewaffnet. Selim stellte seine europäischen Truppen zur rechten, die asiatischen

zur

(a) Der Fortsetzer des Chalcondilas nennt sie Zalderan, und die Schlacht hat davon den Namen behalten. Demetrius sagt, es sey eine Ebene in der Gegend der Stadt Tauris gewesen. Nach diesem Schriftsteller war die persianische Armee wenigstens 80000 Mann stark.

zur linken, und alle waren in starke Bataillonen und Schwadronen geordnet. Das Mitteltreffen bildete er aus allen Janitscharen und dem Kern seiner Reuterey, welche sonder Zweifel die Spahis der Leibwache waren. Diese wurden auf ihren Flanken und auch zum Theil auf ihrer Fronte durch einen Kreis gesattelter und zusammen geketteter Kameele geschützet; eine dem Scheine nach seltsame, aber doch sehr kluge Verschanzung, weil sie beweglich war, mithin die Armee im Vorrücken nicht hinderte, und auch weil die Pferde einen großen Abscheu vor diesen Thieren haben. Will man angreifen, so braucht man nur die Ketten abzulösen, und in einem Augenblick ist die ganze Verschanzung zerrissen. Selim hatte diese Vorsicht deswegen gebraucht, damit er, falls einer seiner Flügel geschlagen würde, sein Mittelheer gegen die zahlreiche schwere Reuterey der Persianer verwahren, und Zeit finden möchte das Treffen durch seinen Rückhalt wieder herzustellen. (a) Die damalige Gewohnheit der Türken, wovon sie in der Folge selten abgewichen sind, war, die Janitscharen und ihre übrigen Kerntruppen in die Mitte, die europäische Reuterey und Infanterie auf den rechten, die asiatische hingegen auf den linken Flügel zu stellen, wenn der Krieg in Asien war; und umgekehrt wenn er in Europa geführt wurde. Dieses kömmt daher, weil man die Linke, welche bey ihnen als die Ehrenseite betrachtet

(a) Die Türken haben den Gebrauch dieser beweglichen Verschanzungen beybehalten. Sie führen immer Kameele oder Wagen nach, die mit Ketten und Pallisaden beladen sind, welche zur Bedeckung des Mittelheeres und auch zur Verschanzung des Janitscharen-Lagers dienen.

trachtet wird, allemal denjenigen Truppen einräumt, in deren Welttheil der Schauplatz des Krieges ist. Diese Gewohnheit hat sie oft in Gefahr gesetzt geschlagen zu werden. Da man weis, daß die Asiaten den Europäern nicht gleich kommen, so hat man das Treffen allezeit mit jenen anzuheben gesucht, so daß sie bey einem widrigen Ausgang immer zuerst die Flucht ergriffen haben.

Die Persianer führten damals wenig Feuerröhre, und hatten noch gar kein grobes Geschütz, welches bey dieser Gelegenheit nicht wenig zu ihrer Niederlage beytrug. Die Türken hatten ihre Artillerie vor die Mitte der Janitscharen gepflanzet; sie war durch eine Linie von Ajaps bedeckt, welche Befehl hatte, sich bey Annäherung der Persianer zu öffnen und dieselbe frey spielen zu lassen. Vor die beiden Flügel waren die Alangis, die Freywilligen und andere leichte Reuter gestellet. Diese erste Linie, auf welche er gar keine Rechnung machte, war bloß bestimmt die Feinde zu ermüden, und sie anzulocken, ihre Schlachtordnung und ihre Glieder zu brechen, damit er sie hernach mit desto größerm Vortheil angreifen könnte. Als die beiden Armeen einander nahe kamen, öffneten sich die Ajaps befohlnermaßen, und die Artillerie spielte mit so gutem Erfolge, daß sie an verschiedenen Orten ganze Gassen in die persianische Reuterey machte. In gleicher Zeit griff der türkische rechte Flügel ihren linken an und brachte ihn in Unordnung. Ismael eilte mit seinen besten Truppen zu Hülfe; die Flüchtlinge sammelten sich und fiengen an die Türken zurück zu treiben, als Selim einen

Rückhalt

Rückhalt von dreyzehn tausend Janitscharen auf die Flanke seines rechten Flügels vorrücken ließ. Er gebot ihnen ohne Unterlaß zu feuern, um die ersten Anfälle der schweren Reuterey aufzuhalten; hierauf befahl er seiner Cavallerie einzuhauen. Die Perſianer wichen allmählig zurück, brachen ihre Glieder und flohen davon. Ihr rechter Flügel hatte noch nichts gelitten, und das Gefechte war auf dieſer Seite ziemlich gleich; allein die Flucht des linken erſtreckte ſich in kurzem über die ganze Armee.

Montecuculi ſagt, daß der Türke angreift und ſich dann zurück zieht, oder davon jagt. Bald zeigt er ſich, bald entweicht er um den Feind zu reizen ihm zu folgen, und ihn dadurch in einen zahlreichen Hinterhalt zu locken, und wenn er ſeine Glieder geöffnet oder getrennet ſieht, ſo nimmt er des Augenblicks wahr, dreht ſich plötzlich um, fällt ihn mit großem Geſchrey an und umzingelt ihn. (a) *Buch 2. Kap. 6.*

Dieſer Liſt bediente ſich Bajazeth bey Nicopolis, um die franzöſiſche Reuterey zum Gefechte zu locken. Durch ihre Hitze und durch die Verwegenheit des Grafen von Nevers hingeriſſen, brach ſie ganz unbedachtſam los, ohne von den Hungarn unterſtützt zu ſeyn, welche aus

---

(a) Dieſe Gewohnheit hat viel ähnliches mit der Streitart der Parther, welche ſich ebenfalls der mondsförmigen Schlachtordnung bedienten. In dieſer Stellung zeigten ſie ſich dem Antonius, um ihn zur Aufhebung der Belagerung von Pharta zu nöthigen. *Appian.*

Haß oder aus Feigheit zurück blieben. Die Christen belagerten diese Stadt; der Sultan eilte zum Entsatze heran, und ließ anfänglich nichts als eine Linie von einigen tausend Reutern erblicken, welche Befehl hatten, so wie sie angegriffen würden, die Flucht zu nehmen. Hinter ihnen hatte er seine beiden Flügel in Form eines Bogens gestellt, wovon diese Cavallerie die Sehne ausmachte. Das Erdreich, worauf sie stund, erhob sich von Seiten der Franzosen, welche anfänglich nichts als diese Reuterey auf der Anhöhe erblickten: Die ungestüme Heftigkeit, womit sie ihr nachsetzten, zog sie in die Falle, die sie nicht eher wahrnahmen, als bis sie eingeschlossen waren. Die französischen Geschichtschreiber, welche gewohnt sind die Armeen der Türken zu vergrößern, haben dem Heere des Bajazeth eine übertriebene Stärke angedichtet. Demetrius gibt ihm nur sechzig tausend Mann, welches weit wahrscheinlicher ist, weil er anlangte, ehe Sigmund von seinem Marsche Nachricht hatte. Dieses wäre bey einer stärkern Armee sehr schwer gewesen, und ist schon bey der gegenwärtigen zu bewundern. Es fielen bey diesem Gefechte sehr schöne Kriegsthaten vor; allein wozu dienet die Tapferkeit, wenn sie schlecht gelenket wird?

1444. In der Schlacht bey Varna hatte Ladislaus nur sechzehn tausend Mann gegen sechzig tausend zu stellen. Hunniades, der unter ihm commandierte, vertheilte sein kleines Heer in drey Haufen. Er nahm sich wohl in acht, daß er nicht wie die Franzosen in die Falle tappte; er bat den Ladislaus, der in der Mitte stund, sich nicht zu rühren, sondern in einer blosen Wehrstellung zu bleiben.

in die Cartic.

den. Dieses Corps mußte mit Fleiß sehr weit zurück bleiben, weil er das Treffen mit den beiden Flügeln anheben wollte. Zuerst griff er den türkischen rechten Flügel an, wo die asiatischen Völker stunden. Ihre von der Infanterie schlecht unterstützte Reuterey wurde zum Weichen gebracht und über den Haufen geworfen. Da er nach diesem ersten Vortheile die unbedachte Hitze des Chalcon-Königes fürchtete, beschwur er ihn seinen Posten nicht zu verlassen, und flog auf seinen linken Flügel, der aus den Polen und Wallachen bestund, die er selbst zum Angriffe führte. Der ungemeinen Uebermacht der Feinde ungeachtet, war der Sieg bereits in seinen Händen, als Ladislaus voll Ungeduld sich hervor zu thun, und durch seine schlauen Höflinge gegen den Hunniades zur Eifersucht angereizt, sich in Bewegung setzte, und gegen das Mittelheer der Türken vorrückte. Dieses wollte Hunniades gerade vermeiden, weil es der furchtbarste Theil der türkischen Schlachtordnung ist, wo sie die Janitscharen und ihre übrigen Kerntruppen hinstellen. Es währte nicht lange, so wurde der König umzingelt und vom Amurath selber im Gedränge zu Boden gestürzt; ein Janitschar schlägt ihm das Haupt ab, steckt es auf eine Lanze, und zeigt es dem gesammten Heere. Die Spahis, welche gewichen waren, sammeln sich wieder; das Gefechte hebt mit der größten Wuth von neuem an, und die Hungarn werden auf allen Seiten zurück geschlagen. Indessen hielten sie doch noch eine Weile Stand, bis sie endlich durch den Verlust ihres Königes geschrecket, durch die Menge umzingelt und überwältigt, den Rücken kehrten und den

Chalcon-
dilas.
Amurath
II.

B 2   Türken

Türken Luſt machten. (a) Sie wurden alle bis auf eine kleine Anzahl getödtet, welche unter der Begünſtigung der Nacht davon kamen.

Hunniades fochte bey dieſer Gelegenheit nach eben den Grundſätzen, welche Miltiades bey Marathon befolgt hatte. Seine Anſtalten waren von gleicher Art; er hielt ſein Mittelheer in einer weiten Entfernung und ließ die beiden Flügel vorrücken, denen er ohne Zweifel mehr Stärke als jenem gegeben hatte. Der Leichtſinn und die Verwegenheit des jungen Königes riſſen ihm den Sieg aus den Händen, ſonſt würde dieſer große Feldherr die Lorbeern welche bereits ſeine Stirne ſchmückten, mit einem neuen Zweige vermehret haben. Bisher war er die Vormauer des Königreichs Hungarn geweſen, welches Amurath mit ſeiner großen Macht zu verſchlingen drohete. Er hatte dieſen reißenden Strom aufgehalten, und den Sultan bey verſchiedenen Gelegenheiten, und zwar jedesmal mit einem ſehr ungleichen Heere geſchlagen. In dieſen und den vorhergehenden Jahrhunderten, die wir als eine Zeit der Barbarey betrachten, da der Krieg ohne Kunſt und Regeln geführt

---

(a) Die bey dieſer Gelegenheit von den Türken gewählte Stellung iſt von der bey Nicopolis nur ſehr wenig unterſchieden. Die Schlacht bey Caſchau, welche Amurath II. drey Jahre darauf gegen die Hungarn und Wallachen gewann, und die bey Mohaz, wo der hungariſche König Ludwig von Soliman I. aufs Haupt geſchlagen wurde, laſſen eine gleiche Aehnlichkeit bemerken. Die Chriſten waren dabey durchgängig unglücklich, weil ſie ſich unrecht anſchickten, und ſich mit zu vieler Verwegenheit ins Treffen einlieſſen.

geführt wurde, findet man dennoch Beyspiele einer sehr gelehrten Taktik, und Feldherren die durch ihre Geschicklichkeit dem Glücke Fesseln anlegten. Hieher gehört der berühmte Prinz von Wallis, (a) du Guesclin, (b) Scanderbeg, (c) und Johann Corvin, mit dem Zunamen Hunniades, von welchem hier geredet wird. Mit einer weit geringern Macht haben sie, wie Montecuculi sagt, die Kunst besessen, dem Zufalle das Gebiet des Krieges zu entreissen, den Bemühungen der überlegenen Menge Trotz zu bieten, sie zu zernichten, oder wenigstens ihren Lauf zu hemmen. Diejenigen, welche im Wahne stehen, daß die Helden aus jenen finstern Zeiten bloß einer blinden und wilden Herzhaftigkeit folgten, würden sehr erstaunen, wenn man ihnen selbst unter den barbarischen Völkern Kriegsbegebenheiten vorlegte, welche durch eben so viel Geschicklichkeit und Wissenschaft entschieden worden, als man nur immer bey den griechischen und römischen Feldherren finden kann.

(a) Der Prinz von Wallis, insgemein der schwarze Prinz genannt; ein Sohn Eduards III, Königs von England.

(b) Connetable von Frankreich unter Karl V.

(c) Georg Castriotus, mit dem Zunamen Scanderbeg, König von Albanien, hielt in seiner Hauptstadt Croia eine zweymalige Belagerung aus, bot mit einer Handvoll Soldaten der ganzen Macht des ottomannischen Reiches Trotz, und schlug den Amurath zu verschiedenen malen, welcher auch vor Croia sein Leben endigte. Da nach Scanderbegs Tode sein Land bloß durch einige venetianische Hülfsvölker vertheidiget ward, so mußte es endlich ein Raub der Türken werden.

Wenn man bey ihren Bewegungen nicht die nämliche Feinheit bemerket, so muß man solches bloß der Verschiedenheit der Truppen und der Kriegszucht zuschreiben. Die Vorfälle, welche ich hiernächst anführen werde, sollen meinen Satz bestätigen. Die Stellung ihrer Armeen gleichet denen bey Varna, und die Gattung der Truppen ist auch nicht sonderlich verschieden. Die Völker des Hunniades bestunden fast aus lauter hungarischer, wallachischer und polnischer Cavallerie, welche größtentheils schwer bewaffnet war, und für den Anlauf einen entschiedenen Vorzug vor der türkischen hatte; denn die Pferde dieser letztern waren nackend, und die Reuter nur mit einer ganz leichten Schutzrüstung bedecket. Aber aus gleicher Ursache besaßen sie mehr Hurtigkeit; sie konnten sich leichter trennen und wieder vereinigen. Sie zwackten und ermüdeten die schwere Reuterey, und sobald sie nur die geringste Oeffnung in den Schwadronen erblickten, stürzten sie haufenweis hinein und brachten sie in Unordnung.

Die Türken wissen sich mit großer Fertigkeit des Handgewehrs zu bedienen, welches ihnen immer und besonders in alten Zeiten, da der Reisige sich unter der Last seiner Rüstung kaum bewegen konnte, einen großen Vortheil in dem Handgemenge verschaffet hat. Als Amurath in der Schlacht bey Casthau sah, daß die Spahis mit ihren Lanzen und Schwertern gegen die geharnischte hungarische Reuterey nichts ausrichteten, so zog er sie aus dem Treffen zurück, und nachdem er ihnen befohlen sich der Streitaxt und der Keule zu bedienen, wagte er einen neuen Angriff, der ihm einen vollkommenen Sieg zuwege brachte.

Es wäre überflüßig gewesen, von jeder Schlacht, die ich angeführt habe, einen Abriß beyzulegen. Da sie alle zu einer und eben derselben Ordnung gehören, und ich keine andere Absicht habe, als einen Begriff von dieser Stellart zu geben, so habe ich sie gewissermaßen in einen einzigen Plan zusammen gezogen, welcher zugleich die besondere Vorstellung des Treffens enthält, von dem ich nun reden werde.

Dritter Abschnitt.

Schlacht bey Aleppo, zwischen Selim und Campson Gauri. (†)

Selim war nach seinem Siege über die Perser im Triumphe nach Constantinopel zurück gekehrt, ohne jedoch den Vorsatz aufzugeben seine Eroberungen zu erweitern; denn sein Ehrgeiz setzte sich kein geringeres Ziel als den Jsmael vom Throne zu stürzen. In dieser Absicht versammelte er ein noch mächtigeres Kriegsheer als in den vorigen Jahren, und ließ es nach Asien marschieren. Der egyptische Sultan, Campson Gauri, welcher seine widrigen Gesinnungen kannte, war ebenfalls ins Feld gerückt, und hatte sich gegen Aleppo gezogen, ohne sich öffentlich wider ihn zu erklären. Er ließ ihm sogar durch Gesandte ein Bündniß anbieten.

(†) Sein eigentlicher Name war Hansu al Gauri, woraus die europäischen Geschichtschreiber Campson Gaurus oder Gauri gemacht haben.

Inzwischen schickten zween mit dem Sultan misvergnügte Officiers, davon der eine zu Damaskus, der andere zu Aleppo Stadthalter war, Abgeordnete an den Selim, um ihn zu vermögen seine Waffen gegen ihren Herrn zu wenden, mit dem Versprechen, daß sie ihm aus allen Kräften beystehen würden. Selim gab diesem Antrage mit Freuden Gehör, verhieß ihnen alle Belohnungen, die sie nur verlangten, und anstatt nach Persien zu ziehen, wandte er sich gegen Aleppo. Die Verräther waren eins geworden, den Sultan, der nichts von ihren Ränken wußte, zur Lieferung eines Treffens zu bereden, und während des Gefechtes zu den Türken überzugehen. Zu diesem Ende suchten sie ihren Herrn durch die scheinbarsten Gründe zu gewinnen, und alles gieng ihnen nach Wunsche von statten. Die Mamelucken waren für die Türken furchtbare Feinde; sie hatten diese bey verschiedenen Gelegenheiten überwunden, und daher eine stolze Verachtung auf sie geworfen: die Türken erinnerten sich ihrer Niederlagen, und zitterten vor diesen Nachbarn.

Ehe wir aber weiter gehen, wird es nicht unnöthig seyn, den Ursprung dieser furchtbaren Miliz zu erzählen, welche viel Aehnlichkeit mit den Janitscharen hatte. Saladin, Sultan von Egypten und Syrien, der durch die Eroberung Jerusalems berühmt ist, hatte in seinen Kriegen mit den Christen viele Leute verlohren. Er sah wohl, daß er sich auf die feigen und wankelmüthigen Egyptier wenig verlassen konnte, und ließ daher im Jahr 1107 cyrcassische und turkomannische Sklaven auflaufen, die er abrichtete und zu trefflichen Soldaten bildete.

bildete. In kurzer Zeit schlugen sich noch viele ihrer
Landsleute zu ihm; ihre Anzahl wuchs unvermerkt an,
und stieg bis zu einem beträchtlichen Heere. Nach Saladins Tode empörten sie sich gegen seine Nachfolger,
warfen sie vom Throne, und besetzten denselben mit
einem Prinzen von ihrer Nation. (a) Nachdem sie sich
solchergestalt von Egypten bemeistert, machten sie alle
Einwohner des Landes zu Sklaven, und erlaubten ih- *Demet.*
nen nichts als den Handel und den Ackerbau: Sich al- *Cant.*
lein behielten sie das Recht vor Waffen zu tragen, und *Soliman*
alle Aemter und Würden des Staates zu bekleiden. Ihre *I.*
Kriegsmacht bestund aus lauter schwer bewaffneten Reisigen. Jeder Cyrcaissier führte eine seinem Vermögen
angemessene Zahl berittener Mannschaft zu Felde. Die
reichsten Ritter machten das erste Glied aus; sie führten einen Harnisch von Eisenplatten, einen Helm und
einen Schild. Die andern, welche man als ihre Va-
B 5 sallen

(a) Demetrius setzt die Gründung dieses neuen Staates
in Saladins Zeiten; die übrigen Geschichtschreiber eignen
sie dem Melechsala zu, der Ludwig den IXten, König
in Frankreich, gefangen nahm. Es ist sehr wahrscheinlich, daß da sie durch den Saladin, der langwierige
Kriege führte, gebildet worden, sie sich erst unter dem
Melechsala empörten, welcher ermordet wurde. Sie
haben den Namen Mamelucken beybehalten, welcher
ihren Ursprung anzeigt, und so viel als Sklaven bedeutet. Die Cyrcassier sind immer und bis auf den heutigen Tag von den Türken als die besten Sklaven betrachtet worden. Die Männer werden eben sowol wegen ihrer Hurtigkeit und Stärke, als die Weiber wegen ihrer
Schönheit gerühmet.

fallen ansehen kann, waren nicht so wohl bedeckt. Statt der Helme hatten viele nichts als lederne Sturmhauben, welche aber stark genug waren, um sie vor dem Säbelhiebe zu schützen. Die schweren Reuter waren mit Lanzen, Schwertern und Keulen bewaffnet; ihre Begleiter führten Pfeil und Bogen. Man unterrichtete sie zu Cairo in allen Kriegsübungen, und sie wurden eher nicht unter die Truppen aufgenommen, als wenn sie sich in dieser Academie gebildet hatten. Da sie alle zu Pferde dienten, so nahmen sie Araber, Sprer, und andere ihnen unterwürfige Völker zu ihrer Infanterie.

Paul Jovius. Nichts kann der alten Lehnmiliz und der Verfassung der Ritterzeiten ähnlicher seyn. Was ihre Taktik betrifft, so findet man daß sie sich in starke und sehr tiefe Haufen ordneten, welches mit dem Gebrauche der alten Egyptier übereinstimmet, deren Stellart uns in der Cyropädie beschrieben wird.

Campson Gauri, der, wie oben gesagt worden, dem Anhalten seiner beiden Feldherren nachgab, in deren Sprache er nichts als Eifer und Tapferkeit zu finden glaubte, suchte die Türken auf, die er auf einer Ebene bey der Stadt Aleppo antraf. Er theilte sein Heer in vier Haufen. Der erste sollte unter der Anführung des Kayerbeg den rechten Flügel der Türken, der andere unter den Befehlen des Sibei ihre linke Spitze angreifen. Er stellte sich vor den dritten, wo sich der Kern seiner Reuterey befand. Dieser war ungefähr eine Meile (†) von den andern entfernet. Ein vierter Haufen

---

(†) Denn hier auch nur von einer Stundenmeile die Rede ist, ungeachtet der Verfasser sich des Wortes Mille bedienet.

fen, unter der Anführung des Gazelben sollte zum Rückhalte dienen. Diese vier Corps waren aus starken Schwadronen schwere Reuterey zusammen gesetzt, welche arabische Bogenschützen und einige leichte Reuter von eben dieser Nation bey sich hatten. Die Schlachtordnung war derjenigen ähnlich, welche Hunniades zu Varna machte; der Anfang des Treffens war auch eben so glücklich, und es nahm ein eben so widriges Ende. Die Geschichtschreiber stimmen wie gewöhnlich in den Umständen desselben nicht überein. Der Prinz Cantemir sagt, daß jeder von den beiden Verräthern einen Flügel anführte, und in eben dem Augenblicke da die Türken in Unordnung geriethen, zu ihnen überliefen. Aber der Fortsetzer des Chalcondilas, welcher genauer und ausführlicher ist, redet nur vom Kayerbeg, der zur rechten stund. (†) Sibes, der sich zur linken befand, umzog den feindlichen rechten Flügel, wo die Asiaten

---

bedienet, so ließe sich demnach aus der Folge vermuthen, daß die Entfernung des dritten Haufens nicht so groß gewesen. Dem vierten würde sie angemeßner seyn, welcher auch nach andern Berichten wirklich vom Campson, und hingegen der dritte vom Gazelbey angeführt worden, der die beiden ersten Corps unterstützen sollte. *Allgem. Welthist. Th. 27. S. 534.*

(†) Die Verschiedenheit, womit die türkischen sowol als die christlichen Geschichtschreiber diese Begebenheit erzählen, verbreitet über die Schlachtordnung selbst keine geringe Dunkelheit. Nach einigen führte nicht Sibes, sondern Gazelbey den linken Flügel an, und gieng zum Feinde über. Nach andern blieb er sowol als Sibes getreu, dessen Tapferkeit einmüthig gerühmt wird. Wenn Gazel- *Ebend.*

Asiaten stunden, und warf ihn gänzlich über den Haufen. Er verfolgte seinen Vortheil und fiel auf die Flanke der Janitscharen, welche Campson und Gazelbey von vorne her angriffen. Auf einmal ward Campson des Kupf. 1. Abfall des Kayerbeg mit allen seinen Völkern gewahr, die sich zu den Türken schlugen. Diese verruchte Treulosigkeit, welche den ganzen Rest des Heeres hätte abschrecken sollen, würkte grade das Gegentheil. Wuth und Verzweiflung bemächtigte sich der Gemüther. Es sey nun, daß die Circaßier von Rachbegierde oder von der Scham überwunden zu seyn, oder von der Furcht in die Hände ihrer Feinde zu fallen fortgerissen wurden, so thaten sie Wunder der Tapferkeit und jagten die Türken mit größtem Ungestüm gegen ihren Mittelpunkt. Es war ein Glück für den Selim, daß er an diesem Orte seine Macht verdoppelt, und vor die Vertiefung des halben Mondes eine Linie von seiner besten Reuterey, und von dem Kern der Janitscharen gestellet hatte. Diese dämpften durch ihr Musketenfeuer den rasenden Anfall der Feinde, trennten ihre Glieder und brachten sie in Verwirrung. Die Circaßier stutzen, lenken um, und ziehen sich zurück, um sich wieder in Ordnung zu stellen. Allein die türkische Reuterey läßt ihnen keine Zeit dazu. Mit der Schnelligkeit des Blitzes hauet sie auf allen Seiten in sie ein, und zersprengt ihre Glieder. Der Sultan von Schmerz und

---

bey ein Reservecorps anführte, und wie es heißt den Eides unterstützte, welcher geblieben seyn soll, so kann dieser Umstand die widersprechenden Erzählungen veranlasset haben.

und Wuth entflammet, suchet den Selim überall, um an ihm seine Niederlage zu rächen. Er stürzt sich mitten unter die Feinde und ruft ihm mit lauter Stimme; er schlägt als ein Verzweifelter um sich, stößt alles nieder, und verbreitet überall den Tod um sich her, bis er endlich sein Schwert nicht mehr halten kann, und vor Entkräftung zu Boden sinket. Man behauptet er sey todt gefunden worden, ohne daß man an seinem Leibe das geringste Merkmal einer Wunde wahrgenommen hätte. (†) *Demet. Cantemir.*

Die Geschichtschreiber haben die Stärke der beiden Armeen nicht angezeigt; man weis nur, daß die Mameluken gegen die Türken sehr schwach gewesen. (††) Gleichwohl war der Sieg in ihren Händen, und er hätte ihnen nicht entgehen können, wenn sie nicht wären verrathen worden. Campson verfiel in eben den Fehler, den Ladislaus zu Varna begieng. Es scheinet, daß er zu eben der Zeit, da seine beiden Flügel losbrachen, die Feinde in der Mitte angriff, welches er nicht hätte wagen sollen, sondern jene allein arbeiten lassen, um den Ausschlag abzuwarten. Dieser hätte nicht anders als vortheilhaft seyn können, wenn ihm beide Flügel getreu geblieben wären. Alsdann würde

─────────

(†) Andere melden mit mehr Wahrscheinlichkeit, er sey von den Pferden zertreten worden. Er war schon siebenzig Jahr alt, und dabey sehr fett und preßhaft: lauter Umstände, welche das Wunderbare dieser Anekdote vermindern.

(††) Auch dieses ist so gewiß nicht, weil nach einigen Berichten das mameluckische Heer dem türkischen beynahe gleich kam. *Allgem. Welthist. Th. 27. S. 521.*

würde die Niederlage des feindlichen Mittelheeres, welches zu gleicher Zeit auf der Flanke und an der Spitze wäre angegriffen worden, unausbleiblich erfolget seyn. Wäre er in der erstgedachten Stellung geblieben, so hätte ihm freylich der Uebergang seines rechten Flügels, der sich gegen ihn kehrte, den Sieg unmöglich gemacht; allein er hätte doch wenigstens den Rest seiner Armee retten können. Seine Linke siegete, und die ganze feindliche Reuterey war auf dieser Seite getrennet; es wäre ihm also leicht gewesen mit seinem Rückhalt zu diesem Theile zu stossen, und sich in der schönsten Ordnung zurück zu ziehen. Der große Haufen der türkischen Reuterey war zu weit entfernt, um ihn daran zu hindern; dieses war ihm aber auf dem Plaze nicht mehr möglich, wohin er sich gewaget hatte. Als er die Beredtherey der Seinigen bemerkte, war er in der Tiefe des halben Mondes im Gefechte verwickelt, wo er mit den besten türkischen Truppen zu thun hatte, welches er leicht hätte vermeiden können. Sogar sein Rückhalt, welcher hätte dahinten bleiben sollen, war zu ihm gestossen; er konnte sich auf keine Art mehr helfen. Der linke Flügel nebst den Rebellen hatte ihn umzingelt; es blieb ihm nichts übrig als zu sterben, oder sich einen Weg durch ganze Ströme von Feinden zu bahnen, die von allen Seiten heran stürmten. Er hatte auch zur Bewachung seines Lagers ein fünftes Corps zurück gelassen, welches zu nichts diente, und ihm doch sehr viel hätte nützen, wo nicht gar ihn völlig retten können, da seine Truppen mit so viel Muth und Unerschrockenheit fochten. Man siehet wohl, daß dieser Fürst durch ein widriges Verhängniß ins Ver-

derben

derben gestürzt wurde; man muß aber auch gestehen, daß ein wenig zu viel Eigendünkel und Geringschätzung seiner Feinde ihn gehindert, seinem Unglücke auszuweichen, und von seiner vortreflich ausgedachten Schlachtordnung auch nur einigen Vortheil zu ziehen.

Die Frucht dieses Sieges war die Eroberung von Syrien, wo alle Städte dem Ueberwinder ihre Thore öffneten. Allein Selim schränkte seinen Ehrgeiz nicht darauf ein; er wollte den ägyptischen Thron umstürzen, und richtete bald darauf seinen Weg nach diesem Lande. Die aus der Niederlage entronnenen Mamelucken hatten sich dahin geflüchtet. Nachdem sie über den Zustand ihrer Sachen zu Rathe gegangen, wählten sie einen neuen Sultan in der Person des Tomurs oder vielmehr Tuman-Bey, der aus einem der ältesten cyrcassischen Geschlechte abstammte. Dieser Prinz, welcher alle Eigenschaften eines Helden besaß, war ein Oberhaupt, wie man es bey den damaligen Umständen brauchte. Er berief alle in Egypten zerstreute Cyrcaßier zusammen, warb frische Truppen an, und nachdem er ein Heer von vierzig tausend Mann aufgebracht, welches er nach Möglichkeit abrichtete, so lagerte er sich bey dem Flecken Matharea unweit Rhodania auf der Heerstrasse nach Groß-Cairo. Er schlug sein Lager auf einem Erdreiche, wo seine beiden Flügel wohl beschirmet waren. Vor seiner Fronte ließ er einen breiten Graben aufwerfen, den man mit leichten Hürden und aufgeschütteter Erde zudeckte, und das ganze Hintertheil des Grabens wurde mit seiner Artillerie besetzt. Diese Stellung schien furchtbar, und

schickte

schickte sich für zusammengraffte und meistens neugeworbene Truppen. Allein das Verhängniß dieser Fürsten wollte, daß sie jederzeit verrathen wurden, und die Vorsicht, welche die Dauer der Königreiche bestimmet, hatte den Fall des gegenwärtigen beschlossen. Selim, der durch Ueberläufer von allem, was vorgieng, berichtet war, hütete sich wohl, auf die Fronte der Egyptier loszugehen, sondern schwenkte sich links und zog sich um einen Berg, der ihren rechten Flügel unterstützte. Kaum wurde Tuman-Bey dieses Marsch der Türken gewahr, so erkannte er, daß er verrathen worden. Er änderte plötzlich seine Schlachtordnung, welches aber wegen der Größe seiner Schwadronen und Phalanken ohne große Verwirrung nicht geschehen konnte. Seine Artillerie war auch sehr plump und schlecht aufgesetzt. Er hatte lauter grobe Stücke, deren Laveten weiter nichts als zusammen gefügte Klötze waren, die auf Rollen lagen. (a) Aller dieser Schwierigkeiten ungeachtet war das Treffen hartnäckig und überaus blutig. Die Araber, deren Anzahl groß war, brachten anfänglich den rechten Flügel der Türken in Unordnung; der Sultan selbst griff mit seiner Reuterey das Corps der Spahis und Janitscharen an, welche in überaus tiefen Rotten das Mitteltreffen ausmachten. Als Tuman-Bey nach vielen vergeblichen Bemühungen die Schlacht verlohren und seine meisten Hauptleute getödtet sah, bahnte er sich mit dem Degen

---

(a) Die Morgenländer haben die Artillerie erst lange nach den Europäern kennen gelernt. Als sie den Gebrauch derselben einführten, waren ihre Stücke von ungeheurer Größe.

gen in der Faust einen Ausweg, und entwich mit einer auserlesenen Schaar, die ihm zur Leibwache diente. Der Verlust der Türken war beträchtlich, aber die Niederlage der Circassier war allgemein. Sie hatten das gewöhnliche Schicksal einer Armee, welche unvermuthet auf ihrer Flanke angegriffen wird, und nicht Zeit hat ihre Schlachtordnung zu ändern.

Die schwere circassische Reuterey, welche aus lauter unterschrockenen Leuten bestund, war unvergleichlich; allein ihre Schwadronen waren zu stark, um sich leicht bewegen und entwickeln zu können. Obgleich die türkischen auch sehr dick waren, so konnten sie dennoch gegen jene klein heißen. Der Unterschied ihrer Rüstung machte sie auch weit behender, und im Fall einer Trennung ließen sie sich weit leichter wieder vereinigen. Die Lanzen der Circassier konnten sie aufhalten so lange die Glieder gerade und wohl geschlossen waren, und sie von vorne her angegriffen wurden. Sobald sich aber eine Trennung zeigte, schossen die Türken als ein Strom in die Oeffnungen, und dann war es ihnen nicht möglich den Zusammenhang herzustellen. Hier sehen wir diese tapfern Reisigen plötzlich durch das Musketenfeuer der Janitscharen aufgehalten. Eben das hat man in dem vorhergehenden Treffen und in dem bey Zalderan gegen die Perßaner bemerket. Bey vielen Schlachten jener Zeit zwischen den nämlichen Völkern habe ich ein gleiches wahrgenommen. Wie kann man also behaupten, daß das Feuer der Infanterie gegen die Reuterey von schlechter Wirkung sey? Diejenigen welche sich einen so falschen Wahn in den

II. Theil.   C   Kopf

Kopf gesetzt und ihn auf ein paar einzelne Fälle gestützt haben, woraus sich nichts schließen läßt, würden in dieser Geschichte nicht mehr Gründe finden als in andern, welche überall von gegentheiligen Beweisen wimmeln. Ich kann der Versuchung nicht widerstehen auch hier anzumerken, daß man bey allen diesen Völkern und in allen Zeiten zweyerley Arten von Reuterey, eine leichte und eine schwere antrifft, welche gemeinsamlich fochten. Dieser Gebrauch ist jederzeit von den streitbarsten Völkern, als den Parthern, Sarmaten und Hungarn befolgt worden, welche sowol als die übrigen europäischen Nationen ihre geharnischten Reißigen und ihre leichte Cavallerie hatten, die wir jetzt Hussaren nennen. Die Türken haben ihre Akangis, ihre Ugalats und ihre Freywilligen, die sie als die verlohrnen Kinder dienen lassen, und gemeiniglich vor die Linie der Spahis hinwerfen; der tartarischen Schaaren nicht zu gedenken, welche bestimmt sind den Feinden in die Flanken und in den Rücken zu sprengen. Wenn man ihre Stellordnung überhaupt betrachtet, so kann man ohne Mühe die Grundsätze einer guten Taktik und der Kriegswissenschaft darinnen erkennen. Es gibt keine Schlachtordnung, welche nicht mit einer oder der andern Stellart des Vegez, oder mit der älianischen Anordnung der Phalanx übereinstimmte; allein das Feine der Kunst war ihnen unbekannt, und ihren Truppen fehlte es an einer guten Kriegszucht sowol als an einer guten Stellordnung der einzelnen Theile, welche ohne ihre Festigkeit aufzuheben sie leichter, geschmeidiger und fähiger gemacht hätte sich wechselseitig zu unterstützen.

Die

Die Türken haben in ihren Schlachtanstalten beynahe durchgängig die nämlichen Gebräuche beobachtet. Indessen muß man sich doch nicht einbilden, daß ihre Schlachtordnung immer einen halben Zirkel vorstellet. Dieses würde oft sehr gefährlich seyn, außer bey Gelegenheiten, die dem Vorgange bey Nicopolis gleichen. Da ihre Heere gemeiniglich sehr zahlreich sind, so krümmen ihre Flügel, wenn sie über die feindlichen hinaus ragen, sich ein wenig vorwärts, damit sie dieselben desto leichter umklammern können, indeß daß die Tartarn sich an den Endspitzen ausdehnen. Ob sie gleich die Gewohnheit haben die Janitscharen in die Mitte zu stellen, so gehen sie doch bisweilen von dieser Anordnung ab. In der Schlacht bey Hersan machte 1684. der Großvezier, der über die Draw gegangen war, um die unter den Befehlen des Herzogs Karl von Lothringen und des Churfürsten von Bayern stehende kaiserliche Armee anzugreifen, folgende Anordnung: In den Mittelpunkt und auf die Linke stellte er seine Landtruppen, nämlich die europäische und asiatische Miliz, so daß die Neuangeworbenen und schlechtesten gegen seine Linke stunden, und von kleinen Haufen Janitscharen unterstützt wurden. Weil er aber blos die Absicht hatte den Herzog von Lothringen auf dieser Seite zu äffen, so stellte er alle Corps der Janitscharen und seine beste Reuterey zu seiner Rechten. Da der Herzog solches zum guten Glücke wahrnahm, so hatte er noch Zeit verschiedene Regimenter des zweyten Treffens von dem rechten Flügel und dem Mittelheere weg zu ziehen, und damit den Churfürsten zu verstärken, welcher ohne die Ankunft dieser Truppen hätte unterliegen müssen. Die-

Einleitung

demnach wurde die Schlacht zwischen dem rechten Flügel der Türken und dem linken der Kaiserlichen entschieden, welche einen vollkommenen Sieg erhielten.

Wenn die Türken mit einer verschanzten Armee zu thun haben, so richten sie ihren Angriff zuweilen eben so ein, als wenn es eine Festung wäre; sie nähern sich *Toynox.* in verbundenen Laufgräben, * und formieren große Parallelen, worauf sie Kanonen pflanzen, um Bresche zu schießen und Sturm zu laufen. Dieser Gebrauch ist ihnen aber bisher nicht sonderlich gelungen. Auf solche Art belagerten sie den Prinzen Eugen in seinem Lager bey Belgrad. Sie waren mit ihren Arbeiten bis auf einen Pistolschuß von den Verschanzungen vorgerückt, und bereiteten sich den Graben in der ganzen Länge ihrer Parallele mit großen Schanzkörben (a) auszufüllen, als der Prinz Eugen den Entschluß faßte sie anzugreifen. Er rückte um zwey Uhr nach Mitternacht in größter Stille aus seinen Linien, und stellte sich funfzig Schritte vor dem Graben seiner Verschanzungen. Kaum war sein erstes Treffen aufgebrochen, als ein

---

(a) Die Schanzkörbe sollten vor ihnen her gerollt werden, und ihnen zur Bedeckung dienen. Allem Ansehen nach hat dieses dem Ritter Folard auf den Einfall seiner dicken und langen mit Baumblättern oder Dünger ausgestopften Zwilchsäcke gebracht; die er in eben so viel Parallelgliedern, als zur Ausfüllung nöthig sind, vor sich her schieben läßt. Man bedient sich auch großer Ballen zusammengebundener Faschinen. Der Ritter schlägt auch tragbare Brücken vor, um solche über die Gräben zu werfen. Man kann dergleichen Hülfsmittel, welche bey so blutigen Vorfällen die Arbeit abkürzen, als genug anpreisen.

ein Trupp Reuter des rechten Flügels, die sich verirret hatten, auf einen Laufgraben der Feinde stieß, welche auf sie schossen. Dieses war die Losung zum Treffen, welches hier anfieng, und sich in kurzem über die ganze Fronte verbreitete. Die Türken, die sich keines solchen Ueberfalles vermutheten, geriethen in Verwirrung. Indessen machten sie sich dennoch eine Oeffnung zu Nutze, welche sie in der Mitte des feindlichen Heeres erblickten, und plötzlich warfen sie sich mit großem Ungestüm hinein; allein der Prinz Eugen verjagte sie mit den Truppen seiner zwoten Linie, die er in größter Eile vorrücken ließ. Auf der Linken hatten die Bayern eine große Batterie erobert, die sie so gleich gegen die Feinde kehrten. In kurzem erklärte sich der Sieg für die Kaiserlichen, welche auf allen Seiten in das türkische Heer einbrachen und dasselbe bis in sein Lager verfolgten, wovon sie sich Meister machten. Die allzu große Sicherheit des Großveziers war Schuld an seinem Verderben. Er wußte daß die Kaiserlichen vieles durch Krankheiten erlitten hatten; er glaubte sie wären aufs äußerste gebracht, und im Begriffe um Quartier zu bitten; es kam ihm daher gar nicht in den Sinn, daß sie die Kühnheit haben würden ihn anzugreifen. Dieser übermüthige Wahn machte ihn so fahrläßig, daß die erste Linie der Kaiserlichen ausgerückt war, ehe die Türken es merkten, obgleich ihre letzte Parallele dichte vor den Verschanzungen lag. Da das Treffen erwehnter maßen durch einen Irrthum seinen Anfang nahm, so hatte die zwote Linie nicht Zeit sich zu stellen, und je nachdem die Truppen aufmarschierten, mußten sie auch angreifen. Diese Schlacht, welche

che nicht minder wegen der großen Niederlage der Türken, als wegen ihrer sonderbaren Umstände berühmt ist, kann als ein starker Ausfall aus einer belagerten Festung betrachtet werden, weil die Kaiserlichen, welche zwar Belgrad belagerten, in der That auch ihrerseits eine Belagerung gegen das türkische Kriegsheer aushielten.

Wenn man sich in solchen Umständen befindet, so muß man ihnen niemals Zeit lassen den Graben auszufüllen und einen Sturm zu wagen. Der Prinz Eugen wußte wohl, daß er verloren wäre, wenn er ihnen nicht zuvorkäme. Auf gleiche Art betrug er sich zu Peterwaradein, und schlug sie wieder. In dem Lager bey Zurauno gieng Sobirsky durch Gegenlaufgraben auf sie los; allein es geschah blos ihre Arbeiten aufzuhalten. Seine Absicht war sie anzugreifen, wenn nicht unterdessen der Friede wäre geschlossen worden. Zu diesem Ende hatte er vor seiner Verschanzung eine Redoutenlinie aufgeworfen, um seine Schlachtordnung zu decken und zu unterstützen.

Zweytes Hauptſtück.

Schlacht bey Alcazar zwiſchen den Portugieſen und Mohren.

Die Mohren oder Mauren deren größte Macht in einer ſehr zahlreichen Reuterey beſtehet, ordnen ſich nach eben den Grundſätzen wie die Türken, und bedienen ſich gleich ihnen des halben Mondes. Wir finden davon ein merkwürdiges Beyſpiel in jener Schlacht, wo Don Sebaſtian, König in Portugall, mit ſeiner ganzen Armee zu Grunde gieng. Dieſer junge ehrgeizige Monarch, der aber mehr Tapferkeit als Vorſicht beſaß, faßte gegen das Gutachten ſeiner weiſeſten Räthe den Anſchlag, Afrika mit Krieg zu überziehen. Die bürgerlichen Unruhen welche im Königreiche Marocco ausgebrochen waren, gaben ihm einen Vorwand dazu, und ſchienen ihm eine günſtige Gelegenheit ſich Ruhm zu erwerben. Muley-Mahomet hatte nach dem Tode ſeines Vaters Abdallah den Thron beſtiegen; allein ſein Oheim Muley-Moluk (†) behauptete, daß die Krone ihm zugehörte. Er ſtützte ſich auf eine alte Verfügung der Scheriſs, welche die Brüder des regierenden Fürſten, mit Ausſchließung ſeiner eigenen Kinder, zu Thronerben

(†) Er führet auch den Namen Abdemelec.

erben erklärte. Er machte sich einen starken Anhang, und gewann drey große Schlachten gegen den Mahomet, welcher aus seinen Staaten vertrieben wurde. Dieser beraubte Prinz kam nach Lissabon, und flehete den Don Sebastian um Beystand an. Er beredte ihn, daß er seines widrigen Schicksals ungeachtet noch eine große Menge von Anhängern hätte, welche bereit wären ihm beyzutreten, so bald sie nur von einer fremden Hülfe unterstützt würden. Wenn Sebastian ihm beystehen wollte, so versprach er ihm alle die Bedingungen einzugehen, die er ihm auferlegen würde, und sogar in Zukunft sein Reich von der Krone Portugall zu Lehn zu tragen. Don Sebastian dem diese Vorstellungen schmeichelten, ward noch über dieses durch den Bewegungsgrund der Religion und durch das Bild des Ruhmes angereizt, den er sich erwerben würde, wenn er das Panier des Kreuzes in Afrika aufpflanzte, so wie seine Vorfahren es nach Indien gebracht hatten.

Die Portugiesen genossen in Europa schon bey hundert Jahren eines vollkommenen Friedens; sie waren mit neuen Entdeckungen auf der See beschäftigt, und hatten in allen dreyen Welttheilen Eroberungen gemacht und Pflanzungen angelegt. Da sie alle ihre Aufmerksamkeit auf diese Seite wandten, so hatten sie ihren eigenen Staatskörper verwahrloset, die Kriegskunst war ihnen fast gänzlich unbekannt, das Königreich ohne Truppen, der Adel durch den Müßiggang und noch mehr durch die Pracht und das Wohlleben entnervet, welches die gewöhnlichen Folgen eines allgemeinen

Wohl-

Wohlstandes und einer blühenden Handlung sind. Der König, ohne diese Umstände zu erwegen, welchen anders nicht als durch die Zeit abgeholfen werden konnte, machte sich anheischig dem Mahomet binnen Jahres, frist zu Hülfe zu kommen. Er nahm einige deutsche und italiänische Fußvölker in Sold, welche den Kern seines Heeres ausmachten. Die in seinem Lande geworbenen Truppen waren schlecht abgerichtet, weil es an tauglichen und erfahrnen Officieren fehlte. Indessen gab er sich doch alle Mühe sie in den Waffen zu üben, und es würde ihm unstreitig gelungen seyn, wenn man ihm besser an die Hand gegangen wäre. Er zählte auch auf eine Hülfe vom König in Spanien, welcher ihm nicht mehr als tausend Fußknechte sandte. Endlich versammelte er ein Heer von zwölf tausend sechs hundert Mann zu Fuß, und fünfzehn hundert Reutern, womit er sich vornahm den mächtigsten Fürsten und den größten Feldherrn von Africa zu besiegen.

Er landete zwischen Tanger und Artilla, (a) wo er 1578. sich verschanzte und wegen der weitern Unternehmungen Kriegsrath hielt. Die Vernünftigsten schlugen vor, man sollte sich wieder einschiffen, um nach Larache, einer schlecht beschützten Seestadt, zu segeln, welche den Mohren zugehörte und zwanzig Meilen von da gegen Süden lag. Es wäre den Portugiesen leicht gewesen sie zu erobern, einen Waffenplatz daraus zu machen, und von dannen tiefer ins Land zu bringen. Ihre Schiffe, welche Meister vom Meere waren, hätten

(a) Diese beyden Plätze gehörten damals den Portugiesen.

ten ohne Gefahr die aus Spanien oder Portugall gehohlten Lebensmittel und Kriegsbedürfnisse daselbst ausladen können. Allein der hitzige, unerfahrne und von sich selbst eingenommene König zeigte so viel Ungeduld ins Feld zu rücken, daß die meisten Höflinge entweder aus Schmeicheley oder aus Furcht ihm zu misfallen die Wiedereinschiffung zu misbilligen schienen. Da der Zug aber gleichwol nach Larache gehen sollte, und die Armee zu diesem Ende über den Fluß Lixe oder Lixa (a) setzen mußte, so war man genöthiget sich landeinwärts zu schlagen um eine Furth zu suchen, oder um die Brücke bey Alcazarquivir zu erreichen, wohin keiner den Weg wußte, und welche abgeworfen oder besetzt seyn konnte. Zudem hatten sie keine Nachricht von dem Marsch der Feinde. Ein dritter Vorschlag, welcher die beiden vorigen hätte vereinigen können, gieng dahin, man sollte längs dem Ufer des Meeres fortziehen, sich auf der Landseite durch eine Kette von Wagen bedecken, und die Schiffe, deren man sich zur Ueberfahrt des Flusses bey seiner Mündung bedienen wollte, neben her segeln lassen. Das widrige Verhängniß des Königes behielt gegen die besten Anschläge die Oberhand, und der Eigensinn trug auch das Seinige bey ihm zu überreden.

Alphonsus, Graf von Vimioso, war sein Kammerherr und Günstling gewesen. Die Ränke der Höflinge hatten es so weit gebracht, daß er verwiesen wurde; er war aber wieder zu Gnaden gekommen, ohne den Vorsatz

---

(a) Ptolemäus nennet ihn Lixos.

Vorsatz auszugeben seinen Schimpf zu rächen. Er glaubte, wenn die Armee sich so tief ins Land hinein zöge, daß ihr die Lebensmittel ausgiengen, so würde er diesen Fehler auf diejenigen unter seinen Feinden werfen können, welche das Proviantwesen zu besorgen hatten. Sollte aber die Sache gut ablaufen, so wollte er bey seinem Herrn das ganze Verdienst dieses Anschlages sich allein beylegen. Endlich faßte der König diesen unglücklichen Entschluß, und der Marsch nach der Brücke ward angetreten.

Indessen versammelte Moluk, der von den Absichten des Königs in Portugall unterrichtet war, seine ganze Macht, und begab sich nach Temisnam, wo er in eine gefährliche Krankheit fiel, welches ihn jedoch nicht hinderte seinen Weg bis nach Salee fortzusetzen. Hier vernahm er die Landung und den Anzug der Portugiesen. Dieser eben so geschickte als verschlagene Fürst suchte den Sebastian durch eine verstellte Furcht in seiner Zuversicht zu bestärken. Er ließ ihm Friedensvorschläge thun, welche, so vortheilhaft sie auch waren, verworfen wurden. Er schickte einige Reuterschaaren voraus, um die Portugiesen zu beunruhigen; allein ihre Anführer hatten Befehl nicht Stand zu halten, sondern bey der geringsten Gegenwehr zu fliehen. Ob gleich seine Krankheit täglich schlimmer wurde, so wollte er dennoch das Commando nicht abgeben. Er verfolgte seinen Marsch und stieß sechs Meilen von Alcazarquivir (a) zu seinem Bruder Muley-Hemet, dem

Statt-

(a) Eine Stadt, die ungefähr eine Tagreise von der Brücke liegt, welche die Portugiesen suchten.

Statthalter von Fez, welcher ihm die Truppen dieses Königreiches zuführete. Hier verweilte er so lange als es nöthig war, um den Portugiesen Zeit zu laßen vorzurücken und sich im Lande zu vertiefen. Sein Vorhaben war ihnen die Lebensmittel abzuschneiden, sie durch öftere Lermen abzumatten und nach und nach aufzureiben, aber kein Treffen zu wagen, es sey denn daß er dazu gezwungen würde. Als er ihre Ankunft vernahm, näherte er sich der Brücke, gieng hinüber und lagerte sich an einem Orte, den er zu einem Schlachtfelde für seine zahlreiche Cavallerie am tauglichsten achtete.

Die Portugiesen hatten über den Mucazen, einen kleinen Fluß, gesetzt, der sich in die Liza wirft. Sie rückten bis an einen Bach vor, über welchen sie giengen: als sie aber die Nachbarschaft des Feindes wahrnahmen, kehreten sie zurück und lagerten sich am andern Ufer. Dieser unvorsichtige Marsch des König Sebastians war eine Folge seiner Unerfahrenheit und seines Eigendünkels; zween Fehler die der Jugend nicht selten ankleben. Nun aber schien er einzusehen, daß er sich zu weit gewaget hatte; allein die meisten von denen welche ihm anfangs abgerathen, fanden viele Schwierigkeiten bey einem Rückzuge: und da der Mangel an Lebensmitteln nicht zu zaudern erlaubte, so waren sie die ersten, die zur Lieferung einer Schlacht stimmten. Der König der die Schande nicht haben wollte zurück zu weichen, fiel ihrer Meynung bey, obgleich verschiedene andere die Beschwerlichkeiten eines Rückzuges der Gefahr eines allzu ungleichen Treffens vorzogen.

Bisher

Bißher ſieht man in dem ganzen Betragen des Königs in Portugall nichts als eine verwegene Kühnheit und einen ſtäten Wankelmuth; woraus erhellet, daß ſeine Entwürfe mit mehr Hitze als Ueberlegung und Klugheit gemacht worden. Unter allen ſeinen Portugieſen fand ſich nicht einer, der die Bewegungen der Armee zum Lagern, Marſchieren oder Schlagen anzuordnen wußte, und die Fremden, welche die Fähigkeit dazu gehabt hätten, wurden nicht angehört. Das Jahr zuvor hatte der König in Spanien einen Hauptmann Namens Franz von Aldana nach Africa geſchickt, um das Land ſowol als die Seeplätze der Mohren auszuſpähen. Dieſer Officier hatte bey ſeiner Rückkunft den Don Sebaſtian von allem benachrichtigt, welcher ihn mit einer goldenen Kette beſchenkte, und von jenem das Verſprechen erhielt, daß er ſich zur rechten Zeit zu ſeinen Dienſten einfinden wollte. Aldana hielt ſein Wort, und kam am zweyten Tage des Marſches zur Armee. Das Vertrauen welches der König in ihn geſetzt hatte, machte daß er ſeinen Rath anhörte; er verbeſſerte die bemerkten Fehler ſo gut er konnte, und wurde von einem Ingenier Namens Philipp Terzi unterſtützet. Aller Wahrſcheinlichkeit nach hat er die letzte Schlachtordnung entworfen, oder doch vielen Antheil daran gehabt. (a)

Die

(a) Ich habe die Umſtände dieſes Treffens aus den zeitverwandten Geſchichtſchreibern gezogen, welche ſie ſo wie alle Kriegsbegebenheiten, das iſt, mit vieler Dunkelheit erzählen. Man muß mit ihrer Sprache bekannt ſeyn, wenn man ſie verſtehen will.

Die Infanterie wurde in drey Linien gestellet. Die erste war in drey Corps abgetheilt, welche ein wenig von einander abstunden. Das zur Linken begriff die Spanier und Italiäner, das zur Rechten die Deutschen, und das Mitteltreffen die portugiesischen Abentheurer * oder Freywilligen. Diese Linie hatte mehr Ausdehnung als die beiden übrigen, welche sie zur Rechten überflügelte. Es scheint daß die andere zwey Abschnitte hatte; sie bestund so wie die dritte aus lauter Portugiesen. Die auf den beiden Flügeln vertheilte Reuterey bog sich winkelförmig zurück, welches die Schlachtordnung einem Viereck ähnlich machte. Muley-Mahomet wurde mit seinen wenigen Mohren hinter den rechten Flügel gestellt, wo er das Gepäcke bedeckte, das man auf diese Seite zwischen die Reuterey und die Fußvölker geordnet hatte. Es ist zu glauben, daß sie sich blos darum damit beschwerten, weil es nicht möglich war den Troß an einem versicherten Orte zu lassen; sie würden aber wenigstens einigen Vortheil davon gezogen haben, wenn sie denselben zur Bedeckung der Infanterieflanken gebraucht hätten, anstatt daß er da wo er stund, blos im Wege war, und die Unordnung des Gefechtes vermehrte. Allein die Schlachtanstalten mußten ja wohl mit der Unbesonnenheit zusammen reimen, welche bisher die ganze Unternehmung gelenket hatte.

* Aventuriers.

Kupf. 2. Fig. 1. Muley-Moluk hatte vierzig tausend tapfere und verfluchte Reuter, welche aber durch die Geschicklichkeit ihres Anführers noch weit furchtbarer wurden. Seine Infanterie belief sich auf keine zehn tausend Mann. Er stellte

stellte sie auf drey Linien in die Mitte: die erste bestund aus den Andalous, das ist aus ehemaligen Einwohnern von Spanien, woraus sie verjaget worden; die zwote aus Türken (†) und Renegaten, die dritte aus Afrikanern. Auf jeden Flügel stellte er zehn tausend auserlesene Reuter, welche sich mondsförmig umbogen. Hinter diese warf er alle seine übrige Reuterey, die in verschiedene Linien geordnet wurde. Er hatte auch viel Araber und Abentheurer, in die er ein schlechtes Vertrauen setzte, weil sie geschickter waren zu rauben als zu fechten. Er stellte sie auf die Flanken und in den Rücken. Vier und dreyßig Kanonen waren auf die ganze Fronte vertheilet. In dieser Verfassung erwartete er die Portugiesen. Das Schlachtfeld war eine große Ebene, Tamita genannt. Auf diesem weiten Schauplatze, der schon mehr als einmal mit Blute gefärbet worden, sollte sich nun auch das Schicksal zweener Monarchen entscheiden.

Der mohrische König, der durch eine langwierige Krankheit entkräftet war, fühlte daß sein Ende heran nahete. Dem ungeachtet stellte er selber seine Truppen, und gab seine Befehle mit so viel Gegenwart des Geistes, als wenn er bey voller Gesundheit gewesen wäre. Er war sogar darauf bedacht den Zufällen vorzukommen, welche ihm den Sieg entreißen konnten, wenn er während des Treffens den Geist aufgeben sollte. Er befahl seinen Tod zu verbergen, und daher sollten die Adjutanten wie gewöhnlich an seine Sänfte kommen

(†) Der Sultan Selim II hatte ihm einige Hülfsvölker zugeschickt.

men und sich anstellen, als ob sie seine Befehle abhohleten. Hierauf ließ er sich durch alle Glieder tragen, wo er durch seine Gegenwart sowol als durch Zeichen die Soldaten aufmunterte, für die Vertheidigung ihres Vaterlandes und ihrer Religion mit tapferm Muthe zu streiten.

Indessen hatte die christliche Armee über den Bach gesetzt, der sie bedeckte, und rückte in voller Schlachtordnung an. Obgleich die Fronte der Ungläubigen sich ziemlich weit ausdehnte, so schien sie doch nicht was sie in der That war, weil die Krümmung sie von weitem verminderte, und die Verdopplung der hinter einander stehenden Linien verbarg ebenfalls einen Theil ihrer Stärke. Die Portugiesen welche die List dieser Stellung nicht kannten, giengen immer gerade auf die Höhlung zu; Maluk ließ sie anrücken. Als er sie nahe genug fand um sie zu umzingeln, befahl er das Zeichen zu geben, auf welches alle hinter den Flügeln stehende Cavallerielinien sich rechts und links ausdehneten, und einen Ovalkreis bildeten, in welchem sie das christliche Heer völlig einschlossen. So bald die beiden Entspitzen des halben Mondes sich berührten, zogen die Mohren den Kreis enger zusammen, wozu sie vollkommen abgerichtet waren, und zu gleicher Zeit begunnte ihr grobes Geschütz vorzuspielen. Einige Soldaten, die in den Gliedern niedergeschossen wurden, machten die Portugiesen stutzig, für welche diese Scene ganz neu war, und davon die meisten sich bey jeder Salve zur Erde warfen. Der König ermunterte sie durch sein Beyspiel sowol als durch seine Reden, und brachte sie

in

in eine bessere Fassung. Weil er aber fürchtete sie möchten noch erschrockener werden, wenn sie den Verheerungen der Kanonen länger ausgesetzt blieben, so ließ er zum Angriffe blasen. Die Infanterie rückte zu beiden Seiten mit vieler Entschlossenheit vor: Die Andaloús, welche durch Haß und Rachsucht angefeuert waren, thaten nach einigen Salven aus dem kleinen Gewehre den ersten Angriff; sie warden aber durch das Vordertreffen der Christen, welches fast aus lauter versuchten Ausländern bestund, die weit geübter waren als die Portugiesen, zum Weichen gebracht. Sie wiederhohlten den Angriff mit ihrer zwoten Linie, welche in die Zwischenräume ihrer Schlachtordnung eingetreten war; sie wichen zum zweyten mal und kamen durch die Afrikaner verstärkt von neuem zurück. Diese wurden durch zwey Corps Reuterey zum Streiten gezwungen, welche in ihrem Rücken stunden, und Befehl hatten alle Flüchtlinge niederzuhauen. Indem dieses auf der Fronte vorgieng, hatte die Reuterey der beyden Flanken die ersten Schwadronen, die ihnen vorkamen, angegriffen und über den Haufen geworfen. Der Herzog von Aveiro, der den rechten Flügel anführte, und der Scherif Muhomet mit seinen Mohren, fiengen schon an diese ganze Seite in Verwirrung zu bringen. Muley-Moluk, der seine Leute fliehen sah, gerieth in einen wüthenden Zorn; er sammelte seine Kräfte, und so abgekehrt er auch war, ließ er sich dennoch auf ein Pferd setzen, um sie in Person zurück zu führen. Seine Begleiter warfen sich ihm in den Weg, um ihn daran zu hindern. Dieser Widerstand entrüstete ihn; er zog den Säbel, um sie zu entfernen. Als aber diese

II. Theil.   D   letzte

letzte Anstrengung seine noch übrigen Lebensgeister erschöpft hatte, sank er in eine Ohnmacht; man hob ihn wieder in seine Sänfte, wo er einen Augenblick darauf verschied, indem er den Finger auf den Mund legte, um dadurch anzudeuten, daß man seinen Befehlen nachkommen sollte. Ein bewundernswürdiger Heldenmuth dieses barbarischen Königes, der seine Entwürfe in Hinsicht auf sein Ende machte, und noch im letzten Augenblicke des Lebens seine Befehle darnach richtete. Sein Tod wurde geheim gehalten, wie er es verordnet hatte. Die Mohren sammelten sich wieder und die Reuterey des Herzogs von Aveiro, welche der Menge weichen mußte, wollte ihren ersten Posten wieder einnehmen. Allein der Rücken war nun nicht mehr frey, und das christliche Heer kam auf allen Seiten ins Gedränge. Der Herzog wurde mit seinen Schwadronen auf die Deutschen zurück geworfen, die er in Unordnung brachte. Ein gleiches hatte sich auf der Linken ereignet, wo die Reuterey zwar anfänglich einen Vortheil erhielt, aber bald darauf zurück geschlagen und in die Infanterie gesprengt wurde. Nun zerrissen die Glieder, und überall war nichts als Schrecken und Verwirrung. Der König gab sich alle Mühe die Ordnung herzustellen; allein vergebens. Die Bestürzung hatte zu sehr überhand genommen, und seine Truppen waren zu ungeübt. Sie warfen einander selbst über den Haufen, und diejenigen, welche dem Feinde die Spitze bieten oder sich wieder vereinigen wollten, wurden gleich wieder getrennet und durch die Menge fortgerissen. Der Feind drang auf allen Seiten heran und trieb sie in die Enge. Bald sah man nichts mehr als

ein

ein gräßliches Gewühle von Fußvolk, Reuterey und Trosse, die unter einander vermenget und auf einen kleinen Raum zusammen gehäuft waren. Die Mohren und Araber drangen mit dem Säbel in der Faust hinein; die Tapfersten verkauften ihr Leben theuer; aber alle bis auf einige wenige mußten über die Klinge springen. Der König wurde, wie man glaubt, gefangen, und von einigen Mohren niedergehauen, die sich um ihn stritten. Muley-Mahomet, des Moluks Widersacher, flüchtete sich mit einigen seiner Leute, und ersoff in dem Mucazen. (†) So endigte sich dieses Treffen, worinnen drey Könige und die Häupter der beiden Armeen umkamen, welches sich vielleicht noch niemals ereignet hatte. Sebastian war an diesem denkwürdigen Tage mehr Soldat als General. Dieser Prinz besaß vortreffliche Eigenschaften; es fehlte ihm aber noch an der Klugheit und an den Einsichten, welche zur Ausführung großer Entwürfe nöthig sind. Seine Jugend, sein Muth und seine Ruhmbegierde stürzten ihn unbedachtsamer weis in eine Unternehmung, welche alle Fähigkeiten eines alten Feldherrn und eine weit stärkere Macht erforderte, als diejenige war, so er nach Afrika führete. (a)

Anmerkungen.

Die Schlachtordnung der Portugiesen war derjenigen schnurstracks zuwider, die sich auf den gegenwärtigen Fall geschickt hätte. Ihre kleine Anzahl, welche

---

(†) Andere sagen in einem Moraste.

(a) Dieser Prinz hielt sich der Eroberung des Königreichs Marocco so sehr versichert, daß er alle zu seinem Krönungsgepränge dienliche Geräthschaften mit sich genommen hatte.

welche in ein einziges Corps zusammen gestellt war, mußte nothwendig eingeschlossen werden. Sie selbst begriffen dieses so wohl, daß sie eine dritte Linie bildeten, welche ihren Rücken decken sollte, und daß ihre zwote bestimmt zu seyn schien sich nach den Flanken zu ziehen, wenn sie angegriffen würden. Aus gleicher Ursache war ihre Reuterey auf den beiden Flügeln zurück gebogen. Allein alle diese Anordnungen waren zu schwach, zumal mit neugeworbenen Truppen, denen es größtentheils an Standhaftigkeit fehlte. Um eine so überlegene Macht zu bestreiten, hätten sie es folgendergestalt angreifen sollen: Aus der portugiesischen Infanterie hätten sie ein langes Viereck (1) bilden, und dasselbe zur Rechten und Linken mit einer Reihe Packungen, vornen und hinten aber mit spanischen Reutern bedecken können. Dieses länglichte Viereck wäre colonnenförmig und nicht mit seiner längsten Seite vormarschieret. (a) Die Kanonen hätten auf die Fronte und auf die Flanken vertheilt werden müssen. Hätte man nun auf die linke Spitze des halben Mondes losgehen wollen, so wäre die ausländische Infanterie (2) als die beste in zwo Linien zur Rechten der Colonne gestellet, und ebenfalls auf der Fronte und den Flanken mit

---

* 1578. (a) Das Fußvolk stellte sich dazumal * acht Mann hoch, die Pickenträger in die Mitte, und die Büchsenschützen auf die Flanken. Bey dieser Gelegenheit aber wären sechs Glieder, nämlich drey mit Musketierern vornen, und die Pickenierer hintenan zureichend gewesen. Ein Bataillion war noch halb aus der einen und halb aus der andern Art Truppen zusammen gesetzt. In dem leeren Raume der Colonne hätte man drey kleine Reserven lassen können.

mit ganz leichten spanischen Reutern oder Schweinsfedern bedeckt worden. Die gesammten Reuter (3) hätten ein drittes Corps ausgemacht, und gleichfalls in zwo nicht weit von einander entfernten Linien stehen, die Mohren des Mahomets (4) aber sich auf der rechten Flanke ein wenig zurück stellen müssen. Fig. 2.

In dieser Ordnung hätten sie anstatt gerade in die feindliche Höhlung vorzudringen, längs dem Bache nach der rechten Seite hin streifen, und sich wo möglich bis an die Spitze des halben Mondes ziehen sollen. Auf diese Art hätten sie nicht mehr können eingeschlossen werden. Die mit spanischen Reutern bedeckte ausländische Infanterie wäre gerade auf die Mohren los gegangen, und die Cavallerie sowol als die Mohren des Mahomet welche diese seitwärts beschirmeten, wären ihnen in die Flanken gefallen, so würden sie diesen Theil der feindlichen Schlachtordnung unfehlbar in Verwirrung gebracht, und den Schrecken in kurzer Zeit überall verbreitet haben. Nach Zerstreuung dieses Flügels hätten die ausländischen Truppen das mohrische Fußvolk auf der Flanke angreifen, und die portuglesischen Reuter demselben in den Rücken fallen müssen. Der rechte Flügel der Mohren konnte sich nicht weit genug ausdehnen, um weder diesen Ausländern noch der Cavallerie von hinten beyzukommen; er hätte einen allzu weiten Umschweif (5) machen müssen; vielleicht aber wäre er von allen Seiten her auf die Colonne eingestürzt. Allein diese hätte hinter der Bedeckung ihrer Wagen und spanischen Reuter nichts zu fürchten gehabt. Das Feuer der Büchsenschützen und Canonen hätte ihn allemal im Zaume halten müssen, und diese ungeübte Infanterie wäre durch den Anblick einer so guten Schutzwehr unüberwindlich gemacht worden. Die Fußvölker des Molut hätten zwar vorrücken und angreifen können; allein sie taugten nicht vielmehr als die portugiesischen; und ob sie gleich in der That besser waren, so wäre es ihnen doch unmöglich gewesen ihre Glieder zu brechen. Sie hätten Zeit dazu gebraucht, und mittlerweile hätte der zerstreute linke Flügel sie beständig den Ausländern und der christlichen Cavallerie blos gegeben, da indessen der Scherif Mahomet dem getrennten Feinde nachgejagt wäre.

Dieses ist der Weg, den Sebastian mit seiner kleinen Armee hätte einschlagen können. Es ist kein Zweifel, daß er bey einer guten Ausführung dieses Planes den Sieg davon getragen hätte. So mittelmäßig auch seine Truppen waren, so übertrafen sie doch die Afrikaner; sie führten bessere Schutzwaffen. Der Dickenierer trug damals das Brustsück und die Sturmhaube. Die mohrischen Reuter stehen nicht gegen geschlossene Kürassierschwadronen; sie können, gleich unsern Hussaren, ihnen nur alsdann etwas anhaben, wenn sie geöffnet und in einer gewissen Unordnung sind. Die Infanterie darf sie noch weniger fürchten, zumal wenn sie mit Wagen und spanischen Reutern bedeckt ist, welche die erste Hitze ihres Anlaufes abhalten.

Erweis.

Muley-Molut hatte eine Linie von zehn tausend Pferden auf jeden Flügel gestellt. Sein Fußvolk, welches keine zehn tausend Mann betrug, stund auf
drey

drey Linien in der Mitte. Diese Fronte kann man auf zwey tausend fünf hundert Pferde und fünf hundert Fußknechte berechnen, welches, mit Inbegriff einiger Zwischenräume und den arabischen Truppen, die gleichfalls auf dieser Linie waren, eine Strecke von funfzehn tausend Schuhen, oder zwey tausend fünf hundert Klaftern ausmachen mußte. Die Krümme dieser Schlachtordnung betrug nicht über zween Fünftheile vom Umkreise des Ovalzirkels.

Um die portugiesische Armee einzuschließen, mußte man warten, bis sie ungefähr in dem Mittelpunkte des Kreises war; die mohrischen Cavallerielinien des rechten Flügels hätten wenigstens drey tausend Klafter zurück legen müssen, ehe sie den Ausländern und der portugiesischen Reuterey in den Rücken gekommen wären. Diese aber, welche in solchem Augenblicke nicht über drey hundert Klafter von der linken Spitze des halben Mondes entfernt gewesen wären, würden ihn bald erreichet und diesen ganzen Theil umgestürzt haben, ehe der feindliche rechte Flügel ihm hätte zu Hülfe kommen können. Wenn er auch gleich zur Abkürzung seines Weges hart an dem Ende der Colonne hinstreifen und unter ihrem Feuer hätte durchsetzen wollen, so hätte er doch noch über zwey tausend Klafter zu durchlaufen gehabt, weil die Colonne auf der großen Achse des Ovalkreises still gestanden wäre, und ihn durch diese Stellung allemal gezwungen hätte einen Umweg zu nehmen. Dieses war hinlänglich, um dem portugiesischen rechten Flügel Zeit zu geben, die vor sich habenden Theile durchzubrechen.

Drittes

Drittes Hauptstück.

Anmerkungen über verschiedene Treffen, wobey der Angriff durch die beiden Flügel mit Zurücklassung des Mittelheeres unternommen worden.

Ich habe gesagt daß die mondsförmige Schlachtordnung zu der Classe der vierten oder fünften Stellart gerechnet werden könne, indem ihr Zweck ist den Feind mit den beiden Flügeln einzuschliessen. Allein die Art wie die Türken sich derselben bedienen, ist nur mit einer weit überlegenen Armee thunlich, weil sie anstatt ihren Mittelpunkt zu schwächen, vielmehr ihre größte Macht dahin stellen. So oft die Alten sich dessen bedienet, haben sie entweder das Mitteltreffen vermindert, um die Flügel zu verstärken, oder diejenigen Truppen dahin gestellt, welchen sie am wenigsten traueten. Bisweilen haben sie sich in dieser Gegend geöffnet, oder den wenigen Truppen, die sie daselbst ließen, Befehl gegeben, sich bey Vorrückung des Feindes zurück zu ziehen. So machte es das Mitteltreffen des Hannibals in der Schlacht bey Cannä, nur daß die Falle die er den Römern legte, noch weit feiner ausgedacht war. Anfänglich war dasselbe vorgerückt, und zeigte einen ausgehenden Zirkel (2); als es angegriffen wurde,

Kupf. 3. Fig. 1.

wurde, leistete es einen ganz geringen Widerstand, und da es nicht zum stehen bestimmet war, so gab ein Theil nach, und zerfiel gänzlich, indeß daß der andere zurück wich, und allmählig sein Erdreich verließ. Es waren die Gallier und Spanier, welche Hannibal an diesen Ort gestellet hatte; die auf römische Art bewaffneten Afrikaner und seine übrigen Kerntruppen stunden auf den Flügeln. Das Mitteltreffen der Römer drang immer vor, so wie die Gallier zurück wichen. Als diese sich mit dem Reste der Linie in gerader Richtung befanden, so zogen sie sich noch weiter zurück, und machten einen eingehenden Winkel (4), den Hannibal durch eine Linie leichter Truppen verstärkte. Die Römer (1) welche mit Ungestüm die Weichenden verfolgten, warfen sich in diese Vertiefung. Der rechte und linke Flügel ihrer Linie drang zugleich in den Mittelpunkt, um sich nicht davon abzutrennen, so daß ihre Fronte vermindert wurde, und, da sie sich durch ihre Bewegung immer fortreißen ließen, so befanden sie sich endlich in einer schrägen Stellung. Es entstund eine Art von stumpfem Winkel, dessen Spitze (5) in die Höhlung hinein gieng: Alsdann krümmten sich die beiden Flügel (3) des afrikanischen Fußvolks um die Figur zu bilden, welche Aellan die Zange (a) nennet, und der colonnenförmigen Phalanx

Polyb. Buch 3. Kap. 24.

Kap. 26.

(a) Nichts ist grillenhafter als die Bewegung der Rotten und Abschnitte, um der rechten Linie die bauchförmige Rundung zu geben, und sie hernach im Zurückweichen zusammen zu ziehen. Es wird bloß ein gesunder Verstand erfordert, um zu begreifen, daß dergleichen Verdoppelungen und Halbierungen unmöglich zu bewerkstelligen sind, sobald

lang entgegen setzt. Die Reuterey welche bereits den Meister spielte, umzingelte nun vollends die römische Infanterie, welche sich nicht aus der Falle ziehen konnte, worein die Unvorsichtigkeit ihres Feldherrn sie gestürzet hatte.

Die Schlacht, worinnen Saul den amalekitischen König Agag besiegte, hat mit der bey Cannä einige Aehnlichkeit. Der König in Israel theilte sein Fußvolk in drey Haufen, (denn die Juden hatten damals noch keine andere Truppen), und gieng gerade auf die Feinde los, welche bey ihrer Hauptstadt versammelt waren. Das schwächste war das Mitteltreffen, welches Clnöus anführte. Er hatte Befehl sich den Amalekitern zu nähern, um sie zur Schlacht zu locken; sobald sie sich aber in

bald man, wie bey dieser Gelegenheit, einen andringenden Feind vor sich hat. Das Manouvre, welches der Prinz von Nassau in seinem Buche *les Grands Capitaines* betitelt, angegeben, und der Ritter Folard in dem 4ten Bande S. 392 beygebracht hat, ist weit natürlicher: es ist aber doch immer nichts anders als eine wahrscheinlichere Hypothese. Der berühmte Hr. Guischard scheint die Sache besser getroffen zu haben. Obgleich Polyb die Stellung des karthaginensischen Mitteltreffens μηνοειδη, das ist zirkelförmig nennet, so bin ich dennoch überzeugt, daß seine Spitze vielmehr eine gerade Linie darstellte: der Rest formierte zween schräge Teste, welche mit der Linie zusammen hiengen. Die Theile dieser letztern bogen sich nach und nach hinterwärts, und die Spitze wich in gleichem Verhältniß zurück. Livius beschreibt diese Anordnung folgender Gestalt: Tandem Romani diu ac sæpe conniß æqua fronte acieque densa impulere cuneum hostium nimis tenuem, eoque parum validum a cætera prominentem acie.

Mem. Milit.

Buch 22. Kap. 47.

in ein Gefecht einlassen würden, sollte er sich eilends zurück ziehen (a). Die beiden andern Haufen wurden so gestellet daß ein Theil durch einen Strom gedeckt war. Cinäus zog sich zufolge des erhaltenen Befehls zurück, und wurde von den Amalekitern hitzig verfolget. Als Saul sie nach Wunsche im Gefechte verwickelt sah, ließ er seine beiden Flügel losbrechen, umzingelte sie und schlug sie aufs Haupt.

Anmer-

(a) Dixitque Saül Cinæo, abite, recedite, atque discedite ab Amalec, ne forte involvam te cum eo.... & recessit Cinæus de medio. (†)

1 B. der Könige. (Sam.) Kap. 15.

(†) Aus dieser Stelle der Vulgata hat der Hr. Verfasser die Schlachtordnung geschöpft, welche Saul genommen haben soll. Bey aller Hochachtung die der Uebersetzer für seinen Lehrer heget, glaubt er zu beobachten, daß er aus diesen Worten zu viel folgert. Der Cinäus, welchen der Verfasser für einen General dieses Königes hält, ist offenbar das Haupt einer Nation, wo nicht diese Nation selbst, welche auf den felsigten Gränzgebürgen des amalekitischen Landes wohnte, und sonst auch den Namen der Keniter führet. Dieses Volk hatte die Israeliten bey ihrem Auszug aus Egypten liebreich behandelt, und daher wollte Saul sie nicht mit den Amalekitern aufreiben, die sich ihnen widersetzt hatten. Zu diesem Ende ließ er ihnen entbieten, sie sollten ihre Anhöhen eiligst verlassen und sich von den Amalekitern trennen, welches sie auch thaten. Diesen Befehl hat Hr. v. Maizeroy für eine Schlachtanstalt genommen, und das mangelnde mit der Hand eines Meisters ergänzet. Wenn man das ganze Kapitel noch so aufmerksam durchliest, so findet man weiter nichts, als daß Saul einen Hinterhalt am Bache gemacht habe.

Anmerkungen.

Wenn man mit den beiden Flanken angreift, so muß man sich zum Hauptwerke vorsehen, den Feind zu überflügeln und einzuschließen. Dieser Vortheil, wenn man ihn erhalten kann, ist weit entscheidender, als wenn man eine Linie durchzubrechen, und in ihren Mittelpunkt zu dringen sucht. Das Fußvolk kann sich mit seinen Bewegungen helfen; die ganz gebliebenen Haufen können von der zwoten Linie und dem Rückhalt unterstützt, der Unordnung steuern. Wird inzwischen die Reuterey geschlagen, so hat man nicht nur nichts gewonnen, sondern man wird unfehlbar den Kürzern ziehen. Die allgemeinen Schlachten welche im freyen Felde vorfallen, werden gemeiniglich durch die glücklichen Angriffe der Reuterey entschieden. Wenn die beyden Flügel eines Heeres zerstreuet werden, so bleibt der Infanterie nichts mehr übrig, als sich so gut sie kann zurück zu ziehen. Dieses beweist, daß es weit zuträglicher ist die Flügel als das Mitteltreffen anzufallen, es sey denn, daß jene so wohl unterstützt, und ihre Flanken durch ein so starkes Kanonen- und Musketenfeuer vertheidigt wären, daß man ihnen nicht in den Rücken kommen, und sie nicht ohne große Gefahr von vornen angreifen kann. Wir wollen dieses näher ausführen, wenn wir von dem Angriffe des Mitteltreffens reden werden.

Wenn die alten Schriftsteller Beschreibungen von Schlachten geben, so sagen sie niemals, ob die Flügel der einen oder der andern Armee sich woran lehnten.

Sogar

Sogar die Kriegsgeschichtschreiber, als Polyb, Xenophon und Cäsar reden nur selten davon. Ich weis nicht, ob man sie allezeit mit Recht einer Nachläßigkeit beschuldigen kann; mich dünkt aber, daß bey vielen Gelegenheiten die Flügel entblöst seyn mußten. Fast alle Schlachten welche zwischen den Nachfolgern Alexanders vorgefallen sind, gehören zu dieser Classe, welches leicht aus der schrägen Anordnung, wodurch man einen Flügel zurück lehnte, und aus den Hacken und andern Capalleriereserven abzunehmen ist, welche bestimmt waren entweder die Flanken zu decken, oder den feindlichen von hinten beyzukommen. Die Alten haben sich gleich und die Beschützung ihrer Flanken angelegen seyn lassen; dieses ist unleugbar. Wenn es uns auch an Beyspielen fehlte, so würde die bloß Vernunft hinreichen, uns davon zu überführen; man findet aber nicht, daß sie auf Posten gesehen, wo sie Dörfer auf den Seiten, oder auf der Fronte ihrer Schlachtordnung haben konnten, um dieselben mit Infanterie zu besetzen. Der schmale Raum den die damaligen Armeen einnahmen, war Ursache, daß dieser Fall sich nicht ereignete. Sie wußten auch allzu wohl, daß man sie in einer solchen Stellung nicht würde angegriffen haben, und daß wenn sie Truppen hinein geworfen hätten, ihre eigentliche Schlachtordnung selbst dadurch geschwächt worden wäre. Um sie zu vertheidigen und brauchbar zu machen, hätte man sie verschanzen, und mit großen Wurfmaschinen besetzen müssen, welche in den Feldschlachten selten gebraucht wurden; man schlug sich also gemeiniglich auf der Ebene, oder wenigstens auf einem freyliegenden Erdreich. Hier hatten die Bewegungen der Truppen ihr volles

Spiel,

Spiel, und wenn der schwächste keinen Stützpunkt für seine Flanken fand, so ersetzte er diesen Mangel durch die Kunst, indem er eine Stellung nahm, wodurch die Ueberlegenheit des Feindes vereitelt wurde. So entstunden die Schlachtordnungen bey Thymbra, Arbela, Leuctra, Mantinea und viele andere, welche minder berühmt sind.

Eine Armee welche ihrem Feinde an Menge der Truppen und besonders an Reuterey überlegen ist, hat nichts bessers zu wünschen, als demselben auf einem weiten Erdreich zu begegnen, wo sie ihn umzingeln könne. Dieses hat die mondsförmige Stellung veranlasset, welche zu einer solchen Absicht sehr geschickt ist. Da es aber wenig Uebel ohne Gegenmittel gibt, so hat man dieser Schlachtordnung eine andere in drey abgesonderten Corps entgegen gesetzt, davon zwey die beiden Spitzen des halben Mondes angreifen, da indessen das mittlere in der Entfernung bleibt und den Ausgang erwartet. Es ist zu merken, daß wenn eine Nation sich eine Stellart zugeeignet hat, die sie wegen ihrer Uebereinstimmung mit der Beschaffenheit ihrer Truppen, oder mit dem Grade ihrer Macht unveränderlich beybehält, die benachbarten Völker allezeit die entgegengesetzte Anordnung gewählet haben. Die Mamelucken, deren Stärke in ihrer schweren Reuterey bestund, und welche immer weit schwächere Armeen hatten als die Türken, schlugen sich mit diesen jederzeit in abgesonderten Haufen, wie man aus dem Abrisse der Schlacht bey Aleppo ersehen kann. Die Hungarn bedienten sich ebenfalls dieser Streitart, und gebrauchten sie bey Ca-
schau

schau und Virna. Zur Zeit der Maccabäer widerstunden die Juden blos durch dieses Mittel der grossen Macht der Könige in Syrien. Judas der ihnen nur eine Handvoll Leute entgegen stellen konnte, theilte sie gemeiniglich in drey bis vier Haufen, und in einigen Gefechten legte er ihre ganze Macht in den Staub.

Die Lacedämonier haben sich des halben Mondes ebenfalls bedienet; daher gaben sie ihrer Phalanx wenig Tiefe, und stellten sie nur in acht oder höchstens in zwölf Glieder. Wann sie nun dieselben halbierten, so kamen sie bisweilen nur sechs Mann hoch zu stehen. (†) Unter allen Griechen hielten sie am wenigsten auf tiefe Rotten, und dachten es sey besser wenn man sich ausdehnte, um den Feind zu überflügeln. Mit diesem Gebrauche waren sie ziemlich wohl gefahren, bis er ihnen gegen den Epaminondas versagte; nicht als ob ihre Schlachtordnung deswegen fehlerhaft oder die Thebanische Colonne unüberwindlich gewesen wäre, sondern weil verschiedene andere Ursachen sich zur Beförderung ihrer Niederlage vereinigten. Hierunter rechne ich den schlechten Zustand ihrer Reuterey, welche in den Schlachten bey Leuctra und Mantinea zuerst den Kürzern zog; die ungereimte Stellung derselben bey der erstern, und überhaupt die Unordnung und Zuchtlosigkeit, welche bey dieser Armee herrschten. Ich glaube es bereits gesagt zu haben, und man kann es nicht leugnen, daß so groß auch das Vertrauen ist, das man in die Stärke der Infanterie setzt, die Reuterey dennoch fast in allen Feldschlachten

---

(†) Diese Verlängerung der Fronte wurde Phalangia phalanx genannt.

Schlachten den Ausschlag gibt. Dieses ist eine Erfahrungswahrheit die man nicht verwerfen kann; alles was man dagegen einwenden mag, wird immer die Sprache des Vorurtheils und des Eigensinns verrathen. Ich will aber hieraus nicht schließen, daß die Ueberlegenheit an dieser Gattung Truppen jederzeit den Sieg zuwege bringen müsse. Cäsar und andere große Feldherren haben uns das Gegentheil gezeiget. Durch eine gelehrte Anordnung, da man seine wenige Reuterey durch einen Rückhalt von Fußvolk unterstützen, und sie gleichstimmig manöuvrieren läßt, kann man die zahlreiche Cavallerie des Feindes unnütze machen und sie sogar schlagen. Dieses ist aber immer eine Voraussetzung, welche so viel beweiset, daß man sich keinen vollständigen Sieg versprechen kann, so lange die feindliche Reuterey noch in gutem Stande ist. Man sieht nicht alle Tage einen Milliades oder einen Agathokles, und wenn es welche gäbe, so müßten sie auch solche alberne Gegner haben, die in der ungereimtesten Stellung von der Welt auf die Schlachtbank liefen.

Die damalige Schlachtordnung der Lacedämonier hätte vorzüglich eine gute Reuterey erfordert; die thebanische war unvergleichlich. Epaminondas hatte sie mit eben so großer Sorgfalt abgerichtet als seine Phalanx, weil er ihre gleichmäßige Nothwendigkeit erkannte. Wäre sie bey Leuctra geschlagen worden, so würde es ihm allem Ansehen nach übel ergangen seyn. In der Schlacht bey Mantinea war der ersten Vortheile seiner Reuterey ungeachtet, das Gefecht langwierig, überaus blutig und der Sieg zweydeutig. Die Colonne hatte

nicht

nicht immer einen so glänzenden Fortgang. Polyän Buch 2. liefert mir ein Beyspiel, ohne jedoch den Ort des Treffens zu nennen. (a) Agesilaus, sagt er, stritt mit den Thebanern; diese suchten die lacedämonische Phalanx durchzubrechen; da befahl Agesilaus den Seinen einzuhalten und sich zu öffnen. Die Thebaner welche immer vordrangen, liefen durch die Oeffnung, und die Lacedämonier, welche sie von der Seite und von hinten her anfielen, schlugen sie aufs Haupt. Polyän erzählet diesen Vorfall nach seiner Art, das ist, als ein Gelehrter, der die Sachen nicht mit einem militarischen Auge betrachtet, sondern wie seine Einbildungskraft ihm sie vormahlet. Er hat eigentlich sagen wollen, daß Agesilaus, als er die Thebaner in einer sehr tiefen Schlachtordnung sah, und urtheilte daß er ihnen in einer geraden Linie schwerlich würde widerstehen können, dem Mittelpunkte seiner Phalanx befohlen habe sich zurück zu ziehen, mittlerweile daß die Flügelabschnitte sich vorwärts umbogen, den Feind einzuschließen. (b)

(a) Ist dieser Vorfall nicht das Treffen bey Coronäa, dessen Diodor und auch Xenophon in seiner Lobrede auf den Agesilaus erwähnet, so muß es irgend ein kleines Gefechte seyn, welches während dieses Krieges der Lacedämonier gegen die Thebaner vorgefallen, und von diesen Schriftstellern übergangen worden.

(b) Es ist kein Zweifel, daß die Thebaner sehr tief und colonnenförmig geordnet gewesen, weil man ihnen das in solchen Fällen übliche Manöuvre entgegen setzte, welches ich unten anführen werde.

66　　　　　**Einleitung**

Eben dieser Schriftsteller führt ein anders Manöuvre an, welches Aufmerksamkeit verdienet. Cleandridas wollte den Leucaniern eine Schlacht liefern; weil aber ihre Macht der seinigen lange nicht beykam, so fürchtete er, sie möchten, wenn sie es wahrnähmen, das Treffen vermeiden. Um sie zu berücken, verdoppelte er die Höhe seiner Phalanx, und verminderte daher seine Fronte um die Hälfte. Die Leucanier (1) welche sich keiner List vermutheten, glaubten es würde ihnen leicht seyn ihn zu überflügeln, und breiteten sich in dieser Absicht aus, Cleandridas aber halbierte plötzlich seine Phalanx, indem er die hintern Abschnitte (2) sich rechts und links ziehen ließ. Da seine Fronte solchergestalt verlängert worden, überflügelte er die Leucanier, umzingelte sie, und hieb sie in die Pfanne. (a)

Kupf. 3.
Fig. 2.
Frontin.
Buch 2.
Kap. 3.

Theorie.

───────────────

(a) Polïän sagt, die Rottenschließer hätten sich mit den Vordermännern in ein Glied gestellt, so nämlich, daß da die Höhe der Rotten durch die Einschiebung der geraden in die ungeraden verdoppelt worden, sie sich durch die entgegengesetzte Bewegung wieder vervielfachten τὸ μὲν ὅλον ἀντετάχθη χώρᾳ τῇ τάξεως ἐμβολὴν. Ich glaube nicht, daß man dieses Manöuvre jemals ausser den Kunstübungen vollzogen habe: vor dem Feinde ließ es sich unmöglich thun, es sey denn daß man sehr weit von ihm entfernt gewesen wäre. Da aber Cleandridas sich in eben dem Augenblicke entwickelte, da die Leucanier sich bereit machten ihn zu umflügeln, so muste seine Bewegung sehr schnell vor sich gehen. Die Flügelabschnitte, welche sich auf den Mittelpunkt zurück geschwenkt hatten, machten auf das gegebene Zeichen rechts und links um, und indem sie mit ihrer Flanke marschierten, zogen sie sich schief nach der Fronte zu, um die feindliche zu erreichen.

Theorie.

Die Griechen hatten, wie wir schon im ersten Bande angezeiget haben, besondere Meister in der Taktik; diese demonstrierten alle Kunstbewegungen der Phalanx, die Stellung die man jeder Art Truppen geben mußte, damit sie gemeinsamlich agieren und einander unterstützen konnten; die verschiedenen Wendungen, wodurch man mit Vortheil angreifen und diejenigen, wodurch man dem Feinde entgegen gehen konnte, um die seinigen zu vereiteln.

Wenn eine Phalanx eine Colonne vorrücken sah, welche auf ihren Mittelpunkt fallen wollte, so öffnete sie sich gerade gegen über, um nicht ihre Fronte dieser reissenden Fluth entgegen zu stellen; hierauf bog sie ihre beiden Flügel vorwärts um sie einzuschliessen: dieses hieß man Phalanx antiſtomos, (†) oder auch die Zange, welche man gegen eine keilförmige oder colonnenmäßige Schlachtordnung gebrauchte: Ihre Figur glich einem Winkel, dessen Oberspitze (A) geöffnet ist. Wenn der Feind dieses Manövre bey zeiten wahrnahm, so gab man ihm folgende Regel: Die Colonne (B) mußte sich in drey Corps theilen, wovon das erste (C) sich gegen die Oeffnung richtete, indeß daß die beiden andern auf die zwo Spitzen der Zange losgiengen. Hieraus ist die Stellordnung entstanden, womit man ein überlegenes Kriegsheer angreifen soll, das einen halben Mond bil-

Kupf. 3.
Fig. 2.

Mellans
Taktik.
Kap. 20.

E 2   det.

(†) Die entgegengestellte Phalanx, welche durch ihre Wendung mehr Höhe als Fronte bekam, und von der Phalanx amphiſtomos wohl zu unterscheiden ist, welche auf allen Seiten Fronte machte.

der. Kaiser Leo hat sie in seinen Kriegsregeln nicht vergessen, und in den Betrachtungen des Hrn. von Santa Crux wird ihrer ebenfalls erwähnt. Wenn, sagt er, die Feinde bey einer überlegenen Anzahl einen halben Mond bilden, um eure Armee zu umzingeln, müßt ihr eure Linien in drey Corps theilen, und zwey den Flügeln, das dritte dem Mittelpunkte entgegen stellen. Dieses letztere muß nicht von der Stelle gehen, bis die beiden andern die Flügel zerrüttet haben; alsdann rückt es vor und greift auch seines Orts an.

Die Ueberflügelung des Feindes ist der größte Vortheil, den man sich im Kriege verschaffen kann. Hieraus könnte man schließen, daß der halbe Mond jeder andern Stellart vorzuziehen wäre, welches aber weit gefehlt ist. Seine Vorzüge sind nur scheinbar, und wenn man ihn mit drey abgesonderten Corps angreift, so verliert er alle seine Stärke. Der Grund davon ist, daß die Corps welche auf die Spitzen des halben Mondes losgehen, den Feind nöthigen seine Stellung schleunig zu verändern, damit man ihm nicht in die Flanken komme. Anfänglich kann er bloß die letzten und äußersten Truppen des Flügels zur Wehr stellen; diejenigen welche weiter hinten gegen die Vertiefung des halben Cirkels stehen, können eher nicht herbey kommen, als wenn die vordersten schon angegriffen sind, und wenn bey diesen die Unordnung einreißt, so wird sie sich gar bald auch auf die übrigen erstrecken. Will das Mittelheer zu gleicher Zeit vorrücken, so kann solches nicht anders als in abgesonderten Haufen geschehen, denn

weil

weil die Ausdehnung der Sehne kürzer ist als der Bogen, so würden die Truppen, wenn sie in gerader Linie marschierten, an einander stoßen und in Verwirrung gerathen. (†) Eine auf diese Art gestellte Armee kann sich anders nicht als langsam und mit Mühe bewegen. Bleibt sie auf ihrem Posten, so ist sie weiter nichts als ein Fallstrick für die Dummheit, welcher sich selbst gefährlich werden kann, so bald ein kluger Feind im Spiel ist.

Ich meines Orts würde in solchem Falle mit einer schwachen Armee folgende Stellung nehmen: Zuvorderst wollte ich sie in drey Haufen zerfällen, und das Fußvolk müßte mir in lauter Cohorten von acht Mann in der Tiefe das erste Treffen jeder Abtheilung ausmachen; die schwere Reuterey käme in das zweyte, die Dragoner, Hussaren und ein Theil der leichten Fußvölker müßte auf den rechten Flügel der rechten Abtheilung, und auf den linken Flügel der linken Abtheilung stehen. Ich würde auch kleine Reserven machen, welche ein wenig hinter den drey Abtheilungen ihren Zwischenräumen gegen über postiert seyn müßten. Ist die Armee in drey Colonnen (A), und zwar die Reuterey hinter den Fußvölkern, die Cohorten und Schwadronen in gedrungenen Linien mit kleinen Zwischenräumen von zehn Schritten im Angesichte des Feindes angelangt, so lasse ich sechs oder sieben hundert Schritte vor dem Durch-

Kupf. 3.
Fig. 4.

messe

(†) Dieses ist bey einem Bogen von hundert und achtzig und mehr Graden wohl nicht zu vermeiden. Bey einem halben Quaikreise hingegen würden die mittlern Haufen der innern Höhlung, zumal wenn sie Zwischenräume hätten, ungestört vormarschieren können.

meister des halben Mondes Halt machen; die rechte Abtheilung entwickelt sich nach ihrer rechten und die linke nach ihrer linken, so daß die erste Cohorte jeder Colonne auf ihrem Platze bleibt, und alle übrigen mit ihrer rechten oder linken Flanke nach dem Orte marschieren, den eine jede einnehmen soll. Nach einer gemachten Berechnung, müssen zwölf Cohorten sich mit dem verdoppelten Schritte binnen sieben Minuten in eine Linie stellen. (a) Eben so breiten sich auch die Schwadronen aus, und bilden zu gleicher Zeit das zweyte Treffen. Sobald eine Division in Schlachtordnung ist, gehet sie hurtig auf den Feind los, ein Theil der Cavallerie dehnet sich aus, um die Spitze seines Flügels zu gewinnen, und die leichten Truppen (B) schwenken sich hinten durch um ihn einzuschließen. Die zwo kleinen Reserven (C) halten sich gefaßt diejenigen Truppen anzugreifen, welche aus der Vertiefung der feindlichen Linie heraus treten möchten, um die gegen den Mittelpunkt gerichteten Abtheilungen seitwärts anzufallen. Sollte der Feind in einer sehr tiefen Schlachtordnung von Reuterey oder Fußvolk erscheinen, so müßte man die Cohorten verdoppeln und alles was sich durch ihre Zwischenräume wagen wollte, mit denen hinten daran stehenden

---

(a) Da meine Cohorten nur achtzig Mann in der Fronte haben, welches eine Strecke von achtzig kleinen Schritten ausmacht, so können sie sehr schnell marschieren. Sie müssen es unmittelbar mit der Flanke thun, bis die zwote und dritte aufgedeckt ist. Diese werden vorrücken, um sich mit der ersten wagrecht zu stellen; die andern können mit dem Seitenschritte fortfahren, welches ihren Weg abkürzen und ihre Behendigkeit vermehren wird.

stehenden Schwadronen anfallen. Die mittlere Colonne welche sich inzwischen ebenfalls halb rechts und halb links entwickelt haben wird, muß nicht von der Stelle weichen, bis die Umstände sie lehren was sie zu thun hat. Wenn der Angriff der Flügel wohl abläuft, so muß dieses Corps auf den Feind losgehen, um ihn völlig zu Grunde zu richten. Werden sie aber geschlagen, so kann es die zerstreuten Haufen sammeln und ihren Rückzug decken.

Diese Stellordnung ist der Triumph des Ritters Fo. Th. 2. lard, welcher verschiedene Schlachtplane zu drey abgesonderten Haufen entworfen hat, um überlegene Armeen damit anzugreifen. Gewiß ist es, daß nach dem schrägen Angriffe der zwoten oder dritten Stellart, welcher allemal vorzuziehen ist, (†) eine schwache Armee keine beßere Schlachtordnung wählen kann, als die gegenwärtige, und die Colonnen deren der Ritter sich bedienet, könnten nicht besser gestellet seyn. Indessen wird doch seine Taktik immer mangelhaft bleiben, weil er sich zu wenig vor der Ueberflügelung in Acht nimmt. Was er auch sagen mag, so ist es auch oftermal eine sehr mislichte Sache, wenn man Gefahr läuft, mehr als einen halben Cavallerieflügel in den Rücken zu bekommen. Die Colonne in drey Abschnitten welche zwar die Fronte sicher stellet, hat mehr nicht als ungefähr fünf und siebenzig Schritte in der Höhe; es wird also nicht schwer seyn ihr auszuweichen, und sie von hinten

E 4 anzu-

(†) Weil man seine größte Macht auf eine Seite ziehen kann, und es weit wahrscheinlicher ist, daß man einen als zween Flügel schlagen werde.

anzufallen. Das Manöuvre seiner zwoten Linie, die er durch die Zwischenräume seiner ersten und der feindlichen durchziehen will, um die zwote feindliche anzugreifen, ist einer großen Verwirrung unterworfen, und wird sogar nicht mehr möglich seyn, sobald er umzingelt ist.

Wenn ich übrigens in der Anordnung des Ritters Folard nicht alle die Stärke finde, die er ihr zu geben glaubte, so ist hingegen auch meine Meynung nicht, daß man in der Absicht den Feind zu überflügeln sich allzuweit ausdehnen müsse. Dieser Grundsatz des blinden Schlentrians sollte aus der Taktik verbannet werden; denn in dem Verstande, wie man ihn bisher genommen hat, kann er nichts als böses stiften: Man muß sich aber auch hüten, daß man nicht auf die entgegengesetzte Ausschweifung gerathe, und den daraus fließenden Vortheil gänzlich verabsäume. Ein schwaches Kriegsheer welches einem größern entgegen gesetzt ist, wählt sich gewisse Angriffspunkte, und sucht diese Seite nach Möglichkeit zu verstärken. Wenn es anstatt sich überflügeln zu lassen, eine solche Stellung nimmt, daß es selber die feindliche Flanke umziehen kann, so ist unleugbar, daß es durch diese Wendung seine Stärke vermehrt, und sich einen großen Vortheil verschaffen wird. Es kann sich sogar den Sieg davon versprechen, welches insonderheit bey Cavalleriegefechten allezeit darauf erfolgt.

Wenn die erfahrensten Feldherren oft kein Bedenken trugen mit weit schwächern Armeen, als die feindlichen waren, Schlachten zu liefern, ohne eine Ueberflügelung zu fürchten, so geschah es darum, weil sie Maßregeln genommen

genommen hatten der Bewegung des Feindes vorzukommen, und dieselbe zu seinem Nachtheil zu brechen, indem sie dem umgebogenen Theil in die Flanke oder in den Rücken fielen. Alles Vertrauens ungeachtet welches Epaminondas bey Leuctra in seine Colonne setzte, hatte er dennoch die geheiligte Schaar zurück behalten, um die lacedämonische Phalanx die ihn überflügeln wollte, seitwärts anzugreifen.

Die Stellung in drey mit Cavallerie und Fußvolk vermengte Haufen thut beym Ueberfall einer Armee* tr- treffliche Dienste. In solchen Umständen liegt wenig daran, ob man überflügelt ist; denn da man die Nacht zu nimmt, so kennet der Feind weder die Zahl noch die Ordnung der Truppen die ihn angreifen. Seine Verlegenheit und die allgemeine Unordnung erlauben ihm nicht sichere Maßregeln zu treffen noch irgend eine Bewegung zu wagen, aus Furcht er möchte sich in eine Falle stürzen. Am besten thut er, wenn er die gesammelten Truppen zurück führt, die Flüchtlinge an sich ziehet, und den Morgen erwartet um zu sehen was weiter anzufangen ist. Eine ganz andere Bewandniß hat es mit einem Vorgange der sich am hellen Tage ereignet; der Feind sieht den Zustand der Sachen und kann schleunige Gegenanstalten treffen. Es ist auch bey der wehrhaftesten Stellung allemal mißlich sich überflügeln zu lassen; nichts ist fähiger die Truppen unruhig und stutzig zu machen. Man überläßt seine Rettung nicht gern der Tapferkeit eines andern und die Gefahr die man hinter sich sieht, scheinet gemeiniglich größer als sie in der That ist; ein Ausspruch des Cäsars, der

* Surprise d'armée.

Einleitung

Kriegs-Unterr. d. Kön. in Preußen Art. 10.

durch einen andern von einem Cäsar neuerer Zeiten bestätigt wird. Die große Regel des Kriegs ist, daß man sich den Rücken und die Flanke versichere, und daß man dem Feind die Flanke abgewinne. Solches geschieht durch verschiedene Mittel; inzwischen läuft alles auf eins hinaus. Dieses besteht in einem starken Vorrath leichter Truppen und in Besetzung der Flanken sowol als des Rückens der Flügel (a) mit guten Reserven, welche eine zweyfache Bestimmung haben; den Feind zu umflügeln, oder solches auf ihrer Seite zu verhindern. Diesen gedoppelten Vortheil kann man sich durch ihre Stellung verschaffen. Cyrus, Cäsar, Alexander und seine geschickten Nachfolger liefern uns hievon genug Beyspiele. Man kann nicht besser thun, als diese großen Meister nachahmen.

Es ist zu verwundern, daß der Ritter Folard, der doch über alle Theile der Kriegskunst seine Glossen machte, an die leichte Cavallerie und Infanterie fast gar nicht gedacht, und sich ihrer in seinen Schlachtordnungen nicht bedienet hat. Wäre er darauf verfallen, so würde er sie ganz gewiß wohl benutzet und seine Taktik weit besser eingerichtet haben. Er hätte sie statt der Granadiers zu den Plotonen gebraucht, womit er seine Cavallerie spicket, weil doch jene zu dieser Streitart keinesweges

---

Ebendas. (a) Eine überflügelte Armee von hundert tausend Mann, wenn sie in die Flanke gefaßt wird, weis sich bald zu rathen: Der Verfasser dieses Lehrsatzes hat seine Taktik nach dieser Grundwahrheit eingerichtet. Ohne Zweifel wird man dem König in Preußen wenigstens eben so gern glauben, als dem Ritter Folard.

nichtweges tauglich sind. Ich habe nun die Nothwendigkeit schwerer und leichter Truppen zu Fuß und zu Pferde hinlänglich dargethan; ich habe gezeiget, daß eine Kriegsverfassung niemals gut seyn wird, wenn sie nicht nach diesen Grundsätzen eingerichtet ist, welche die Alten befolgt haben. Iphicrates verglich ein Kriegsheer dem menschlichen Leibe, dessen Brust die Phalanx, die Reuterey die Füße, die leichten Truppen die Hände, und der General das Haupt sey. Iphicrates war ein großer Kenner, und man kann aus seinem Gleichnisse den Schluß ziehen, daß der Mangel eines dieser Theile jederzeit einen verstümmelten Körper darstellen wird, der keine große Dienste leisten kann.

Viertes

Viertes Hauptſtück.
Von den Schlacht-Hinterhalten.

Ich rede hier nicht mehr von den Corps, welche beſtimmt ſind während des Treffens den Feind zu hinterziehen, und ihm in die Flanke oder in den Rücken zu fallen. Dieſe Materie iſt bereits hinlänglich abgehandelt worden. Unter einem Schlachthinterhalte verſtehe ich eine ſolche Anordnung, da man einen ſeiner Flügel, oder das Mitteltreffen, oder auch die ganze Armee zurück ziehet, und den Feind zum Nachſetzen veranlaſſet, um ihn in eine Falle zu locken.

In der Schlacht bey Aſkalon lieſſen die Saracenen, welche ſich an einige zu ihrer Rechten befindliche Hügel hätten lehnen können, dieſelben hinter ſich liegen, und bedienten ſich ihrer um ein ſtarkes Corps Truppen zu verbergen. Als der linke Flügel der Chriſten den Angriff that, wichen die Saracenen und ſchienen ſich eilfertig zurück zu ziehen. Der Herzog von Burgund, der dieſen Flügel anführte, ſetzte ihnen hitzig nach; ſie lockten ihn weit über das Mitteltreffen hinaus; alsdann ſtürzten die im Hinterhalt ſtehenden Truppen auf allen Seiten von den Hügeln herunter, umzingelten die Chriſten und hieben ſie in die Pfanne.

Die Morgenländer, welche ſonſt wenig in der Taktik gethan haben, verſtehen vielleicht unter allen Völkern

die

die Kunſt der Kriegsränke am beſten; es ſey nun, daß ſie dadurch ihrer mangelhaften Stellordnung zu Hülfe kommen wollen, oder daß ihr von Natur feiner und ſpitzfündiger Verſtand ſie zufälligerweis darauf bringet. Nichts iſt gefährlicher als dergleichen Hinterhalte. Einer Anhöhe oder einem Walde, daran der Feind ſich lehnet, würde man nicht trauen, und ſich nicht weiter wagen, ohne ſich davon bemeiſtert zu haben. Wenn aber ein ſolcher Poſten hinter ihm liegt und er die Flucht ergreift, ſo hält man den Sieg für entſchieden; man bringet vor und platzet ganz unvermuthet in die Falle. Der Franzoſe läßt ſich weit leichter als irgend ein anderes Volk ins Garn locken. Da er von Natur hitzig, ungeſtüm und unvorſichtig iſt, ſo geht er gerade auf den Feind los, ohne ihn einer Hinterliſt fähig zu halten. Dieſe Lebhaftigkeit hat ihm allemal Unglück gebracht, wenn ſeine Anführer nicht die Kunſt beſaſſen ihn im Zaume zu halten. Hier iſt ein anderes Beyſpiel von einer ganzen Armee, die in einen neu ausgedachten Hinterhalt gezogen worden.

Thomas-Koulikan, dieſer berühmte Uſurpierer des perſiſchen Thrones, lag vor der Stadt Gangea auf den armeniſchen Gränzen, als er erfuhr, daß ein mehr als hundert tauſend Mann ſtarkes türkiſches Heer zum Entſatze der Feſtung heran rückte. Plötzlich hob er die Belagerung auf, vereinigte ſich mit einem Corps, das ſein Sohn anführte, und lagerte ſich auf den Feldern von Erivan. Er hatte ein Gebürge in ſeinem Rücken, welches ihn auf den Einfall brachte ſich des Sieges durch eine Kriegsliſt zu verſichern. Er ließ in den Hohlwegen und

1734.

und Thälern Minen anlegen, woran mit eben so viel Geheimniß als Fleiße gearbeitet wurde. Die Artillerie stellte er auf den Abhang einiger Hügel, welche mit Sträuchen und Gebüschen bedeckt waren; am Eingange der Schlupfwege warf man schwache Verschanzungen auf, welche bloß zu desto leichterer Berückung der Türken dienen sollten. Bey ihrer Annäherung verließ Thomas die Ebene, und zog sich mit einer verst.ellten Eilfertigkeit nach den Gebürgen. Er verbarg auch ein starkes Corps in einem Wald, welcher nicht weit von dem Wege lag, den der Feind nehmen mußte, wenn er gegen ihn anrücken wollte. Der größte Theil seiner Infanterie mußte die engen Gründe und die Rückseite der Hügel besetzen. Die Türken argwöhnten nichts von allen diesen Anstalten, und da sie den Rückzug des persianischen Heeres als ein Zeichen der Schwäche auslegten, so eilten sie dasselbe anzugreifen. Thomas schickte ihnen ein Corps von zehn tausend Reutern entgegen, welche beym ersten Anfalle umkehrten, und die Flucht nahmen. Er selbst wich zurück, und verließ eine Anhöhe, worauf er postiert war. Die Türken, welche immer noch sicherer wurden, bildeten sich ein, sie dürften diesen ersten Vortheil nur verfolgen; sie erreichten die Verschanzungen und erstiegen sie mit leichter Mühe. Nun glaubten sie einen vollkommenen Sieg in Händen zu haben. Die Persianer fliehen, sie jagen ihnen nach, und vertiefen sich in den engsten Schlupfwegen; plötzlich aber werden sie von dem Donner der Kanonen zu Boden geschmettert; die Minen springen und öffnen eine Reihe von Abgründen, welche ganze Bataillonen verschlingen; Schrecken und Entsetzen verbreitet sich unter

ter den gantzen Rest des Heeres; zu gleicher Zeit greift die persianische Infanterie sie auf allen Seiten an, und das im Walde verborgene Corps fällt ihnen in den Rücken. Die Türken verlohren an diesem blutigen Tage mehr als fünftzig tausend Mann, ihre Artillerie, ihren Troß und die Kriegscasse. Neun Baßen und ihr Anführer Abdoula Cuperli kamen dabey ums Leben. Nach diesem herrlichen Siege eroberte Thomas die Stadt Erivan und verschiedene andere Plätze, die ihm den Eingang Armeniens öffneten. Er bemächtigte sich dieser Provinz und Georgiens wieder, welches alte Besitzungen der persischen Monarchie waren, die sie zur Zeit ihrer innerlichen Unruhen nicht vertheidigen konnte, und die seine glorreichen Waffen ihr wieder einverleibten.

Dieser Vorfall verdiente seiner Seltsamkeit wegen angeführt zu werden. Ich glaube, daß dieses das erste mal ist, da man in einer Schlacht Minen gebraucht hat; ein Mittel welches nicht wohl anders als durch eine Kriegslist und bey einer Stellung gelingen kann, die mit der obigen übereinstimmt. Wenn eine postierte Armee einigen Vortheil erhalten kann, so bestehet solcher vornehmlich in der Wahl eines Platzes, der ihr Gelegenheit gibt den Feind in einen Fallstrick zu ziehen. Man findet hiervon bey den Asiaten häufige Beyspiele und zwar weit mehr als in Europa. Hier ist noch eines das bemerkt zu werden verdienet.

Die Persianer hatten unter der Anführung ihres Königes Schach-Thomas die armenische Festung Tauris erobert, und bedroheten den Rest dieser Landschaft. Die türkische Kriegsmacht, welche bey verschiedenen Gele-

genhei-

gentheiten geschlagen worden, hatte sich zerstreuet und
nichts schien diesen ersten Progreſſen im Wege zu stehen.
Als indeſſen Achmet-Bacha, der auf den Gränzen commandirte, einige Hülfsvölker erhielt, verſammelte er
ein Heer von fünfzig tauſend Mann und lagerte ſich unter
den Mauern von Erivan wo er ſich verſchanzte. Schach-
Thamas näherte ſich ihm und that alles mögliche um ihn
zum Gefechte zu reitzen; allein der Türke welcher ſich ſchwä-
cher fühlte, wollte keine Schlacht im freyen Felde wagen; er begnügte sich bisweilen seine Reuterey ausrücken, und mit der perſiſchen ſcharmützeln zu laſſen. Mittlerweile hatte er einen vortheilhaften Platz gefunden,
wo er eine Batterie von vierzig Stücken aufwerfen ließ,
welche ſorgfältig verdeckt und durch ein Corps Fußvölker unterſtützt wurde, das man nicht ſehen konnte. Hierauf ſchickte er ſechs tauſend Mann mit dem Befehl ab,
ſich dem Feinde zu nähern, und bey der erſten Salve
zu fliehen. Die Perſianer ſetzten ihnen nach, und ihre
ganze Armee rückte vor, in der Hoffnung dieſen erſten
Vortheil mit leichter Mühe zu verfolgen. Sie flieſſen
auf das Feuer der Batterie, welche ihnen viele Leute
tödtete und ſie in Unordnung brachte. Achmet, der alles eingedenkt hatte, nahm dieſes Augenblicks wahr,
um ihnen auf beiden Seiten in die Flanken zu fallen.
Die Perſianer fochten mit einer außerordentlichen Tapferkeit; allein die trichterförmige Falle, worinnen ſie
ſtacken, erlaubte ihnen niemals der Verwirrung zu
ſteuern; ſie ließen eine Menge Todte auf dem Schlachtfelde, und zogen ſich in ihr Lager zurück.

Fünftes

Fünftes Hauptstück.
Von der Angriffsordnung durch das Mitteltreffen.

Ich verstehe hierunter eine Verstärkung des Mittelpunktes, welchen man gegen den feindlichen vorrücken läßt, da indessen die beiden Flügel entfernt bleiben, und entweder durch die Natur des Erdreichs, oder durch die Kunst bedeckt sind. In der Schlacht bey Mantinea hatte Epaminondas seinen linken Cavallerieflügel verstärkt, um den lacedämonischen rechten zu eben der Zeit anzufallen, da er mit seiner Phalanx in das Fußvolk einbrach. Dieses kann für keinen Angriff mit dem blosen Mittelpunkt angesehen werden, weil die Cavalleriflügel ebenfalls handgemein wurden. Gleichwol hat der Ritter Folard und das Treffen unter dieser Gestalt vorgebildet. Verschiedene sowol alte als neuere Feldschlachten, welche durch das Mittelheer entschieden worden, haben blos durch den Zufall diese Wendung genommen, so nämlich daß da der Sieg angefangen sich auf diese Seite zu erklären, die Heerführer sich solches zu Nutze gemacht, und den ersten Vortheil durchgesetzt haben: Er ist aber auch oft zu ihrem Schaden ausgeschlagen, entweder weil sich die Flügel zu sehr geschwächt hatten, um das Mitteltreffen zu verstärken; ein Fehler, den die römischen Bürgermeister bey Cannä

II. Theil.   F   begien-

begiengen; oder weil der Feind, ohne sich viel um die
Lücke seines Mitteltreffens zu bekümmern, sich mit
Nachdruck auf die Flügel geworfen und sie getrennt hat,
welches allezeit einen vollkommenen Sieg zuwege bringt.
Ein Beyspiel hievon findet man in der Schlacht bey Almanza, welche der Herzog von Berwick im Jahr 1707
gegen die alliirte Armee gewonnen hat. Zwo Brigaden
des Mittelpunktes wichen und wurden bis nach Almanza
verfolgt, welches den Franzosen im Rücken lag. Der
Herzog von Berwick begnügte sich ihnen vier Schwadronen zu Hülfe zu senden, die von dem rechten Flügel
der zwoten Linie genommen wurden, und die Wiedervereinigung der Brigaden begünstigten. Indessen thaten die Flügel verschiedene sehr lebhafte Anfälle gegen
die feindlichen, welche endlich getrennet wurden, und
den Franzosen den Sieg überließen. Nach dem Treffen wurden dreyzehn hülflose Bataillonen gefangen,
welche, da sie alle Auswege verlegt sahen, das Gewehr
streckten. (a) Dieser Vorfall wurde damals dem Treffen bey Höchstädt entgegen gesetzt, wo drey Jahre vorher sieben und zwanzig Bataillonen Franzosen in dem
Dorfe Blintheim gefangen wurden.

Wenn

(a) Der Verfasser der Kriegsgeschichte Ludwigs XIV
ist in der Beschreibung dieser Schlacht nicht sehr genau,
und der Ritter Folard ist es noch weniger. Da er den
ganzen Ruhm dieses Sieges dem Ritter Avarei zurechnen
wollte, so hat er die Erzählung der schönen Manöuvren
vernachläßigt, welche unter den Befehlen des Ritters von
Asfeld auf der Rechten gemacht worden. In den *Memoires militaires* des Hrn. von Zurlauben werden sie mit vieler
Deutlichkeit beschrieben.

Wenn der Sieg sich in dem Mittelpunkte zu erklären scheint, so kömmt, wie bey andern Gelegenheiten alles darauf an, daß man des Augenblicks wahrnehme, und diesen ersten Vortheil bis zur völligen Entscheidung lebhaft verfolge. Indem man aber alle seine Aufmerksamkeit auf diese Seite wendet, muß man wohl Achtung geben, daß die Flügel nicht verabsäumet werden; denn der Feind kann sich an diesen zu erhohlen trachten, sie über den Haufen werfen, und alsdann die siegreichen Truppen des Mittelheeres einschließen, welche unwiederbringlich verlohren seyn würden, wie wir es eben aus der Schlacht bey Almanza gesehen haben. Sobald man wahrnimmt, daß der feindliche Mittelpunkt wanket, und im Begriffe steht zu weichen, so muß man einige Corps aus der zwoten Linie hervor ziehen, um die Stärke dieses Theiles zu vermehren. Man kann auch etwas von dem Rückhalt nehmen, der aber doch hinlänglich besetzt bleiben muß, um die Flügel unterstützen und bestreyen zu können, wenn der Feind sie in die Enge treiben sollte. Dieses könnte gar leicht geschehen, wenn er keinen andern Ausweg mehr vor sich siehet. Ist sein Mittelheer einmal erschüttert und von der Stelle getrieben worden, so muß man es so weit verfolgen, daß es ihm nicht mehr möglich wird sich zu setzen. Hierzu können die Reuter oder Dragoner der zwoten Linie, oder auch diejenigen, welche man von dem Rückhalt nimmt, gebraucht werden. Was das Fußvolk betrifft, so muß es sich auf die rechte und linke des geöffneten Mittelheeres schwenken, um den Rest der Linie in die Flanke zu fassen.

Die gedehnte und seichte Stellart unserer Bataillonen ist zu dergleichen Angriffen gar nicht schicklich; denn

wenn

wenn der Feind nicht alle Ueberlegung verliert, so darf er sie nur mit denen an die Oeffnungen stossenden Truppen umflügeln. Wollen sie selber sich vorbiegen, wie sie es eigentlich thun sollten, so kann solches nur durch halbe Schwenkungen geschehen. Nun aber weis jedermann, wie langsam und schwerfällig diese Bewegungen sind; was würde dann erst herauskommen, wenn man sie mitten unter einem betäubenden Gewühle machen müßte? Nur solche Corps welche eine schmale Fronte und eine gewisse Tiefe besitzen, können hierzu dienen. Meine Cohorten die beynahe nur zwey Drittheile schmäler sind als unsre Bataillonen, würden weit leichter, weit richtiger manöuvrieren, und wenn auch einige getrennt werden sollten, sich sehr schnell wieder vereinigen können. Es ist ein sicherer Grundsatz, daß ein Kriegshaufen sich um desto leichter vor der Unordnung verwahren, und aus derselben helfen kann, je weniger er Fronte hat, und je kleiner seine Anzahl ist.

Es ist leicht zu begreifen, daß wenn die Anfälle lebhaft und der Widerstand hartnäckig gewesen, man bey Gewinnung des Erdreichs in einer gewissen Verwirrung seyn müsse, zumal da man dem Feinde die beiderseitigen Flanken blos gibt: hat nun dieser die entbehrlichen Truppen seiner Flügel dahin gezogen, und dieselben zugleich durch einen Theil des Rückhalts unterstützt, so frage ich, wie die in diesem Loche zusammen gepreßten Bataillonen sich bewegen, und im Fall einer Trennung sich aus diesem Chaos heraus finden können? Zum großen Glücke für den siegenden Theil wird der Feind,

dessen

dessen Stellung eben so schwach ist, sobald er seine Linie durchlöchert, und seine Flanken entblöst sieht, von der Furcht überwältigt, und denket nicht mehr auf die Herstellung des Schadens, welcher doch nicht so groß wäre, wenn er ihm ungesäumt abzuhelfen suchte.

In dem Treffen bey St. Gotthard, wo man den Uebergang des Raabflusses vertheidigen wollte, hatten die schlechtesten Völker, nämlich die Reichstruppen die Mitte der Schlachtordnung inne; die Türken wandten ihre größte Macht gegen diesen Theil; sie brachen hindurch und verfolgten die Reichstruppen bis zu ihrem Trosse. Die Zahl der Feinde nahm mit jedem Augenblicke zu, und verschiedene Anführer, welche die Schlacht für verlohren hielten, bereiteten sich zum Rückzuge. Allein Montecuculi ließ drey Regimenter zu Fuß und zwey zu Pferde vorrücken: der Marggraf von Baden kam von einer andern Seite herbey und fiel den Türken in die Flanke: dieses gab verschiedenen Regimentern Zeit sich wieder zu richten: der Feind wurde getrennet, und bis an den Fluß zurück geschlagen. Da er sich aber in dieser Gegend noch immer verstärkte, so nahm Montecuculi einige Völker vom rechten Flügel, und einen Theil der Franzosen die auf dem linken stunden, zu Hülfe. Hierdurch wurden die beiden Flügel zwar ein wenig geschwächt, da sie aber aus den besten Truppen bestunden, so waren sie dennoch hinreichend die Türken ihrer seits abzutreiben. Ihr Mittelheer wurde mit Nachdruck angegriffen, ihre Verschanzung erstiegen, und der größte Theil der Feinde in den Fluß gesprengt. Die Deutschen thaten bey dieser Gelegenheit den Angriff

Mem. de Montecuculi.

nach Art der Türken mit lautem Geschrey; eine vortreffliche Methode, welche die Truppen aufmuntert, sie gegen die Gefahr betäubet, und auch den Furchtsamsten Muth gibt.

Die Unordnung die sich in dem Mitteltreffen ereignet, ist wegen der Nähe der Reserven leichter auszubessern als auf den Flügeln; man kann auch eher von den beiden Flügeln Hülfe bekommen, als Truppen von einem Ende der Schlachtordnung an das andere versetzen. Montecuculi erfuhr dieses bey St. Gotthard. Er hatte die ungeübtesten Truppen in die Mitte gestellt, weil er sie durch die Reserven, und durch das was er er im Nothfalle von den Flügeln nehmen wollte, zu unterstützen dachte. Dieses geschah, und ein erwünschter Ausgang rechtfertigte seine Anstalten. Da die Uebergelegenheit der Türken gegen das Mitteltreffen ihn genöthigt, seine Flügel zu vermindern, so würde der Feind auf dieser Seite durchgedrungen seyn, wenn die zurück gebliebenen Corps nicht von bewährter Tapferkeit gewesen wären. Ein in seiner Mitte getrenntes Heer muß, wenn man dem Uebel nicht abhilft, allerdings das Feld räumen; es wird aber keine Hauptniederlage leiden, weil ein jeder von den beiden Flügeln sich unversehrt auf seine Seite zurück ziehen kann. Es wäre mir leicht diesen Satz durch Beyspiele zu beweisen. Mit einer Armee deren Flügel geschlagen sind, hat es eine ganz andere Bewandniß. Die Infanterie, welche gemeiniglich das Mitteltreffen ausmacht, wird gar bald eingeschlossen und kann es nicht vermeiden, wenigstens größtentheils aufgerieben oder gefangen zu werden. Wenn sie auch

auch gleich über die feindliche einen Vortheil erhalten hätte, so kann sie denselben nicht verfolgen, sobald ihre Reuterey sie verlassen hat. Sie sieht sich zum Rückzuge genöthigt, welcher bey der gegenwärtigen Stellart der Bataillonen kümmerlich genug von statten geht. Man muß zur Sicherheit der Flanken Bewegungen machen, oder Vierecke bilden. Wenn nun indessen die siegreiche Reuterey nur ein wenig eilet, so ist es ein Wunder, wo sie nicht einen Theil davon zu Schanden hauet.

Schlacht bey Höchstädt.

Die Schlacht bey Höchstädt liefert uns ein Beyspiel eines Central-Angriffs, welcher durch die Lage der Oerter und die schlechte Stellung der französischen und bayerischen Armee veranlasset worden. Man weis daß diese zwey vereinigte Heere sich in eben der Ordnung zum Treffen stellten, wie sie gelagert waren, das ist, daß jede ihre beiden Cavallerieflügel behielt, so daß durch ihre Verbindung die churfürstliche Reuterey des rechten Flügels, und die französische des linken den Mittelpunkt des Ganzen ausmachten. Vier an der Spitze liegende Dörfer wurden mit Infanterie besetzt. Das Dorf Blindheim, welches zur rechten lag, enthielt allein sieben und zwanzig Bataillonen, und zwölf Schwadronen Dragoner. Es blieb im freyen Felde bald nichts als schwere Reuterey, welche überdas von dem Bache, der vor der ganzen Fronte hinfloß, so weit entfernt war, daß sie den Uebergang desselben nicht verwehren konnte. Marlborough, der alle diese Fehler bemerkt, ordnet verschiedene Linien von Fußvolk und Reutern in sein Mit-

Kriegsgeschichte Ludwigs XIV.

Geschichte des Prinz Eugen.

seltreffen, setzt über den Bach, der nur von drey Schwadronen beschützt ward, rückt zwischen den Dörfern vor, welche zu weit von einander lagen um ihn zu beunruhigen, die er aber doch durch Infanterie maskieren ließ, und wirft sich auf die im Mittelpunkt befindliche Cavallerielinie. (a) Die Tapferkeit der französischen Gendarmerie hatte diese vordersten Schwadronen zum weichen gebracht, als sie selber in ein Musketenfeuer fiel, welches sie umzukehren nöthigte. Der Marschall von Talard nahm seine acht letztern Bataillonen, um seine Reuterey damit zu spicken. Ihr Feuer hielt den Angriff des Feindes einige Augenblicke auf, endlich aber gewann die Menge die Oberhand; die französischen Schwadronen wurden umgestürzt; die acht Bataillonen welche frisch geworben waren, in die Pfanne gehauen, der General gefangen und der größte Theil der in den Dörfern verlassenen Infanterie mußte das Gewehr strecken. Mittlerweile hatte der Prinz Eugen auch zur Rechten mit abwechselndem Glücke angegriffen; er war über den Bach gegangen, und zwischen den Dörfern Lutzingen und Oberklau vor dem linken Flügel des Churfürsten erschienen. Seine Reuterey wurde zum weichen gebracht und die Infanterie bis an einen Wald zurück geführt, wo sie sich wieder vereinigte.

Sie

(a) Einem ungeschickten General wäre es nicht eingefallen, seine ganze Macht in die Mitte zusammen zu ziehen. Er hätte die Dörfer angegriffen und alle seine Infanterie auf die Schlachtbank geliefert. Dieses muß man mit der größten Sorgfalt vermeiden; wenn es aber unumgänglich nöthig ist, so muß man die Vorsichtsanstalten nicht verabsäumen, die ich unten anzeigen werde.

Sie griff von neuem an, und schlug die Bayern nun auch zurück. Vielleicht wollte der Prinz Eugen sich auf dieser Seite nicht zu weit einlassen, wo er blos den linken Flügel zu beschäfftigen suchte, um den Angriff des Mittelpunktes zu begünstigen, auf welchen es eigentlich abgesehen war. Diese ganze bayerische Armee, welche unter dem Churfürsten durch den Hrn. von Marsin angeführt wurde, zog sich völlig zurück, und machte nicht den geringsten Versuch das Treffen herzustellen, oder die zerstreuten Haufen des Marschalls von Talard zu retten.

Die Ursachen, welche einen Angriff durch das Mitteltreffen veranlassen können, sind, wenn der Feind seine Flügel so wohl unterstützt hat, daß man sie nicht umziehen kann; wenn sie durch Batterien flankiert sind, welche ein Kreuz- oder Zwerchfeuer machen würden, wenn sie durch Hindernisse bedeckt sind, welche die Zugänge verlegen; wenn man weiß, daß der Feind seine schlechtesten Truppen in die Mitte gestellt, und endlich wenn man sieht, daß er eine so platte Schlachtordnung gemacht hat, wie die beiden französischen Marschälle in der Ebene bey Höchstädt. Die Befehlshaber der Alliirten erwogen bey der ihrigen nicht nur die Mängel der französischen, sondern auch die Beschaffenheit des Erdreichs, welches ihnen den Vortheil gab ihre Bewegungen zu verbergen, und sich unbemerkt auf dem Mittelpunkte zu formieren. Sie fanden auch noch den Vortheil dabey, daß sie während dem Gefechte des Mittelheeres nichts für ihre Flügel befürchten durften, weil sie den Bach vor sich hatten, weil ihre Linke von der

feindli-

feindlichen Rechten sehr weit entfernt war, weil der größte Theil der französischen Infanterie in Dörfern stak, und sie wohl wußten daß sie nicht heraus gehen würde, und endlich, weil die Waldungen, so sie auf ihrer Rechten hatten, diesen Theil auch noch in Sicherheit setzten. (a)

Schlacht bey Modin.

Die Stellung der beiden Armeen bey Höchstädt, welche durch einen Bach getrennet waren, erinnert mich an eine Schlacht der Maccabäer, da der Angriff nothwendig mit dem Mittelheere und zwar in senkrechter Richtung geschehen mußte.

Simon,

Kriegsunterricht Art. 22.

(a) Der König in Preußen ist eben so wenig ein Freund des Angriffes, als der Vertheidigung der Dörfer. Diese Angriffe, sagt er, kosten so viele Leute, daß ich mir ein Gesetz gemacht habe sie zu vermeiden, wofern ich mich nicht unumgänglich dazu gezwungen sehe. Im letztern Falle will er alle Dörfer, welche sich vor seiner Fronte und auf den Flügeln befinden, anstecken lassen, dafern der Wind den Rauch nicht in sein eigenes Lager treiben würde. Doch nimmt er die zerstreuten massiven Häuser aus, welche während dem Treffen zur Beunruhigung des Feindes dienen können. Diese kann man mit sehr wenig Leuten besetzen, anstatt daß die Dörfer zuviel wegtreffen. Wenn sich dergleichen Häuser unweit der Linie befinden, so muß man die Thüren und alle Ausgänge wohl maskiren, ihre Mauer wenigstens sieben und einen halben Fuß hoch mit Schießlöchern versehen und sie abdecken, um oben eine Art von Brustwehr anzulegen.

Simon, der zweyte Sohn des Matathias, beherrschte damals das jüdische Land: Antiochus, der Sohn des Demetrius, hatte während seinem Kriege mit Tryphon, dem Usurpierer des syrischen Reiches, die Freundschaft der Juden gesucht. Nach dessen Verjagung brach er das mit ihnen geschlossene Bündiß, und wollte sie nöthigen die Plätze Joppe und Gaza als unrechtmäßige Besitzungen zurück zu geben, und ihm starke Geldsummen unter dem Vorwand einer Entschädigung zu bezahlen. Als er eine abschlägige Antwort erhielt, sandte er ein mächtiges Kriegsheer unter den Befehlen des Cendebäus gegen sie zu Felde. Simon versammelte zwanzig tausend Mann zu Fuße, und etwas weniges an Reuterey, die er seinen Söhnen Johann und Judas übergab. Sie giengen den Syrern entgegen, die sie in der Ebene bey Modin antrafen, wo sie gelagert waren, und einen reißenden Bach vor sich hatten, der die beiden Armeen trennete. Des folgenden Morgens frühe griffen die Juden zu den Waffen, und wollten den Uebergang versuchen. Sie mochten sich ungefähr in folgender Ordnung befinden: Da sie ungleich schwächer an Reuterey waren als die Feinde (a), so wurde sie in zween Haufen in die Mitte der Infanterie gestellet. Die Juden theilten ihr Fußvolk in Schaaren zu tausend bis zwölf hundert Mann, die sie zwar sehr hoch, aber doch mit mehr Fronte als Tiefe ordneten, so daß eine jede fünfzig Rotten, und zwanzig

---

(a) Darnach machte Johannes seine Ordnung zur Schlacht, und stellte die Reisigen zwischen * das Fußvolk; aber die Feinde hatten einen viel mächtigern reisigen Zeug.

1 B. Maccab. Kap. 16. v. 7.
* in media

zwanzig bis vier und zwanzig Glieder haben konnte. Diese vereinigte und mit sehr kleinen Zwischenräumen verschene Haufen, machten eine starke Phalanx aus, welches diejenige Stellordnung ist, in welcher die Juden, so wie die übrigen Morgenländer, sich iederzeit geschlagen haben. Bey dieser Gelegenheit war das Fußvolk nicht in eine Linie, sondern in eine Colonne gestellt, so daß die Abschnitte mit ihrer Flanke marschierten. Die Cavallerie (1) welche in kleiner Anzahl war, formierte die Colonne des Mittelpunkts, vor welcher zween Abschnitte der Phalanx herzogen; als sie aber über dem Strome war, stellte sie sich in eine Linie. Die zwo Jnfanteriecolonnen (2) deckten sie zur rechten und linken; ein kleines Corps (3) machte den Hinterzug aus. (†) So näherten sich Johannes und Judas dem Flusse. Als sie am Ufer waren, bemerkten sie, daß ihre Truppen stutzten, entweder weil sie sich vor der Menge der Feinde oder vor der Tiefe und Schnelligkeit des Wassers entsetzten. (a) Die beiden Häupter frischen sie an, werfen sich zuerst hinein, und ihr Beyspiel wird von dem ganzen Heere befolgt, welches in geschlossener Ordnung hinüber setzt. Die Juden fallen unter Trompetenschall auf die Etzer, schlagen sie in die Flucht, und verfolgen sie unter

Kupf. 4.

V. 9. bis 10.

(†) Da der Verfasser seine Zusätze für bloße Muthmaßungen ausgibt, so würde man sehr ungerecht seyn, wenn man Beweise von ihm fordern wollte.

1 B. Maccab. Kap. 16. V. 6. (a) Da er aber sah, daß das Volk einen Scheu hatte durch das Wasser zu setzen, da wagte er sich zuerst hinein und kam hinüber. Da der Haufe dieses sah, folgten sie ihm nach.

unter einem großen Blutbade bis zu der Festung Ce-
bron und auf die Felder bey Ajot.

Die Stellordnung der jüdischen Armee ist eigentlich das, **Felian** was die Griechen eine Thüre und die Neuern einen dop- **Kap. 33.** pelten Galgen nennen. Man suchte dadurch einen Theil seiner Stärke den Augen der Feinde durch die Ver- minderung seiner Fronte zu verbergen, um sich hernach auszudehnen, und sie umzingeln zu können, oder auch seine Flanken zu decken, wenn man in Furcht stund um- flügelt zu werden. Die Juden welche weit schwächer als die Syrer waren, konnten sie nicht in gerader Linie angreifen, ohne sich dieser Gefahr auszusetzen. Wären sie auf dem flachen Felde gestanden, so hätten sie sich vielleicht in drey abgesonderte Haufen gestellt, wie sie schon oft gethan hatten, allein der Fluß welcher die Feinde deckte, brachte die jüdischen Befehlshaber auf einen andern Gedanken. Die Syrer hatten sich nicht nahe genug daran gelagert, um den Uebergang zu ver- wehren; sie waren aber auch nicht weit genug davon entfernt, daß er den Juden nach dem Uebergange nicht hätte zu einer Beschützung dienen können. Daher stell- ten diese ihre wenige Reuterey in die Mitte, und be- deckten sie auf beyden Seiten mit einigen Abtheilungen ihrer Phalanx. Der Rest der Infanterie folgte in zwo Colonnen, deren Abschnitte sich nur rechts und links schwenken durften, um der Cavallerie (4) (5), die sie etwa hätte umflügeln wollen, die Spitze zu bieten. Die beiden Flügel des Endebdus konnten die Juden nicht einschließen oder von hinten anfallen, ohne über den Fluß zu gehen, welches nicht so leicht war, und

ohne

ohne einen großen Umweg nicht geschehen konnte. Sein Mitteltreffen wurde noch eher durchbrochen, und da das jüdische Fußvolk sich theils auf seinen rechten, theils auf seinen linken Flügel schwenkte, so schlug es diese ganze Armee vollends in die Flucht.

Man sieht, daß Cendebäus eben den Fehler begieng, wie die französischen Feldherren, welche den Feind ganz ruhig über den vor ihnen fließenden Bach kommen ließen (a). Die Juden hatten Zeit sich jenseits zu stellen, wofern sie nicht, wie ich noch lieber glaube, in voller Ordnung hindurch giengen. So zogen auch sie den größten Vortheil aus dem, was ihnen anfänglich als eine Hinterniß vorkommen mußte. Dieses bringt mich auf die Materie von einer schwächern Armee, welche bey Lieferung eines Treffens das Meer oder einen Fluß im

---

(a) Es ist nicht immer ein Fehler, wenn man den Feind über einen Bach oder Graben setzen läßt. Nur muß man ihm nicht zuviel Erdreich einräumen; denn hat er alsdann das Wasser im Rücken, und wird bey einem Angriffe nur ein wenig zurück getrieben, so bleibt ihm kein Platz mehr sich zu bewegen. Bey Almanja verbot der Hr. von Berwick, den Feinden einen breiten Graben streitig zu machen, den er auf seiner Rechten hatte. Wenn man den Uebergang eines Baches oder eines Grabens vertheidiget, so muß man, zumal wenn man Reuterey hat, sich nicht ganz auf den Rand stellen, weil der Feind auf seiner Seite ein starkes Musletenfeuer unterhält, welches oft zum Rückzuge nöthigt. Man muß sich in einer gewissen Entfernung, aber doch nahe genug halten, um ihn anzugreifen, wenn er hinüber setzt, welches nie ohne einige Unordnung geschehen kann.

im Rücken hat. Zuvor aber muß ich mich bey der Stellung der Truppen in den beiden obenerwehnten Schlachten von Almanja und Höchstädt noch ein wenig aufhalten.

Anmerkungen und Lehrsätze über die Vermischung der Truppen.

In der Schlacht bey Almanja vermengte Mylord Galoway seine Cavallerie, die in geringer Anzahl war, mit Fußvölkern, so daß er auf seinen rechten Flügel zuerst fünf Bataillonen, hernach fünf Schwadronen, und so fort bis an das Ende seiner Linie stellte; die zwote war auf gleiche Art zusammen gesetzt. Der Marschall von Berwick, vor dessen Augen diese Anordnung gemacht wurde, wollte darum an der seinigen, welche nach der gewöhnlichen Stellart war, nichts verändern. Er zog nur einige Schwadronen von seiner Linken, um seine Rechte zu verlängern, und die Feinde zu überflügeln, welche ihm eben soviel aus ihrem zweyten Treffen entgegen stellten. Nachdem ihre Linie sich in Marsch gesetzt, um die französische Rechte anzugreifen, wurde die Cavallerie, welche der Infanterie vorgeeilet war, auseinander gesprengt, und vereinigte sich bloß unter der Begünstigung des Feuers der Bataillonen, welche die erste Linie der Franzosen aushielten, und so gar in Unordnung brachten. Der Herzog von Berwick schickte ihr die Brigade von Maine, welche aus fünf Bataillonen bestund, zu Hülfe, und schlug dem Ritter Asfeld vor, sie mit seiner zwoten Cavallerielinie zu vermengen. Der Ritter wandte ihm ein, daß da

Mem. militaires de Mr. de Zurlauben.

der eigentliche Marsch des Fußvolls der Schritt sey, er
die Schwadronen nicht eben so führen könne, welche
jenes hinter sich zurück lassen müßten; daß er sich dem
Feinde mit großen Zwischenräumen nähern, folglich
seine Linie nachgeben und die Schlacht verlohren gehen
würde. Er wollte diese Brigade lieber auf die Flanke
der feindlichen Linie, die sich an ein abhängiges und
buschigtes Erdreich lehnte, anrücken lassen. Die Alliirten sahen sich genöthigt ihm eine gleiche Anzahl von
Bataillonen entgegen zu stellen, die sie aus der Linie
nahmen, und welche von dieser tapfern Brigade, die
sie mit aufgepflanztem Bajonet anfiel, sehr übel zugerichtet wurden. Das zweyte Treffen der französischen
Cavallerie, welches ganz frisch war, und zu einem Theile des ersten stieß, griff die feindlichen Schwadronen
an, und brachte sie ebenfalls zum weichen. Freylich
trieben sie zwo Brigaden des französischen Mittelheeres
bis nach Almanza; es befand sich aber eine neuange-
worbene spanische dabey, so daß das Wunder eben
nicht groß war.

In der Schlacht bey Höchstädt wollte der Herzog
von Marlborough den Hauptangriff gegen das Mitteltreffen unternehmen, und ließ daher eine Linie Fußvölker, auf welche verschiedene Cavallerielinien folgten,
zuerst über den Bach gehen. Diese Fußvölker vermischten sich nicht mit den Schwadronen, sondern stellten
sich auf die Flanken, und richteten ihr Feuer so ein,
daß es die Angriffe der Cavallerie unterstützte. Da die
französische zurück getrieben wurde, dachte der Marschall von Talard, er müßte, um sie desto besser zu benutzen,

nutzen, dem feindlichen Musketenfeuer auch etwas entgegen stellen. Es blieben ihm acht Bataillonen übrig, womit er seine Schwadronen spickte, und ins Treffen zurück führte. Hierdurch litt die erste Linie des Herzogs von Marlborough einigen Schaden; als aber eine zwote ihre Stelle eingenommen, wurden die französischen Schwadronen umgestürzt, und die acht entblösten Bataillonen dermassen zusammen gehauen, daß fast kein Mann davon kam.

Ich habe die Erzählung dieses Vorganges für nöthig erachtet, um zu zeigen, daß die einzelne Schränkung der Bataillonen und Schwadronen eben kein so grosses Meisterstück ist, als man sich einbildet. Der Ritter von Rösfeld wollte, wie wir gesehen haben, seine Brigade von Maine nicht also vermengen, sondern sie lieber in einer zusammenhängenden Masse agieren lassen. Der Marschall von Berwick bekümmerte sich auch sehr wenig um die feindliche Stellordnung; er änderte nichts an der seinigen, und der Ausgang rechtfertigte sein Verfahren. Die Vermischung des Lords Galoway gründete sich auf seine Schwäche an Reuterey und auf die Beschaffenheit des Erdreichs, welches ein wenig ungleich und heckigt war; er mußte auch über einen breiten Graben setzen, wo ihm ein gutes Infanteriefeuer nöthig wurde. Seine Anordnung war also höchst vernünftig und wohl überlegt; in einer kahlen Ebene hingegen ist sie nichts nütze. Der Marschall von Puysegur gibt hievon folgenden Grund an: "Die in der Linie stehenden Bataillonen können nicht leicht anders als vorwärts, sehr selten schräg, und gar nicht nach der Flanke zu feuern. Wenn die

Th. I.
S. 238.

II. Theil.   G   Cavalle-

Cavallerielinie auf die vermischte losgeht, so bleiben die gegen die Infanterie gerichteten Schwadronen zurück, um dem Feuer derselben nicht allzu nahe zu kommen. Der Rest der Linie marschiert immer fort, um die ihnen gegen über befindlichen Schwadronen anzugreifen. Gibt das Fußvolk auf die Vorrückenden Feuer, so eilen die Zurückgebliebenen in vollem Trabe herbey, um dasselbe einzustürzen: Alsdann ist es ihm nicht mehr darum zu thun, die an ihrer Rechten und Linken befindliche Reuterey zu beschirmen. Bekömmt die Linie irgendwo ein Loch, so werden die Bataillonen auf allen Seiten umflügelt, und haben die größte Mühe sich zu vertheidigen."

In der berühmten Schlacht, welche die Stadt Wien und das deutsche Kaiserthum rettete, sah man auf der ganzen Linie die Schwadronen wechselsweis mit den Bataillonen durchstochten; dieses aber geschah folgender maßen: Die erste Linie bestund aus lauter Infanterie, deren Bataillonen Zwischenräume hatten, die der Fronte gleich waren. Ungefähr hundert Schritte hinter ihr marschierte eine zwote Linie, die ganz aus Cavalerie gebildet und so geordnet war, daß die Schwadronen den Zwischenräumen der Bataillonen gegen über stunden, welche spanische Reuter mit sich führten. Eine dritte Linie war untermischt, und eine vierte diente zum Rückhalt. Die Rechte lehnte sich an die Donau, und die Linke an den kleinen Fluß Wien. Obgleich ein Theil des linken Flügels der Türken auf seinem jenseitigen Ufer stund, so wollte man sich doch nicht

nicht weiter ausdehnen, sondern lieber die Linien vermehren. Der große Sobiesky, der diese Schlacht anordnete, hatte sehr gute Gründe zu dieser Stellung. Um die Türken anzugreifen, mußte man den Kalenberg hinab steigen. Ehe man auf die Ebene kam, war das Land unten mit Weingärten bedeckt, welche mit Anhöhen und kleinen Thälern durchschnitten waren. Er vermuthete, daß der höchst unwissende Großveßier, der die Schlupfwege und Anhöhen des Kalenberges zu besetzen versäumet hatte, wenigstens zur Vertheidigung dieses an sein Lager stoßenden Erdreichs verrücken würde. Es geschah auch in der That, und die beiden Heere geriethen zuerst auf diesem Platze an einander. Die erste Linie marschierte mit langsamen Schritten, und führte ihre Kanonen mit sich; von Zeit zu Zeit machte sie Halt, um zu feuern und wieder zu laden. Bey jedem Halt warf das Fußvolk seine spanischen Reuter vor sich hin, und die Cavallerie hieb überall ein, wo sie zukommen konnte. Man stritt sich um diese Unebene bis gegen Mittag, da die Türken sie endlich fahren ließen, und sich an die Spitze ihres Lagers zurück zogen. Hier fieng das Gefechte von neuem an: Die schwere polnische Reuterey setzte sich zuerst in Bewegung, und gieng gerad auf das Mittelheer los, wo der Vezier sich befand, und von den Spahis nebst den Janitscharen umgeben war. Die mit ihren spanischen Reutern bedeckten Bataillonen machten ein starkes Feuer, und die Schwadronen prellten durch die Zwischenweiten an. Da die Linien nahe beisammen und folglich im Stande waren einander zu unterstützen, so wurden hierdurch die Zwischenräume minder

G 2 gefähr-

gefährlich, weil immer andere Haufen gegen über stunden, welche sie sofort ausfüllen konnten. Dieses ist die Schlachtordnung des Königs Sobiesky, welche ich aus seiner durch den Abt Coyer so wohl geschriebenen Geschichte gezogen, und mit der Erzählung, die ein alter Officier, der dabey war, mir ehedem in Deutschland davon gemacht, übereinstimmig befunden habe. Die Beschaffenheit des Erdreichs machte diese Stellung gewissermaßen nothwendig. Volle Linien, sie mochten nun aus Fußvolk oder Reutern bestehen, hätten auf einem durchschnittenen und sehr ungleichen Boden nimmermehr ungetrennt marschieren können. Es war auch sehr weislich gehandelt, daß man die beiderley Truppen in den Stand setzte sich wechselseitig zu unterstützen, und nach Maßgabe des Erdreichs zu fechten. Zu jener Zeit stund das Fußvolk noch sechs Mann hoch; es hatte folglich eine gewisse Festigkeit, und ein mit spanischen Reutern bedecktes Bataillon konnte den ungestümen Anlauf der türkischen Reuterey aufhalten.

Sobiesky war einer der größten Feldherren seines Jahrhunderts: Ich werde bald Gelegenheit haben, eine andere von ihm ausgedachte Schlachtordnung anzuführen, welche die einzige in ihrer Art ist. Die so er bey Wien machte, ist keinem Tadel unterworfen; er handelte aus guten Gründen; allein würde er sie wohl auf dem flachen Felde eben so eingerichtet haben? Der *Memoires ou Reveries Chap. 4.* Marschall von Sachsen entscheidet mit dürren Worten, daß diese Stellart nichts taugt: Gleichwol ist dieser General so wenig als Montecuculi mit der Entfernung der beiderley Truppen zufrieden; er will sie einander nähern

nähern und wechselseitig unterstützen lassen. Ich habe mich bereits im ersten Bande * über die Vermischung der Bataillonen und Schwadronen erkläret, welche sich bloß für ein durchschnittenes und höckerigtes Erdreich schicket. Sonst halte ich diese Stellart für sehr widersinnig, und würde selten dazu rathen. Wenn man sie aber ja versuchen wollte, so müßte meine Anordnung folgende Gestalt bekommen: Ich würde die Bataillonen gleich meinen Cohorten sechs bis acht Mann hoch stellen, und die auf vier Glieder formirte Granadier-Compagnie an das rechte, das Piket an das linke Flügelploton lehnen. Diese beiden also gestellten Haufen würden den Flanken mehr Dichtigkeit geben, und wenn eine feindliche Schwadrone durch eine halbe Schwenkung sich in den Zwischenraum werfen wollte, so würden sie ihr auf die Seiten fallen. Dreyßig oder vierzig Schritte weiter hinten, und zwar den Zwischenweiten der Bataillonen gegen über, würde ich meine Schwadronen (2) stellen, welche solchergestalt einen freyen Platz zum Ausholen bekommen. Wenn der Feind mich in dieser Ordnung anrücken sieht, so wird er sich unfehlbar in Bewegung setzen, um mich anzugreifen; meine Schwadronen müssen nicht eher losbrechen, als bis er sich nur noch achtzig Schritte von der Infanterie befindet, damit er ihr Musketenfeuer in der Nähe empfangen, und jene ungefähr zwanzig Schritte vor dem Zwischenraume auf ihn stossen mögen. Würde eine Schwadrone getrennet, so könnte sie, ohne das Fußvolk zu hindern, sich zurück ziehen, und sich sogar in einer Entfernung von wenig Schritten unter Begünstigung des Feuers der

* S. 306

S. die folgende Figur.

Gra-

Granadiers und der Piketer wieder formieren, welche
der feindlichen Schwadrone bey Verfolgung der meinigen die Flanken und den Rücken zeigen würden; zu
geschweigen, daß ich mich noch durch eine Rechts-
schwenkung des Feuers der letzten Glieder der benachbarten Bataillonen bedienen könnte.

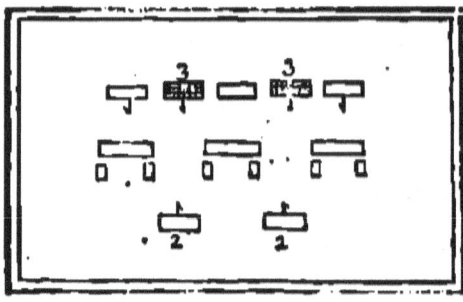

Indessen gibt der Augenschein, daß die Schwadrone (3), welche sich vor dem Zwischenraume zeiget, das
Feuer der beiden Bataillonen nur schwürig empfängt,
und daß sie um so weniger Schaden nehmen muß, je
näher ihr die Salve seyn wird. Ueberdieses hat jedes
Bataillon genug Arbeit vor seiner eigenen Fronte, und
ich sehe kein anderes Mittel diesem Fehler abzuhelfen,
als die Granadiers und Piketer, oder wenn ich Cohorten habe, Hel e Haufen leichter Fußknechte in den
Zwischenraum zu stellen. Die gegen über befindliche
Schwadrone, auf welche sie allein zielen müssen, wird,
ehe sie mich erreichet, schon halb zernichtet seyn, und
meine leich ten Fußknechte, bey denen ich die größte
Hurtigkeit voraus setze, können sich gar leicht hinter
die

die Cohorten werfen, um meiner Cavallerie einen freyen Durchweg zu lassen. So könnte man mit einer guten Stellung und einiger Aufmerksamkeit aus einer Schlachtordnung Vortheil ziehen, die an und für sich allemal sehr mittelmäßig ist.

Der Herr von Puysegur ist der Vermischung der Bataillonen und Schwadronen eben so wenig günstig als der Marschall von Sachsen: Weil man aber immer darauf bedacht gewesen der Entfernung der beiderley Truppen abzuhelfen, so ist derselbe auf folgendes Mittel verfallen: Man soll nämlich hinter der zwoten Cavallerielinie vor acht zu acht Schwadronen ein Bataillon stellen. Er ordnet sie anfänglich nur darum so, damit der Feind sein Vorhaben nicht errathen möge. Ist man zum Angriffe bereit, so läßt er sie in Form eines Vierecks mit offenen Winkeln an die Spitze der ersten Linie vorrücken, und hierauf eine runde Stellung nehmen. Diese bewegliche Festung läßt er ein Kreuzfeuer machen, um seine Cavallerielinie zu decken. Wenn diese vorrückt, so bilden die Bataillonen wieder ein Viereck und marschieren mit. Die Fehler dieser Erfindung fallen gleich beym ersten Anblick ins Auge. Dieses gedoppelte Manoeuvre, die Verwandlung des Vierecks in einen Zirkel, und des Zirkels in ein Viereck, ist im Angesichte einer Cavallerielinie, welche jeden Augenblick hinein sprengen kann, viel zu gefährlich, und das runde Feuer, zumal von einem einzigen Bataillon, will gar nicht viel sagen; denn je kleiner die Rundung ist, desto weiter müssen die Schüsse auseinander fahren; über dieses kann man nur den halben

Kriegskunst Th. 1. S. 329.

Kreis feuern lassen. Ich weis nur nicht, wie der Marschall von Puysegur auf eine so armselige Stellung verfallen konnte. Er hat sich sogar die Mühe gegeben, sie mit einem oder mehrern Bataillonen zu bilden; eine Ehre, die sie würklich nicht verdiente. Wenn die Alten sie gebraucht haben, so geschah es blos in den äußersten Nothfällen, und dennoch sind sie fast immer schlecht damit gefahren.

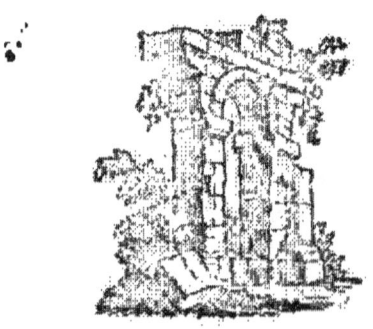

Sechstes Hauptstück.

Schlachtordnung einer Armee, die einen Fluß im Rücken hat.

Erster Abschnitt.

Ein General, der sich bey einer Stellung schlagen muß, da er das Meer, einen Fluß oder unwegsame Moräste hinter sich hat, muß vor allen Dingen Sorge tragen, daß er sich weit genug davon entferne, um in seinen Bewegungen nicht gehindert zu seyn, und daß er einen hinreichenden Platz im Rücken lasse, um seine Völker wieder sammeln zu können, wenn sie sollten zurück getrieben werden. Der Sieg den Flaminius an dem Addaflusse gegen die insubrianischen Gallier davon trug, ist mehr ein Beweis seines Glückes als seiner Fähigkeit. Polyb sagt, er habe sich *Buch 2.* so nahe an das Ufer gestellet, daß seine Truppen, wenn *Kap. 6.* sie nur ein wenig Erdreich verlohren hätten, in den Fluß wären gesprenget worden. Ihre Tapferkeit rettete sie aus dieser Gefahr, worein die Unvorsichtigkeit ihres Feldherrn sie gestürzet hatte.

Einer schwachen Armee kann ein solcher Standort Mittel an die Hand geben ihren Rücken und ihre Flanken zu sichern; wenn, zum Beyspiel, der Fluß einen so tiefen

tiefen Bogen beschreibet, daß das in Schlachtordnung stehende Heer die Sehne desselben vorstellen kann. Ist aber der Lauf des Flußes gerade, so müßte alsdann die Armee sich bogenförmig zurück lehnen, und ihre beiden Flügel an das Ufer stützen. (†) Der Ritter Folard hat auf diesen Fall eine Schlachtordnung entworfen, die er dreywinklige nennet; der Fluß macht die Grundlinie, und an die Spitze, welche stumpf ist, stellt er eine Fronte von Colonnen, mit welchen er auf den Mittelpunct des Feindes anlaufen will. Die beiden Seiten des Triangels werden durch das Feuer der auf dem gegen über liegenden Ufer befindlichen Batterien beschützet.

Diese Stellart ist ganz hübsch, bis auf die Wendung der beiden Flügel, welche bey Annäherung des Feindes zurück treten sollen. Ich sehe das Feine dieser Evolution nicht ein, und finde im Gegentheil viele Gefahr dabey. Zu was Ende soll man sich anfänglich in gerader Linie zeigen, wenn man hernach diese Bewegung machen will? Sobald diese Stellung die Gegenwehre zur Absicht hat, so ist es besser, wenn man sie anfangs nimmt; alsdann läuft man nicht Gefahr in der Schwenkung eines ganzen Flügels gestöret zu werden, die weiter keine so leichte Sache ist. Ueberdas nimmt sich

dieser

(†) Man sieht beym ersten Anblicke, daß eine solche Armee sich auf die Gegenwehre einschränken müße, und in diesem Falle würde eine gerade Linie ihre Flanken durch eine gehörige Anzahl Redouten wenigstens eben so gut schützen können.

dieser Rückmarsch gar nicht wohl aus, der Soldat kann sich nicht darein finden, und wenig Gutes davon vermuthen. Da Folard seinen Hauptangriff gegen den Mittelpunkt richten will, so müssen seine Flügel sich auf die Vertheidigung einschränken. Man muß ihnen also gleich eine unveränderliche Stellung geben, und sie, so viel möglich, durch Graben, Verhacke, Wagen oder spanische Reuter, oder, welches noch besser wäre, durch Redouten beschützen. Wenn man nur vier oder fünf Stunden gewinnen kann, so hat man volle Zeit sie anzulegen (a). Will der angreifende Feind ein auf diese Art gestelltes Heer umzingeln, so muß er sich aus dehnen, und folglich in gleichem Maße schwächen. Dieses erwartet der Ritter, um alsdann auf seine Mitte loszugehen und hindurch zu brechen. Der Einfall ist vortrefflich; nur müssen, wie gesagt, die Flügel in Sicherheit seyn: sonst mag das Mittelheer immer siegen, es wird dennoch alles verlohren gehen, so bald die Seiten des Triangels eingestürzt werden.

Der

(a) Zween Arbeiter können in fünf Stunden eine Würfellklafter machen. Sechs hundert Mann können den Graben einer fünf und zwanzig Klafter breiten Redoute auswerfen; drey hundert können die Erde ebnen und schlagen, die Brustwehr und die Banlette verfertigen. Folglich müssen neun hundert Arbeiter in diesem Zeitraum eine Redoute zu Stande bringen. Wenn man sich durch einen Bach oder mit Graben decket, so muß man auf einen Vorrath von Faschinen, Hürden und Bohlen bedacht seyn, auch die nöthigen Werkzeuge haben, um viele und sehr breite Durchgänge zu machen, so bald man vorrücken will.

Cb. 3. Der Ritter sagt zwar, daß eine in ihrer Mitte geöff-
S. 404. nete Armee verlohren sey; allein dieses Orakel ist nicht
untrüglich; häufige Beyspiele können das Gegentheil
beweisen. Aus der Schlacht bey Höchstädt, welche er
anführt, läßt sich nichts schließen; Jedermann weis,
daß bey diesem Treffen alles verkehrt angegriffen wurde. Wenn man bey Zeiten die Infanterie aus den
Dörfern Blindheim und Bollstädt, wo sie zu nichts
diente, heraus gezogen, und der Hr. von Marsin dem
Marschall von Talard die Truppen zugeschickt hätte,
die er von ihm fordern ließ, so hätte man den Herzog
von Marlborough aufhalten, wo nicht gar über den
Bach zurück weisen können. Ist gleich das Mitteltreffen durchlöchert, so darf man doch nicht verzweifeln,
so lang die Flügel noch ganz sind, zumal wenn man
einen Rückhalt bey der Hand hat. Eine Oeffnung im
Mittelpunkte hindert die beiden Flügel nicht einen Angriff zu thun, und das Feld zu erhalten, welches schon
oft geschehen ist.

Es scheint auch nicht, daß die Alten diesen Umstand
als ein unheilbares Uebel betrachteten; man sieht vielmehr, daß sie selber in der Mitte sich öffneten, um
dem Feinde, der sich mit voller Macht hinein warf, einen freyen Lauf zu lassen. Der Kaiser Leo hat dieses
zu einer Kriegsregel gemacht: Wenn ein feindlicher
Haufen während des Treffens eure Linie einstürzen will, so müßt ihr euch öffnen und sie hindurch lassen. Greifet sie hierauf von hinten an,
so werdet ihr sie leicht schlagen. Diese Vorschrift
haben die Griechen mehr als einmal befolget. Wollten

ten sie das angegebene Manoûvre machen, so schwenkten die geöffneten Theile sich rechts und links hinter die Linie; blos die Leichtbewaffneten blieben auf der Fronte, und hatten Befehl vor dem Feinde zu fliehen, um denselben hinter sich her zu locken. Wenn er sich in der Hitze des Anlaufs zu tief hinein wagte, so wurde die Oeffnung wieder geschlossen; dieser Theil der Phalanx fiel ihnen in den Rücken, mittlerweile daß die Leichtbewaffneten oder einige abgesonderte Schaaren ihn zu umzingeln suchten. Bey der griechischen Stellordnung war es ein leichtes, diese Evolutionen sehr geschwind und ohne Gefahr auszuführen. Um sich hievon durch ein Beyspiel zu überzeugen, darf man sich nur an das Verfahren des Agesilaus gegen die Thebaner erinnern, wovon ich in den Anmerkungen über die mondsförmige Stellart geredet habe. Es würde mir an mehreren nicht mangeln, wenn ich sie anführen wollte.

Die Absicht des taktischen Dreyecks ist, die Spitze gegen den feindlichen Mittelpunkt zu richten, um denselben zu öffnen und zu trennen. Vegez hat sie nicht unter seine Schlachtordnungen gerechnet; hier ist alles, Buch 3. Kap. 4. was er davon sagt: Der auf dem Mittelpunkte der Infanterie stehende Feldherr muß einen Rückhalt der tapfersten schwerbewaffneten Fußknechte bey sich haben, um einen Keil daraus zu bilden und die Linie des Feindes zu durchbohren, oder um diesem die Zange entgegen zu stellen, falls sie zuerst den Keil formieren sollte.

Der Keil, von welchem hier die Rede ist, war ein auf der Schlachtfronte befindlicher abgesonderter Haufen,

fen, den man zur Einstürzung des Feindes voran schickte, und durch die Linie selbst unterstützte.

Der Feind, welcher die Absicht haben konnte gleiche Bewegung zu machen, oder sich gegen dieselbe zu verwahren, suchte gemeiniglich einige Truppen zu erübrigen, welche er für alle Vorsorge auf die Fronte, bisweilen auch hinter die Linie stellte. Im letztern Falle öffnete sich die Linie, und schloß sich hernach, wie oben gesagt worden; stund aber die Reserve auf der Fronte, so machte sie die vorwärts gerichtete Zange. Man muß nicht glauben, daß diese immer die Figur des Buchstabens V vorstellte; genug daß zween Haufen, der eine von der Rechten, der andere von der Linken vorrückten, um den Keil einzuschliessen; eine Bewegung, die von der Linie unterstützt ward, welche unmittelbar nachfolgte. Man kann ein Beyspiel hievon in dem Plane der Schlacht bey Ecnome sehen, welcher in der Folardischen Auslegung des Polybs anzutreffen ist. Die Stellordnung der römischen Flotte war nach diesen Grundsätzen eingerichtet. Ein Theil der Galeeren formierte einen Triangel, der die beiden Admiralschiffe an seiner Spitze hatte. Die Lastschiffe stunden hinter der Grundlinie des Dreyecks; hinter diesen eine andere Linie von Galeeren, welche jene überflügelte, und sich zu beiden Seiten sehr weit ausdehnte. Die larthaginensischen Admirale brauchten gegen diese Anordnung die gewöhnliche Kriegslist, deren sich auch Hannibal bey Cannä bediente. Sie ließen ihr Mitteltreffen zurück weichen, welches die Flucht zu nehmen schien; die Römer eilten ihm nach, und der Triangel

trennte

trennte sich von der Linie. Alsdann drehten sich die flüchtigen Karthaginenser; ein Theil umzingelte sie, indeß daß der Rest auf die zurück gebliebenen Flügel fiel. Sie hätten siegen müssen, wenn sie, anstatt die Römer entern zu lassen, mit ihren Fahrzeugen, welche leichter und behender als die römischen waren, an dem Triangel vorbey gestrichen wären. Indem sie diesen Theil im Zaume gehalten hätten, wären ihre Flügel, welche eine überlegene Stärke besassen, auf die feindlichen losgegangen, deren Zernichtung auch den Untergang des Triangels nach sich gezogen hätte. Dieses ist eine sehr scharfsinnige Anmerkung des Ritters Folard, welche gegen ihn selbst die Wahrheit meines obigen Satzes beweiset, daß wenn man auch gleich den Mittelpunkt des Feindes aufgerissen hat, dennoch nichts gewonnen ist, so bald die Flügel Noth leiden.

Die Taktik zur See war von der zu Lande nicht sonderlich verschieden; man gebrauchte ungefähr die nämliche Stellordnung und gleiche Ränke. In dem obigen Treffen hatten die Karthaginenser hinter ihrem linken Flügel einen Haken, womit sie den römischen rechten einzuschliessen dachten. Man stellte der dreyeckigten Schlachtordnung so wie dem langen Viereck den halben Mond entgegen (a). Derjenige welcher sie einschliessen wollte, machte gemeiniglich nur eine einzige

---

(a) Ein langes Viereck nenne ich die Schlachtordnung in zwo gleichen und parallel stehenden Linien; bisweilen kann sie auf den Flügeln mit einigen Schiffen geschlossen werden.

zige Schiffslinie samt etlichen Reserven. Dieser letztern Anordnung muß man zur See wie zu Lande drey besondere Abtheilungen entgegen stellen. Da die türkischen und venetianischen Flotten bey Canda gegeneinander stunden, hielten diese eine Schlachtordnung, welche der römischen bey Ecnome glich, und noch über dieses durch eine in drey Haufen getheilte Reserve unterstützet wurde. Die türkische hatte die Form eines halben Mondes.

Thucydides erzählet ein Treffen der Athenienser gegen die Korinther und andere lacedämonische Bundesgenossen, worinnen diese letztern sieben und vierzig Ruderschiffe gegen zwanzig hatten. Als sie den Feind wahrnahmen, befanden sie sich am Eingange des korinthischen Meerbusens; sie stellten sich in Form eines umgekehrten halben Mondes, und schlossen ihre geringsten Schiffe nebst einem Rückhalt von fünf der schnellesten Galeeren in die Mitte. Phormio, der athenensische Befehlshaber, dessen Galeeren leichter und weit behender in ihren Bewegungen waren, wollte sie nicht gerade zu anlaufen lassen, sondern befahl ihnen an dem Zirkel hin zu streifen, als ob sie jeden Augenblick ansetzen wollten. Hierdurch preßten sie die Lacedämonier so nahe zusammen, daß sie in Unordnung geriethen, welche noch durch einen frischen Wind vermehret wurde, der sich erhob und den Atheniensern günstig war. Phormio, der diesen Augenblick erwartete, gab die Losung, bey welcher alle seine Schiffe zu gleicher Zeit auf die feindlichen fielen; welche theils gefangen, theils zu Grunde gebohret, und die übrigen in die Flucht gejagt wurden.

Die

Die Stellordnung der Lacedämonier war allzu schlecht, um nicht eine Bestrafung zu verdienen. Sie mennten Wunder was sie thaten, als sie sich vor die Mündung des Meerbusens legten, um die Einfahrt desselben zu vertheidigen; und eben hiedurch benahmen sie sich den ganzen Vortheil, den sie aus ihrer Ueberlegenheit hätten ziehen können. Wenn sie nur wenigstens den hohlen Theil des halben Mondes den Athemiensern zugewandt hätten, so würden diese sich schwerlich hinein gewagt haben; statt dessen aber kehrten sie ihn um, und dreheten den Rücken gegen die Feinde. Unsinnigers läßt sich nichts erdenken, und man kann ganz zuversichtlich behaupten, daß die Köpfe ihrer Anführer ebenfalls umgekehrt waren.

Laßt uns wieder auf die Stellordnung zu Lande kommen. Der zur Oeffnung der feindlichen Linie bestimmte Keil war, wie es scheint, gemeiniglich gegen den Mittelpunkt gerichtet. Vegez bildet denselben allemal an diesem Orte. Er gedenket auch gewisser Haufen, die er fliegende Plotonen (a) nennet. Das Ploton, sagt er, ist ein Haufen, der keinen Posten in der Schlachtordnung hat, der überall umher schwärmt, und bald auf dieser bald auf jener Seite anpackt. Diesen Plotonen stellt man andere entgegen, welche zahlreicher und besser sind. Der Ritter Folard und sein Schüler, der Verfasser des Werks von den Plesioen, haben in diesen Plotonen die Colonnen zu finden geglaubt. Ich will es ihnen wohl

---

(a) Globos, und fügt hinzu, quos Drungos vocant. Buch 3. Kap. 17.

wohl zugeben; allein warum sollte mir nicht auch erlaubt seyn, sehr leichte kleine Schaaren darunter zu verstehen, welche bestimmt waren die feindlichen Flügel zu hinterziehen, sich in die vorkommenden Lücken zu werfen, und die entblößten Corps in die Flanken zu fassen? Veges sagt: Man müsse sich vor allen Dingen in acht nehmen, daß man nicht auf den Flügeln eingeschlossen, oder durch fliegende Schaaren seitwärts angegriffen werde. Wenn dieses geschiehet, so muß man seinen Flügel also ausrunden, daß er auf allen Seiten Fronte machen kann, und die Spitzen mit den tapfersten Soldaten besetzen, weil die größte Macht des Feindes gemeiniglich auf diesen Ort fällt.

Die fliegenden Plotonen dienten also vornehmlich zur Umziehung der Flanken; der Keil hingegen war bestimmt auf den Mittelpunkt zu fallen. Ich will hier noch nicht untersuchen, was man ihm für eine Gestalt gab. Genug, daß er um die erwartete Würkung hervor zu bringen, ein gedrungener und verstärkter Haufen seyn mußte. Bey der Niederlage des Catilina hatte dieser wegen seiner ungemeinen Schwäche sich auf einem Platz gestellt, wo die Flügel an unersteigliche Felsen gelehnet waren. Man fochte lang, ohne einigen Vortheil über ihn zu erhalten. Endlich ward beschlossen den Mittelpunkt zu verstärken, wohin man *Sallust.* die prätorianischen Cohorten zog, welche die feindliche Linie einstürzten; hierauf schwenkten sie sich gegen die beiden Seiten der Lücke, die sie in die Flanken faßten. (a)

Der

(a) Dieses Treffen ereignete sich bey Sesula, einer Ilgischen

Der Keil, den man auf der See machte, war nichts als eine Linie von Schiffen, die sich in Form eines Triangels zurück lehrte, da hingegen der zu Lande ein voller Körper, von einer genugsamen Festigkeit und Dicke seyn mußte, um alles was man ihm in den Weg stellte, über den Haufen zu werfen. Ich will unten ein mehreres von dieser Kunstbewegung reden, welche bloß zum Angriffe dienet, und nur mit einem Theile der Infanterie gemacht wird. Die dreyeckigte Stellordnung des Ritters Folard ist von einer andern Art; sie betrifft die gesammte Armee, und ihr Entwurf ist die Gegenwehr, die Colonnen ausgenommen, welche er an die Spitze des Triangels stellet, um den feindlichen Mittelpunkt anzugreifen. Die Art wie er denselben bildet ist unstreitig sehr sinnreich; ich weiß aber nicht, ob man bey der Ausübung sehr sicher damit fahren würde. Ich will zwo andere Stellungen von ungleich größerer Festigkeit anführen: Sie sind aus der Geschichte zweener großen Meister gezogen, deren Thaten als Regeln gelten können. Bey so guten Exempeln kann man mit eigenen Vorschlägen zu Hause bleiben.

Cäsar bekriegte die Belgen, welche ein zahlreiches Heer versammelt hatten. Er war am Fluß Arona, heut zu Tage Aisne, gelagert, wo er das Gebiet der Remer

nen Stadt des Piemontinischen Gebietes. Catilina war zwischen zwey Heere eingeschlossen. P. Metellus Celer verlegte ihm mit drey Legionen den Weg nach Gallien, und C. Antonius setzte ihm nach: Er faßte den Entschluß sich mit dem letztern zu schlagen, und kam dabey um.

Remer (†) bedeckte, welche seine Parthey hielten. Anstatt daß er bey Annäherung des Feindes den Fluß vor sich gelassen hätte, gieng er hinüber, und postierte sich auf das jenseitige Ufer. Durch diese Stellung deckte er das remische Gebiet nicht weniger, und erhielt zugleich die Gemeinschaft mit den Städten, aus welchen er seine Lebensmittel zog: Auf der andern Seite ließ er mehr nicht als sechs Cohorten zur Bewachung seiner Brücke. Der Ort, welchen er zu seinem Lager wählte, war ein Hügel, der sich auf beiden Seiten allmählig und in gleicher Richtung nach der Ebene neigte. Er befestigte ihn mit einem zwölf Fuß hohen Walle, und einem achtzehn Fuß tiefen Graben: Hiernächst ließ er auf der rechten und linken Seite des Hügels einen etwa vierhundert Schritte langen Graben auswerfen, und bauete an jedem Ende eine Schanze, die er mit Wurfmaschinen besetzte. Da er solchergestalt seine Flanken wohl verwahret hatte, so ließ er zwo neugeworbene Legionen in seinem Lager stehen, und rückte mit den sechs übrigen in Schlachtordnung aus. Der Feind, dessen Lager auf neun tausend Schritte betrug, that ein gleiches. Zwischen den beiden Heeren lag ein Morast, über den keines von beiden setzen wollte, so daß dieser Tag mit einem Reuterscharmützel zu Ende gieng. Einige Tage hernach versuchten es die Gallier über den Fluß zu gehen, um die Schanze anzugreifen, welche auf dieser Seite die Brücke beschützte. Kaum hatte Cäsar davon Nachricht erhalten, so gieng er mit sei-

de Bello Gall. L. 2.

(†) Dieses Volk wohnte in der Gegend der Stadt Rheims, im heutigen Champagne.

seiner Reutern und Bogenschützen über die Brücke, griff sie während des Ueberganges an, und hieb sie zu schanden.

Jedermann wird das Verfahren des Cäsars bey dieser Gelegenheit bewundern. Ein Feldherr von gemeiner Einsicht hätte es niemals gewagt, den Fluß im Rücken zu lassen; er würde ihn als seine Schutzwehr betrachtet und sich auf die Vertheidigung des Ueberganges eingeschränkt haben. Diese würde ihm gegen eine so überlegene Macht als die gallische war, schwerlich gelungen seyn; denn ein Fluß, über den man setzen will, und Linien die man angreift, sind ungefähr in gleichem Falle. Wären die Feinde einmal hinüber gekommen, so hätten sie den Cäsar genöthiget zurück zu weichen, in einer entlegenen Gegend ein vortheilhaftes Lager zu suchen, einen Theil des Landes, woraus er seinen Unterhalt zog, zu räumen, und die Ländereyen seiner Bundesgenossen, der Remer, verheeren zu lassen, welche vielleicht nur diesen Vorwand erwarteten, um von ihm abzufallen. So aber, da die Belgen ihn in seinem Lager nicht überwältigen konnten, und einen Mangel an Lebensmitteln verspürten, wurden die verschiedenen Völker, woraus dieses zahlreiche Heer bestund, des Feldzuges überdrüßig. Ein Einfall, den die Aeduer (†), welche Freunde der Römer waren, in das Gebiet der Bellovacier (††) thaten, nöthigte die

Truppen

(†) Die Innwohner der Stadt Autun, sonst Bibracte, und hernach Augustodunum, in dem heutigen Burgund.

(††) Die heutige Landschaft Beauvoisis.

Truppen dieser Provinz sich zurück zu ziehen; die übrigen faßten ebenfalls den Entschluß nach Hause zu kehren, mit dem Versprechen, daß sie der ersten angegriffenen Völkerschaft zu Hülfe eilen wollten. So kann in einem ähnlichen Vertheidigungsstande ein beherzter und zu rechter Zeit unternommener Schritt alle Absichten des Feindes vereiteln, und in kurzem die Natur des Krieges umkehren. (a)

Das zweyte Beispiel, welches ich anführen will, ist nicht minder merkwürdig als das vorige, mit dem es verschiedene Züge der Aehnlichkeit hat. Ueberdas wird man eine neue Stellung darinnen finden, welche, so viel ich weiß, die erste in ihrer Art ist. Im Jahr 1676. wollte ein Heer von zweymal hundert tausend Türken und Tartarn unter dem Befehl des Ibrahim Baisa (b) Polen angreifen: Der damalige König Johann Sobiesky hatte mehr nicht als acht und dreyßig tausend Mann, um sein Reich zu vertheidigen. Ibrahim war durch die Moldau gezogen, und näherte sich dem Ober-Dniester,

———————————————

(a) Alle Künste haben ihre Freyheiten, und jede Regel ihre Ausnahmen. In der Kriegskunst vergleichet eine überlegte Kühnheit die Gefahr mit den Vortheilen, die Schwierigkeiten mit den Hülfsmitteln, und indem sie ihre Erwartung nach ihren Maßregeln abwieget, verläßt sie die gewöhnliche Bahn, welches dann eine Verwegenheit scheinet; allein diese Abweichung ist keine Verachtung der Regel, sondern die Würkung einer Größe des Geistes, welche ein gemeiner Kopf nicht erreichen kann.

(b) Wenn sie das Obercommando führen, werden sie Seraskier genannt.

Dniester, welcher die Landschaft Pocucien bewässert. Johann sah wohl ein, daß er sich dem Uebergange vergebens widersetzen und Gefahr laufen würde, mit seiner kleinen Armee umzingelt zu werden; er faßte daher einen Entschluß, der seines Muthes und seiner großen Einsichten würdig war. Er gieng bey Jurawno über den Fluß, und lagerte sich an dem Ufer. Seine Linke lehnte sich an diese Stadt, welche ein elendes Nest mit einem Erdwall ist, und an das Flüßchen Scewitz, das hieselbst in den Dniester fällt; seine Rechte aber an einen Morast, der auf einen Wald stieß, welchen er zum Theil hinter sich hatte. Aus dem Moraste kam ein Bach, der sich in den Stadtgraben ergoß. In der Gegend des Waldes und des Morastes machte er sowol als auf der Stadtseite die nöthigen Vorsichtsanstalten, und legte auf seiner ganzen Fronte Verschanzungen an, denen er sehr große Oeffnungen ließ, um sich derselben beym Ausrücken zu bedienen. Zwischen den Verschanzungen und dem Bache blieb ein ziemlich weiter Raum, wo er eine Linie abgesonderter Redouten aufwerfen ließ, deren Feuer ins Kreuz gerichtet war, und den Uebergang des Baches vertheidigen konnte. Ibrahim, ein alter Feldherr, der sich bey den Türken einen Namen gemacht hatte, erstaunte über diese Kühnheit, und sah sie als eine Verwegenheit an. Er dehnte sein Heer in Form eines Bogens aus, davon der Dniester die Sehne vorstellte, und in diesem Raume beschloß er die polnische Armee, den Morast, den Wald und die Stadt. Die Tartarn giengen über den Dniester, und verbreiteten sich auf dem jenseitigen Ufer, um den Polen alle Gemeinschaft abzuschneiden. Die Türken versahen sich mit Faschinen, und machten Anstalt über den Bach zu gehen. Der König wollte sie nicht in seinen Verschanzungen erwarten, sondern zeigte sich in Schlachtordnung hinter den Redouten: Diese muthige Standhaftigkeit schreckte sie ab, und bewog sie zum Rückzuge. Zween Tage darauf kamen sie mit mehr Entschlossenheit wieder; ein Haufen Janitscharen gieng hinüber, und griff die Redouten des rechten Flügels an. Die Polen rückten wie das erste mal aus, die Türken wurden zurück getrieben, aber Ibrahim getrauete sich nicht das Treffen allgemein zu machen. Eben dieses Manoeuvre wurde bey einem dritten Angriffe wiederhohlt, der zwar weit lebhafter, aber nicht desto glücklicher war. Nun sah der Seraskier sich genöthigt eine förmliche Belagerung anzufangen; er öffnete Laufgräben, warf große Katzen auf, und besetzte sie mit Batterien, welche das feindliche Lager vom Morgen bis in die Nacht beschossen. (a) Die polnische Armee befand sich in eben den Umständen, worein nachmals die kaiserliche während der Belagerung von Belgrad gerieth. Ein neuer Feind fieng an sich zu zeigen; keine Zufuhr konnte durchkommen; die Lebensmittel und Kriegsbedürfnisse giengen auf die Neige, und die Pferde nährten sich nur noch von Baumblättern. In dieser äußersten Noth blieben dem Könige nur zween Wege übrig; entweder vermittelst eines verborgenen Marsches über den Fluß zurück zu gehen, sich durch die Tartarn zu

---

(a) Die Polen wurden in der That belagert; sie machten ihren Feinden das Erdreich durch Gegenlaufgräben streitig; ein Manoeuvre welches mehr als einmal gebraucht worden. Diese Art von Belagerung dauerte acht und dreyßig Tage.

zu schlagen, und in die engen Thäler der jenseits des Dniesters liegenden Gebürge zu entweichen, (a) oder den Türken entgegen zu ziehen, und ihnen ein Treffen zu liefern. Es scheint, daß er dieses letztere Mittel ergriffen hätte, wenn nicht unter diesen Umständen der Frieden wäre geschlossen worden, der die Frucht seiner Standhaftigkeit und seines tapfern Muthes war. Die Türken litten bald eben so viel als die Polen, und fiengen an zu murren: Sie wußten auch, daß der Czaar mit einer Armee heran rückte, und daß sie von andern christlichen Mächten bedrohet wurden. Diese Ursachen

H 5 bewogen

(a) Wenn Sobiesky nur eine einzige Brücke hatte, so war der Rückzug nicht leicht zu bewerkstelligen. In solchen Fällen gibt man sein Gepäcke verlohren; man macht mit den Rüstwagen einen Kreis, den man mit vielem Stroh und dürrem Reisig füttert. Hat der Feind bevor alles hinüber ist, das Vorhaben wahrgenommen, und sich in Marsch gesetzt, so wehrt man sich hinter dieser Wagenburg so gut es angehet. Ehe man sie verläßt, wird sie in Brand gesteckt, und man zieht sich hinter den Ringwall * der Brückenschanze zurück. Indem der Feind beschäftigt ist das Feuer zu löschen, und sich zwischen den Flammen einen Durchweg zu bahnen; gewinnet man Zeit, und rettet was sich retten läßt. Ueberdas muß man gleich anfangs die Vorsicht brauchen, seine sämmtliche Artillerie auf das jenseitige Ufer zu stellen, um den Rückmarsch des Hinterzuges zu begünstigen. Wenn man ihn dem ungeachtet wegen allzu großer Eile nicht ganz retten kann, so muß man ohne Bedenken die Brücke abbauen, und durch Kunstfeuer verbrennen, welche schon zuvor in die Schiffe geleget worden. Dieser Zufall ist allerdings verdrießlich; es ist aber besser einen Theil anzuopfern, als das Ganze in Gefahr setzen.

* Enveloppe.

bewogen den Seraskier, der mit einer fast unumschränkten Vollmacht versehen war, sich zum Ziele zu legen. Der Frieden wurde unter ganz rühmlichen Bedingungen für Polen unterzeichnet, welches sich dadurch von einem schimpflichen Tribut befreyete, den ihm der vorherige Traktat auferlegt hatte.

Man wird vielleicht den König Sobiesky einer Verwegenheit beschuldigen; in der That konnte man ihm damals diesen Vorwurf machen. Die äußerste Noth worinnen er sich befand, und die Gefahr die er lief, scheinen ihn zu verdammen; man muß aber bedenken, daß er auf den Beystand der Russen zählte, welche auch würklich ankamen. Er erwartete auch täglich ein Corps von zehn tausend Mann, welches aufgehalten wurde, oder aus Mangel der Entschlossenheit nicht durchdringen konnte. Uebrigens war dieser Prinz schuld an dem Bruche des Butschaischen Vertrages. (a) Er hatte diese Republik zum Kriege bewogen; er konnte daher Ehren halben nicht zurück treten, noch Polen Verheerungen Preis geben, welche Murren erregt hätten. Durch seine genommene Stellung hielt er den Feind an den Gränzen auf, und wenn es ihm an allem gemangelt hätte, so war die Lieferung einer Schlacht seine letzte Zuflucht. Dieses aber konnte er an keinem vortheilhaftern Orte thun. Am Abend vor der Unterzeichnung

1672. (a) Dieser Traktat, kraft dessen Polen sich der Pforte zinsbar machte, war unter dem Könige Michael Wiesnowisky, dem Vorgänger des Sobiesky, geschlossen worden.

zeichnung des Friedens waren seine Befehle zu einem Angriffe auf den folgenden Morgen bereits gegeben. Er wäre vor Anbruch Tages aus seinen Verschanzungen gerückt, wie es auch der Prinz Eugen vor Belgrad machte, und vielleicht hätte er einen eben so glorreichen Sieg erfochten.

Es hat Feldherren gegeben, welche in ähnlichen Umständen ihre Brücken abhauen liessen, um den Truppen alle Hoffnung eines Rückzuges zu benehmen, und sie in die Nothwendigkeit zu setzen ihr Heil blos in ihrem Muthe zu suchen. Dieses that Flaminius in der Schlacht am Addaflusse, und der polnische König Casimir in dem Gefechte bey Bercklo gegen die Tartarn und Cosacken. Karl Martel ließ in seinem Treffen mit den Saracenen die Loire im Rücken: Der Prinz Moritz von Nassau, der nach seiner Landung in Flandern sich zwischen der See und der ihm weit überlegenen Armee des Erzherzogs Albert befand, schickte alle seine Schiffe zurück; er sagte zu seinen Soldaten: Sie müßten entweder auf dem Bauche zu den Feinden kriechen, oder das Meer austrinken. Tarif, der Heerführer des Königes Almanzor, welchen er mit einer sehr kleinen Armee gegen die Gothen nach Spanien schickte, verfuhr auf gleiche Weise. (a) Dieses that auch Agathocles nach seiner bereits erzählten Landung in Afrika, und Ferdinand Cortez in Mexico.

1651.

714.

Der Prinz Moritz, Tarif, Agathocles und Cortez, haben

(a) Er hatte nur sieben tausend Mann, welche dreyßig tausend schlugen.

haben sehr weislich gehandelt. Wenn man dergleichen Unternehmungen waget, so kann es anders nicht als mit dem festen Vorsatze geschehen, entweder umzukommen, oder sie mit Ruhme zu vollbringen. Es ist aber nicht genug, daß der Anführer Entschlossenheit besitze; er muß auch seinen Truppen gleiche Gesinnungen mittheilen. Das einzige Mittel sie ihnen einzuflößen, ist, ihnen alle Rücksicht zu benehmen.

Eine weichende Armee, die nicht mehr als eine Brücke zum Rückzuge hat, ist so gut als verlohren. Die Brücke rettet nur sehr wenig Leute; es geschieht sogar nicht selten, daß sie unter dem Gewümmel der Flüchtlinge einstürzt, welche durch den Feind, und noch mehr durch die Furcht gedrängt werden. Dieses Schicksal hätte Sobiesky gehabt, wenn er wäre geschlagen worden: Ueber dieses würden die jenseits des Flusses befindlichen Tartarn nichts haben entwischen lassen. Flaminius that sehr wohl daran, daß er seine Brücke abwarf; allein er hätte sich dieser Nothwendigkeit überheben können. Er hatte nicht eben die Gründe über die Adda zu gehen, welche den Sobiesky bewogen über den Dniester zu setzen. Die Römer hatten das Jahr zuvor die Gallier bey Telamon besieget; sie waren Meister von Ligurien und noch eines andern großen Landstriches längs dem Pofluße. Die Insubrier trieben sie nicht in die Enge, sondern wurden von den Römern angegriffen. Wenn ein Feldherr zuweilen die Herzhaftigkeit mehr als die Regeln der Klugheit zu Rathe ziehen muß, so geschiehet solches in den Fällen, wo bey den zween Wegen, die er vor sich hat, die Gefahren

gleich

gleich sind, und er durch ein verzweifeltes Unternehmen der Wage den Anschlag geben kann: Alsdann ist es keine Verwegenheit mehr, sondern eine wahre Weisheit, die des erhabenen Muthes einer Heldenseele würdig ist.

Sieben-

Siebentes Hauptſtück.
Von den Reſerven.

Erſter Abſchnitt.
Regeln der Alten.

Die Art, wie Vegez ſich über die Reſerven ausdrückt, gibt zu erkennen, daß er ſie für unentbehrlich hält. Es iſt, ſagt er, eine vortreffliche Gewohnheit, welche vieles zum Gewinnſt einer Schlacht beyträgt, wenn man hinter der Armee einen Rückhalt auserleſener Truppen zu Pferd und zu Fuße hat, welche von Unterfeldherren, Hauptleuten (†) und Tribunen, die nicht auf der Linie beſtellt ſind, angeführet werden. Einige ſtellen ſich gegen die Flügel, andere gegen die Mitte, und ſind immer bereit dahin zu eilen, wo das Gedränge am größten iſt, damit das Haupt-

---

Tact. Cap. 3. (†) Comites; ſo wurden anfangs die Begleiter oder Generaladjutanten des commandirenden Feldherrn genannt; in der Folge aber iſt nach dem Zeugniſſe des Kaiſers Leo dieſer Namen den Anführern der Centurien und Turmen beygeleget worden.

treffen nicht nöthig habe sich zu schwenken, um
die durch die Verwirrung veranlaßten Lücken zu
verstopfen, und die Kühnheit des Feindes zu
dämpfen. Wenn man den Keil, die Säge oder
die Zange formieren will, oder wenn e n fliegen-
der Haufen einem Theile der Schlachtordnung
zusetzt, und man in Ermanglung eines Rückhalts
Truppen aus dem Mitteltreffen ziehen muß, so
wird man, um eine Seite zu decken, sich mit
weit mehr Gefahr auf der andern entblößen.

Wenn man keine übrige Truppen hat, so ist es
besser, man verkürzet die Fronte der Schlachtordnung, um desto stärkere Reserven zu gewinnen. (a) Bey dem Mitteltreffen muß man eine
von auserlesenen Fußvölkern haben, um den Keil
daraus

(a) Onosander sagt, man müsse den entgegengesetzten
Fehler, nämlich eine allzukleine Fronte und übertriebene
Tiefe nicht minder vermeiden, weil sonst der Feind gar
leicht die Flanken anfallen könnte, die er überflügeln würde. Dieser Schriftsteller, der eigentlich ein Philosoph
war, ist nicht der einzige seines Standes gewesen, der
sich einfallen lassen vom Kriege zu schreiben. Arrian gedenket der Schriften des Possidonius von Rhodus, eines
stoischen Weltweisen, welcher ebenfalls die Geschichte des
Polybs fortgesetzt hatte. Wenn dergleichen Schriftsteller
sich damit begnügten Regeln niederzuschreiben, so waren
sie noch erträglich, weil sie aus guten Quellen schöpften,
und blos der Wiederhall der grossen Meister waren: Sobald sie sich aber einfallen liessen, die praktische Kriegskunst zu untersuchen, oder wenn sie gar die Feldzüge lern-
en wollten, so machten sie sich zum Gelächter.

daraus bilden und die feindliche Linie trennen zu können. Eben so müssen die Flügelreserven aus geharnischten Lanzierern und leichten Infanteriehaufen bestehen, um das feindliche Heer in die Flanken zu fassen.

Die zwo letztern Regeln des Veges gründen sich auf das, was vor ihm die geschicktesten Heerführer ausgeübt hatten. Wir haben die Reserven des Cyrus bey Thymbra, die sechs Cohorten des Cäsars bey Pharsalus, die Phalanx Abschnitte, welche Epaminondas bey Mantinea zur Bildung des Embolon bestimmte; wir haben die verschiedenen Linien von leichten Reutern und Fußvölkern gesehen, welche vom Alexander bey Arbela, und nach seinem Beyspiel in den Schlachtordnungen seiner Nachfolger gebraucht worden. Diese Arten von Reserven hatten eine entschiedene Bestimmung; das ist, sie waren in der Absicht ausgestellt, daß sie eine Bewegung gegen den Feind machen, oder derjenigen vorbeugen sollten, welche man von ihm erwartete. In diesem Verstande sagt Veges, man müsse Reserven haben, um den Keil oder die Zange zu bilden. Wenn man zu diesen Evolutionen Truppen von der Linie nahm, so wurden sie durch diejenigen ersetzt, die man in solcher Absicht hinten daran gestellt hatte. Dieses Manöuvre hieß bey den Griechen Parembolon, oder die Einschaltung. Arrian hat es in seiner Taktik beschrieben, und es unter die verschiedenen Kunstbewegungen der Phalanx gerechnet.

Wenn es nöthig war, einige von der Linie getrennte Haufen zur Ausführung gewisser zufälligen Manöuvren aufzu-

aufzubehalten, so war nicht weniger daran gelegen, auch zur Abwendung der feindlichen eine Anzahl Truppen bereit zu halten. So war die zwote Linie, welche Alexander bey Arbela gebildet, ein Rückhalt gegen die persische Reuterey, von welcher er vermuthete daß sie ihn umflügeln würde. Wenn man keine dergleichen Vorfälle zu besorgen hatte, sondern zu beiden Seiten in gleichförmiger Stellart ohne Ueberbortheilung fechten wollte, so war es doch immer eine kluge Vorsicht Reserven zu halten, um die Lücken eines Theils der Schlachtordnung zu ergänzen, die weichenden Truppen zu unterstützen, oder diejenigen abzulösen, welche zuviel gelitten hatten. Duosander schreibt ihnen noch eine andere Eigenschaft zu: Eine Verstärkung von frischen Truppen muntert diejenigen auf, zu denen sie stößt, und benimmt dem Feinde den Muth, der durch ein langes Gefechte bereits geschwächt ist. Vegez und Duosander hatten ihre Regeln auf die Gewohnheit der vorigen Jahrhunderte gegründet; dennoch finden wir, daß die Griechen, des erkannten Nutzens der Reserven ungeachtet, dieselben öfters verabsäumet haben. Wenn wir eine kleine Zahl außerordentlicher Umstände ausnehmen, so finden wir sie allezeit in eine einzige Linie von Fußvolk und Reuterey gestellet. Sie verließen sich auf die Tiefe ihrer Schlachtordnung und auf die Leichtbewaffneten, aus welchen sie entweder vornen oder hinten eine Linie bildeten, oder sie auch nach Maßgabe des Erdreichs auf die Flanken stellten.

Ueberhaupt scheint es, daß der Gebrauch der Reserven bey ihnen nicht sehr alt war; Vegez schreibt die

Erfindung derselben den Lacedämoniern zu, von denen sie zuerst die Karthaginenser und sodann auch die Römer entlehnet hätten: Dieses mag von den erstern wahr seyn. Obgleich ihre Taktik der griechischen vollkommen ähnlich war, so findet man sie doch oft in zwey, und bisweilen in drey Treffen gestellt. In der Schlacht bey Agrigent stunden die von den Karthaginensern in Sold genommenen Truppen in der ersten Linie, und die Afrikaner hinter ihnen. Am Flusse Mätaurus war Asdrubal in zwey, und Hannibal bey Zama in drey Treffen. Das sonderbarste aber ist, daß sie bey dieser Stellordnung allemal geschlagen worden, und wenn sie siegten, immer nur in einer Linie stunden. Dieses scheint sich zu widersprechen; indessen ist doch nichts gewisser, und die Ursache läßt sich leicht errathen. Ihre Linien waren vollkommene Phalanxen, deren sehr lange Abschnitte nur ganz kleine Zwischenräume hatten: War die erste umgestürzt, so ließ ihr der Feind, der ihr heftig zusetzte, die Zeit nicht sich über die Flügel, oder durch die Zwischenräume welche zu enge waren, zurück zu ziehen: Folglich warf sich das Gewimmel der Flüchtlinge auf das zweyte Treffen, brachte es in Unordnung, und trug eben so viel zu dessen Trennung bey, als die Sieger, welche auf dem Fuße nachfolgten. Die Ursache warum Hannibal bey Zama sich in drey Linien stellte, läßt sich nicht errathen: Sein Verfahren bey dieser Schlacht ist unbegreiflich, und obgleich Polyb sagt, daß er alles that, was ihm den Sieg zuwege bringen konnte, so wird doch jedermann einsehen, daß seine Stellung das kürzeste Mittel war sich schlagen zu lassen. Die erste Linie, welche aus

Polyb Buch I. Kap. 3.

Ebendas. Buch 15. Kap. 1.

fremden

fremden Lohntruppen, Galliern, Liguriern und Baleraren bestund, war, wie Polyb sagt, bestimmt die Römer zu ermüden, und durch das starke Gemetzel ihre Schwerdter abzunutzen; ein barbarischer und kindischer Anschlag. Wäre es nicht besser gewesen, anstatt diese Unglücklichen auf die Schlachtbank zu liefern, sie auf die Flügel der Afrikaner zu stellen, welche das zweyte Treffen ausmachten? Durch dieses Mittel hätte Hannibal den Feind überflügeln und einschließen können. Die von den Römern zurückgeschlagenen Ausländer trennten die Afrikaner, und alle stürzten sich auf die dritte Linie, welche die aus Italien gekommenen Truppen ausmachten. Hannibal war genöthigt ihnen die Piken vorhalten zu lassen, um sie wieder gegen die Feinde zu jagen, welche alles niedermetzelten, was sich nicht auf die Flügel zurück ziehen konnte. Nachdem seine Reuterey über den Haufen geworfen und ziemlich weit verfolgt worden, kehrten Masinissa und Lälius wieder um, fielen ihm in den Rücken, und vollendeten dadurch seine Niederlage.

Man muß würklich über das Betragen des Hannibals erstaunen. Bey dieser Gelegenheit ist er der Held nicht mehr, der die Römer in Italien geschrecket, sie in so viele Fallstricke gelocket, bey Cannä mit so vieler Geschicklichkeit geschlagen hatte. Er erscheinet hier als ein General von der allergeringsten Fähigkeit, der sein zahlreiches Heer nicht zu benutzen weiß, und bey seiner Stellung die ungereimteste Absicht von der Welt hat. Er hoffte die Römer durch die Zernichtung seiner ersten Linie zu ermüden, sie hierauf mit der zwoten anzugreifen, und falls diese geschlagen würde, zur dritten seine Zuflucht zu nehmen. Hätte er nur wenigstens in seiner zwoten Linie Oeffnungen gelassen, so hätten die ausländischen Truppen sich vereinigen, auf die Flanken treten und der römischen Armee in den Rücken fallen können. Diese Truppen waren leicht bewaffnet, und sehr geschickt ein solches Manoeuvre schnell zu bewerkstelligen. Die dritte Linie, welche Hannibal als seine Reserve betrachtete, war über eine Stadie, das ist ungefähr dreyßig Klafter von der zwoten entfernet. Er gab ihr diesen Abstand, damit die Flüchtlinge sich auf die Flügel ziehen möchten; hierinn aber urtheilte er ganz verkehrt, weil sie gerade vor sich hinliefen, wie solches immer zu geschehen pflegt. Diese letztere Linie hätte zu Bewegungen dienen können, welche vermögend gewesen wären alles wieder gut zu machen, wenn Hannibal so weit gedacht hätte. Der Ritter Folard hat in seinem Commentar die verschiedenen Ränke entwickelt, wozu sich diese drey Linien gebrauchen ließen. In der That sollte man denken, der punische Held sey bezaubert gewesen: Dem ungeachtet erstaune ich weniger über seine Unthätigkeit während dem Treffen, als über seinen Plan; eines folgte aus dem andern. Er that nichts von allem, was er nach unserm Urtheil hätte thun sollen, weil es sein Vorsatz nicht war. Seine Schlachtordnung hatte einen Zweck, den er bis ans Ende verfolgte, ohne die Mängel desselben einzusehen. Die Ueberlegung hätte ihn auf andere Gedanken bringen können; allein sie verließ ihn. Gewiß ist es, daß sein Genie schlief, indem er diese Stellung entwarf; denn

sie

sie ist den Grundsätzen schnurstracks entgegen, nach welchen er bis dahin seine Schlachten geordnet hatte. (a)

Die Phalanx vertrug sich gar nicht mit einer Schlachtordnung in verschiedenen Linien; sie waren zu gedrungen und zu schwerfällig, um in dem Treffen ohne eine wechselseitige Unordnung einander zu folgen. Wenn die erste getrennet war, so mußte sie nothwendig die zwote, diese die dritte und so fortan über den Haufen werfen. Die Griechen, welche mehr Uebung und Taktik besaßen als die Karthaginenser, haben sich immer in einer einzigen Linie von Fußvolk und Reuterey geschlagen; sie verließen sich auf die Tiefe und Dichtigkeit der Phalanx. Wenn sie bisweilen Reserven hatten, so geschah es nicht in der Absicht, gleich den Karthaginensern eine Linie durch die andere unterstützen zu lassen; sondern es waren fliegende Haufen, welche gewisse eigene

___

(a) Wenn eine moralische Betrachtung in einem Kriegswerke Platz finden darf, so deucht mich, daß die Verblendung des Hannibals mit dem Verhängnisse der Republik Karthago zusammenhieng, welche das Ziel ihrer Hoheit erreichet hatte. Dieser unglückliche Zeitpunkt sollte das Vorspiel ihrer Zerstörung und der Größe der Römer werden. Es mangelte dem Hannibal weder an Erfahrung, noch an Gaben, und sogar nicht an Feinheit; er hatte genug Beweise davon gegeben. Ein junger Feldherr mußte seinen Ruhm verdunkeln, und seine Klugheit sollte ihm in einer Stunde versagen, wo alles auf dem Spiele saß. So erfährt man täglich die Wahrheit des spanischen Sprüchworts, daß der Verstand und die Ueberlegung eben so wie der Muth entfallen können.

gene Bewegungen vornehmen, oder auch den Hinterhalten begegnen sollten, die man von Seiten des Feindes befürchtete. Vermuthlich redet Vegez von diesen, wenn er sagt, daß die Römer den Gebrauch derselben den Karthaginensern abborgten. Die häufigen Fallstricke, welche Hannibal ihnen legte, mußten sie freylich zur Behutsamkeit gewöhnen. Ueber dieses gehörten die Triarier, die in ihren Schlachtordnungen den gewöhnlichen Rückhalt ausmachten, schon an und für sich zu ihrem taktischen Gebäude, welches sie lange vor ihren Kriegen mit den Karthaginensern zur Vollkommenheit gebracht hatten.

Zweyter Abschnitt.
Regeln der Neuern.

Die neuere Taktik ist eigentlich die römische in einer unvollkommenen und verdorbenen Gestalt. Wir stellen uns in zwo Linien, welche drey hundert Schritte von einander abstehen; eben so nimmt die Reuterey die Flügel ein. Die Bataillonen haben bald größere, bald kleinere Zwischenweiten, je nachdem man es für gut findet. Diese beiden Linien, welche noch vor zwanzig Jahren vier Glieder hatten, stehen nur noch drey Mann hoch, so daß beide zusammen genommen, die Höhe einer Phalanx nicht einmal zur Hälfte erreichen; ja es fehlet noch viel dazu, bis sie nur einer einzigen römischen Linie an Tiefe beykommen. Die Entfernung welche sie zwischen sich lassen, muß

in die Taktik.

ihre Schwäche noch vermehren. Alles dieses sieht der Taktik aus Vegetens Zeiten nicht unähnlich, da man sich in eine einzige Linie von fünf bis sechs entfernten Gliedern stellte. Was kann man von einer solchen Ordnung Gutes erwarten? Alle Menschen haben ein gewisses Maß natürlicher Combinationen im Kopfe; der Soldat hat ein mechanisches Gefühl von der Schwäche seiner Stellart; er wird dadurch schüchtern gemacht und ist schon halb geschlagen. Umsonst bemühet sich der Offizier ihm einen Muth einzusprechen; er kann sich selber eine gewisse Empfindung des Schreckens nicht bergen, welche nicht von einem Mangel an Herzhaftigkeit, sondern von einem Mangel an Zuversicht herrühret, die er vergebend suchet. Gegen das Ende des vorigen Jahrhunderts stund man noch in sechs Gliedern; dieses konnte angehen. Die neuesten französischen Kriegsgesetze verordnen ein gleiches für die Manöuvern und den Anlauf. (a) Gleichwol stehen wir immer in drey Gliedern, und wenn wir einige besondere Fälle gewisser Regimenter ausnehmen, so habe ich

nicht

(a) Im Jahr 1755 wurde befohlen, daß die Truppen zur Ausführung der Manöuvern allezeit sechs Mann hoch stehen sollten (†).

(†) In der neuesten Verordnung von 1766 heißt es: Das Bataillon soll in drey Glieder formieret werden, bey was für einer Gelegenheit es auch sey ... Wollte man es aber zu Zeiten in einer stärkern Tiefe exercieren, so soll man die Reihen verdoppeln lassen, damit dasselbe sechs Mann hoch zu stehen komme; die Granadiers aber ausgenommen, welche in allen Fällen auf drey Gliedern bleiben sollen.

nicht sagen gehöret, daß die Armeen im ganzen letztern Krieg anders geordnet waren.

Bey einer so kraftlosen Stellart, wie die neuere ist, kann man leicht erachten, daß die Reserven unentbehrlich und weit nöthiger sind als bey den Alten. Hier sind die Vorschriften des Montecuculi über diesen Punkt.

Buch 1. Cap. 6. Gleichwie im Schachspiel der, so am Ende die meisten Steine hat, das Spiel gewinnet, so trägt derjenige den Sieg davon, welcher bis zuletzt am meisten ganze Truppen behält. Man muß also seine Völker so stellen, daß sie sich mehrmals schlagen können: die erste Linie muß die stärkste seyn, weil sie die größte Gewalt anwenden und aushalten muß; die zwote etwas schwächer: die dritte hingegen darf nur aus einigen Reserven bestehen.

Nachdem er die Verwahrung der Flanken und die Wahl einer vortheilhaften Stellung für jede Gattung Truppen empfohlen, sagt er weiter: Man müsse vornehmlich darauf sehen, daß die gesammten Völker einander ohne Verwirrung Hülfe leisten, und daß die welche getrennet sind, nicht auf die andern zurück stürzen. Zu diesem Ende soll man die Reserven hinter die Infanterie, und zwar in die Mitte, oder auf die Seiten, oder auch hinter einen Hügel, einen Wald, oder den Zwischenweiten gegen über stellen, damit sie, ohne an die andern zu stoßen, auf den Feind losgehen, oder an ihren Posten zurück kehren können.

Ferner

Ferner soll man die Fronte der Schlachtordnung so weit ausdehnen, als es nöthig ist, um die Einschließung von Seiten des Feindes zu vermeiden, und ihn hingegen, falls er zu enge steht, einschließen zu können: Doch soll man seine Höhe nicht so weit vermindern, daß man nicht die benöthigte Hülfe davon ziehen kann, und sodann alles mit einer einzelnen Fronte waget, falls die Reserven ihre Schuldigkeit nicht thun. Endlich soll man alle Gattungen Truppen bey der Hand haben, um sich derselben im Nothfalle zu bedienen, ohne die Schwadronen zu brechen oder zu trennen; diejenigen welche müde sind, zu rechter Zeit unterstützen; die Bogenschwenkungen* vermeiden, und die Reserven nicht außer dem Nothfalle zum Gefechte lassen, damit die getrennten Truppen allezeit eine Stütze haben, wo sie sich wieder sammeln können. Diesem fügt er noch kleine Cavallriehaufen und Musketierplotonen bey, welche bestimmt sind die feindlichen Schwadronen zu umzingeln, und sie zu verfolgen, wenn sie getrennt werden.

*Caracoles.

Hieraus folgt, daß wenn die Schlachtordnung nicht sonderlich ausgedehnt ist, man weiter nichts als einen Rückhalt von Reuterey und Fußvolk brauchet, welcher hinter dem Mittelheer oder sonst in der Nähe stehen muß, um demjenigen Theile der Schlachtordnung, der ins Gedränge kömmt, Hülfe zu leisten; hat aber die Armee eine große Fronte, so ist es besser, wenn man die Reserve trennet. In diesem Falle pflegt man sie

gemei-

gemeiniglich in drey Haufen zu theilen, davon der eine hinter dem Mittelpunkte der Infanterie, die beiden andern hinter den zween Flügeln stehen. In einer regelmäßigen Schlachtordnung wird auch gewöhnlich der Rückhalt der Infanterie in die Mitte, und die vorräthige schwere oder leichte Reuterey hinter die zwote Linie eines jeden Cavallerieflügels gestellet.

Montecuculi eifert mit Recht über den Fehler der neuern Schlachtordnungen, wo die ganze Infanterie den Mittelpunkt, und die Reuterey die Flügel einnimmt, welche sich einige tausend Schritte weit ausdehnen. Es ist gewiß, sagt er, daß diese beiden Corps einander nichts helfen, und daß, wenn die Flügel geschlagen sind, die verlassene und auf den Flanken entblöste Infanterie unfehlbar aufgerieben werden muß.

Wir sehen hieraus, daß dieser Feldherr sich ausdrücklich für die Vermischung der Truppen erkläret: Ohne indessen die Abwechselung der Bataillonen und Schwadronen auf der ganzen Linie anzunehmen, woraus mehr Schaden als Vortheil erwächst, kann man die beiderley Truppen näher rücken, und ihnen die wechselseitige Unterstützung leichter machen, als es gemeiniglich geschiehet. Man darf nur das Mitteltreffen der zwoten Linie mit Bataillonen und Kürassierschwadronen, oder welches noch besser ist, mit Dragonern durchflechten; der Rückhalt des Mittelheeres kann ebenfalls aus beiderley Truppen bestehen. Was die Reserven hinter den Flügeln betrifft, so finde ich sie ziemlich unnütze, wofern sie nicht dazu bestimmt sind, die feindliche

Flanke

Flanke zu hinterziehen, oder die Schwadronen der zwoten Linie zu ersetzen, falls man sie zu diesem Manöuvre gebrauchen wollte. Sind die zwo Cavallerielinien einmal geschlagen, so wird der Rückhalt das Treffen gewiß nicht mehr herstellen, sondern selbst in die allgemeine Zerstreuung mit fortgerissen werden. Das nächste kömmt darauf an, daß man der Reuterey Stützpunkte gebe, um ihre Vereinigung zu begünstigen. Der Marschall von Sachsen stellt zwischen die beiden Linien viereckigte Bataillonen, welche als bewegliche Redouten anzusehen sind, und auch in der That gleiche Dienste leisten; sie ermuntern die zwote Linie, welche sie vor sich sieht: Wird die erste zerstreut, so sammelt sie sich in ihrem Rücken; der Feind würde es nicht wagen sie zu verfolgen, weil er seine Flanke dem Feuer der Vierecke bloß geben müßte.

Die Anordnung meiner Cohorten ist zu diesem Gebrauche überaus bequem. Es dürfen sich nur zwoen solcher Schlachthaufen von acht Gliedern mit Beybehaltung eines Zwischenraumes rückwärts gegen einander stellen, und die beiden Enden durch die Granatiercompagnien zuschließen. Dieses nenne ich das Plesion bilden. Ich würde welche von drey hundert zu drey hundert Schritten zwischen die beiden Cavalerieflügel stellen, und zwar so, daß eines gegen die Flanke der Infanterie, und ein anderes gegen die Endspitze des Flügels zu stehen käme. Diese langen Vierecke können sich mit mehr Festigkeit als das gleichseitige der Cavallerie widersetzen; sie sind auch weit biegsamer und zu Bewegungen aufgelegt, deren das vollkommene Viereck nicht

nicht fähig ist. Die Facen bekommen eine Länge von achtzig Mann, die, wie man in der Folge sehen wird, bis auf vier und sechzig eingehen werden: ihr Feuer muß überaus furchtbar seyn, weil alle acht Glieder auf die Reuterey schießen können. Da die Spitze und der Schluß eines Plesions nur eine Fronte von acht und zwanzig bis dreyßig Mann zeigen, so geben sie folglich einer Schwadrone wenig Blöße, und können keine Gefahr laufen. Die Leichtbewaffneten welche zu denen in Plesionen gestellten Cohorten gehören, müssen sich plotonweis in die Zwischenräume der Schwadronen des ersten Treffens zerstreuen. Da ich voraus setze, daß sie zu dieser Streitart abgerichtet sind, so werden sie sehr große Dienste leisten. Sollte die Linie weichen, so würden sie sich unter dem Schutze der Plesionen zurück ziehen, deren Nachbarschaft ihnen ein Herz machen muß. Alsdann würde die zwote Linie durch das Feuer der Plesionen und Leichtbewaffneten unterstützt, zum Angriffe hervor brechen, oder es könnte auch die erste sich gesammelt haben, von neuem aufsetzen, und den Feind welchen sie geschwächt und in Unordnung finden würde, unfehlbar schlagen. Diese Stellordnung müßte sich vortrefflich für eine Armee schicken, die der feindlichen an Reuterey nicht gewachsen wäre. Sie könnte sogar eine zwote Linie entbehrlich machen, wenigstens würde man auf derselben nur einige Schwadronen brauchen, um die erste zu verstärken, falls sie zu Schaden käme, oder wenn sie Hülfe nöthig hätte, um die zwote feindliche einzustürzen.

Ich will annehmen, daß die erste Cavallerielinie von achtzehn Schwadronen sey, und daß zu ihrer Unterstüzung vier Pleſionen erfordert werden: Sind nun die beiden Flügel auf gleiche Art geſtellt, ſo würde man ſechzehn Cohorten brauchen. Es kann ſich aber fügen, daß zu dieſer Einrichtung nicht genug Infanterie vorräthig iſt; in dieſem Falle muß man das Pleſſon nur aus einer Cohorte bilden. Man kann ſie auch auf ſechs Glieder herunter ſetzen, um ihre Fronte zu vermehren, welche dann hundert und vier Mann betragen wird. Wenn das Pleſſon formiret iſt, ſo wird jede Face zwey und fünfzig Mann ſtark ſeyn; die Granadiers und Leichtbewaffneten müſſen zu gleichen Theilen die beiden Enden ſchließen. (a) Auf dieſe Art wird das Pleſſon noch eine hinlängliche Stärke haben; ich finde ſogar, daß es behender und folglich geſchickter ſeyn wird, den Bewegungen der Cavalleriefügel zu folgen; eine Eigenſchaft, die man bey dem Viereck nicht findet, welches der ſchwerfälligſte Cörper iſt den ich kenne.

Die vorgeſchlagene Methode die beiderley Truppen einander zu nähern und zu vermiſchen, iſt wohl unſtreitig die beſte. Meine Pleſſonen beſitzen alle zu dieſer Stellung erforderliche Eigenſchaften; ſie haben Behendigkeit genug, um nach den Bewegungen der Cavallerie die ihrigen zu richten; Feſtigkeit genug, um der feindlichen zu widerſtehen, und Ausdehnung genug, um ſie mit einem ſtarken Feuer zu überſchütten. Dieſes aber iſt der Hauptpunkt, weil man die Abſicht hat die ſiegreiche

---

(a) Dieſes will ſo viel ſagen, daß die Granadiers die Spitze und den Schluß machen, und die Leichtbewaffneten hinter ihnen ſtehen werden, um ihre Tiefe zu vermehren.

siegreiche Reuterey auszuhalten, und die Wiedervereinigung der seinigen zu begünstigen.

Der Marschall von Sachsen will die Vermischung der Bataillonen und Schwadronen auf der Linie durchaus nicht billigen; weil das feindliche Fußvolk wenn es angreift, eben sowol auf diese Schwadronen, als auf die Infanterie schicket; es werden Pferde getödtet; alles geräth in Verwirrung, die Schwadronen fliehen, die Infanterie stutzet, und ergreifet ebenfalls die Flucht..... Wenn diese Schwadronen in den Feind einhauen, der sie mit einem starken Feuer und aufgepflanzten Bajonet empfängt, und sie werden geschlagen, so fallen sie auf die Infanterie zurück, weil sie ihren alten Posten nicht so leicht wieder finden werden. Alles dieses hat sich in der Schlacht bey Marsaglia ereignet. Der Herzog von Savoyen welcher die Alliirten anführte, hatte sein erstes Treffen aus geschränkten Bataillonen und Schwadronen zusammen gesetzt, und sich von dieser Anordnung den herrlichsten Erfolg versprochen: Dem ungeachtet wurde derjenige Theil seiner Panierfronte, welcher der französischen Infanterie gegen über stund, bey dem ersten Angriffe zerstöret. Hier zeigte sichs, was das Fußvolk ohne Picken gegen die Reuterey ausrichten kann. Die damaligen Bajonetten hatten hölzerne Griffe; die Soldaten pflanzten sie auf giengen ohne zu schießen auf die Schwadronen los, und warfen sie über den Haufen. Die Bataillonen welche sich verlassen und in Unordnung sahen, flüchteten hinter das zweyte Treffen. Anbey hatte der Marschall

1693.

schall von Catinat bemerket, daß das Erdreich, durch welches der französische rechte Flügel marschierte, mit Weinbergen angefüllt war; er ließ eine Brigade von vier Bataillonen dahin vertheilen, welche ihm wohl zu statten kamen. Dieses muß man nicht als eine Vermischung betrachten; die Umstände erforderten diese Vorsicht. Die Bataillonen wurden auf die unwegsamsten Plätze gestellt, und es waren sogar drey beysammen. Vier Bataillonen welche in einer ungleichen Vertheilung auf einer Linie von zwanzig Schwadronen stehen tragen kein Merkmaal der vermischten Stellart; es kann solches blos eine dem Erdreich gemäße Anordnung heißen.

Der Marschall von Sachsen ist eben so wenig ein Freund der zwischen die Schwadronen gestochtenen Fußplotonen; weil, sagt er, schon die bloße Schwäche dieser Stellung kleine Infanteriehaufen abschrecket, welche sich für verlohren halten, wenn sie die Reuterey verläßt. Macht diese eine schnelle Bewegung, welches ihrer Natur gemäß ist, so läßt sie dieselben hinter sich, und sobald sie ihr aus dem Gesichte kommen; wird sie darüber betreten. Man könnte seiner Meynung die Urtheile der größten Feldherren entgegen stellen; allein wir wollen sie bey Seite setzen, und sogar die Wahrheit seines Satzes zugeben. Alle Schwierigkeit aber verschwindet, sobald man leichte Truppen dazu nimmt, welche wie die griechischen und römischen zu dieser Streitart abgerichtet sind. Indessen ist zu merken, daß die Griechen blos ihre Schwäche damit aufhielten, und sobald sie genug leichte Reuterey hatten, nicht mehr daran dachten.

Man

Man wird finden, daß ich oft von der Vermischung des Fußvolks und der Reuterey geredet habe: Ich glaubte mich dessen nicht überheben zu können, so oft sich die Gelegenheit dazu zeigte, weil alle große Kunstbewegungen darauf beruhen, und die Stimmen über diesen wesentlichen Punkt sehr getheilt sind. Fast jedermann gestehet den Vortheil einer wechselseitigen Unterstützung der beiderley Truppen, und die Nothwendigkeit sie einander näher zu rucken; nur kann man sich in Absicht der Mittel nicht vergleichen. Einige haben die Bataillonen und Schwadronen schräulen wollen; andere haben sich begnügt, die Schwadronen mit Infanteriepelotonen zu spicken. Der Ritter Folard hat die Colonnen erdacht, und sie in allen seinen Schlachtordnungen mit der Reuterey vermenget. Wir finden erfahrne Herrführer, die keines dieser Lehrgebäude billigten; sonderlich hat der Vorschlag der Colonnen dem Marschall von Sachsen weit blendender und sinnreicher, als vortheilhaft in der Anwendung geschienen. Ich habe die Gründe für und wider diese Methoden untersucht: In den angeführten Beyspielen hat man sie aus verschiedenen Gesichtspunkten betrachten, und ihre Vortheile sowol als ihre Mängel ermessen können. Bey dieser Ungleichheit von Meynungen bin ich auf einen festen Punkt ausgegangen, welcher die Ungemächlichkeiten vermindern, und die gesuchten Vortheile vereinigen sollte. Die von mir gewählte Stellart hat mir zu dieser Absicht am tauglichsten, den Grundsätzen der Alten am gemäßesten, und überhaupt am dienlichsten geschienen, die Schlachtordnung durch die wechselseitige Unterstützung der beiderley Truppen zu verstärken.

Achtes

in die Taktik.

Achtes Hauptstück.
Betrachtung über den Keil der Alten.

Der Keil ist eine Kunstbewegung, über welche die Meynungen bisher sehr getheilt waren. Der Ritter Folard scheint nicht geglaubt zu haben, daß sie würklich im Gebrauche gewesen, so wenig als Herr von Guischard, der in der alten Taktik weit mehr Gründlichkeit als jener besitzet. (†) Der neue französische Uebersetzer des Aelians hat anders gedacht, und sich alle Mühe gegeben, sein bejahendes Urtheil zu beweisen. Aller Schriftstellen ungeachtet, worauf er sich gestützt, erkennet man dennoch seine übermäßige Partheylichkeit; nicht als ob seine Beweisthümer ungegründet wären, sondern weil sich noch immer etwas dagegen einwenden läßt, und die entgegen gesetzten Stellen noch zahlreicher sind. Die verschiedenen Anwendungen ein und eben derselben Ausdrücke, die Unzuverläßigkeit eines Schriftstellers wie Aelian, die Irrthümer worein selbst Vegez so oft verfallen ist, haben diese widersprechenden

(†) Der Herr von Lo-Loos, ein erfahrner und gelehrter Kriegsmann hat durch seine neulich * heraus gekommene Schrift *Recherches d'Antiquités militaires* betitelt, gegen die Gründlichkeit des Hrn. Guischard mehr als einen wichtigen Zweifel erreget. * 1770.

Meynungen und unsere Ungewißheit veranlasset. Wenn man einige Stellen nach dem Buchstaben nimmt, so wird man allerdings einen wahren Keil darinnen finden. Um aus seinem Irrthum zu kommen, muß man sie mit andern zusammen halten, und die Umstände beleuchten, worinnen die Worte *Embolon* und *Cuneus* gebraucht werden. Wir wollen bey den Griechen den Anfang machen.

Wahr ist es, daß Xenophon in der Beschreibung der Schlacht bey Mantinea mit dürren Worten sagt: Epaminondas habe ein Embolon von Infanterie gebildet, womit er vorrückte, um wie ein Ruderschiff mit seinem Schnabel gegen den Feind anzuprellen. Allein dieses beweiset nicht ganz deutlich, daß das was man Embolon hieß, vorne spitzig und hinten breit gewesen. Dieser Schlachthaufen zog vor der Linie her, welche nachfolgte. In dieser Lage konnte ein langes Vierecf so gut als ein Triangel die Bewegung des Schnabels einer Galeere vorstellen. Im nämlichen Treffen machte Epaminondas auch ein sehr starkes Embolon mit seiner ganzen Reuterey; hoffentlich wird niemand behaupten, daß er ebenfalls einen Keil daraus bildete. Wenn man auch zugibt, daß die Griechen ihre Schwadronen keilmäßig oder rautenförmig stellten, so ist doch nicht wahrscheinlich, daß die ganze thebanische Reuterey nur einen einzigen Keil ausgemacht habe. Meines Erachtens läßt sich dieses nur auf zweyerley Art verstehen; entweder daß die Linie gebrochen, und in Form eines umgekehrten V zurück gebogen war, oder daß der General in der Absicht einen Theil seiner Stärke

N. s. die Anmerkung über die Schlacht bey Mantinea. B. 1. S. 314.

zu

zu verbergen, die Fronte verkürzt, und die Schwadronen gedoppelt hinter einander gestellt habe. Dieser letztern Erklärung bin ich in der Beschreibung des mantineischen Treffens beygetreten. Ich habe mich auf den Gebrauch der Griechen gegründet, welche diese Stellung in dem Falle nahmen, wenn sie nicht ihre ganze Stärke zeigen, oder sich nicht ausbreiten konnten. Aelian der sie unter die Kunstbewegungen der Reuterey gesetzt hat, ist mir nicht entgegen; der Ausdruck Embolon hat mir also hier nichts anders zu bedeuten geschienen, als ein starker Haufen gedrungener und sehr hoch gestellter Schwadronen. Was hindert aber, daß man ihm für die Infanterie nicht gleichen Sinn beylege?

Es ist nicht besser erwiesen, daß Epaminondas zu Leuctra ein Dreyeck formiert habe als bey Mantinea. Xenophon sagt, die Lacedämonier wären zwölf Mann hoch gestanden, die Thebaner hingegen hätten eine Masse gebildet, welche wenigstens fünfzig Glieder enthielt. Wenn sie denn ein Dreyeck machten, warum hat der Geschichtschreiber sich nicht eben der Ausdrücke als bey Mantinea bedient? Er begnügt sich anzumerken, daß die Thebaner sehr tief geordnet waren. Wenn man sagt, ein Kriegshaufen hat diese oder jene Höhe, und dabey die Zahl der Glieder bestimmet, so heißt dieses so viel, daß sie von gleicher Länge sind, daß folglich die Figur viereckigt ist. Es wäre sehr lächerlich gewesen, von einem dreyeckigten Corps, welches einen oder zween Mann an der Spitze, und fünfzig auf der Grundlinie gehabt hätte, zu sagen, daß es aus fünfzig Gliedern bestund. Was Plutarch hievon berichtet, erweckt bloß den Begriff eines starken Infanteriehaufens, und Diodor redet nur von einer dicken und gedrungenen Masse. Der Ausdruck obliquam Phalangem formavit, er gab seiner Phalanx eine schiefe Stellung, bezeichnet weiter nichts als die Ordnung des Angriffs. Mich dünkt, man müsse sehr eingenommen seyn, um daraus schließen zu wollen, daß es ein Keil gewesen.

Als Alexander die Taulantier angriff, welche einen engen Paß besetzt hielten, wo er durch wollte, so machte er verschiedene Bewegungen um ihnen Anlaß zu geben, sich in dieser Gegend zu entblösen. Hierauf bildete er *Arrian,* plötzlich ein Embolon aus seiner Phalanx, und warf *Buch 1.* sich in die Enge. Hierunter läßt sich eben so leicht eine Colonne, als ein Keil verstehen. Eben dieses gilt auch von der Beschreibung der Schlacht bey Arbela, wo es heißt, daß Alexander die Cavallerie seines rechten Flügels und die zunächst stehende Infanterie in einen Keil gestellt habe, um sich plötzlich in die Oeffnung zu werfen, die er in der persischen Linie bemerkte. Es *Band 1.* ist noch unwahrscheinlicher, daß Alexander aus allen *S. 187.* seinen königlichen Reuterschaaren einen Keil gebildet, als daß Epaminondas bey Mantinea solches mit seinem ganzen linken Flügel gethan habe. Dieser hatte, wie bereits gesagt worden, die Absicht einen Theil seiner Stärke zu verbergen, welches er leicht thun konnte, wenn er seine Linie brach, und sie einen Winkel mit auswärts gekehrter Spitze bilden ließ. Alexander hatte bey Arbela nicht die nämlichen Bewegungsgründe. Es war ihm darum zu thun, sich geschwinde in die Risse der feindlichen Linie zu werfen: Dieses geschah in der

der Marschordnung; das ist in Colonnen, welches diejenige Stellart ist, so ihr am nächsten kömmt. Folglich bedeutete der Ausdruck Embolon, den Arrian hier berühret, nicht eben das was Xenophon bey Mantinea damit bezeichnen wollte. Dieses ist schon ein starker Beweis, daß die Griechen verschiedene Anwendungen davon machten.

Gesetzt aber, es bliebe noch viel Ungewißheit wegen des wahren Verstandes dieses Wortes übrig, so müßte man, um sich für die winkelförmige Stellung zu entscheiden, zuerst überzeugt seyn, daß sie leichter zu bilden war, als das volle Viereck von mehr Tiefe als Fronte, welches wir Colonne nennen, und daß ihr Marsch schleuniger und ihr Anlauf gewaltsamer gewesen. Dieses wollen wir nun einen Augenblick untersuchen. Die Stärke der griechischen Stellordnung beruhte auf dem Drucke der Glieder, und man glaubte durch ihre Vielheit jene zu vermehren: Gleiche Bewandniß hat es mit der Colonne: Zu diesem Ende muß die Würksamkeit aller ihrer Theile sich vereinigen und sich gemeinsam gegen einen einzigen Punkt richten. Mithin müssen die Glieder und Rotten in gleichlaufenden und senkrechten Linien seyn, damit das Gewichte eines jeden Mannes, wenn es gerade auf seinen Vorgänger fällt, den Vorderleuten den gewaltsamen Stoß gebe, welcher den Feind einstürzen soll. Wenn es mit diesem Drucke seine Richtigkeit hat, so kann er bloß bey einem viereckigten Körper statt finden, weil da die Bewegung eines jeden Theiles gerade aus geht, und einer dem andern die ganze Masse seiner Kraft, in so weit es in seiner Macht

150 Einleitung

ist, mittheilet. Laßt uns nun sehen, ob es mit dem Triangel gleiche Bewandniß hat.

Der Keil muß nach Aelians Begriffe entweder blos ein Winkel mit vorgekehrter Spitze, oder ein volles Dreyeck seyn. Im ersten Falle hätte die Phalanx keine andere Bewegung machen dürfen, als sich in ihrer Mitte zu brechen, und sich rechts und links zu biegen; allein auf diese Art wird sie nicht marschieren. Um sich bewegen zu können, muß die Spitze gerade auf (A) Fronte machen, und folglich müssen die Rotten, wie in der zweyten Figur, schief laufen: Nun aber siehet man daß bey einer solchen Stellung kein gerader Druck mehr Statt findet,

Fig. 1.

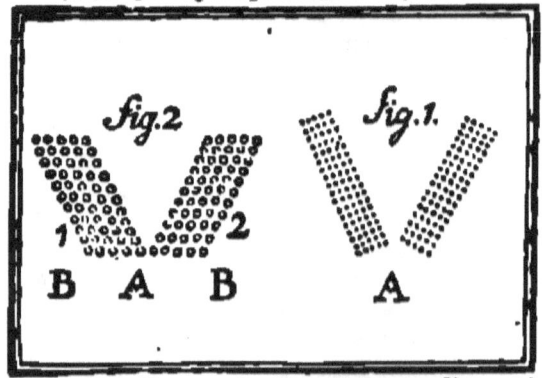

weil die Bewegung der Mannschaft in den Rotten (1) und (2) sich auf (B und nicht auf (A) richtet, welches gleichwol der Punkt ist, da der Keil seine Gewalt anwenden soll. Die Bewegung der andern Rotten hat gleiche Richtung; folglich dürfen ihre Theile nicht mehr unmittelbar aufeinander, und berühren sich nur in einer Querlinie.

in die Taktik. 151

Querlinie. Wo bleibt aber alsdann die Stärke der Keilspitze? Ich sehe keine, und in dem Marsche bemerke ich nichts als eine Quelle von Unordnung und Verwirrung.

Laßt uns nun einen vollen Triangel bilden, der vielleicht mehr Festigkeit haben wird. Nach Aelians Methode, der wenigstens drey Mann an der Spitze haben will, gibt es zweyerley Arten ihn zu machen: Die erste ist mit gleichlaufenden Rotten und Gliedern; die andere mit Gliedern ohne Rotten. Bey der ersten sehe ich die drey mittlern Rotten sieben Mann hoch, das letzte Glied, welches die Grundlinie des Triangels ist, fünfzehn und so immer in zunehmender Anzahl, so daß wenn ich jede dieser drey Rotten auf fünfzig Mann setze, die Grundlinie hundert und eines enthalten wird. Dieses aber ist kein Körper, der mehr Tiefe als Breite besitzt; er wird im Gegentheil, was auch seine Zahl seyn mag, doppelt so viel Breite auf seiner Grundlinie als Perpendicularhöhe haben. *S. die folgende Figur 1.*

```
    ooo                ooo
   ooooo              ooooo
  ooooooo            ooooooo
 ooooooooo          ooooooooo
ooooooooooo        ooooooooooo
ooooooooooooo      ooooooooooooo
ooooooooooooooo    ooooooooooooooo
   Fig. 1.             Fig. 2.
```

In beyden Figuren muß man geschlossene Glieder annehmen.

Wenn man diese Stellung mit Gliedern ohne Rotten bildet, so wird die Grundlinie zwar minder Ausdehnung bekommen, aber die Länge weit übertreffen. Der Druck dieses Körpers ist freylich weit stärker als bey dem *S. die zweyte Figur.*

K 4 bloßen

blosen Winkel; ich frage aber, ob es leicht seyn wird, ihn vor den Augen des Feindes zu formiren? Alexander war den Persern ganz nahe, als er seinen Keil machte; er stieß hart an die Taulantier, welche ihn sogar einschlossen, als er sich in den engen Paß werfen wollte: Dieses ist augenscheinlich, und darf nicht erst mühsam erwiesen werden. Nun begreife ich in der That nicht, wie man dieser Evolution eine grössere Stoßkraft als der Colonne zuschreiben, und ihre Bildung für leichter halten konnte. Ich habe sie nach allen Arten auf dem Erdreich versucht, und bin überzengt worden, daß die vollkommenste Figur in der Taktik allezeit das Vierrck, das ist, diejenige seyn wird, welche sich durch Multiplicierung zwoer Seiten berechnen läßt. Sie ist die einzige, welche genaue Manöuvren und richtige Abtheilungen an die Hand gibt. Man sieht wohl, daß der Hr. von Bussy zu sehr für seinen Schriftsteller eingenommen war, welches bey einem Uebersetzer nicht ungewöhnlich ist; darum aber finde ich ihn wegen seiner Einsichten, und der Nutzbarkeit seiner Arbeit nicht minder schätzenswerth.

Nun wollen wir zu den Römern übergehen, und untersuchen, ob ihr Cuneus eben den Gedanken ausdrückte, den man dem Embolon zueignen will. Es ist kein Zweifel, daß dieser Ausdruck verschiedene Bedeutungen hatte. Beym Livius bezeichnet er oft blose Manipulen oder Cohorten, bald auch eine jede Abtheilung der Truppen auf der Linie. So heißt es bey der Schlacht gegen die Lateiner, wo Decius sich fürs Vaterland aufopferte: Die Römer hätten ein so grosses Blutbad unter den Feinden

Feinden angerichtet, daß kaum der vierte Theil entrann. Tantaque cæde perrupere cuneos, ut vix quartam partem reliquere hostium. Auf gleiche Art brauchen wir täglich den Ausdruck Bataillon. Wir würden z. E. sagen: die Bataillonen der Türken wurden fast alle niedergemetzelt; obgleich ihre Infanteriehaufen von unsern Bataillonen himmelweit verschieden sind. Die Schriftsteller des fünfzehnten und sechszehnten Jahrhunderts nannten bisweilen die ganze Infanterie, welche das Mittelheer ausmachte, das Bataillon der Fußvölker. In gleichem Verstande hat Livius das Wort *Cuneus* genommen, um die macedonische Phalanx anzudeuten. Et Cohortes invicem sub signa, quæ Cuneum Macedonum, (phalangem ipsi vocant) si possent vi erumperent, emittebat. Aus dieser und vielen andern Stellen sieht man auch, daß der Ausdruck *Cohortes* hier die Manipuln bezeichnete; denn zur damaligen Zeit war diese Stellart noch üblich. Folglich wurden die Benennungen Cohors und Cuneus jedem Infanteriehaufen ohne Unterschied beygelegt. Tacitus bedient sich des Namens Cuneus eben so wie Livius; ja er legt denselben sogar einem starken Commando bey, welches mit Fußvolk und Reuterey vermischt war. Als Germanicus das Land der Marsen verheeren wollte, so theilte er seine Armee in vier Haufen, in quatuor cuneos dispertit. Eben dieser Schriftsteller sagt auch, Tiber habe die römische Ritterschaft den Keil des Germanicus geheißen. Cuneum Germanici appellavit. (a)

Buch 32. Cap 17.

Annal. Buch 1.

Ebend. Buch 2.

(a) Weil Germanicus als Fürst der Jünglinge an ihrer Spitze war.

Bey den Gelegenheiten, da man ein gedrungenes Corps das sich einen Durchgang öffnen sollte, oder verschiedene zu einem verstärkten Angriffe vereinigte Schaaren bezeichnen wollte, bediente man sich des Ausdruckes *Cuneus*; es stehet aber nirgends, daß derselbe winkelförmig gewesen. Tacitus setzt bisweilen den Ausdruck *Globus* an seine Stelle, welcher nichts anders bedeutet, als ein Trupp oder ein beträchtlicher Haufen Mannschaft. Als die römische Armee durch die Weser von dem Heere des Hermann getrennt war, ließ Germanicus einen Theil seiner Reiterey, mit einigen batavischen Hülfsvölkern an einer Furth hinüber gehen. Die Cherusker stellten sich als ob sie flöhen; Kariowald, das Haupt der Bataver, setzte ihnen zu hitzig nach, und wurde gar bald umzingelt. Er befahl seinen Leuten eine Masse zu bilden, um den auf allen Seiten andringenden Feind aus einander zu sprengen: hortatus suos ut ingruentes catervas globo frangerent.

Annal. Buch 2.

Wenn Livius in Beschreibung der Schlacht bey Pydna sagt, daß der Consul Flaminius seine ganze Infanterie in kleine Haufen theilte, so bedeutet dieses so viel, daß er ihr befahl manipulnweis anzugreifen, wie ich es im vierten Hauptstücke des ersten Theiles erklärt habe. Plutarch, der ihn ausgeschrieben hat, führt die nämliche Sprache. Frontin bedient sich bey eben dieser Gelegenheit des Wortes *Cuneus* aber in gleichem Sinne wie Livius, wenn er Manipuln darunter verstehet. Seine Worte sind ganz deutlich. Er sagt, nachdem der Consul die Stellung des Feindes beobachtet, so habe er einen Keil aus seinen drey Linien gebildet, und

die

die Veliten dazwischen gefochten. Triplicem aciem cuneis instruxit, inter quos subinde Velites emisit. Dieses zeigt uns weiter nichts, als die natürliche Form der ersten römischen Stellordnung, die man immer gegen die Phalanx gebrauchte. Der Uebersetzer des Aelianus, der diese Stelle als einen Beweis anführt, konnte uns keine stärkere Waffen gegen sich in die Hände geben. Gleiche Bewandniß hat es mit verschiedenen andern.

In dem Kriege gegen den Civilis setzten die alten batavischen Cohorten, welche die römische Parthey verlassen hatten, sich mit dem Vorsatz in Marsch, bey Bonn über den Rhein zu gehen. Hr. Gallus, der in dieser Gegend ein Lager commandierte, ließ drey tausend Legionisten mit verschiedenen Cohorten belgischer Hülfstruppen ausrücken, um ihnen den Weg abzuschneiden. Die nach der römischen Kriegszucht abgerichteten Bataver stellten sich in einen Keil, warfen die Legionen über den Haufen, und schlugen sich durch die Belgen durch. Die Art wie Tacitus sich ausdrückt, will gar nicht sagen, daß die Keile spitzig und winkelförmig gewesen. In Cuneis congregantur, densi undique & frontem tergaque ac latus tuti. Dieses deutet klar genug an, daß sie dichte und ganz fest geschlossen stunden, daß die Fronte, der Rücken und die Seiten gleich stark waren. Kurz, man findet hier alle Eigenschaften des Vierecks, keines weges aber des Triangels. Wenn dieser seine Spitze darbeut, hat er keine Fronte, und ist nicht überall von gleicher Dicke. *Tacitus Geschichte, Buch 4.*

Bey den Gelegenheiten da die drey hundert Fabianer (†) *Livius.*
von

(†) So wurden die vom Fabius Maximus abgerichtetten Römer genannt.

von Feinden umringt den Keil formierten, um eine Höhe zu gewinnen; da nach der Schlacht bey Cannä sechs hundert Römer die Kühnheit hatten in Form eines Keils aus dem kleinen Lager hervor zu brechen um zu denen zu stoßen, welche im großen waren; da ein Theil der Legionisten von den Sigambern umringt, auf gleiche Art das Lager des Cicero erreichten; bey allen die-
sen Gelegenheiten, sage ich, kann man nichts anders darunter verstehen, als eine verbundene und fest geschloß-
ene Masse von Kriegsleuten. Wir finden nichts daran, das eher eine winkelförmige Figur als eine andere bezeichnete. Worauf kann man sich gründen, um das Gegentheil zu erkünnen? Auf das was Aelian und Ve-
gez gesagt haben? Allein Aelian war kein Kriegsmann, und hat bloß theoretische Kunstbewegungen, an denen es den Griechen in ihren Schulen nicht fehlte, für Evolutionen (a) halten können, welche im Kriege gemacht worden. Vegez der nicht mehr Erfahrung besaß, stund in gleichem Wahne; vielleicht hat er jenen gar ausgeschrieben: Das Ansehen dieser beiden Männer ist nicht hinlänglich uns zu überreden. Wenn Xenophon, Cä-
sar oder auch Frontin bey irgend einem Kriegsvorfalle die Beschreibung des Keils gemacht hätten, so dürfte man nicht mehr daran zweifeln. Ich

Cæsar Comment. Lib. 6. de Bell. Gall.

(a) Aelian urtheilet so gar unmilitairisch, daß er ein Exempel von einer rautenförmigen Schwadrone vorschlägt, wel-
che eine ganze Phalanx angreift, die sich vorbieget um die Zange zu bilden. Nun frage ich, ob es natürlich ist eine ganze Phalanx einer Schwadrone von hundert und acht und zwanzig Reutern entgegen zu stellen? Welch ein Verhältniß! Man sieht wohl, daß dieses eine bloße Schulerdich-
tung ist, womit die Lehrer der Taktik sich abgaben.

Ich gebe zu, daß die römische Flotte zu Ecnome in Form eines Dreyecks gestellet war, an dessen Spitze sich die beiden Admiralschiffe befanden; allein die Grundregeln der Seetaktik sind von der Schlachtordnung zu Lande sehr verschieden. Die Schiffe dürfen keine gleiche Rotten und Glieder bilden, um sich zu vereinbaren und einander Stärke mitzutheilen. Die Absicht der römischen Befehlshaber war den Mittelpunkt der Karthaginenser anzugreifen, und wenn diese sich auf die beyden Seiten des Triangels vorgebogen hätten, so würden diejenigen Schiffe welche hinauswärts Fronte machten, Widerstand geleistet, und inzwischen die beiden Flügel welche beiderseits vorschossen, sie umzingelt haben, so daß sie sich zwischen zwo Linien römischer Schiffe befunden hätten. Allein Polyb sagt, diese Stellordnung sey einem wahren Embolon (a) ähnlich gewesen. Also war das Embolon allezeit dreyeckigt. Welch ein falscher Schluß! Embolos wurde wie Cuneus ohne Unterschied bey jeder Stellung gebraucht, welche viel Tiefe zu haben schien, und bezeichnete sowol diese Eigenschaft, als eine dreyeckigte oder gevierte Figur.

Die

(a) τὸ μὲν ὅλον ἀπετελεῖοθ᾽ ἔχημα τῆς τάξεως ἐμβολον. Das Ganze glich einer Schlachtordnung in Form des Embolon. Ἔμβολον bedeutete in der That der Schnabel eines Schiffes, welcher sich von unten hinauf langsam zuspitzte; allein dieser Ausdruck hatte blos einen figürlichen Sinn. So hieß man ein Vorgebürge, einen Pfahl, eine Stange, womit man die Thüren verriegelte, ebenfalls Embolon. Dieser Ausdruck war aus βολὴ oder βάλλω, ich werfe, ich stoße, ich sprenge ein, zusammen gesetzt. Dieses ist der buchstäbliche Verstand; mithin konnte alles was zu dieser Würkung geschickt war, Embolon genannt werden.

Die keilförmige Stellung, welche die Franken in der Schlacht bey Casilinum nahmen, ist vollkommen deutlich ausgedrückt; man kann den Triangel dabey nicht verkennen. Nur ist zu merken, daß eine ganze Armee diese Stellung nahm, welche mehr zur Gegenwehr als zum Angriffe diente. Obgleich Agathias meldet, sie sey dem Δ der Griechen ähnlich, und vorne zugespitzt gewesen, so haben wir doch Ursache zu glauben, daß sie stumpf war. Die beiden Flügel streckten sich gleich den Beinen eines Menschen weit aus, so daß die Mitte leer blieb, und die Soldaten sich den Rücken zukehrten. Nuda virorum terga seriatim apparerent. Hieraus erhellet, daß es eine Wehrstellung gewesen, die eigentlich nicht bestimmt war vorzumarschieren. Das Heer der Franken bestund damals aus lauter Fußvolk. Nun aber hatte diese Anordnung keinen andern Zweck, als zu verhüten, daß die römische Reuterey ihnen nicht in den Rücken fallen, und sie einschließen wollte; dem ungeachtet litten sie eine gänzliche Niederlage. Narses ließ sie durch seine Infanterie von vornen angreifen, indeß daß die Reuterey rechts und links auf die Flügel stürzte, und sogar in den Rücken drang. Sie überströmte sie mit Wurfspießen und Pfeilen, ohne daß diese es erwiedern konnten, weil sie damals nur noch mit ihren Schlachtschwerdtern und Streitäxten (†) bewaffnet waren, und nichts als einen schlechten Schild zum Schutzgewehr hatten; sie wurden auch alle in die Pfanne gehauen. Man findet nicht, daß sie den angeblichen Vortheil

―――――――――――――――――――――――――――――

(†) Sie hießen Francisques, waren sehr kurz und wurden geworfen.

theil der keilförmigen Anordnung, nämlich das Vorrücken und Einbrechen zu benutzen wußten; sie ließen sich vielmehr durch die römische Infanterie angreifen, und benahmen sich durch ihre Stellung das Mittel ihrer natürlichen Hitze zu folgen. Dieser Vorfall ist den Verfechtern des Keils in keiner Absicht günstig; man sieht im Gegentheil gleich beym ersten Anblicke, daß die Armee der Franken eine eben so schlechte Schlachtordnung wählte, als wenn sie sich in die Runde gestellt hätte.

Hat man jemals einen Keil formiert, so ist es bey einer Angriffsstellung gewesen. So war allem Ansehn nach die Schlachtordnung beschaffen, die zu Kaiser Constantins Zeiten die Limiganten machten, und welche durch die Benennung eines Schweinskopfes (caput porci) bezeichnet wird; (†) wir dürfen aber nicht zweifeln, daß ihre Fronte nicht eine gewisse Breite hatte. Dieser Körper mußte aus verschiedenen Linien gebildet seyn, welche also hinter einander gestellt waren, daß die zwote die erste, und die dritte die zwote, und so fort an überflügelte.

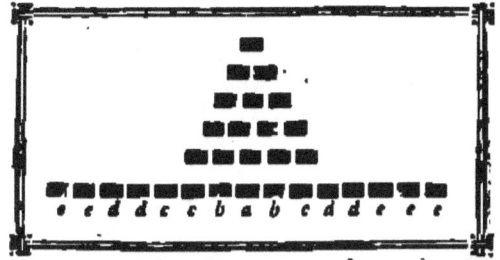

e e d d c c b a b c d d e e

Bey dieser Stellung finden wir die Unbequemlichkeiten

(†) In dem großen Lustlager bey Spandau im Jahr 1753, haben die preußischen Truppen diese Evolution nachgeahmt.

ten eines Keils nicht mehr, dessen Rotten und Glieder wie bey der umgebogenen Phalanx schief stehen. Hier laufen Rotten und Glieder parallel; die Fronte des Vorderhaufens wird überall durch die Höhe unterstützt, und die Seiten vertheidigen sich durch eingehende Winkel. Dieses ist die einzige vernünftige Art eine solche Evolution zu bilden, und sie läßt sich auch selbst im marschieren mit der größten Leichtigkeit bewerkstelligen. Wir wollen einmal eine Linie von funfzehn Haufen annehmen, welche zehen Mann in der Tiefe, und vierzig in der Fronte haben: Das Corps (a) des Mittelpunkts wird vormarschieren, um die Spitze zu bilden; die beiden Corps (b) werden nachfolgen, sich hinten daran stellen, und jenes auf beiden Seiten gleich weit überflügeln. Nach ihnen kommen die drey Corps (c) hierauf die vier (d), und endlich die fünf (e) welche den Schluß machen. Eine jede andere Art von Triangel ist lächerlich, chimärisch und unbrauchbar. Der Hr. von Santa Crux, der alle Träumereyen des Aelian und Vegez für baare Münze genommen hat, thut den Vorschlag, man soll einige Plotonen auserlesener Fußknechte vor der Schlachtordnung herschicken. Er stellet sie in Form eines Keils, und zwar einen einzigen Mann an die Spitze, und versichert, daß dieses die schicklichste Form sey, die feindliche Linie durchzubrechen, weil die einmal eingedrungene Spitze das Loch unvermerkt vergrößern werde. Sollte man nicht sagen, daß ein Keil von Soldaten sich gleich einem eisernen Keile, den man ins Holz schlägt, eine Oeffnung machen müsse? (a) Diese

S. die vorstehende Figur.

falsche

(a) Aelian macht würklich diese lächerliche Vergleichung.

falsche Schluß verdienet keine Widerlegung; ich will auch meine Zeit nicht damit verderben. Die vor einer Cavallerielinie herschwärmenden Plotonen von zehn Mann sind weit vernünftiger, weil sie das Feuer des Feindes an sich locken, wenn er unbesonnen genug ist, sich zu verschießen. Sind es Reuter, so würde es mich auch nicht wundern, wenn sie die Infanterielinie durchbrächen: Rotten von drey oder vier Mann können durch diese kleinen Schaaren, die auf sie anspringen, leicht umgestürzt werden. Dieses aber würde sich bey acht Mann hohen Corps nicht ereignen. Denn gesetzt, ein Pferd wäre bis in das dritte oder vierte Glied eingedrungen, so würde es nicht weiter kommen; Mann und Roß würden durch ihren Umsturz das gemachte Loch ausfüllen, und nicht einmal die benachbarten Rotten in Unordnung bringen.

Ich kann es dem Hrn. von Santa Crux nicht vergeben, daß er mit so vieler Zuversicht allen Hirngespinsten der alten Taktiker beypflichtet, von deren Werth sich doch sehr vieles abrechnen läßt. Die Ovalstellung die er dem halben Monde entgegen setzt, ist auch eines von jenen theoretischen Manövern, welche die guten Heerführer niemals gebraucht haben. Das Oval ist gleich dem Zirkel eine todte Masse, die keine Bewegung hat; der halbe Mond kann allein durch abgeson-

derte

So bahnet, sagt er, die scharf geschliffene Spitze eines Picks oder eines Degens, dem Aste des Eisens einen Eingang, wie dick es auch immer seyn mag. Der schöne Einfall! Er allein beweiset, daß Aelian kein Kriegsmann war.

derte Corps mit Vortheil angegriffen werden. Dieser gelehrte Schriftsteller hat, wie Homer, bisweilen geschlummert. Es finden sich hievon häufige Merkmaale in seinem Werke, das übrigens vortrefliche Sachen enthält, die aber in einem ungeheuren Meere von Kleinigkeiten, Auszügen und Wiederhohlungen ersäuft sind.

* Serra.

Weil ich doch von Hirngespinnsten rede, so will ich diese Materie nicht verlassen, ohne eine andere Kunstbewegung anzuführen, deren Vegez unter dem Namen der Säge* erwehnet. Es ist, sagt er, eine gerade Truppenlinie, die man geschwinde vor die Schlachtfronte schiebt, um allda der Verwirrung zu steuern. (†) Der Hr. von Santa Cruz meldet, man habe sie der Zange entgegen gesetzt; einige haben ihr gar eine Figur mit ein- und ausgehenden Winkeln angedichtet, gerade als ob eine Linie Truppen sich nach dem Plane einer Befestigungslinie stellen könnte. Man kann leicht erachten, daß ich auf diese Grille nicht mehr halte, als auf die vorigen. Freylich ist es ein Grundsatz der Taktik, daß die verschiedenen Haufen einer Armee sich gemeinseitig

---

(†) Jesus der ums vierte Jahrhundert schrieb, gibt von der Säge folgende Erklärung: Serra praeliari dicitur, cum assidue acceditur, recediturque, neque ullo consistitur tempore; das ist, in der Sägenstellung fechten, heißt, wenn man ohne Unterlaß bald vordringet, bald zurück weichet, und nie stille steht. Dieses Manöuvre hat aber mit dem obigen keine Aehnlichkeit, ob es gleich die Bewegung einer Säge auf der Fronte vorstellen mochte.

fertig unterstützen sollen; es ist sogar vortheilhaft, wenn sie vermöge ihrer Stellung einander flanfieren können; allein dieses muß ein Kriegsheer nicht hindern, im benöthigten Falle rechts, links oder vorwärts zu marschieren, welches bey einer Stellung mit ein- und ausgehenden Winkeln unmöglich ist. (†) Was die Säge betrifft, so läßt sich aus Vegetens Worten leicht abnehmen, was es eigentlich war. Wenn ein Flügel in Unordnung kam, und seine Flanke in Gefahr stand, so zog man ein Corps Truppen auf diese Seite, welches sich so stellte, daß der Feind dadurch aufgehalten wurde; dieses nennen wir heut zu Tage einen Galgen *. *Potence. Bekam die Linie eine Oeffnung, in welche der Feind einzudringen drohte, so ließ man oft die Säge schleunig vorrücken, welche sich vor das Loch stellte, um denselben zu hindern in größerer Anzahl hinein zu stürzen. Durch diese Stellung schnitt sie diejenigen Truppen ab, welche durchgedrungen waren, und widersetzte sich zugleich denen, welche nachkamen, um sich ebenfalls hinein zu werfen. Dieses konnte zum Beyspiel einem Keile begegnen, welcher schnell vorrückte, und wenn er durchgedrungen war, von der Linie nicht nahe genug unterstützt wurde. In einem Gefechte gegen die Volsker that eine römische Schaar einen so ungestümen Angriff, daß der Feind der den Stoß nicht aushalten konnte, ihr einen freyen Durchgang öffnete. Als

L 2   nun

(†) Wohl aber bey einer zinnenförmigen Stellart, wenn man nämlich der Schlachtfronte hin und wieder kurze Colonnen vorsetzen wollte, welche einander flanfieren, und dennoch vorrücken könnten.

nun die Römer über die Linien hinaus gedrungen waren, schloſſen die Völker ſich wieder, und hieben ſie zu Schanden. Man ſieht hieraus, daß die Säge ihren Namen von ihrer Würkung, und nicht von ihrer Figur (†) bekommen hat, welche nichts anders als eine bloſe gerade Linie war. Vegez empfiehlt einen Vorrath von Reſervetruppen, um im Nothfalle dieſe ſowol als den Keil und die Zange machen zu können, ohne gezwungen zu ſeyn ſie von der Linie zu nehmen. Dieſes iſt eine weiſe Regel, und das beſte, was man in dieſem ganzen Artickel antrifft.

(†) Eben dieſes kann man von dem Keile ſagen, welcher beſtimmt war, den Zuſammenhang der Schlachtordnung zu trennen, ohne die Geſtalt des Werkzeuges zu haben, das man zu Spaltung hölzerner Körper gebrauchet.

Neuntes Hauptstück.

Prüfung der Folardischen Colonne.

Erster Abschnitt.
Grundsätze des Alterthums, auf welche der Ritter sich stützet.

Nichts ist verführerischer als das Lehrgebäude der Colonne, zumal da es der Gegensatz des Systems der Bataillonen ist, dessen Schwäche kein Vernünftiger leugnen kann. Wenn man es aber in der Nähe beleuchtet, so entdeckt man in demselben verschiedene Schwierigkeiten, welche das Vorurtheil des Ritters Folard, und eine übertriebene Liebe zu seinem vermeynten Kinde, ihn wahrzunehmen gehindert haben. Aus dem Grundsatze, für den er eingenommen war, hat er vermischte Schlachtordnungen von Reuterey und Fußvolk hergeleitet, welche sehr gefährlich seyn können. Er glaubte Beweisthümer bey den Römern zu finden, deren Taktik doch seinem Lehrgebäude schnurstracks zuwider lief. Dieses wollen wir nun umständlicher untersuchen.

Die Schlacht bey Elinga welche Scipio gegen den Asdrubal in Spanien gewann, und die bey Zama sind die beiden Vorfälle, welche dem Colonnen-System am günstigsten

günstigsten scheinen. In dem letzten dieser zwey wichtigen Treffen waren die Manipuln nicht wie sonst schachförmig gestellt; sie hatten sich in einer Reihe hinter einander geordnet, so daß die Principes gerade hinter die Hastarier, und so auch die Triarier hinter die Principes zu stehen kamen, woraus eben so viel Colonnen erwuchsen, die durch gerade Gassen, oder der Fronte gleichmäßige Zwischenräume getrennt waren. Man muß aber merken, daß die Manipuln sich nicht unmittelbar berührten, sondern beym Marschieren einen Abstand zwischen sich ließen, so daß die Hastarier, die Principes, und die Triarier abgesonderte Linien formierten, wie aus nachstehender Figur zu ersehen ist. Es hat auch das Ansehen nicht, daß im Augenblicke des Anlaufs die Principes und Triarier den Hastariern gleichsam angefügt gewesen; denn bey dem Angriffe, der gegen die erste Linie des Hannibals losgieng, waren die Hastarier die einzigen, welche Schaden litten und ein wenig in Unordnung kamen. Es heißt, daß sie durch die zwote Linie aufgemuntert wurden, und nachdem sie die feindliche eingebrochen hatten, derselben nachjagten. Nun aber formierten die Principes diese zwote Linie, und waren in guter Ordnung geblieben; sie dienten auch nachher das zweyte Treffen des Hannibals einzustürzen.

Da Scipio seine Manipuln in Colonnen stellte, hatte er den Zweck nicht, der ersten Linie desto mehr Gewicht zu geben, sondern den Elephanten und den Leichtbewaffneten einen freyen Durchgang zu lassen. Es war diesen letztern befohlen, das Treffen anzuheben, und falls sie zu lebhaft angegriffen, oder von den Elephanten verfolgt würden, so sollten die besten Läufer durch die gerade Zwischenräume hinter die Armee, diejenigen aber welche sich durchschlagen müßten, in die Quergassen zur rechten und linken zurück weichen. Diese Gassen wurden durch die Manipuln gebildet, welche auf einander folgten, mithin nicht zusammen hiengen, und sogar nicht einmal geschlossen waren, weil der Rückzug der Veliten im Augenblicke des Angriffs geschehen sollte. In gleicher Absicht machte Scipio gegen den Asdrubal in Spanien, und Regulus in dem Treffen bey Tunis, eine ähnliche Schlachtordnung. Die Hastarier welche durch die Principes unterstützt wurden, sollten mit desto größerem Nachdrucke fechten: Wären sie ins Gedränge gekommen, so hätten sie sich rechts und links weggezogen, und die Principes wären an ihre Stelle getreten. Ich habe es bereits gesagt, und wiederhohle es hier nochmals, daß die Römer eine Masse zusammen gepreßter Leute, welche sich mit dem Bauche und den Schultern verdrücken soll, nie für vortheilhaft gehalten haben. Weit gefehlt, daß diese Maxime bey ihnen Beyfall gefunden hätte, so waren vielmehr die Grundsätze, nach denen sie fochten, derselben schnurstracks zuwider: Sie erforderten einen gewissen Abstand zwischen den Gliedern und Rotten, um den Anlauf sowol als den Gebrauch des Degens zu erleichtern. Die Höhe von zehn Mann, die sie festgesetzt hatten, schienen ihnen auch auf alle Fälle hinzureichen.

Ein

Ein jeder der die römische Taktik verstehet, wird die Wahrheit meiner Worte zugeben. Um aber meinen Vortrag noch handgreiflicher zu machen, will ich ein Beyspiel anführen, das mir nicht entwischet ist.

Bell.
Gall.
Lib. 2.
Cap. 3.
Als Cäsar die Völker des heutigen Hennegau und Artois bekriegte, lagerte er sich an der Sambre auf einer kleinen Anhöhe. Kaum hatten seine Legionen ihre Fahnen gepflanzt, und sich angeschickt eine Verschanzung aufzuwerfen, als die jenseits des Flusses in einem Hinterhalt stehende Feinde plötzlich hinübersetzten, und auf sie losgiengen. Die Zeit erlaubte es nicht eine Schlachtordnung vorzuschreiben; daher stellte jede Legion sich von selbst, nach Maßgabe des Erdreichs, und focht wie sie stund. Nachdem die neunte und zehnte, welche auf dem linken Flügel waren, ihre Pilen geworfen hatten, fielen sie auf die Feinde, verfolgten sie bis an den Fluß, und setzten mit ihnen hinüber. Die zwölfte aber welche auf dem rechten Flügel stund, wurde von vornen und von der Seite so lebhaft angegriffen, daß fast alle Hauptleute getödtet oder verwundet, die Fahne einer Cohorte weggenommen, und die Glieder gänzlich zerrissen wurden. In diesem Augenblicke der Verwirrung eilt Cäsar herbey, stellt sich an die Spitze der Truppen, muntert sie auf, bringt sie wieder in Ordnung, und befiehlt ihnen den Feind anzufallen. Da er bemerkte daß die Soldaten einander drängten, und die Glieder zu fest geschlossen waren, ließ er sie aus einander rücken, damit sie sich desto leichter des Degens bedienen konnten. (a)

Er

(a) Manipulos laxare jussit, quo facilius gladiis uti possent.

Er befahl auch der siebenten benachbarten Legion, welche ebenfalls gepreßt war, sich auszudehnen, um an die zwölfte zu stoßen. (a)

Hier haben wir nun einen Beweis, daß die römische Taktik keine gedrungene Schlachtordnung duldete, noch die Gewalt ihres Angriffes in einer großen Tiefe suchte. Der Feind kann blos durch die vordern Glieder erreicht und niedergestoßen werden; folglich braucht man hinter ihnen nur so viel als nöthig sind, um die ersten zu unterstützen, ihnen Hülfe zu leisten, und ihre Lücken auszufüllen. Die Nachbarschaft der zwoten Linie gibt der ersten auch mehr Zuversicht, und einen großen Theil ihrer Stärke. Es ist nicht nöthig, daß sie gleichsam aneinander kleben, wenn sie ihr nur nahe genug ist, um der etwa vorfallenden Unordnung schleunig abzuhelfen, und die Lücken auszufüllen. Die Römer haben in regelmäßigen Feldschlachten allemal diese Grundsätze befolget. Wenn sie davon abgewichen sind, und die Stellung der vollen und gedrungenen Colonne gebraucht haben, so ist es blos in verzweifelten Umständen geschehen, da ein umzingelter Haufen zu dieser Form seine letzte Zuflucht nahm, um sich wo möglich durchzuschlagen und zu retten.

Hier ist ein überzeugender Beweis meiner Aussage. In der Schlacht bey Zama wurde des Hannibals erste Linie, die blos aus fremden und leicht bewaffneten Lohn-

völkern

(a) Wenn hier der Ort wäre eine Vergleichung anzustellen, so würde ich das Treffen bey Luzara beybringen, welches diesem vollkommen ähnlich ist.

völkern bestund, welche die Elephanten unterstützen sollten, aus einander gesprengt, und auf die zwote zurück geworfen. Nun rief Scipio die Hastarier zurück, welche sehr in Unordnung waren, und stellte sie gegen den Mittelpunkt der Feinde; er ließ die Principes und Triarier zusammen rücken, und zur rechten und linken der Hastarier vortreten. Als sie in gleicher Linie stunden, setzten sie sich mit einander zum Angriffe in Bewegung: Dann bekümmerte sich Scipio um keine Colonnen mehr; er war der Elephanten los, gegen die er diese Stellung genommen hatte. Bey diesem zweyten Angriffe bekam er mit der besten Infanterie der Karthaginenser zu thun, und ließ daher seine Hastarier und Principes eine zusammenhängende Linie bilden. Die letztern stunden auf den Flügeln und waren blos durch die Triarier unterstützt, welche auf sie folgten. Hätte er bey Formirung der Colonnen die Absicht gehabt, durch ihren Druck eine gewaltsamere Würkung hervorzubringen, so würde er sich ihrer vornämlich gegen die letzte Linie des Hannibals bedient haben; er hätte die Hastarier welche schon vieles gelitten hatten, hinter die Principes zurück gezogen, und mit diesen welche ganz frisch waren, die Spitzen der Colonnen gebildet. Hieran aber denkt er ganz und gar nicht; er stellt sie alle in eine Linie, macht eine gedrungene Fronte ohne Zwischenräume daraus, und so greift er das zwoyte Treffen der Karthaginenser an. (a) Dieses

Polyb Buch 15. Cap. 1.

ist

(a) Allem Ansehen nach ist es dem Polyb nur nicht in den Sinn gekommen, als ob Scipio Keile oder Colonnen gebildet habe. Die Hastarier, sagt er, gewannen Erdreich und ist es alles was die Römer thaten, wenn sie einen starken Widerstand fanden, und ihre erste Linie zu schwach glaubten. Da die Zwischenräume der Manipuln der Fronte gleich waren, so rückten die Principes zwischen die Hastarier ein, so daß beyde Linien nur eine ausmachten. Es ist also gewiß, daß die Römer bey dieser Gelegenheit die Absicht nicht hatten, sich durch Colonnen zu verstärken, wobey die Höhe der gedrungenen Glieder die Stärke des Anlaufs vermehren sollte. Man sieht klärlich, daß sie keinen andern Vorsatz hatten, als sich vor den Elephanten zu schützen.

Cäsar hat so gut als irgend ein römischer Feldherr die Stärke der Infanterie gekannt: Keiner hat sie so häufig gebrauchet, und so so große Dinge damit ausgerichtet, weil er in allen seinen Kriegen ungleich schwächer an Reuterey war als seine Feinde. Diesen Mangel ersetzte er durch leicht bewaffnete Fußvölker, die er zwischen seine Schwadronen flochte, oder auf die Flügel stellte, und durch schwere Cohorten, die sie unterstützen mußten. Wir haben oben gesehen, was er bey Pharsalus für einen Gebrauch davon machte: In seinem africanischen Kriege findet man eine Schlachtordnung, die von jener nicht sonderlich verschieden ist. Er war bey der Stadt Uzita im Angesicht des Scipio und Juba gelagert;

und wurden durch die zwote Linie aufgemuntert die ihnen nachfolgte. Dieses heißt gar nicht, daß die letztere sich an die erstere gestemmet habe; es sage so vielmehr, es sage so viel, daß die beiden Linien ganz verschieden, und durch einen gewissen Zwischenraum abgesondert waren. Der Verfolg dieses Treffens beweist es noch besser.

lagert; die beiden Armeen rückten aus ihren Verschanzungen, und stellten sich in Schlachtordnung. Da die Linke der Feinde sich an die Stadt lehnte, so hatten sie alle ihre schwere Reuterey, sowol als die numidische, und eine Menge leichter Fußvölker auf den rechten Flügel geworfen. Dreyßig Elephanten waren vor die Rechte und Linke vertheilet; der nach der Stadt gekehrte rechte Flügel des Cäsars war durch eine Verschanzung bedeckt: Aus dieser Ursache formierte er hierselbst nur zwo Linien Cohorten, davon die zwote noch überdem sehr schwach war, da er hingegen drey auf die Linke stellte und bey dem Mittelpunkte anfieng. Er zog auch alle seine Reuterey mit Infanterie vermischt auf diese Seite: Weil er sie aber nicht im Stande glaubte, der überlegenen feindlichen allein zu widerstehen, so ließ er sie durch eine Legion unterstützen, und warf eine Menge Bogenschützen und Schleuderer auf seine Flanke. Cäsar meldet nicht, wie diese Legion gestellet war. Ich meines Orts halte dafür, daß sie ungefähr eben so stund wie die Cohorten bey Pharsalus, und daß sie gleiche Dienste geleistet hätten, wenn die Reuterey wäre zurück geschlagen worden; allein es kam nicht zum Treffen, und die beiden Armeen kehrten in ihr Lager zurück. Cäsar war unstreitig der größte Kriegsgelehrte seiner Zeit; es war ihm keine von den Formen unbekannt, die man der Infanterie geben konnte. Er hatte vortrefliche Soldaten, die er selber abrichtete, und in allen Kunstbewegungen übte, welche er für nöthig und für nützlich hielt. Gleichwol ist ihm nie eingefallen seine Cohorten in Colonnen zu stellen, oder seine Reuterey damit zu spicken. Indessen hätte er doch in seinen Feldzügen gegen die Gallier,

Helvetier

Helvetier und Deutschen, deren ungeheure Armeen ihm allezeit überlegen waren, häufigen Anlaß dazu gefunden. Ihr Fußvolk stellte sich sehr hoch; ihre Waffen waren kurz und schlecht; wie viel Gründe hätte er da nicht gehabt, Colonnen zu brauchen, und sie mit den Picken der Triarier zu verzäumen? Eben so wenig dachte Cäsar in Afrika daran; obgleich die zahlreichen Truppen des Juba vor den Galliern an Stellart und Waffen nichts voraus hatten, und er damals weit minder Cavallerie mit sich führte, als in dem gallischen Kriege. Vielleicht möchte man sagen, die Römer hätten diese Evolution nicht gekannt, oder sie wären nicht geschickt dazu gewesen. Dieses werden die Vertheidiger derselben sich nicht zu behaupten getrauen, weil sie sich widersprechen würden. Allerdings verstunden die Römer ihren Gebrauch, und wenn sie aus einem engen Passe hervor brechen, oder sich aus einer gefährlichen Schlinge ziehen wollten, so wußten sie sich gar wohl in eine Masse zu stellen. Allein Cäsar fand diese Stellart für die Schlachtordnungen nicht schicklich; er wollte lieber das taktische Gebäude der Cohorten beybehalten, welches unendlich besser war als alle übrigen.

Zweyter Abschnitt.

Anfangsgründe einer neuen Taktik.

In dem Lehrgebäude der Colonnen wird voraus gesetzt, daß die Würkung eines Schlachthaufens nach der Anzahl seiner Glieder abgemessen ist. So sehr auch die Griechen dieser Meynung zugethan waren, so sind sie doch bisweilen davon abgewichen. Die Lacedämonier haben ihrer Phalanx mehr nicht als acht, und bey der größten Höhe zwölf Glieder gegeben. Die Schaaren, woraus sie bestunden, waren nur von fünf hundert zwölf Mann, und folglich den römischen Cohorten sehr ähnlich. Ihre Gewohnheit war sich auszudehnen, und einen Hohlkreis zu bilden, um den Feind einzuschließen.

Hätten sie bey dieser Streitart Reserven gehabt, so dürfte die berühmte Colonne des Epaminondas bey Leuctra und Mantinea, gar leicht zu kurz gekommen seyn. In diesen beiden Treffen ward auch ihr Cavallerieflügel geschlagen, welches nicht wenig zu ihrer Niederlage beytrug. Ich habe nicht vergessen, was Xenophon dem Cyrus in den Mund legt, als er die Glieder seiner Phalanx auf zwölfe herunter setzte. Glaubst du, sagte Cyrus zu dem der es ihm widerrathen wollte, daß eine Tiefe, wobey die Waffen der letztern Glieder nicht bis zu den Feinden reichen, von einer grossen Würkung seyn könne? ... Ich halte die Höhe die ich ihnen gegeben für hinreichend, weil auf solche Art alle Theile des Schlachthaufens Dienste leisten, und einander beystehen. Ein schlechtes Zeugniß für das Erbgebäude von Pressung der Glieder, welches bey diesem großen Feldherrn in geringem Ansehn stehen mußte, da er die seinigen um die Hälfte verminderte, indem die Perser sich vier und zwanzig Mann hoch zu stellen pflegten. Dennoch ward ihre Phalanx bey dieser Gelegenheit dem großen viereckigten Schlachthaufen der Egyptier entgegen gestellt, dessen

Tiefe

Tiefe hundert Mann betrug. Cyrus dachte wie die Römer, welche diese plumpen Infanteriemassen anders nicht, als mit ihren Cohorten und leichten Fußvölkern angegriffen hätten. Die Stärke ihrer Schlachtordnung bestund vornehmlich in der Stellari der drey Linien, welche einander zu Hülfe kamen, so daß sie ungesäumt frische und wohlgeordnete Truppen an die Stelle der ermüdeten und getrennten treten lassen konnten. Die Phalanx hingegen erschöpfte gleich beym ersten Anlaufe alle ihre Kräfte, indem die letzten Glieder nicht minder in Bewegung waren, als die vordersten, obgleich ihre Waffen dem Feinde nicht schaden konnten. Wann sie das Unglück hatte zu scheitern, und ihre zerfallenen Vordergrlieder ins Gedränge kamen, so erstreckte sich die Furcht und Unordnung gar bald auch über die andern. Alle welche auf das fünfte folgten, trugen die Picke hoch, und konnten sie daher nicht ohne zurücke zu treten vorwärts fällen, um sich ihrer bey solchen Umständen zu bedienen: Allein der andringende Feind ließ ihnen keine Zeit dazu; sobald er einmal unter die Picken kam, warf er die Vordermänner auf die folgenden zurück, und je mehr die hintersten vordrückten, desto mehr schadeten sie den andern, welche den nöthigen Raum nicht gewinnen konnten, um sich ihrer Waffen zu bedienen; es konnte also weiter nichts mehr als ein unordentliches Gewimmel heraus kommen. Ich habe mich genug bey den Gründen aufgehalten, welche den Vorzug der römischen Streitart entscheiden können. Indessen will ich doch beym Entwurfe meiner Stellordnung die andern nicht ganz außer acht lassen, sondern vielmehr auf die angebliche Vollkommenheit dieser Schlachthaufen

zurück

zurück sehen, aber zugleich die Verhältnisse beobachten, welche meinem Bedünken nach, mit dem Maße ihrer Würkung am besten übereinstimmen. Alles was man hinzu thun könnte, hat mir eine todte Masse geschienen, die nichts als eine träge Kraft besitzet.

Meine Cohorten bestehen aus acht Compagnien oder Manipuln, jede von achtzig Mann. Ist die Cohorte in einer Stellung, da sie blos ihr Feuer brauchet, so giebt man ihr vier Glieder. Zum Gefechte auf der Ebene sowol als zum Angriffe, stellt sie sich in achte, welches als ihre natürliche Form betrachtet werden muß. Ist sie verdoppelt, so hat sie vierzig Rotten und sechzehn Kupf. 5. Glieder. Diese Verdoppelung geschiehet compagnien-Fig. 1. weis, (†) so nämlich, daß die zur linken sich an die zur rechten hängen: Die Compagnie hat zehn Mann in der Fronte, und acht in der Tiefe. Bey Formirung derselben ist darauf zu sehen, daß die ältesten Soldaten in das erste und letzte Glied, und auf die Flügel gestellt werden. (a) Eine Fronte von zwo neben einander gestellten

Compa-

(†) Der Verfasser braucht meistens die Benennung Manipuln fort, welche wir aber, um nicht die Begriffe ohne Noth zu verdunkeln, durch Compagnien geben wollen. Er selbst hat diese beiden Ausdrücke als gleichgeltend betrachtet, und das letzte scheint auch darum den Vorzug zu verdienen, weil die Manipuln des Verfassers den römischen an Stärke lange nicht beykommen.

(a) Indem wir der Compagnie achtzig Mann geben, so wird sie auf den Fall eines Abgangs, welcher im Felde unvermeidlich ist, sich von selbst auf vier und sechzig herunter sehen. Alsdann wird die Cohorte vier und sechzig

Mann

Compagnien macht einen einfachen Abschnitt; (†) wenn die Cohorte verdoppelt ist, so stehen sie hinter einander, und heißen alsdann ein Flügelabschnitt; aus zwo solchergestalt formierten Compagnien erwachst der gedoppelte Abschnitt, oder die halbe Cohorte; stehen sie in einer Fronte, so machen sie eine Abtheilung oder Division aus; zwo verdoppelte und hinter einander gestellte Cohorten könnte man die doppelte Phalanx nennen. Alles dieses wird die Betrachtung des Kupfers erläutern, welches die verschiedenen Ansichten der Cohorte und ihre Zergliederung vorstellet. Ich lasse noch hundert und zwanzig leichte Fußknechte in zwo Compagnien vertheilt, und eine von sechzig Granadierer dazu stoßen. Von einem Haufen Rundaschierern werde ich in der Folge reden; da ich sie zu andern Bestimmungen gebrauche, so will ich sie hier nicht anführen. Meine Cohorte hat alle nöthige Stärke, um die feindliche Linie durchzubrechen: Wenn ich sie ver-

---

Mann in der Fronte und acht in der Höhe haben. Dieses Verhältniß ist das schönste und zu allen Kunstbewegungen das geschickteste. Was bey der Compagnie die Zahl von vier und sechzig übersteigt, ist also blos als überzählig zu betrachten. Ich werde hievon in der Folge mit mehrerm reden.

(†) Der aus der alten französischen Kriegsstellung entlehnte Ausdruck Manche, läßt sich nicht wohl anders als durch Abschnitt übersetzen. Selbst in Frankreich wurden zu verschiedenen Zeiten verschiedene Bedeutungen damit verknüpft; doch haben die Neuern meistens die Flügel eines Bataillons darunter verstanden, und dieselbe wieder in halbe, Viertels- und Achtels- Manchen zerfället.

II. Theil.   M   doppeldopple so kömmt eine kleine Phalanx heraus, deren Abtheilungen bis zum Augenblicke des Anlaufs durch einen Zwischenraum von sechs großen Schritten getrennet bleiben müssen. Diese Stellung nehme ich blos gegen einen Feind, der in einer gewissen Tiefe stehet; denn wenn er nur drey oder vier Glieder hat, so ist die einfache Cohorte stark genug ihn zu schlagen.

Wollte man um desto mehr Gewalt anzuwenden, verdoppelte Cohorten brauchen, so müßten sie wenigstens vierzig Schritte von einander abstehen. Den Zwischenräumen gegenüber macht man eine zwote Linie, sechzig Schritte von der erstern. Diese schachförmige Stellart läßt sich auch mit einzelnen Cohorten folgender maßen bewerkstelligen: Die gesammten ersten Abtheilungen müssen das erste Treffen, und die zwoten das andere bilden. Eine etwas entferntere dritte Linie, die entweder aus Fußvolk oder Reuterey, oder aus beiden vermischt seyn kann, wird den Rückhalt ausmachen. Diese Stellordnung gleicht der römischen, und hat eben die Vortheile. Die Zwischenräume, welche bey seichten Bataillonen und entfernten Linien so gefährlich sind, haben hier gar nichts zu bedeuten; sie sind vielmehr eine Falle für den Feind, der sich hinein wagen wollte; denn er würde seine eigenen Flanken blos geben, und auf allen Seiten durch die zwote Linie und die leichten Truppen angefallen werden.

Wenn ich statt meine Cohorten schachförmig zu stellen, sie rottenmäßig hinter einander ordne, doch so, daß ich zwischen der ersten und zwoten einen Raum von fünf und zwanzig Schritten lasse, so wird diese Masse

alle

alle Stärke der Colonnen und keine ihrer Mängel an sich haben. Die Fronte der Cohorte ist schmal, und ihre Höhe gibt ihnen alle zum Angriffe erforderliche Dichtigkeit: Sie kann vor- und rückwärts, und mit ihren Abschnitten auch seitwärts, Fronte machen; folglich hat sie beydes Stärke und Behendigkeit. Sie beruhet auf gevierten Zahlen, und läßt sich daher ganz bequem verdoppeln, abheben, und in alle beliebige Theile zerfällen. Sie können auch vorwärts oder mit den Flanken angreifen, und dürfen sich zu diesem Ende nur rechts oder links schwenken. Die Gasse womit ich meine Abtheilungen durchschneide, verhindert daß wenn die erste durch das Kanonenfeuer, oder aus andern Ursachen in Verwirrung geräth, die zwote nicht auch mit hingerissen wird. Dieses kann man bey der Colonne nicht verhüten, so künstlich sie auch immer zusammen gesetzt seyn mag. Ich habe diese Evolution die verdoppelte Cohorte genannt; denn sie muß einen Namen haben, wenn es auch nur deswegen geschähe, um ihre Erklärung deutlicher zu machen. Ohne Zweifel wird sie, so oft man sie brauchet, die feindliche Linie umstürzen. Die siegreiche Cohorte wird sich sodann in Abschnitte theilen, welche sich rechts und links werfen müssen, um den Feind auf den Flanken und von hinten anzufallen. Indem dieses vorgehet, wird die andere Cohorte durch die Oeffnung vorrücken, und das Bataillon des zwoten Treffens angreifen, wenn es sich gegenüber zeigen sollte. Sie wird eben sobald damit fertig seyn, und die Leichtbewaffneten werden es vollends zu Grunde richten.

Gesetzt es hätten zwo Cohorten mit vier gewöhnlichen Bataillonen zu thun, davon die auf den beyden Flügeln

Kupf. 5. geln (3) (4) sich umbögen, um sie einzuschließen. Als-
Fig. 2. bald theilet die erste Cohorte sich in der Mitte, da indessen die zwote vordringt, und vorwärts anreiset, oder
Fig. 3. es kann auch die erste vorwärts anfallen, und die zwote
sich spalten, um die gebogenen Bataillonen abschnitt-
weis anzugreifen; die Leichtbewaffneten (5) fallen ihnen
ebenfalls in die Flanken und in den Rücken. Entweder
sind die Regeln der Taktik falsch, oder die vier Batal-
lionen müssen geschlagen werden. Allein, wird man
einwenden, die Colonne bewegt sich vermittelst ihrer Abtheilungen auf gleiche Art, und da sie schmäler und tiefer
ist, so besitzt sie auch mehr Behendigkeit. Man wird aus
dem folgenden ersehen, daß diese steilige Höhe von Gliedern,
weder zu ihrer Stärke noch zu ihrer Geschwindigkeit etwas
beyträgt. Vergebens wollen die Anhänger dieses Lehrgebäudes die Würkung eines Kriegshaufens mit dem Stoße
eines dichten physikalischen Körpers vergleichen. Dieser an sich so verführerische Grundsatz, auf welchem sie
bauen, ist in der Ausübung falsch, und die Erfahrung
wird seine Klippe.

Dritter Abschnitt.

Betrachtungen über den Druck der Glieder, die laufende Angriffsart der Alten, und die Schutzwaffen.

Man muß die Colonne von dem Blesson unterscheiden.
Der gelehrte Schriftsteller, welcher das Folardische System umgearbeitet, hat einen Schlachthaufen
gebildet,

gebildet, welcher unendlich mehr Würksamkeit und Leichtigkeit besitzt, als die Colonnen des Ritters. (a) Er ist von sieben hundert acht und sechzig Mann, welche in einer Fronte von vier und zwanzig, und in einer Tiefe von zwey und dreyßig Köpfen geordnet sind. Dieses Corps welches er Plesion nennet, läßt sich in die Länge und Quere durchschneiden; wird es von oben herab getheilt, so formiert es zween Abschnitte; nach der Breite gibt es Plesionetten. Diese Abtheilungen werden wieder in kleinere zerfället, und eine solche Zusammensetzung ist unstreitig das beste, was er bey seinem einmal angenommenen Lehrgebäude erdenken konnte. Die Colonne ist lange nicht so kunstreich gebildet: Der Ritter Folard sagt, daß man ihr ein bis sechs Bataillonen geben könne, welche Zwischenräume unter sich lassen sollen. Dieses wäre ganz übermäßig; daher begnügt er sich auch, sie aus drey Bataillonen in drey Abschnitten zu formieren. Auf diese Art bekömmt sie dreyßig Rotten, und fünf und vierzig bis fünfzig Glieder. Eine solche Colonne wird doch gewiß nicht leichter seyn als meine Cohorte. Ich habe beides versucht, und gefunden, daß eine Colonne zwar ohne sich zu beb-nen im gewöhnlichen Schritte marschieren kann, indem

M 3 man

(a) Dieser Schriftsteller hat seinen Schlachthaufen den Namen Plesion gegeben, ob es gleich voll ist. Das Plesion der Alten aber war ein leeres Viereck, welches zur Gegenwehre, und nicht zum Angriffe diente. In diesem Verstande habe ich es bisher gebraucht, und so werde ich auch

man die Soldaten mit untergesetzten Füßen fortschreiten läßt. Dieses ist aber nicht eben so mit dem verdoppelten Schritte, und noch weniger mit dem Schnellmarsche thunlich, den der Angriff erfordert. Die Phalangen unsers Verfassers sollen, nach seinem Lehrgebäude, gleich den Römern laufend anfallen. Sie sind geschickter dazu, als die Colonnen, aber doch weniger als die verdoppelte Cohorte, welche nur ungefähr einen Drittel mehr Fronte, und um die Hälfte weniger Tiefe hat als jene. Der Gebrauch unserer gewöhnlichen Waffen den ich beybehalte, würde sie ebenfalls noch leichter machen; denn mit einer Flinte ist man allemal hurtiger und schneller auf den Beinen als mit einer Picke. Die Römer, deren Waffen in Absicht der Kürze den unsrigen sehr nahe kamen, hatten ihre Glieder beym Angriffe sechs Fuß weit geöffnet, und konnten sich daher sehr leicht zum laufen anschicken. Eben so gieng die Phalanx mit lautem Geschrey auf den Feind los; allein ihr Lauf war unstreitig weit langsamer als der Lauf der Römer, weil die Soldaten so getrennt waren, daß sie in allem nur zwo Ellen einnahmen, welche nach heutigem Maße in allem nicht mehr als zween französische Schuh neun Zoll ausmachen. Dieses hieß man die gedrungene Stellung, welche beym Angriffe gebräuchlich war. Man kann leicht urtheilen, daß sie zumal mit ihren langen beschwerlichen Picken sehr schnell laufen

Lb. 3. Hauptst. 4.

Cubitos.

---

auch davon reden, wenn ich auf die viereckigten Stellarten komme: Bis dahin muß man ein volles Corps nach dem Lehrgebäude dieses Schriftstellers darunter verstehen.

sen mußten, und daß es weiter nichts als ein schneller Schritt war. (a) Es ist schwer zu glauben, daß eine angreifende Colonne, welche entweder, weil man sie von vorne her abhielt, oder auf ihre Flanken fiel, mit der feindlichen Linie einen harten Stand gehabt hat, nicht

in

―――――――――――――――

(a) Die Erfahrung lehret uns täglich, daß ein Kriegshaufen, der mit vieler Geschwindigkeit marschieret in Unordnung kömmt. Man könnte daher auf den Zweifel gerathen, ob die Römer in der That liefen. Cäsar sagt es ganz ausdrücklich bey Gelegenheit der pharsalischen Schlacht, und setzt hinzu, daß seine Soldaten, als sie sahen, daß die pompejanischen ihnen nicht entgegen kamen, Halt machten um Athem zu schöpfen: Sua sponte cursum represserunt, & ad medium fere spatium constituerunt, ne consumptis viribus appropinquarent: parvoque intermisso temporis spatio, ac rursus renovato cursu, pila miserunt. Hier wird ausdrücklich eines Laufes gedacht, und die Sache scheint unläugbar zu seyn. Veges hingegen sagt; man muß die neugeworbenen Soldaten in fünf Stunden einen Weg von zwanzig Meilen im gewöhnlichen Schritte, und im nämlichen Zeitraum, vier und zwanzig Meilen mit stärkern Schritten machen lassen. Alles was man darüber thun wollte, würde einem Laufe gleichen, und keiner Regel mehr fähig seyn. Der Lauf aber ist an sich selbst eine Uebung, wozu man die jungen Soldaten abrichten muß, damit sie bey Gelegenheit mit desto mehr Ungestümm auf den Feind fallen, und sich mit Geschwindigkeit eines Postens bemächtigen, oder dem Feinde, der sich daselbst festsetzen wollte, zuvoreilen mögen. Es erhellet hieraus, daß es einen dreyfa-

chen

in ihren meisten Abschnitten durchwühlet seyn sollte. Ich bin überzeugt, daß kein einziger seine ganze Rotten und Glieder haben, und daß sie genöthigt seyn werden, sich wieder herzustellen, ehe sie einen zweyten Angriff unternehmen, und auf die andre Linie zulaufen kann. Der Erfinder der Plesidnen würde mir antworten, daß man dieser Unbequemlichkeit dadurch abhelfen kann, wenn man ein anders Plesion hinter das erste stellet. Hierdurch würde er den Vortheil des Gefechtes in kleinen abgesonderten Haufen zugestehen, und wir würden in diesem Stücke einig seyn. Es bleibt uns aber noch der Anstand
des

chen Marsch gab, der gewöhnlichen Schritt, den verdoppelten, und das Laufen. Veges scheint anzudeuten, daß der letztere bey gewissen Gelegenheiten zum Angriffe diente, und daß man mit dem zweyten bessere Ordnung hielt. Doch wir wollen zum Cäsar zurück kehren, der unsre Ungewißheit heben wird. Pompejus, sagt er, glaubte daß unsre Soldaten sich außer Athem laufen, und vor Mattigkeit hinfallen würden. Simul fore ut duplicato cursu milites exanimarentur & lassitudine conficerentur. Hierauf tadelt er ihn, daß er die seinigen auf ihrem Erdreich zurück gehalten, da sich doch im Menschen eine Hitze befinde, welche durch die Bewegung angefacht wird. Folglich deuten die Ausdrücke des Cäsars klärlich an, daß seine Soldaten liefen. Ein sehr geschickter Officier, mit welchem ich mich einmal über diese Materie besprach, glaubte, man müßte blos einen lebhaften und beschleunigten Schritt darunter verstehen. Ich würde selber sehr geneigt seyn, dieses zu glauben, wenn mir nicht aus verschiedenen Stellen das Gegentheil in die Augen leuchtete.

des Kanonenfeuers übrig, welcher in unsern Zeiten, da die Armeen von grobem Geschütze wimmeln, doch auch nicht zu verachten ist. Bey der alten Taktik kam die Artillerie in keine Betrachtung, weil man in den Schlachten sich nur selten der Wurfmaschinen bediente. Die Colonne zeigt von allen Seiten eine sehr dicke Masse, und in welcher Richtung sie den Kanonenschuß empfängt, muß derselbe große Verheerung bey ihr anrichten. Die Cohorte kann nicht so leicht davon beschädigt werden: Man mag sie nun von der Fronte oder von den Seiten betrachten, so halten ihre Rotten nie mehr als acht Mann, weil ihre Abtheilungen blos im Augenblicke des Anlaufes zusammen stoßen, und sie alsdann dem groben Geschütze nicht mehr ausgesetzt ist; überdieses marschirt sie mit so großer Behendigkeit, daß sie gar bald aus der Gefahr kömmt. Das Plesion hingegen gibt auf seiner Flanke eine noch so große Länge blos, und die Querschüsse müssen ihme besonders großen Schaden zufügen. Wie würde es erst der Colonne des Ritters Folard ergehen?.

Dieser Schriftsteller hat sich über die Einwendungen seiner Gegner ungemein ereifert, man kann aber von seinen Antworten eben das sagen, was er von dem Feuer der Bataillonen schreibt, daß es viel Getöse und wenig Nutzen stiftet. Man sieht wohl, daß er seine meisten Schüsse in die Luft thut, und daß er in der Hitze des Zankes keine Stellordnung mehr lobet, als ihre Güte beweiset. Der Gebrauch der Colonnen ist allerdings den gedehnten und seichten Bataillonen vorzuziehen, welche weder Stärke noch Festigkeit besitzen. Nur der Eb

s. seine Abhandl. von der Colonne Th. I.

genäßen und die Unwissenheit haben ihm dieses bestreiten können. Was ich daran auszusetzen finde, liegt in der Art sie zu bilden, und in dem Gemengsel der beiderlen Truppen. Der Verfasser der Diesionen hat das Folardische Lehrgebäude erweitert und näher entwickelt; er hat die Colonne mit einem Corps vertauscht, welches mehr Bewegbarkeit besitzt, und dessen Divisionen deutlich und wohl abgesetzt sind; eigentlich aber laufen beide auf eines hinaus. Der Schüler hat die Grundsätze und Regeln seines Lehrers befolgt, und blos mehr Kunst in sein Werk gebracht; er hat die Erfindung verbessert, und so zu reden die letzte Feile daran gelegt. Die Meynung von der Schwere eines Schlachthaufens, der aus vielen gedrungenen Gliedern besteht, und ein übertriebenes Vorurtheil für die Dicken, sind die Stützen ihrer beiderseitigen Vernunftschlüsse. Ich habe den Irrthum dieser Berechnung und die falschen Folgerungen gezeigt, welche daraus gezogen worden; ich habe bewiesen, daß an den Orten, welche der Dicke am günstigsten scheinen, man ohne den mindesten Vortheil zu verlieren, die Flinte mit dem Bajonet beybehalten, und hingegen bey andern Gelegenheiten durch den Gebrauch dieser letztern vieles gewinnen kann. Ich habe die Leichtbewaffneten sowol zu Fuß als zu Pferde mit ins Spiel gebracht, und hiernächst auch von der Nothwendigkeit der Schutzwaffen geredet. Dieser letztere Punkt wird viele Gegner finden, welche hundert Weidsprüche und bodenlose Gründe anführen werden, daran ich mich nicht kehre. Ich verweise sie auf die Alten, vornehmlich auf die Römer, und auf die zwey vorigen Jahrhunderte: Sie werden darinnen den Gebrauch der Rüstungen finden, welche

Th. 1. Hauptst. 4.

der

der Faulheit und dem Vorurtheil so schwer und unbequem vorkommen; ſie werden daraus lernen, daß die Art zu kriegen überhaupt, und insonderheit die Art ſich zu ſchlagen auf unwandelbaren Geſetzen beruhet, daß es nur eine einzige gute Methode gibt, und daß die Erfindung des Pulvers ſie nicht hätte umſtoßen ſollen. Dieſes ſind die Anfangslehren meiner Taktik, und die Grundſätze worauf ich meine Stellordnung gebauet habe. Wenn ich mich betrüge, oder wenn es ein anderer beſſer trifft, ſo will ich mit Vergnügen der einleuchtenden Wahrheit nachgeben. Die Eigenliebe opfert ihre Meynung gern auf, wenn ſie bloß die Vollkommenheit der Kunſt zum Zwecke hat; einer Kunſt, welche wie die unſrige, für die Dauer der Staaten, und die Erhaltung der Menſchen ſo wichtig iſt. Bis dahin will ich bey meinem Lehrgebäude von den Schutzwaffen bleiben. Ich bin nicht der erſte der darauf verfallen iſt; der Marquis von Santa Cruz, (a) und vielleicht noch viele andere

---

(a) Im 5ten Hauptſtücke von der Anordnung vor der Schlacht, ſagt er: Falls man einen mit Flinten bewaffneten Kriegshaufen vor ſich hat, ſo wäre es zuträglich, wenn man ſein erſtes Glied mit Picken und Harniſchen bewaffnete. Man muß ſehr ſparſam ſeyn, um ſich auf das erſte Glied einzuſchränken; für den Angriff iſt er ſchon freygebiger. Zu dieſem Ende, ſagt er, wünſchte ich, daß die Truppen Sturmhauben und ſchußfreye Harniſche führten; es iſt gewiß, daß man ſonſt den Kern ſeiner Leute verlieret, und nicht ſo haftig angreifen kann, als es geſchehen würde, wenn man mit Schutzwaffen bedeckt wäre:

andere, welche ihre Gedanken nicht aufgezeichnet haben, sind gleicher Meynung gewesen. Ich werde auch bis zu einem bessern Unterrichte in der Ueberredung beharren, daß unter allen möglichen Anordnungen, welche die Stärke mit der Geschwindigkeit verbinden sollen, die meinige die beste, und der Würksamkeit der Kriegshaufen, sowol als der Bewegung des Marsches am gemäßesten sey. Ich behaupte auch, daß sie besser als irgend eine andere mit der Natur unserer Waffen übereinstimmet. (†)

Da die Römer alle bekannten Staaten bezwungen haben, so gibt uns dieses einen Grund zu glauben, daß ihre Vorschriften die besten waren. Weil aber ein gewisser Nationalgeist, eine gewisse Kriegszucht schon ein Volk über das andere erheben kann, so muß man die Begebenheiten wohl erwägen und berechnen. Durch dieses Mittel glaube ich alle die Vortheile, welche die Römer vor den Griechen hatten, begreiflich zu machen. Der Ritter Folard, der für den Druck der Glieder eingenommen war, ist in der Ueberzeugung gestanden, daß seine

___

waare: Dieses machte die Anfälle der Alten so ungestümm. Hoffentlich wird man nicht glauben, daß er die volle Rüstung wieder einzuführen gedenke. Ich habe schon gesagt, daß diese Ausschweifung eben so tadelnswürdig ist; als wenn man sich gar nicht verwahret.

(†) Dieses werden die Vertheidiger der seichten Stellart nimmermehr zugeben, und einwenden, daß die neuen Cohorten wenigstens vom fünften Gliede an, weder feuern noch des Bajonet gebrauchen können. Allein dieser Einwurf ist in der Hauptsache dem Verfasser nicht nachtheilig.

seine Colonne bey ihrem Angriffe einem dichten Körper gleiche, dessen gesammte Theile fest und stetig bleiben. Man findet unstreitig schon auf einem ebenen Erdreich einen großen Unterschied zwischen der Theorie und der Ausübung; wie viel größer wird derselbe auf einem ungleichen Boden heraus kommen? Der laufende Angriff welchen die Plesionen machen sollen, läßt sich ohne Oeffnung der Glieder nicht bewerkstelligen; alsdann aber ist der Druck nicht mehr vorhanden, welchen man zum Anprellen für so nöthig hält.

Wenn ein Kriegshaufen in einem Schnellschritte marschieren soll, so muß von einem Gliede zum andern ein Zwischenraum von wenigstens zween Schuhen seyn. Sonst kann der Soldat unmöglich den Fuß hinter seinem Vordermann einsetzen; zumal wenn nur die geringste Ungleichheit im Erdreiche vorhanden ist. Das Plesion welches zwey und dreyßig Glieder hat, wird also ein und dreyßig Zwischenräume bekommen, welche zusammen zwey und sechzig Schuh ausmachen; folglich wird das Plesion um so weit geöffnet, und das letzte Glied genöthigt seyn, wenn die Spitze Halt macht, diesen ganzen Raum zu durchlaufen. Nun wollen wir sehen, was bey dem Laufen heraus kömmt. Ich habe es mit sehr wohl geübten Soldaten versucht, ein Plesion in Lauf zu bringen, und habe anders nicht dazu gelangen können, als wenn ich jedem Gliede einen Zwischenraum von drey Schuhen gab; auch dann konnte der Lauf nicht sehr schnell seyn, sondern blos eine Art von Trab heißen. In diesem Zustande war das Plesion drey und neunzig Schuh weit geöffnet, welche das letzte

letzte Glied durchlaufen mußte, wenn es wieder anschließen wollte. Wäre ihm ein nur acht Mann hoch gestellter Haufen im gemeinen Schritte und geschloßnen Gliedern entgegen gekommen, so ist unleugbar, daß er mit dem ersten Anlaufe die Spitze umgekehrt hätte: Diese auf die folgenden Glieder zurück fallende Spitze würde sie verwirret, und das ganze Plesion in Unordnung gebracht haben; denn die Soldaten welche nach und nach auf einander zurück fallen, müssen ihre Glieder und Rotten verlieren, und endlich zu einer uniformlichen Masse werden. Noch ärger würde es seyn, wenn beym Angriffe der Spitze, auch nur eine Handvoll Leute ihm zu der Zeit auf die Flanken fielen, da die Glieder noch offen sind. Es ist also blos in den Gedanken möglich, eine Kriegsschaar auf solche Art anrennen zu lassen; noch weniger darf man sich einbilden, sie werde nach Durchbrechung der einen Linie, noch im Stande seyn, gegen eine andere anzulaufen. Die Erfahrung beweiset auch, daß dieses ein bloses Hirngespinnst ist: Die Griechen marschierten wie schon oben gesagt worden, blos in einem schnellen Schritte, weil das Laufen sich weder für die gepreßte Stellordnung, noch für die Beschaffenheit ihrer Waffen schickte. (a) Wenn die Römer sich in vollen

---

(a) Da die Griechen mit gesenkten Picken zum Angriffe marschierten, so hielten sie den Schild hoch, und schritten mit dem linken Fuße vor; der Mann war also auf seiner Rechten sehr scharf eingezogen. Dieses machte, daß sie sich merklich auf jene Seite lenkten, und es geschah oft, daß wenn sie auf der rechten über den Feind hinausragten,
sie

ien Lauf ſetzten, ſo geſchah es, weil ihre Grundſätze den Regeln der Griechen ſchnurſtracks widerſprachen. Die Rotten und Glieder waren ſo weit geöffnet, daß der Soldat bequem laufen konnte, und da ſie mit zehn Mann hoch ſtunden, ſo waren die Glieder bald geſchloſſen, wenn man den Feind erreichte. Ueberdieſes ſetzten ſie ihr Vertrauen keinesweges in eine gepreßte Stellung; der Soldat mußte allzeit Freyheit haben, ſich zu bewegen, und ſeine Waffen zu gebrauchen. Wenn man laufend angreifen wollte, ſo würde meine Cohorte weit beſſer dazu taugen als das Pleſion, weil ſie nur ſechzehn Mann hoch ſteht, folglich um die Hälfte kürzer iſt, und ihre Verlängerung noch durch den Abſtand von ſechs Schritten, welche ich zwiſchen den Abtheilungen laſſe, vermindert wird: Da jede derſelben nur acht Glieder hat, ſo werden auch nur ſieben Zwiſchenräume auszuſchreiten ſeyn. Mich dünkt aber, daß dieſe Art, in vollem Sprunge zu laufen, ſich für uns nicht ſchicke. Wir müſſen uns mit einem verdoppelten Schritte begnügen, der je mehr man ſich dem Feinde nahet, immer lebhafter und ſchneller wird. Die Cohorte welche nur acht

Mann

ſie hingegen auf der linken überflügelt wurden; daher warfen ſie auch beſondere Schaaren von Bundsgenoſſen, oder leichten Truppen auf ſelbige Seite. Dieſem Mangel abzuhelfen, hatten die Lacedämonier einen gewiſſen Kriegshaufen, den ſie die Schaar der Sqviriten nannten, und vornehmlich hiezu gebrauchten. Dieſes iſt auch eine von den Urſachen, welche ſie bewog, gemeiniglich mit dem rechten Flügel anzugreifen, wenn ſie es in ſchiefer Richtung thun wollten.

Mann in der Tiefe hat, kann diesen Schritt leicht mit geschlossenen Gliedern marschieren, und wenn sie verdoppelt wird, besitzt sie vermittelst der zwischen den beiden Divisionen befindlichen Abstände, noch eben die Leichtigkeit. Ich zweifle nicht, daß die Griechen, wenn sie ihre Phalanx verdoppelten und verdreyfachten, zwischen den Abschnitten einen gewissen Raum ließen, der aber freylich nicht erheblich war, und das Ganze nicht hinderte einen stetigen Körper vorzustellen.

Theoretisch-

Theoretisch-praktische Einleitung in die Taktik.

Vierter Theil.

Erstes Hauptstück.

Gebrauch der verdoppelten Cohorte bey verschiedenen Kriegsverrichtungen.

In einem Zeitalter, da der Verstand aufgeklärt, die Erkenntniß erweitert ist, da man die Augen überall auf die häufigen Misbräuche herum wirft, hat auch die Wissenschaft des Kriegers ihre Beobachter gefunden. Ich rede nicht von den Feldherren, wie Montecuculi und der Marschall von Sachsen, welche in dem Laufe ihres rühmlichen Lebens viel zu beschäftigt waren, als daß sie alle ihre Wahrnehmungen hätten auszeichnen können, wovon uns nur die vornehmsten erst nach ihrem Tode zu Theil geworden; ich rede hier von bloßen Privatmännern, die von Fleiß und Forschbegierde getrieben, ihre Aufmerksamkeit auf die Regeln der Kunst geworfen, und Zeit gehabt haben, ihre Untersuchungen zu Papier zu bringen. Ich kenne verschiedene, welche über diese wichtigen Gegenstände sehr richtig gedacht haben. Wenn ihre Lehrsätze gleich nicht den höchsten Grad der möglichen Vollkommenheit berühren, so wären sie doch fähig ihn zu erreichen, und der Grundstoff derselben ist allemal ein Beweis ihrer Scharfsinnigkeit. Die Regeln welche ich hier vortrage, sind vielleicht dem Tadel nicht minder unterworfen, und ich werde mich gar nicht darüber wundern: Bisher ist noch niemand so glücklich gewesen, alle Stimmen zu vereinigen. Ein Buch hat das Recht nicht sich die Gemüther zu unterwerfen, wenn es aber etwas brauchbares enthält, so kann jeder Leser dasjenige benützen, was für ihn tauget. Wird es von einem Minister, von einem General gebilligt, so können sie ihren Credit zu dessen Einführung anwenden.

Ich habe, wie mich dünkt, alle Ungemächlichkeiten des Colonnensystems berechnet, ob ich gleich wiederhohle; daß ich es den drey bis vier Mann hoch gestellten Bataillonen vorziehen würde. Zwischen diese beiden entgegen gesetzten Meynungen bin ich mitten eingetreten, und das Corps, welches ich bey Beschreibung verschiedener Kriegsoperationen gebrauche, kann beiden

Theilen

Theilen gleichmäßig dienen. Es läßt sich nach Belieben in eine Colonne, und in ein Bataillon umbilden. Statt es zu verdoppeln, und in zwo Divisionen zu theilen, kann man es in seiner natürlichen Höhe von acht Gliedern lassen; wenn auch das zu hoch scheint, der setze es auf sechs, ich bin es zufrieden. Man wird immer eine gleiche Biegsamkeit für alle mögliche Formen darinn finden.

Erster Abschnitt.
Von dem Zuge über die Flüsse, und durch enge Pässe.

Die Cohorte läßt sich überall mit gleichem Nutzen wie im flachen Felde, und mit eben dem Vorzuge vor den Bataillonen gebrauchen. Soll sie durch einen engen Paß ziehen, so verdoppeln sich ihre Abtheilungen: Alsdann wird die Cohorte zwey Manipuln oder Compagnien in der Fronte, und vier in der Tiefe haben, und mehr nicht als eine Spitze von zwanzig Mann darstellen. In diesem Zustande hat sie die Form eines Plesions. Hält man diese Ordnung für besser, so kann sie beym Ausgange den Feind in derselben angreifen. Die zwote Cohorte welche hervorbricht, muß neben die erste treten, aber doch einen Raum von fünf und zwanzig bis dreyßig Schritten zwischen ihr lassen; eine dritte und vierte stellet sich ebenfalls in gleiche Fronte. Die übrigen folgen nach, und bilden auf der rechten und linken zwo Perpendicularlinien, welche, so wie die Spitze vormarschiert, sich verlängern werden.

Will man sich hernach ausdehnen und eine Linie formieren, so dürfen die Cohorten sich nur rechts und links schwenken, um Fronte zu machen, und sich den vordersten gleich zu richten. Man sieht leicht, daß diese Art auszurücken und sich jenseits einer Brücke, oder eines engen Weges zu formieren, die Flanken vor aller Gefahr schützet. Die erste Cohorte welche den Paß zurück geleget hat, macht hundert Schritte von da Halt, die zwote stellt sich ihr zur Rechten, die dritte zur Linken, und so machen es nach und nach alle andern, je nachdem sie herüber kommen. Vermöge der Richtung ihres Marsches, ist auf der Flanke immer eine Cohorte, welche durch eine andere ersetzt wird. Diese Bewegungen lassen sich so schnell bewerkstelligen, daß zwey und dreyßig Cohorten innerhalb neun Minuten sich durch den Paß ziehen, und in Schlachtordnung stehen können: Die Infanterie muß vormarschieren, um der Reuterey Platz zu machen welche nachkömmt. Vermittelst dieser Anordnung kann eine Armee von zwey und dreyßig Cohorten, mit einer verhältnißmäßigen Cavallerie fast im Angesichte des Feindes über eine einzige Brücke ziehen, wenn er nämlich nur eine halbe Stunde von ihr entfernt ist; denn sie wird aufgestellt und im Stande seyn auf ihn loszugehen, ehe er sich dagegen setzen kann. Eben dieses geht auch bey Durchwatung eines Flusses an, doch mit dem Unterschiede, daß etwas mehr Zeit dazu erfordert wird, weil man im Wasser nicht so geschwind als auf einer Brücke fortkömmt. Ich setze allemal voraus, daß die Leichtbewaffneten sowol als die Granadiers, mit einigen Feldstücken sich zuerst hinüber gemacht, und die vortheilhaftesten Posten eingenommen haben. Wenn

Wenn der Feind nahe genug an dem Flusse steht, um sich dem Uebergang mit einem beträchtlichen Corps zu widersetzen, so ist die Sache folgendergestalt anzugreifen: Man wählet die vortheilhafteste Gegend des Erdreichs, und siehet darauf, daß es wo möglich etwas erhabener sey, als auf der Seite des Feindes. Kann man einen eingehenden Winkel finden, so besetzt man ihn, und pflanzt hieselbst einige Kanonen auf, um den Brückenbau zu bedecken. Man muß auch zur Rechten und Linken Batterien aufwerfen, um den Feind durch ein überlegenes Feuer vom Ufer abzuhalten; die Nachtzeit ist zu einer solchen Verrichtung am bequemsten. Sobald die Brücke fertig ist, können die bereits verdoppelten Cohorten den Marsch antreten, und in Flügelabschnitten hinüber gehen. Die vordersten müssen eine gerade Linie (1) auf der Seite der Krümmung machen. Kupf. 6. Wenn diese erste Stellung durch ein unaufhörliches Kreuzfeuer der Kanonen unterstützt wird, so können sie nicht mehr vertrieben werden. Da die Fußvölker mit vieler Geschwindigkeit auf einander folgen, so müssen die ersten Cohorten hundert Schritte voraus marschieren, damit die nachkommenden sich in gleicher Fronte richten können. In dieser zwoten Stellung (2) wird die Linie auf beiden Seiten zurück gebogen, an den Fluß gelehnet, und überdas noch durch das Feuer des jenseitigen Ufers beschützet. Wenn die in der Krümmung gepflanzten Kanonen nichts mehr nützen, so muß man sie weiter vorführen. Ist endlich die ganze Infanterie hinüber, so nimmt sie eine dritte Stellung (3), die der obigen gleichet. Wenn zur Rechten und Linken der Brücke Furthen wären, so könnten die beiden Cavalerieflügel zu gleicher Zeit hinüber setzen.

Ich habe auf dem Kupfer zweyerley Anordnungen abgebildet: Die zur rechten ist eine Art von Infanteriekappen (4) (†), mit einer leeren Colonne an ihrer Spitze, und verschiedenen Granadiercompagnien am Rande des Flusses; alles mit spanischen Reutern bedeckt, die sie mit sich tragen müssen. Die Reutercolorne setzt ohne Gefahr hinüber, stellt sich in Schlachtordnung, und so wie sie sich ausdehnet, rückt auch die Kappe fort, um allezeit nahe genug zu seyn, ihre Flanke zu decken. Die Kanonen thun ein gleiches, um die Kappe zu beschützen. Bey der Anordnung auf der linken Seite wird der Uebergang der Reuterey durch den Ringwall des Fußvolkes bedeckt. Sie muß nach der Linken vorrücken, und je nachdem sie sich ausdehnet, müssen die Cohorten (5) dieser Seite sich entfernen, um ihre Flanke zu sichern. Fünf bis sechs Cohorten müssen im Mittelpunkte des Ringwalles bleiben, um zum Rückhalt zu dienen.

Es ist zu merken, daß alle diese Stellungen eine bewegliche Befestigung bilden, deren verschiedene Theile sich bey zunehmender Entwicklung wechselsweis flanquieren und unterstützen. Wenn man den Plan mit Aufmerksamkeit betrachtet, so wird man leicht alle Bewegungen errathen, welche aus den ersten Stellungen folgen müssen. Diese Anordnung kann mit einigen wenigen Veränderungen auch bey dem Zuge durch enge Pässe dienen. Ihre Stärke ist unleugbar, und man kann sich dadurch die Zeit und Mühe ersparen, eine Brücken-

---

(†) Flèches oder Kappen sind in der Kriegsbaukunst pfeilförmige Werke, welche am Ende des Glacis vor die ausgehenden Winkel desselben gelegt werden.

Brückenschanze aufzuwerfen. Die Cohorten fürchten die Cavallerie nicht, und keine seichten Bataillonen werden es wagen dürfen, auf sie einzustürmen. Je nachdem ich vormarschiere, und meine Schlachtordnung sich ausdehnt, werden sie zurück weichen müssen. Mein Feuer wird dem ihrigen immer gleich seyn, weil sie mir schwerlich mehr als eine gleiche Fronte entgegen stellen können, und ich noch über dem das Feuer der Leichtbewaffneten auf meiner Seite habe. Eine solche Unternehmung, welche mit Bataillonen verwegen, wo nicht platterdings unmöglich wäre, ist mit Cohorten, die nach meiner Art bewaffnet, gestellt und abgerichtet sind, weiter nichts als ein Spiel.

Laßt uns nun die Vortheile dieses Lehrgebäudes, noch bey einer andern Art, über einen Fluß zu setzen, erweislich machen. Wenn die Feinde in einer so weiten Entfernung vom Ufer verschanzet sind, daß ihr Feuer das Anlanden nicht hindert, so kann man in Schiffen oder auf Flössen hinüber fahren, wofern zur Uebersetzung einer hinlänglichen Anzahl Truppen genug vorhanden sind, um sich bis zur Ankunft einer zweyten Ladung halten zu können. Ich will setzen, man habe zehn Flöße, wovon jeder eine Cohorte mit ihren Leichtbewaffneten, zwey Feldstücke, hundert und funfzig Arbeiter mit ihren Werkzeugen tragen kann, welche letztern ihre Flinten auf den Rücken hängen müssen. Alle diese Mannschaft wird zu gleicher Zeit, nämlich die Leichtbewaffneten und Granadiers zuerst, hierauf die Cohorten, und zwar in Schlachtordnung, die Arbeiter aber zuletzt ausgeschifft. Die Kürassiers und Dragoner setzen schwimmend hinüber: Jedem Reuter gibt man zwo mit Stroh ausgestopfte Häute, oder zween aufgeblasene Schläuche, die an dem Sattelbaume fest gemacht werden. Wenn auch gleich die Feinde dieser ersten Landung überlegen wären, so würden sie dennoch das Herz nicht haben anzugreifen, weil sie anders nicht als in schmalen Zügen ausrücken könnten, und Zeit haben müßten sich aufzustellen. Sollten sie sich dem ungeachtet hierzu entschließen, so würden sie eben dadurch das Feuer der Brustwehr aufsangen, welches dem angreifenden Theile nicht mehr schaden könnte. Dieser würde ihnen keine Zeit lassen, in allzu großer Menge hervorzubrechen; er würde sie sogleich anfallen, sie auf ihre Verschanzungen zurück werfen, mit gefälltem Bajonet verfolgen, und wohl gar mit ihnen hinein dringen können. Als Karl XII im

1701. Angesichte der jenseits verschanzten Sachsen über die Düna gieng, ließ er ein starkes Corps Infanterie auf seinen Fähren oder Flößen hinüber setzen. (a) Die Sachsen waren mit fünf Regimentern und siebenzehn Schwadronen vorgerückt, um ihn anzugreifen; allein die muthige Standhaftigkeit der Schweden, welche mit spanischen Reutern bedeckt waren, machte sie stutzig; sie wagten

---

(a) Diese Flöße bestunden aus verschiedenen Lagen von Balken, welche kreuzweis übereinander gelegt, und fest zusammen gehauet waren. Sie hatten ein Bord, welches hoch genug war, um die Truppen zu decken, und wovon man einen Theil niederlassen konnte, um beym Ausschiffen zur Brücke zu dienen. Sie trugen fünf hundert
1718. Mann und zwey Stücke. Diejenigen welche ihm zur Ueberfahrt des Suindsfundersees in Norwegen dienten, waren
Karl XII. die vollkommensten.
Adlerfelds
Gesch.

wagten es nicht es mit ihnen aufzunehmen, und wichen zurück. Der Rest der schwedischen Armee setzte hinüber, gieng auf sie los, und nöthigte sie ihren Standort zu verlassen. (a)

Die Ueberraschung der Flüsse * beruhet auf ziemlich bekannten Kriegsränken, und auf der Geschicklichkeit, womit ein General seine Bewegungen macht, um den Feind zu hintergehen, seine Aufmerksamkeit zu theilen, und ihn von dem gewählten Landungsplatze zu entfernen. Nichts ist schwerer zu vertheidigen, als das Ufer eines Flusses in einer etwas beträchtlichen Strecke. Man hat hierüber allgemeine Regeln, denen die Vorsicht und Erfahrenheit dessen der dazu bestellt ist, nach Maßgabe der Oerter und Umstände noch mehrere beyfügen kann. Dem ungeachtet pflegt der Feind am Ende gemeiniglich eine entblößte Gegend zu überrumpeln, weil es ihm leicht ist, alle seine Bewegungen zu verbergen, und dem schwachen Theile seine Stärke entgegen zu setzen, ehe jener Hülfe erhalten kann. Ganz anders aber verhält es sich mit einem offenbaren Anfalle, wo der Angriffspunkt ausgemacht, und der Feind zur Gegenwehr bereit ist. Es scheint, daß dieses unter allen Unternehmungen die größte, die gefährlichste, und wegen der unendlichen Vortheile des Vertheidigers am leichtesten

* Paſſage par ſurpriſe.

(a) Um einen solchen Uebergang zu wagen, muß man sich auf seine Truppen und auf seine Anstalten verlassen können; denn wenn man geschlagen wird, so ist alles verlohren. Es ist merkwürdig, daß die Sachsen das Jahr zuvor eben diese Ueberfahrt, welche die Schweden in gleicher Stellung vertheidigten, glücklich forcirt hatten.

zu hintertreiben sey; allein wie viele sind nicht schon glücklich abgelaufen? Des berühmten Ueberganges über den Granicus, und einiger andern aus dem Alterthume nicht zu gedenken, so können wir genug Beyspiele aus den neuern Zeiten aufführen. Gustav Adolph gieng im Angesichte der Bayern über den Lech, welche einen halben Kanonenschuß vom jenseitigen Ufer verschanzt waren. Der König in Schweden bediente sich einer Krümmung, auf deren Fronte er seine Artillerie pflanzte, wodurch er den Bau der Brücke und ihrer Vorschanze begünstigte. Er bedeckte diese Arbeit eine Zeitlang durch einen unaufhörlichen Donner der Kanonen, und durch eine Menge nasses Stroh, welches er anzünden ließ. Der Feind bemerkte es nicht eher, als bis die Verschanzung fertig war. Der König befand sich bereits mit verschiedenen Infanterieregimentern über der Brücke, und seine Reuterey setzte zur Rechten durch eine Furth. Tilli rannte herbey und griff den jenseits befindlichen Theil mit vielem Ungestümm an; weil aber die schwedische Infanterie mit jedem Augenblick anwuchs, und die Cavallerie sich aufgestellt hatte; die Bayern auch überdas durch den Rückzug ihres verwundeten Generals abgeschreckt wurden, so wichen sie zurück, und warfen sich in großer Unordnung hinter ihre Verschanzungen, und in einen Wald der ihnen im Rücken lag.

1632.

Karl XII überwältigte die russische Armee, welche hinter dem Flusse Holowiz postiert war. Ihre mit Artillerie besetzten Verschanzungen waren von dem Ufer blos durch ein sumpfichtes Erdreich getrennet, welches sich

1708.

sich längs demselben hinzog. Karl veranstaltet drey Angriffe; er stellt sich an die Spitze des mittlern, setzt über den Fluß, und gewinnt ein zwischen beiden feindlichen Flügeln gelegenes Erdreich, welches wegen des Morastes, den man an diesem Orte für unzugänglich hielt, und eines daran stoßenden Waldes keine Verschanzungen hatte. Diese Lage machte er sich als ein großer Feldherr zu Nutze, um die beiden Flügel abzuschneiden. Die Russen wurden genöthigt ihre Linien zu verlassen, und sich zurück zu ziehen: Hierdurch bekamen die Schweden einen freyen Weg, und schlugen sie aufs Haupt. Diese Unternehmung ist eine der kühnsten, so man jemals gesehen hat; alle Thaten dieses Prinzen tragen ein gleiches Gepräge. Er hatte nicht nur den Ehrgeitz des Alexanders, den er sich zum Muster gewählet, sondern auch eben den Muth, eben die Schnelligkeit in Ausführung seiner Entwürfe. Als ein Meister in der Kunst des Krieges, der ein richtiges Augenmerk und vortrefliche Truppen besaß, die ihm mit Leib und Leben zugethan waren, hätte er die ganze Rolle seines Helden spielen können, wenn sein Plan den Czaar zu entthronen mit mehr Klugheit wäre ausgeführet worden.

Im Jahr 1745 war die vereinigte östreichische und sardinische Armee auf dem linken Ufer des Tanaro postiert; ihr rechter Flügel wurde durch die Bormida bedeckt, die sich in diesen Fluß ergießt; der linke lehnte sich an das Dorf Bosignana, welches am Zusammenflusse des Tanaro und des Po liegt. Sie hat auch noch zween verschanzte Posten gegen dem Ausflusse der Bormida

mida, und auf der Seite des Po inne. Die französischen und spanischen Feldherren, welche in die sardinischen Staaten vordringen wollten, versuchten an dem Obern-Tanaro eine Diversion, welche fehlschlug. Sie machten bey Pavia eine andere, welche gut von statten gieng. Der östreichische General, der einen Einfall ins mayländische besorgte, trennte sich sofort vom Könige von Sardinien, und gieng über den Po, um dieses Land zu decken: Da nunmehr dieser Prinz allein war, glaubte er sich nicht im Stande, die auf dem rechten Ufer des Tanaro liegenden Posten zu erhalten; er zog sie zurück, beschloß aber dem ungeachtet den Uebergang dieses Flusses zu vertheidigen, den man fast überall durchwaten kann. Das Heer der beiden Kronen näherte sich eine Stunde vor Tag in sieben Colonnen. Die drey Corps auf der Linken waren zu lauter falschen Angriffen bestimmt; die zur Rechten setzten über den Fluß, erstiegen das feindliche Lager, und bemächtigten sich in einem Dorfe einer Batterie von fünf Kanonen. Die vier Corps welche durch den Fluß giengen, traten in fest gedrungenen Colonnen von fünf und dreyßig bis vierzig Mann in der Fronte, das ist, in geviertheilten Bataillonsgliedern hinein. Es erhellet hieraus, daß die verdoppelte Cohorte gerade die Stellordnung ist, welche man zu dergleichen Unternehmungen brauchen muß, und daß man bey aller Anhänglichkeit für die Bataillonen, dennoch oft genöthigt ist, sich nach mehrerem Lehrgebäude zu richten. Wie viel vortheilhafter ist es, eine festgesetzte und auf alle Fälle passende Stellart zu haben, als eine augenblickliche zu wählen, die nicht anders als unförmlich seyn kann, und deren Bewegungen

wegungen weder so richtig, noch so leicht sind, als diejenigen, welche auf einer nach diesen Grundsätzen eingerichteten Anordnung beruhen.

Vielleicht möchte jemand fragen, durch was für ein Verhängniß derjenige welcher den Uebergang eines Flusses vertheidigt, und dem Ansehen nach so viel Vortheil für sich hat, doch fast allemal überwältigt wird? Schon die häufigen Beyspiele so wir von dergleichen Vorfällen haben, sind ein Beweis, daß diese Vortheile mehr in dem Schein, als in der Würklichkeit bestehen. Doch der Marschall von Sachsen hat diese Aufgabe bey Gelegenheit der Verschanzungen völlig aufgelöst. Der Fall von dem wir reden, ist von gleicher Art: Wenn den Menschen unerwartete Dinge zustoßen, so wird ihnen der Kopf schwindlicht. Ein Fluß, eine Verschanzung, sind, den gemeinen Begriffen nach, unüberwindliche Hindernisse. Wenn nun der Feind sich dem ungeachtet an dieselben waget, so gerathen wir über seine Kühnheit in Erstaunen, und lassen den Muth sinken. Hat er einmal den Fuß auf dem Ufer, und wir sehen ihn, wie er sich auf dem Ufer ordnet, mit einem trotzigen Anstande seinen Platz behauptet, und nach und nach an Menge zunimmt, so kommen wir vollends aus unserer Fassung, und denken weiter auf nichts, als auf den Rückzug. Eben dieser Wahn, der auf der einen Seite Schrecken verbreitet, entflammet und erhebet den Muth auf der andern. Die Kühnheit des Angreifenden steiget, so wie er die ersten Hindernisse besieget, und die Schwierigkeiten abnehmen sieht. Dieses muß vornehmlich bey den Cohorten geschehen,

welche

welche in einem Augenblicke aufgestellt sind, sich schnell bewegen, und durch ihre Anordnung alle mögliche Stärke erhalten; der Vortheile des Erdreichs nicht zu gedenken, deren sie allenfalls entbehren können.

Die Verschanzungen welche so weit vom Ufer liegen, daß ihr Feuer den Feind nicht hindern kann sich aufzustellen, sind zur Vertheidigung des Ueberganges gänzlich unbrauchbar. Daher waren die holländischen auf der Insel Belau, als die Franzosen über den Rhein giengen, und die sächsischen hinter der Dwina ganz und gar unnütze. (a) Ist die Verschanzung wohl gelegen, so wird die Unternehmung zu schwer seyn, und der Feind nichts dagegen wagen, sondern sich einen andern Ort aussuchen. Wenn also die Verschanzungen einen Fluß vertheidigen sollen, so muß man voraussetzen, daß der Feind nur diesen einzigen Angriffspunkt habe, welches sehr schwer, wo nicht unmöglich ist. Hat aber ein General sich an mehrern Orten, die ihm am schwächsten vorkommen, verschanzet, so erhält er darum keine größere Sicherheit, weil die Feinde welchen es frey stehet, so lang sie wollen, zu lauschen, Seitenbewegungen zu machen, und sich ohne die mindeste Gefahr zu theilen, Mittel und Wege finden werden, in einer Gegend hinüber zu wischen, die er unter die schwersten gezählet hat, und wenn er alsdann eine von den

1672.

─────────────────

(a) Der einzige Vortheil eines solchen Lagers bestehet darinnen, daß es eine Weile den Feind aufhält, welcher sich doch nicht an dasselbe wagen darf, ohne es ausgespähet zu haben. Hierdurch bekommt man Zeit sich zurück zu ziehen, wenn man sich zu schwach glaubet.

den Verschanzungen entblößet, um sich dorthin zu ziehen, so werden sie eben da, ihren anfangs blinden Angriff zu einem wahren machen.

Das beste Mittel einen Fluß in einer gewissen Strecke zu bewachen, ist, wenn man in gemessenen Entfernungen Truppen ausstellet, welche einander die Hand bieten, und sich an dem Orte, wo der Feind hinüber will, auf die erste Nachricht vereinigen können. Das Hauptcorps muß im Mittelpunkte, oder demjenigen Orte nahe stehen, welcher die größte Gefahr lauft; es muß die andern verstärken, und sich ihnen nach Maßgabe der feindlichen Bewegungen nähern. Ohne die gewöhnlichen Vorsichtsanstalten zu vergessen, welche in Verderbung der Furthen, in Wegnehmung und Verbrennung aller längs an dem Flusse befindlichen Schiffe bestehen, muß man die wegsamsten, und zu einem Uebergange bequemsten Oerter beobachten; diejenigen zum Beyspiel, wo der Fluß auf Seiten des Feindes eine Krümmung macht, wo ein anderer mit ihm zusammen fließt, aus welchen er mit seinen Schiffen und Flössen ausfahren kann, wo sich Inseln befinden, welche besetzt werden müssen. Statt der Verschanzungen wirft man gute Redouten (a) auf, und bepflanzt sie mit Kanonen: Man bauet Schulterwehren für die Reuterey und selbst für das Fußvolk, wann das Erdreich keine andere Beschirmung an die Hand gibt. Die Schulterwehren der Reuterey müssen zwey Klafter über eine Schwadronsfroute, und die für die Infanterie eben so viel über eine

der-

(a) Die Redouten in Form eines halben Zirkels sind hieben sehr dienlich, und kosten am wenigsten Arbeit.

verdoppelte Cohorte betragen, welche nur achtzig Fuß einnimmt. Zwischen jeder Schulterwehr läßt man einen Raum von gleicher Größe zum Ausgange. Man sieht leicht, daß hier zwey Drittel Arbeit weniger erfodert werden, als für gewöhnliche Bataillonen, welche eine zwey bis dreymal größere Gliederlänge haben, als die Cohorten. (a) Sobald der Feind den Fuß ans Ufer gesetzet hat, müssen sie schnell auf ihn losgehen. Sind

. sie

(a) Der Ritter Folard schlägt zur Vertheidigung eines Flusses eine zusammenhängende mondsförmige Schulterwehr vor, deren Enden den Fluß auf zwanzig Klafter berühren. Diese Schulterwehr soll wie die Laufgräben gebauet, und die gegen den Feind geworfene Erde langsam abgedacht seyn, damit die Truppen in Schlachtordnung hinaus rücken können. Ich will nichts von der Schwierigkeit und sauren Arbeit sagen, welche der Ritter Clairac bey einer solchen Schulterwehr, zumal für die Reuterey, gefunden hat, sondern nur anmerken, daß diese krumme Linie bynahe in ihrer ganzen Länge, durch das Feuer des jenseitigen Ufers bestrichen wird. Die Zwerchwälle und Hacken, womit man sie versehen könnte, würden sie nicht decken, wenn das Erdreich auf Seiten des Feindes nur um einige Klafter höher liegt, und wenn es auch in gleicher Fläche wäre, so würde man allemal den Prellschüssen ausgesetzt seyn. Obwol das Feuer der geraden Linie sich nicht so, wie das Feuer der krummen vereinigt, so scheinet sie mir hier dennoch den Vorzug zu verdienen, weil die Hauptabsicht diese ist, die Truppen bis zum Augenblicke da sie angreifen sollen, in Sicherheit zu setzen. Uebergens hängt die Wahl der Stellung, sowol als der Standort der Redouten, vom Erdreich und dem Laufe des Flusses

. ab.

Ingénieur de Campagne, pag. 181.

sie mit den gelandeten Truppen fertig, so kehren sie hinter ihre Schulterwehr zurück, aus welcher sie wieder hervorbrechen, wenn er sich von neuem zeiget. Die Cohorten können diese Bewegungen mit einer Geschwindigkeit machen, deren die Bataillonen nicht fähig sind. Wenn sie auch in Verschanzungen eingeschlossen wären, die ich doch verwerfe, so brauchen sie nur fünf bis sechs Ausgänge auf der Fronte zu haben, um in einem Augenblicke weit stärker auszurücken, als der Feind auf dem Ufer seyn kann. Die Cohorten würden in eben der Ordnung zum Angriffe gehen, wie sie heraus kommen, und sich zur ausmarschieren in eine Linie richten. Wenn sich nur irgend ein glänzender Austritt für die Phalanxen gedenken läßt, so ist es unstreitig dieser, und überhaupt jede Gelegenheit, wo man aus einer Verschanzung hervor gehen, und in einer Belagerung einen Ausfall thun will, oder sich sonsten genöthigt sieht, in einer schmalen Fronte loszubrechen. In allen diesen Fällen würden meine Cohorten sich nicht minder hervorthun, weil sie entweder die Colonnenform behalten, oder in einem Augenblicke ihre natürliche Gestalt wieder annehmen könnten.

Wenn man im Angesicht eines feindlichen Heeres über einen Fluß zurück gehen muß, so können die Cohorten und Redouten zu einer so mißlichen Verrichtung

---

ab. Ein beträchtlicher Vortheil der Redouten ist dieser, daß sie vor den Seitschüssen verwahrt werden können, und daß, sie mögen gebogen oder geradlinigt seyn, die Truppen darinnen immer gleich sicher stehen, welches man von einer Verschanzung nicht sagen kann.

am besten dienen. Kommen die Cohorten ins Gedränge, so setzt ihre Stellart sie in den Stand einen Angriff zu thun, und sich hierauf geschwinde zurück zu ziehen. Sie können dieses Manövre mehrmals unter Fortsetzung ihres Marsches wiederhohlen, welches die Bataillonen wegen ihrer großen Frontenlänge schwerlich ungebrochen und ohne sich zu verwickeln, bewerkstelligen werden. Man rede mir hier nichts von Verschanzungen; bey dieser Gelegenheit braucht man sie am wenigsten, ausgenommen einen Ringwall an der Spitze der Brücke. (a) Der Rückzug über den Rhein dem ich beygewohnet, und der unter dem Commando des Prinzen von Conti bewerkstelliget worden, kann für solche Fälle zum Muster dienen. Auf den Befehl den der Prinz erhielt, über diesen Fluß zurück zu gehen, näherte er sich seinen beiden Brücken, welche ungefähr eine Stunde unterhalb Worms an einem Orte geschlagen waren, wo der Rhein einen Bogen macht. Er lagerte sich zu Rorheim zwischen dem Bache Hoffeim, den er zur rechten hatte, und dem kleinen Flusse Weischnitz, der seine Linke deckte. Ein Theil bog sich längs diesem letztern bis an das Dorf Watenheim. Auf der ganzen Fronte, zwischen dem Bache und dem Flusse, machte man abgesonderte Sägenwerke, welche sich wechselseitig beschützen; es wurden auch welche bey dem Dorfe Bollstadt angelegt, welches ungefähr eine Viertelstunde vor der Bankerfronte lag. Zu gleicher Zeit bauete man in

einige

1745.

(a) Die Ordnung welche ich zum Uebergang eines Flusses angegeben habe, könnte größtentheils auch zum Rückzuge dienen: Man darf sich bloß die Bewegungen und Lagen umgekehrt vorstellen.

Kupf. 6.

einiger Entfernung von den Brücken verschiedene Redouten, welche also eingerichtet waren, daß sie einen Ringwall bildeten, in welchen der Feind anders nicht, als mit äußerster Gewalt eindringen konnte. Während der Nacht ließ man den Troß mit einem Corps Truppen hinüber gehen, welches sowol zu dessen Wache, als zur Beschützung der Brücke gegen die leichten Völker bestimmet war, die über Mainz, oder Oppenheim hätten herkommen können. Beym Anbruche des Tages stellte sich ein Haufen Kürassiers und Hussaren bey Vollstadt in Schlachtordnung, und die Armee fieng an sich in fünf Colonnen zurück zu ziehen, davon jede eine Brigade Artillerie zwischen sich hatte. Kaum setzten die Truppen, welche die Zugänge von Vollstadt bewachten, sich zum Abzug in Marsch, so wurden sie von einem Schwarme Croaten, Hussaren und Panduren angefallen, der sie ein wenig in Unordnung brachte. Es kam ihnen aber ein Reitercorps zu Hülfe, welches ihre Vereinigung begünstigte, und die Feinde aufhielt. Beym Aufbruche aus Walenheim wurden sie ebenfalls zurück geschlagen, und als sie dem ungeachtet denen von diesem und dem northeimischen Posten abziehenden Truppen nachsetzten, durch das Feuer der vor der Brücke befindlichen Redouten aufgehalten; die Brigade von Bretagne, welche den Hinterzug ausmachte, schwenkte sich plötzlich und begleitete sie mit gefälltem Bajonet bis in das Dorf zurück. Ich erzähle von dieser Begebenheit nur diejenigen Umstände, welche vorzüglich hieher gehören; ihre ausführliche und durch einen Riß erläuterte Beschreibung kann man im Feld-Ingenieur nachschlagen. Wenn bey irgend einer Gelegenheit die Verschanzungen Ingénieur de Campagne, pag. 77.

jungen unnütz und sogar gefährlich sind, so ist es bey dieser, wo die Truppen in ihren Bewegungen, es sey nun zum Angriffe, oder zum Rückzuge alle Freyheit haben müssen. Greift der Feind die Verschanzung nicht an, so ist sie überflüssig, und thut er es, so werden die Truppen aufgehalten, weil sie dieselbe vertheidigen müssen. Sollte er gar irgendwo hineinbrechen, so würde die Verwirrung nicht mehr herzustellen seyn, weil der Soldat, sobald er seine vermeinte Schutzwehr überwältigt sieht, sich für verlohren hält. Wenn statt der fünf Redouten, welche die Brücke bey Northeim deckten, eine Verschanzung da gewesen wäre, so hätte die Brigade von Bretagne den Feind nicht anfallen, und bis ins Dorf zurück treiben können, weil sie genöthigt gewesen wäre, in schmalen Zügen hervorzubrechen, und auf gleiche Art wieder hinein zu rücken, welches eben so mislich ist. Bey den Verschanzungen muß man verschiedene Ringwälle haben, damit die Truppen, je nachdem ihre Zahl abnimmt, sich von einem in den andern ziehen können. Dieses erfordert eine ungeheure Arbeit, die man nicht immer Zeit hat fertig zu bringen, viel weniger in vollkommenen Stand zu setzen. Folgendes Beyspiel kann meiner Aussage zum klaren Beweise dienen.

Als im Jahr 1697 die Türken über die Teiß zurück gehen, und Ober-Hungarn verheeren wollten, verfolgte sie der Prinz Eugen, in der Absicht, sich während diesem Uebergange mit ihnen zu schlagen. Er erreichte sie, da sie eben anfiengen zu defiliren. Der Sultan, welcher das Heer in Person anführte, hatte sich

sich bereits mit einem Theile seiner Reuterey jenseits des Flusses in Sicherheit gesetzt; der Rest war unter den Befehlen des Großveziers in den Verschanzungen zurück geblieben, welche die Brückenspitze bedeckten. Es waren zween Ringwälle, davon der äußere die ganze Armee fassen konnte. Er bestund aus einem Graben, der mit einer doppelten Reihe Wagen eingefaßt, und mit ungefähr hundert Kanonen besetzt war. Der Prinz Eugen, der in voller Schlachtordnung anrückte, besann sich keinen Augenblick; er ließ seine beiden Flügel sich krümmen, um die Verschanzung in ihrer ganzen Länge einzuklammern, und auf einmal verschiedene Angriffe zu thun. Die türkische Reuterey wollte auf der rechten Seite längs der Teiß ausfallen, um den linken Flügel der Kaiserlichen anzupacken; allein sie fand beym Ausgang einige grobe Stücke mit vier Bataillionen, und eben so viel Reuterregimentern, welche sie wieder hineintrieben. Nach einem stundenlangen Gefechte wurden die Türken überwältigt, und in ihre innern Verschanzungen gejagt, wohin die Kaiserlichen mit ihnen eindrangen. Der Zugang der Brücke ward auf einmal durch das Gedränge verstopft, und die Flüchtlinge sahen sich genöthigt, entweder in die Teiß, oder über die Klinge zu springen. Es war ein greuliches Blutbad, und fast dieser ganze Theil der ottomannischen Armee gieng zu Grunde. (a) Es ist leicht zu ermessen, daß

(a) Es mögen ungefähr vierzig tausend Köpfe gewesen seyn. Die Kaiserlichen haben den Verlust der Türken über dreyßig tausend Mann, ohne die Gefangenen angegeben.

Man

Die Türken, wenn sie statt einer elenden Verschanzung auf Redouten verfallen wären, volle Zeit gehabt hätten, sie in den besten Stand zu setzen; ihre Reuterey wäre in Schlachtordnung zum Angriffe ausgerückt. Der Prinz Eugen, der beynahe um zwey Drittel schwächer war, hätte es nie gewagt sich auszudehnen, einen halben Kreis zu bilden und die ganze Fronte des Ringwalles zu umzingeln. Er konnte dieses Manövre nicht machen, ohne sich an verschiedenen Orten zu entblösen, und zwischen seinem Mittelheer und seinen Flügeln grosse Lücken zu lassen; so aber entwickelte er sich nach Belieben in der Ebene von Zenta, welche der Schauplatz dieses Gefechtes war, ohne daß die eingeschlossenen Türken ihn für eine so dreiste Bewegung bestrafen konnten.

Zweyter Abschnitt.

Von den See-Landungen.

Eben die Methode, welche ich zur Vertheidigung eines Flusses vorgeschlagen habe, würde ich auch gegen die See-Landungen gebrauchen. Ich habe auf den Küsten eine Menge Verschanzungen aufwerfen sehen, welche alle unnütz, schlecht, und höchst gefährlich waren. Es gibt so viel Gegenden, die zu einer Ausschiffung dienen können, daß man eine Küste fast durchgängig verbollwerken

---

Man sieht aus der Geschichte des Demetrius, daß er selbst nach dem Geständnisse der Türken überaus groß war. Die Stärke der Kaiserlichen betrug nicht über sechzehn tausend Mann.

Bollwerken müßte. Die aufgeworfene Erde macht nicht alles aus; man muß auch Leute haben sie zu bewachen, und ihre Zahl würde bis ins Unendliche laufen. Der Feind erscheinet niemals vor den besetzten Posten; wenn er es thut, so geschicht es aus List, um während dieser Zeit an Orten, wo man ihn am wenigsten erwartet, und die man oft für unzugänglich hält, eine würkliche Landung vorzunehmen. So haben die Engländer die Inseln Cap Breton*, und Belle=Isle** überraschet, *1758. und so oft sie es noch versuchten auf den französischen **1761. Küsten zu landen, ist es ihnen bey alle der Menge Truppen, die sich ihnen widersetzen sollten, doch immer mit der größten Leichtigkeit gelungen. Dieses wird auch jederzeit geschehen, weil es eine moralische Unmöglichkeit ist es zu hindern. Das beste was man in solchen Fällen thun kann, ist eine kluge Vertheilung der Truppen, damit man sie so geschwind als möglich zusammen bringen, und sobald die Absicht des Feindes nicht mehr zweifelhaft ist, sich an den Ort der Ausschiffung begeben möge. Wenn man ihn über der Landung antrifft, so muß man ihn ohne Bedenken angreifen, und sich nicht an das entsetzliche Feuer der zusammengethaueten Fahrzeuge kehren, wodurch er die Ausschiffung wird zu begünstigen suchen. Ich habe es zur Genüge erfahren, wie wenig es für Truppen, die sich am Ufer und in Bewegung befinden, zu fürchten ist. Die verdoppelten Cohorten werden vollends bloße Punkte für dasselbe seyn; sie können den Raum, der sie vom Feinde trennt, sehr geschwind zurück legen, und sobald sie ihm nahe kommen, muß seine Artillerie schweigen, weil sie seinen eigenen Leuten eben so viel Schaden würde. Jet Co-

O 4 horte

harte bekömmt ein oder zwey Feldſtücke mit, welche in ſolchen Fällen ſehr gute Dienſte leiſten. Die zur Vertheidigung der Küſten unentbehrlichſten Truppen ſind die Dragoner; ſie ſind gleich da wo man ſie brauchet, und jeder kann einen Fußknecht hinter ſich nehmen; hält man es für nöthig, ſo können ſie auch abſitzen.

Wenn man den Feind mit einer ſtarken Macht bereits am Strande findet, ſo muß man einige vortheilhafte Poſten in Beſitz nehmen, ihn aufhalten, und ſo lange necken, bis alle Truppen angelangt ſind. Wenn er ſich zu dergleichen Unternehmungen anſchickt, ſo hat er entweder die Abſicht ſich im Lande feſt zu ſetzen und Eroberungen zu machen, oder blos einen Ueberfall zu wagen, um einen Hafen zu verderben, Magazine zu verbrennen, das Land auszuplündern, und Brandſchatzungen einzutreiben. Im erſten Falle wird er mit einer ſtarken Armee erſcheinen, es ſey denn, daß er auf ein geheimes Verſtändniß und auf einen Anhang zählte, der im Begriffe ſteht, ſich zu ihm zu ſchlagen. Im andern wird er, wie die Engländer bey ihren Unternehmungen auf Rochefort [*], und auf die Küſten von Bretagne [**], nur ein mäßiges Heer bey ſich haben. Wenn man in jeder Provinz regelmäßige Truppen hält, welche mit der daſigen Landmilitz ein ihm überlegenes Corps ausmachen, ſo wird er mit ſeinen Unternehmungen eilen müſſen, um ſie vor der Vereinigung dieſes Corps zu Stande zu bringen. Es iſt daher viel daran gelegen, daß die vornehmſten Punkte, auf die er das Auge werfen kann, beſetzet, und die übrigen Truppen in den Zwiſchenorten alſo poſtiret ſeyn, daß ſie ſich ſo geſchwind als möglich

[*] 1757.
[**] 1758.

in die Gegend des Angriffes zusammenziehen können. Während des Feldzuges von 1758 machten die Engländer zween Versuche gegen Bretagne: Das erste mal verbrannten sie alle Fahrzeuge welche auf der Rhede von St. Malo lagen, und auf die erhaltene Nachricht vom Anzuge der Franzosen, giengen sie wieder zu Schiffe. Das andere mal, welches im Herbstmonate geschah, setzten sie ungefähr neun tausend Mann in der Bay von St. Briac aus, und schienen eine Unternehmung auf St. Malo im Schilde zu führen. Da sie aber an einem glücklichen Erfolg verzweifelten, so segelten sie mit ihrer Flotte nach der Bay von St. Caß, wo ihre Armee zu Lande eintreffen sollte. Zu diesem Ende mußten sie einen Marsch von sechs Stunden thun; und über den kleinen Fluß Guilledon setzen. Drey hundert Mann, die auf dem jenseitigen Ufer postiert waren, leisteten zwar einigen Widerstand; sie wurden aber bald zurück getrieben. Alle auf den bretanischen Küsten vertheilte Truppen, die der Herzog von Aiguillon anführte, marschierten mit so großer Geschwindigkeit, daß sie in vier Tagen versammelt waren, und in dem Augenblicke auf den Feind stießen, als er auf den Anhöhen bey Matignon, zwo Stunden von St. Caß, anlangte. Die Engländer waren an diesem Orte gelagert, und beym Anbruche des folgenden Tages zogen sie sich zurück, um wieder an Bord zu gehen. Sie glaubten das Feuer von fünf bis sechs Fregatten und einiger Bombardiergaliotten, welche dicht am Lande zusammengebäuft waren, würde ihre Einschiffung beschützen können; allein sie betrogen sich. Der französische Vortrab erschien im Dorfe St. Caß, einen halben Kanonenschuß von ihren Schiffen; sie hatten noch bey drey tausend Mann am Lande, und als indessen das Hauptcorps angelangt war, griff man sie an. Eine schlechte Verschanzung, welche längs dem Orte hinlief, und wodurch sie sich deckten, ward erstiegen; man verfolgte sie bis an Ufer des Meeres, und zwischen die Felsen; alles was nicht blieb oder ersoff, wurde gefangen, (a)

Wenn man eine Insel zu vertheidigen hat, so muß man, es koste was es wolle, die Landung verhindern. Dann lassen sich die mit den Truppen vermischten Einwohner besser brauchen, als wenn man sich mit ihnen

in

(a) Die Engländer begiengen bey dieser Gelegenheit verschiedene Fehler. In ihrem Lager bey Matignon, wo sie übernachteten, konnte ihnen nicht unbekannt seyn, daß die französischen Truppen versammelt, und bereit waren des folgenden Morgens auf sie loszugehen. Da sie sich wieder einschiffen wollten, so hätten sie diese Nacht dazu anwenden sollen alle Wege zu verderben, und den Marsch der Franzosen durch Verhacke aufzuhalten, welches ihnen sehr leicht gewesen wäre, weil jene Gegend ziemlich waldigt ist. Sie hätten auch drey bis vier hundert Mann im Dorfe St. Cast verschanzt zurück lassen sollen, welches auf den Anhöhen dem Mittelpunkte der Bay gegen über liegt; diese hätte man angreifen müssen, ehe man auf die andern losgehen konnte. Während dieser Zeit hätten sie sich wieder eingeschifft, und höchstens die im Dorfe gelassene Mannschaft verlohren. Dieses kann ich dadurch beweisen, daß die französischen Vortruppen zwo starke Stunden vor dem Angriffe zu St. Cast anlangten. Als die Engländer sie in Schlachtordnung sahen, hielten sie mit der Einschiffung inne, und verlohren dadurch eine kostbare Zeit.

in eine Festung einschließt, wo sie mehr schaden als Nutzen stiften. Im ersten Falle ist es ihr eigener Vortheil sich zu wehren; sobald aber der Feind am Land ist, so werden sie durch seine Drohungen, und die Furcht vor der Verheerung ihrer Güter bewogen, die Waffen niederzulegen. In allen landbaren Gegenden der Seeküste muß man verpfählte Redouten mit einem hinlänglich breiten und tiefen Graben anlegen. Acht bis zehn Klafter vor der Gegenböschung würde ich ein gesenktes Pfahlwerk machen, oder rund umher Bäume eingraben, deren Aeste der Länge nach auf der Erde liegen müßten. Es wäre vortheilhaft diese Redouten nur hundert und zwanzig Klafter von einander zu entfernen, weil aber der Strand oft in einer weiten Strecke zur Landung bequem ist, und man sie daher in allzu großer Menge haben müßte, so ist es genug, wenn der Feind nicht zwischen zwoen durchgehen kann, ohne wenigstens von einer bestrichen zu werden. Ihre Bestimmung ist die Batterien zu decken, und die Truppen zu unterstützen, welche sich der Ausschiffung widersetzen sollen. Wenn diese beym ersten Anfalle zurück getrieben werden, oder zu schwach sind den Feind anzugreifen, so erwarten sie die Ankunft einer Verstärkung unter dem Schutze der Redouten. Allein dergleichen Werke können so wenig als die Verschanzungen, die Landung auf den Küsten des Oceans hindern: Weil die Ebbe eine große Strecke Erdreichs entblößet, so kann in diesem Zeitraume der Feind mit den Schaluppen ansahren, seine Völker aussetzen, und sie weit vom Redoutenfeuer in Ordnung stellen. Da er bloß durch die Kanonen beunruhigt werden kann, so ist an ihrer Bedeckung überaus viel gelegen,

gen, sonst gehen die ersten ausgeschifften Truppen auf die Batterie los, und nehmen sie weg. (a)

Ich will zum Beyspiel eine Insel von sieben bis acht Stunden im Umkreis annehmen, welche eben so viel Bataillonen zur Besatzung, und vier große gleich weit entfernte Anfuhrten hat. Auf jeder muß ein Bataillon postiert seyn, und zwey können mitten auf der Insel im Rückhalte stehen; zwey andere müssen pikethweis an die minder entblößten, aber doch einer Wache benöthigten Orte verlegt werden. Da die feindliche Flotte sich theilen und verschiedene Gegenden zugleich bedrohen wird, so muß man überall auf guter Hut seyn; sie wird aber plötzlich auf einer von den Anfuhrten zwey bis drey tausend Mann aussetzen. Das auf diesem Posten stehende Bataillon wird zwar angreifen, endlich aber durch die Uebermacht genöthiget, sich unter den Schutz einer Redoute zurück ziehen müssen: Diese kann mit den übrigen
den

(a) Als Karl XII eine Landung auf der Insel Seeland machte, erwarteten ihn die Dänen hinter ihren Verschanzungen in Schlachtordnung. Die Ausschiffung geschah zur Zeit der Ebbe. Die Schaluppen landeten einige hundert Schritte vom Ufer, und folglich sehr weit von den Verschanzungen. Diejenigen, welche die zum Angriffe bestimmten Völker trugen, fuhren alle zu gleicher Zeit an. Alsbann wollten die Dänen aus ihren Verschanzungen rücken; die Schweden aber, welche Zeit gehabt sich zu formieren, giengen so hitzig auf sie los, daß sie zurück flüchteten, und die Verschanzung mit allen Kanonen im Stiche ließen. Zu gleicher Zeit waren zwey Bataillonen von der Leibwache auf der rechten, und zwey andere zur linken gelandet, um den Dänen in die Flanken zu fallen.

Adlerfelds Geschichte Karls XII.

den Feind durch ihr Kreuzfeuer aufhalten, besonders wenn die Stücke mit Kartetschen geladen sind. Hierdurch wird der Rückhalt, sowol als die Truppen der benachbarten unangegriffenen Orte, Zeit zur Ankunft gewinnen. Wäre hingegen die Batterie entblößt und unbeschirmt gelegen, so hätte das zurückgeschlagene Bataillon sie nicht vertheidigen können; der Feind würde sie weggenommen und Zeit gehabt haben ein starkes Corps auszusetzen, ehe meine Truppen angelangt wären. Ich ziehe auch einer großen Batterie drey oder vier kleine vor, je nachdem man viel oder wenig Redouten hat, weil ihr Feuer sich kreuzen, und wenn eine Redoute weggenommen wird, die andern noch zur Unterstützung des nachkommenden Entsatzes dienen können. Dieser Vertheidigungsplan dürfte wohl unstreitig der beste seyn, den man erdenken kann; denn wir müssen uns nicht vorstellen, daß besonders auf Küsten, die, wie gesagt, der Ebbe und Fluth unterworfen sind, einige auf dem Ufer angelegte Batterien die Schiffe hindern können sich zusammen zu thauen, und ihre Truppen auszusetzen: Man muß vielmehr den Feind aufzuhalten, und die Truppen welche ihn angreifen sollen, zu begünstigen suchen. Die Bank-Batterien* scheinen mir besser als die andern zu seyn; weil man auf denselben das Feuer über den ganzen Strand umher lenken kann. Dieses ist mit Schießscharten nicht möglich, und wenn man sie zu weit ausschneidet, so fällt auch ihr Nutzen weg. Ein anderer Vortheil der Redouten ist dieser, daß man sie zum Theil mit den unsicherten Truppen, als zum Beyspiel, mit Landmiliz besetzen kann. Wenn man sie mit einem Drittheil alter Soldaten vermenget,

* à Barbette.

und

und einen entschlossenen Officier an ihre Spitze stellt, so werden sie allemal eine gute Gegenwehr leisten. Im flachen Felde, und selbst hinter einer Verschanzung, wo sie ein freyes Erdreich zur Flucht im Rücken haben, würden sie lange nicht so brauchbar seyn. Noch eine wesentliche Vorsicht ist nicht zu versäumen, falls man die Landung nicht hat verhindern können; ich meyne die Errichtung der nöthigen Stützpunkte, um dadurch die Vereinigung der Truppen und ihren Rückzug in die Festung zu begünstigen, weil sonst die Truppen Gefahr laufen abgeschnitten zu werden. Zu diesem Ende muß man im Innern der Insel ebenfalls einige mit grobem Geschütze versehene Redouten an den bequemsten Orten und an den Wegen anlegen, welche von den vornehmsten Anfurthen in die Festung führen. Auch diese darf nicht gänzlich entblößt, noch vergessen werden, die Küste mit einigen Feuermörsern zu besetzen, weil die Schiffe sich ungemein vor den Bomben fürchten.

Der obige Vorschlag zur Vertheidigung einer Insel von acht Stunden im Umkreise, kann mit Beobachtung des Verhältnißmaßes auch für eine größere dienen. Er läßt sich auch bey einer Provinz des festen Landes, als wie zum Beyspiel, in Bretagne gebrauchen, welches ich als eine Halbinsel betrachte. Was die Erbauung der Redouten anlangt, so kann solche auf verschiedene Arten geschehen. Das Viereck ist wegen seiner Winkel ungeschickt, welche keiner Vertheidigung fähig sind. Die eingekerbten Redouten * wären besser; wenn man sie aber nicht außerordentlich groß macht, so lassen sich keine Kanonen darauf pflanzen. Eben diese Unbequemlichkeit

* à crémaillères.

lichkeit, ſind auch die mit gebrochenen Facen unterworfen, welche man Sternredouten nennet. Wenn ich ihnen eine gewiſſe Größe geben wollte, ſo würde ich mich lieber der Feldſchanzen * mit halben Baſtionen bedienen; *Fortin. da ich es aber in ſolchen Fällen für das beſte hielte, keine andere als kleine Werke anzulegen, um nicht zu viel Leute zu ihrer Beſetzung abzugeben, ſo wird meines Erachtens eine Redoute von fünf und vierzig Klaftern im innern Umfange weit genug ſeyn, und mit hundert ſechszig Mann vertheidigt werden können. Ich würde ihr die Form eines halben Ovalzirkels geben, deſſen Bogen nach dem Meere ſehen müßte.

Um die Sache deſto begreiflicher zu machen, will ich hier die Bauart näher anzeigen. Ziehet eine gerade Linie von vierzehn Klaftern, welche ich als den Durchmeſſer eines Zirkels annehme; Beſchreibet auf dieſer Linie den halben Zirkel (A); verlängert ihn auf jeder Seite um etwa drey Klafter; ziehet alsdann eine Linie, welche die Sehne des von dem ganzen Zirkel genommenen Bogens und die gerade Seite der Redoute formieren wird. Wenn man verſchiedene Redouten auf dieſelbe Linie ſetzet, ſo werden die Feuer vermittelſt dieſer Bauart ſich nicht nur gegen das Ufer, ſondern auch vermöge der drey Klafter großen Verlängerung des zirkelförmigen Theiles, über den Durchmeſſer auf der andern S. die Figur. Seite kreuzen. Um das Vortheil der Redoute beſſer zu vertheidigen, kann man eine kleine Lunette (B) von ſtarkem Pfahlwerk vor das Thor ſetzen, welches in die Mitte zu ſtehen kömmt. In dieſen Werken wird Raum genug ſeyn, um ſechs bis ſieben Stückſtücke *, welche *Canons à barbette.
die

224 **Einleitung**

Bis- cayens. die ganze Anfuhrt bestreichen können, aufzustellen und zu bedienen. Man kann auch biskaische Feuerröhre,* oder Doppelhaken darinnen gebrauchen. Das Viereck

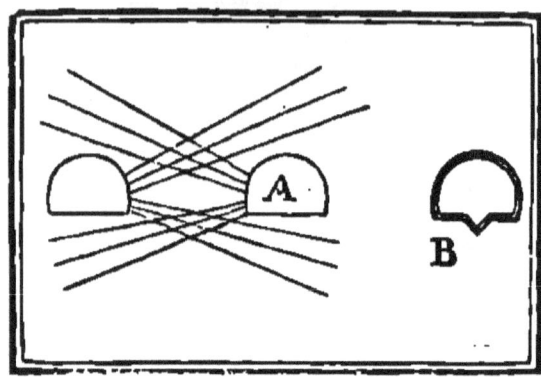

findet hier aus zweyerley Ursachen keine statt: (a) Denn wollte man den Winkel nach dem Meere richten, so würden

Ingénieur de Campagne. pag. 207.
Sectrus.

(a) Die Unvollkommenheit des Vierecks, wird durch folgenden Erweis des Ritters Clairac dargethan. Er nimmt als einen Grundsatz an, daß der Soldat maschinenmäßig, und folglich gerade vor sich hin schießt. Hieraus folgt, daß an der Spitze jedes ausgehenden Winkels ein beträchtlicher Platz ist, der von keinem geraden Feuer bestrichen wird. Dieser Raum ist ein Zirkelausschnitt*, dessen Oeffnung durch die Oeffnung des flankierten Winkels, die Länge der Halbmesser aber, durch die größte Schußweite der Flinte bestimmet wird, so daß, wenn der Winkel recht ist, und die Schußweite hundert und fünfzig Klafter beträgt, bey die siebzehn tausend sechs hundert neun und siebenzig Klafter Erdreich heraus kommen, wo der angreifende Theil keinem

würden die Kanonen nur schräg schießen, die einzige ausgenommen, welche im Winkel stünde; kehrt man aber die Parallelfacen nach dem Ufer, so können die Redouten einander nicht mehr so wohl beschützen. Wollte man sie ganz rund oder sechseckigt machen, so würden sie einen Vortheil vor dem halben Zirkel haben, indem das Feuer von mehrern Redouten sich sowol nach der See zu, als auf der entgegen gesetzten Seite kreuzen, und falls nur eine vorhanden ist, sie sich besser vertheidigen könnte. Wenn sie von keinem Orte her den Senkschüssen ausgesetzt sind, so muß man ihnen wenig Höhe geben, damit die Brustwehre ein streichenderes Feuer bekomme, und vom groben Geschütze der Schiffe weniger zu fürchten habe. Der Graben muß achtzehn Schuh breit, und zwölf tief seyn. Man muß sie mit Partisanen, Sturmsensen und beschlagenen Stangen versehen, um den Feind zurück zu stoßen, wenn er ihn ersteigen will. Werden dergleichen Werke wohl vertheidigt, so müssen sie sich allemal wenigstens zwo bis drey Stunden halten, wenn auch gleich der Feind mit Faschinen, Werkzeugen,

keinem Frontenfeuer ausgesetzt ist. Da nun das Viereck vier schwache und gänzlich vom Feuer entblößte Theile hat, so ist ihm deswegen bey vielen Gelegenheiten die Zirkelform vorzuziehen, welche keine Lücken gibt. Es ist zwar an dem, daß ihr Feuer auseinander fährt; allein dieser Fehler ist lange nicht so erheblich als jener; er vermindert sich, so wie der Feind näher kömmt, anstatt daß der Winkel des Vierecks immer gleich wehrlos bleibt. Ich würde daher nicht anstehen, die runde Form für eine einzelne Redoute, und selbst für mehrere vorzuziehen, wenn sie weit von einander liegen.

II. Theil.

und allem was diesen Angriff begünstigen kann, ans Land käme. Da man am Ufer des Meeres oft nichts als Sand, oder sehr leichte Erde antrifft, so müssen die Redouten mit Pfählen und Reisig verwahret werden, wenn man die Kosten scheuet sie mit Mertel zu verwerfen, welches weit besser wäre. Die Küsten von Portugall und eines Theiles von Spanien, die von Genua und einiger andern italiänischen Seeprovinzen, sind mit Thürmen besetzt, welche fünf und zwanzig bis dreyßig Mann enthalten. Diese können gegen keine starke Landungen dienen, und sind eigentlich bloße Warten, welche die Losung geben, wenn die Seeräuber sich nähern, um die Gegend zu plündern. Allein sie bringen mich auf den Einfall von festen mit Ueberhängen * versehenen Thürmen, die man mitten in eine Redoute stellen, und sie dadurch gegen alle Anfälle verwahren könnte: Da das Feuer des Thurmes über die Verschanzung wegstreichen würde, so müßte es den Feind zu Grunde richten. Wenn er auch in die Redoute eindränge, so würde er dem Feuer der untern Schießlöcher ausgesetzt seyn, mittlerweile daß die Soldaten wieder Muth faßten, und ihn heraus jagen könnten. Mich dünkt, daß ein tapferer Officier, der eine solche Thurmschanze zu vertheidigen hätte, den Feind nöthigen könnte, ihn förmlich zu belagern.

Dritter Abschnitt.
Von den Belagerungen.

Der Gebrauch der Redouten scheint mir so vortheilhaft, daß ich mich ihrer bey vielen Gelegenheiten bedienen möchte, wo man Verschanzungen macht, welche eine weit längere und oft unnütze Arbeit erfordern. Hätte der Marschall von Sachsen, der sie ebenfalls empfiehlt, die Mühe genommen seine Aufsätze zu erweitern, so würde er uns die verschiedenen Fälle, wo sie dienen können, und das Maß angezeigt haben, das man ihnen nach Erforderniß der Umstände geben müßte. Er hat bloß von den großen Redouten geredet, womit der Czaar Peter sich bey Pultawa deckte, und nach deren Muster er in ähnlichen Gelegenheiten die seinigen erbauet. In den Belagerungen braucht man sie nur von mittelmäßiger Größe, um die zwo letzten Parallelen zu versichern, die Batterien zu schützen, und den Truppen gegen die starken Ausfälle zu Stützpunkten zu dienen. Ich finde keine fehlerhaftere und ungeschicktere Schutzwehr gegen dergleichen Unternehmungen, als die Bauart unserer Laufgräben, und die Anordnung, worinn wir den Feind empfangen. Wären die in dem Kriege von 1741 belagerten niederländischen Festungen wohl vertheidigt worden, so würden die Franzosen gar oft die Strafe ihrer Nachläßigkeit getragen haben. Laufgräben welche nur zwey Mann hoch besetzt sind, werden nimmermehr im Stande seyn, Truppen aufzuhalten, die mit der festen Entschließung sie zu säubern und zu zerstören darauf los gehen; das klügste was man hiebey thun könnte, wäre auszurücken und sich in Schlachtordnung zu stellen. Hieran aber wird nicht gedacht, und oft ist die Einrichtung so, daß man keine Zeit dazu finden würde. Die Oestreicher machen ihre Laufgräben am breitesten und tiefsten, wodurch sie aber nicht viel besser werden, und eine weil längere Arbeit erfordern. In der Belagerung von Prag war ein Theil ihrer Parallele in einen Hohlweg gebauet, wo sie verschiedene Banketten (†) angebracht hatten; dennoch wurden sie in zween starken Ausfällen zusammen gehauen, ihre Stücke vernagelt, und alle ihre Werke zu Grunde gerichtet.

1742.

In der Vertheidigung gegen die Ausfälle muß man sich gar nicht auf die Laufgräben verlassen, weil der Feind welcher schnell darauf los geht, und blos ein mittelmäßiges Feuer aushalten darf, sich gar bald hinterm wirft, alles was er vorfindet niedermacht, und hernach von hinten auf die Batterien fällt, so daß alles umgekehrt und verdorben ist, ehe die Reservetruppen anlangen. Ein leichtes Mittel diesem Mangel abzuhelfen, wäre die Befestigung der Parallele durch Redouten, womit man die gänze Angriffsfronte besetzen müßte. Diejenigen welche die Enden unterstützen sollen, müssen viereckigt, die andern bogenrund oder in Form abgesonderter Bastionen seyn. Man könnte schon die erste Parallele damit versehen, und sie also richten, daß sie die Batterien beschützten. Diejenigen welche auf die letzten Parallelen kommen, müssen auf die Haupt-

linien

(†) Eine Stuffe hinter der Brustwehr, auf welche der Soldat stehet um heraus zu feuern.

linien* gesetzet werden: Ihr innerer Umriß muß hundert *Capitu-
Mann, und jede Face zwo Kanonen enthalten. Hinter je- len.
dem Edgenwerk wird ein Waffenplatz angelegt, welcher
geräumlich genug seyn muß, um zwo verdoppelte Cohorten in Schlachtordnung zu fassen, wovon die eine rechts,
die andere links Fronte macht. Ich weis wohl, daß
es nichts neues ist, eine Angrifslinie mit Redouten zu
versehen, aber gemeiniglich bedienet man sich ihrer nur
zur Bedeckung der Flanken, und auch dieses wird oft
versäumet. Wenn die Oestreicher vor Prag welche gehabt hätten, so würden den Franzosen ihre Hauptaus-
fälle vielleicht so wohl gelungen seyn. Sie geriethen nach der
Hand auf diesen Glauben, und bauten zwo auf der Rechten, und eben so viel auf der Linken ihrer Angriffslinie. (a)
P 3 Das

(a) Sie fiengen dieselben zwischen dem 22ten und 23ten
August nach dem letzten grosen Ausfall an.

Wenn die Redouten den Belagerern zur Unterstützung
ihrer Arbeit vortheilhaft sind, so können sie auch den Belagerten vortreflichen Dienste leisten. Ist der Platz schlecht
und ohne Aussenwerke, so läßt sich dieser Mangel durch
eine Einfassung von Redouten ersetzen, welche ein Kreuzfeuer machen können; man muß ihnen aber eine Gemeinschaft mit dem Platze, und selbst unter sich vermittelst eines
Laufgrabens oder bedeckten Weges verschaffen. Diese Werke sind besser als die Lappen * oder Vorlunetten, weil sie *Flächen.
sich auf allen Seiten vertheidigen, anstatt daß man jenen
gar leicht durch die Kehle in den Rücken kömmt. Sie haben keine andere Unbequemlichkeit, als daß sie nach ihrer
Eroberung auch dem Feinde dienen können; man darf aber nur
Minenkammern darunter anlegen, um sie zu sprengen, sobald man genöthigt wird sie zu verlassen. Wenn der Platz
klein,

Das auf der Parallele errichtete Sägenwerk kann eine Schulterwehr für die Truppen abgeben: Sobald ein Ausfall zu vermuthen ist, muß man die Linie verlassen, und sich auf den halben Waffenplätzen in Schlachtordnung stellen. Diese müssen sehr breit und hinter den Redouten angelegt seyn, auch auf jeder Seite einen gelinden Dachweg haben, um in voller Schlachtordnung ausrücken zu können; man läßt nur an den äußersten Enden der Parallele Truppen zurück. Der Feind der sich zwischen die Redouten hinein wagt, wird seine Flanken bloß geben; erhält er sich aber dem ungeachtet im Besitze des Erdreichs, so wird das unaufhörliche Feuer der Redouten ihm nicht erlauben den Laufgraben ruhig auszufüllen, und bevor er sie erstiegen hat, wird der Entsatz anlangen. Er kann nicht auf die Parallele vordringen, ohne unter dem Kreuzfeuer der Sägenwerke durchzugehen: Gesetzt aber dieses hielte ihn nicht auf, so wird er bis an den Laufgraben kommen und hinein springen; alsdann werden die Cohorten hinter den Redouten hervorbrechen und in kurzem reine Arbeit machen.

Ich will mich über die Vortheile dieser Methode in keine weitere Beschreibung einlassen. Sie werden beym ersten

---

klein, und dennoch mit einer starken Besatzung versehen ist, so kann man vermittelst einer Kette von Redouten den Feind lange in der Entfernung halten, welches allemal ein wichtiger Vortheil ist. Dieses hat der Ritter von St. Croix bey Vertheidigung des festen Platzes von Belleisle gethan, worein er sich zurück zog, als es ihm nicht mehr möglich war, die Ausschiffung der Engländer zu hindern.

erſten Blick auf den beygefügten Plan (a) hinlänglich
ins Auge fallen.

Wenn man den bedeckten Weg in Beſitz hat, ſo kann
man den Feind überſehen; thut er einen Ausfall, ſo
muß er nothwendig über die Angriffsfronte defilieren,
und wenn die Vorpoſten * wohl unterſtützt werden, ſo
iſt er bald wieder verjagt. Daher ſind die Edgenwerke
nur auf der Parallele nützlich, wo man eingegraben iſt.
Wenn die Flanken der Angriffslinie ſich an einen Fluß
oder an einen Moraſt lehnen, ſo läuft man nicht Gefahr vor hinten angefallen zu werden; iſt dieſes nicht,
ſo muß man alle Parallelen durch gute Redouten unterſtützen, welche im Stande ſind, den Feind aufzuhalten,
um den Reſerven zum Anrücken Zeit zu geben.

*Loge-
mens.

Wenn die Cohorte unendlich geſchickter iſt als das Bataillon, um den Laufgraben gegen die Ausfälle zu be-
ſchützen,

(a) Ich habe nur zwo Parallelen gemacht, wovon ich
eine die Erſt-, die andere die Letzte nenne. Man pflegt zwar
bey den Belagerungsangriffen drey zu formiren; wenig-
ſtens hat der Marſchall von Vauban dieſe Regel vorgeſchrie-
ben; eine davon iſt aber allezeit ſehr unnütz, beſonders bey
meinem Lehrgebäude. Man darf alſo nur ſtatt die erſte Parallele drey hundert Schritte von dem Glacis anzufangen,
ſie nur hundert Schritte näher rücken. Sie wird mit der
letzten durch gerade Laufgräben verbunden, welche auch zu
Zwiſchenſtützen dienen, und ihr Feuer mit dem Feuer der
erſten Parallele kreutzen können. Dieſes iſt beſſer als die
Zickzacken, welche die Arbeit vermehren, und keine ſo leichte Gemeinſchaft öffnen. Die geraden Linien laſſen ſich
ebenfalls, und zwar auf eine leichtere Art vor dem Strich-
feuer ſichern.

schützen, so kann sie bey diesen letztern keine geringen Vortheile gewähren. Sie wird in Flankenabschnitten aus dem bedeckten Wege hervorkommen, und in einem Augenblicke aufgestellet seyn: Will man sie in verdoppelten Abschnitten, das ist, in der Stellung des Ploion angreifen lassen, so wird sie alle die Absichten erreichen, welche der Verfasser dieses Lehrgebäudes sich vorsetzet. Hieher gehöret vornehmlich, daß sie bey ihrem Ausgang aus dem bedeckten Wege schon formiret sind, und durch die Geschwindigkeit, womit sie sich auf die Laufgräben werfen, dem Feinde keine Zeit zu Gegenanstalten übrig lassen; (a) daß sie eine schmale dem Feuer wenig ausgesetzte Fronte darstellen, überall vor sich hindurch dringen, und sich jenseits der Parallele so lange halten können, als nöthig ist, um den Arbeitern Zeit zu geben alle Werke zu zernichten; daß sie sich in guter Ordnung und ohne Uebereilung zurück ziehen, und für die Flanken ihrer Angriffsordnung nichts zu fürchten haben. Keiner von diesen Vortheilen findet sich bey den Bataillonen, in welchen vielmehr alle entgegengesetzte Ungemächlichkeiten zusammen treffen. Wann der Belagerer bis an die dritte Parallele gekommen ist, so tritt der Rückhalt vor, und stellt sich in die zwote; bisweilen macht man auch zwischen den Parallelen halbe Waffenplätze, wo man Truppen hinstellt, welche näher bey der Hand sind die erste zu unterstützen. Ein Ausfall muß

(a) Keine Schutzgatter ist weit genug, um aus einem bedeckten Wege eine verdoppelte Cohorte mit ihrer halben Fronte durchzulassen, welche nur vier Mann schmäler als das Ploion ist; folglich kann dieses außerhalb nicht eher gestellt seyn als die Cohorte.

muß alsdann sehr stark seyn, wenn es gelingen soll; sein Zweck ist eben nicht die Reserve des Belagerers zu schlagen, sondern die Arbeiter zu decken, bis sie die Laufgräben und Batterien zerstöret haben. (a) Ich will annehmen, daß man nur mit sechs Cohorten sammt ihren Granadieren und Leichtbewaffneten ausfallen kann, so müssen drey Cohorten durch die ausgehenden Winkel der angegriffenen Fronte aus den Waffenplätzen hervorbrechen. Ist die Parallele erstiegen, so können sie dieselben durch die Granadiers und Leichtbewaffneten säubern lassen, welche sich auch der Batterien bemächtigen werden: Mittlerweile bleiben sie jenseits derselben in Schlachtordnung stehen, um sich dem Rückhalte zu widersetzen, und werden durch zwo halbe Cohorten unterstützt, welche zugleich mit ihnen aus den eingehenden Winkeln des bedeckten Weges ausgerückt sind: Die beiden andern Cohorten müssen die Flanken dieser Angriffsordnung in der Nähe bedecken. Sind die Belagerten in ihren Laufgräben geblieben, so wird das Gefechte bald ein Ende haben; wenn sie aber Redouten hätten, und sich hinter denselben nach dem obigen

---

(a) Einer der mißlichsten Umstände bey den Ausfällen ist, wenn die Belagerten den Feind zu hitzig verfolgen, und sich zu weit vor die Festung hinaus wagen, von der sie durch angestellte Postierungen leicht können abgeschnitten werden. Man muß sich also mit Zerstreuung der auf dem Waffenplatze befindlichen Mannschaft begnügen, und ohne zu weit vorzurücken, gegen die Reserve Stand halten, bis die Sappen durch die hinein geworfenem Kunstfeuer in Brand gesteckt, die Laufgräben zugeschüttet, und die Stücke vernagelt sind.

Vorschlage blos in halben Cohorten aufstellen, so würde die Unternehmung weit schwerer werden, und anders nicht als durch eine starke Uebermacht gelingen können.

Die verdoppelte Cohorte ist auch die beste Stellart, so man zum Angriff eines bedeckten Weges wählen kann; sie wird mit der größten Schnelligkeit marschieren, und in einem Augenblicke den Raum zwischen der Parallele und den Pallisaden zurück legen; sie wird sich gegen die ausgehenden Winkel lenken, und sobald der Waffenplatz gewonnen ist, werden ihre Flügelabschnitte die Zwerchwälle* zur rechten und linken angreifen. Da sie eine schmale Fronte hat, und dem Bollwerks-Winkel° gegenüber marschieret, so darf sie das Facenfeuer nicht fürchten. Die beiden Aeste des bedeckten Weges können das ihrige nur schief richten, und je mehr sie sich nähert, desto weniger wird es gefährlich seyn. Da sie niedriger steht als eine Colonne oder ein Bleßon, so wird sie sich auch dem Feuer der Nebenseiten um so weniger aussetzen.

* Traverses.

° Angle flanqué.

Vierter Abschnitt.

Angriff und Vertheidigung der Verschanzungen.

Wir haben die Vortheile der Cohorte bey den obigen Kriegsverrichtungen gesehen; sie wird ihren Vorzug auch bey dem Angriffe und der Vertheidigung der Verschanzungen behaupten, und alle bey den schwachen Flanken der Bataillonen obwaltende Unbequemlichkeiten werden bey ihr verschwinden. Es gibt zweyerley Arten eine Verschanzung anzugreifen. Die erste ist, wenn man die Bataillonen in verschiedene Linien schachförmig stellet, und neben jedem einen seiner Fronte gleichen Zwischenraum läßt; die andere, wenn man sie colonnenförmig ordnet, so daß sie gerade auf einander folgen, und durch einen gewissen Abstand getrennet sind. Nach der ersten Methode, welcher der König von Preußen den Vorzug einzuräumen scheinet, gehen die Truppen leichter zu Werke; sie fallen nicht über einander wenn sie zurückprellen, und der Angriff wird auf der ganzen Verschanzung zugleich vorgenommen. Man ist aber auch dem Kanonen- und Musketenfeuer der ganzen Linie ausgesetzt. Beym Angriffe mit Colonnen kömmt man besser durch, weil sie große Zwischenräume neben sich lassen, in welchen das Feuer verlohren geht. Wahr ist, die Zwingkräfte sind nicht so vielfach, und da die Angriffspunkte einen sehr engen Raum einnehmen, so verstärkt sich der Feind an diesem Orte, und leistet eine desto bessere Gegenwehr. Es ist auch zu fürchten, daß er einen Ausfall wage, und vor seine Linien Truppen hinaus werfe, die während des Angriffes den Colonnen in die Flanke fallen und sie zerrütten können. (a) Beide Methoden

---

(a) So hat sich Wallstein vom König Gustav Adolph los gemacht, der ihn in seinem Lager bey Nürnberg angriff: Dieses geschieht heut zu Tage nicht mehr. Obgleich die Stellordnung des angreifenden Theiles zu schwach ist, um einem solchen Ueberfalle zu widerstehen, so verliert doch der andere bey einer gleich schlechten Taktik, die Lust zu einem solchen Ausfalle, weil er genöthigt ist in gebrochenen

Methoden haben ihre Vortheile und ihre Unbequemlichkeiten. Wenn man aber die Cohorten gebrauchet, so ist die letztere, deren der Prinz Eugen und Karl XII sich bedienten, allemal vorzuziehen. Da die verdoppelten Cohorten nur eine sehr schmale Fronte darstellen, so kann die erste Division, wenn sie getrennet ist, ganz leicht an den Seiten der zwoten, und diese an der folgenden vorbey streifen: Der Angriff wird auch mit einer grössern Anzahl Colonnen gemacht werden können. Ist die vorderste Cohorte am Rande des Grabens, so müssen die folgenden sich auf ihre Rechte und Linke hervor werfen, so daß die Verschanzung durch eine Linie von drey Cohorten angegriffen wird. Die mit Helmen und schußfreyen Bruststücken bedeckten Granadiers müssen ihr Gewehr auf den Rücken hängen, und mit grosen Aexten vorangehen, um die etwa vorhandenen Pallisaden, oder die Faschinen und Pfähle umzuhauen, welche die Erde der Brustwehr halten. Ist Wasser in dem Graben, so müssen die Soldaten der ersten Cohorten das Gewehr ebenfalls auf den Rücken werfen, und zur Ausfüllung Faschinen und Hürden tragen, welche sie zugleich decken, und manche Musketenkugel auffangen werden. Ich würde ihnen auch Hauen geben, um die Brustwehr aufzuhacken und abzuebnen, damit sie desto leichter hinaufsteigen können. Die Arbeiter welche sich gemeiniglich hinter den angreifenden Bataillonen befinden, können zu nichts dienen, als grose Oeffnungen für die Reuterey zu machen, wenn die Verschanzung erstiegen ist:
Die

---

nen Zügen auszurücken, sich dann erst zu formiren, und lange Schwenkungen zu machen.

Die wehrlosen Arbeiter die man bey einem Angriffe voranstellet, hindern die Truppen, und werden hinwieder von diesen gehindert. Die Soldaten, welche zuerst hinein steigen sollen, müssen selber Hand anlegen. Wenn eine Cohorte ein Sägenwerk erobert, so kann sie sich in demselben acht Mann hoch in Schlachtordnung stellen, und dadurch die ganze Kehle sperren. Diejenige, welche in den Mittelwall* vordringt, kann sich ebenfalls ohne die mindeste Gefahr für ihre Flanken, verdoppelt hinein stürzen. Sobald sie sieht, daß ihr andere nachkommen, muß sie herzhaft vormarschieren, und alles was ihr in den Weg kömmt, über den Haufen werfen. So kann man colonnenförmig die Verschanzung ersteigen, sich hierauf ausdehnen und eine Fronte bilden, ohne daß dabey andere Bewegungen als Rechts um und Links um vorkommen, welches sehr schnell und ohne Gefahr für die Flanken wie mit Bataillonen von statten geht. Wenn die Verschanzung sich zu nachläßig an einen Sumpf, an einen Fluß, oder an das Meer schlösse, und einen kleinen Zwischenraum ließe, so möchte derselbe so schmal seyn als er wollte, die Cohorte könnte allemal in Flügelabschnitten leicht hineinbringen, sich innwendig geschwind aufstellen, ja selbst im defilieren fechten, und sich einen Durchgang öffnet.

*Courtine.

Ist der Feind auf einem Berge oder an der Mündung eines Passes verschanzet; was werden die Cohorten alsdann nicht für einen unendlichen Vortheil vor den Bataillonen haben, wenn es darauf ankömmt, die Anhöhen mit Behendigkeit zu ersteigen, oder ungetrennt sich durch die Abschnitte und Krümmungen des Berges zu winden um in guter Ordnung vor der Verschanzung anzulangen. Die Leichtbewaffneten werden durch die engsten Fußsteige dringen, die Felsen hinanklettern, und Schlupfwege suchen, auf welchen man den Gipfel erreichen, und dem Feinde in den Rücken kommen kann. Eben diese Ueberlegenheit, welche die Cohorten beym Angriffe über die Bataillonen haben, werden sie auch bey der Vertheidigung behaupten: Man läßt die Brustwehr mit leichten Fußknechten besetzen; hinter sie stellt man zwey Glieder Schwerbewaffnete, welche nichts anders zu thun haben, als ihr Gewehr zu laden und es denen auf der Bankette zu reichen. Sie müssen lange Sturmwaffen bey sich haben, deren sie sich bedienen, sobald der Feind sich in den Graben geworfen hat, und anfängt auf den Fußrand * zu klettern. (a) Man stellt eine

* Berme.

(a) Der Ritter Folard hat einen Vertheidigungsplan für eine Verschanzung vorgeschlagen, wo er die Brustwehr mit acht Mann hohen Bataillonen besetzet, die im Rückhalte stehenden Colonnen und die Granadiers nicht mitgerechnet. Hätte er sich die Mühe gegeben die zu dieser Anordnung nöthige Anzahl Truppen zu überschlagen, so würde er eine ungeheure Armee heraus gebracht haben, die mit besserm Nutzen im freyen Felde dienen könnte. Wenn man sich verschanzet, so setzt solches eine gewisse Schwäche voraus, und ein Vertheidigungsplan muß in dieser Rücksicht entworfen werden; ich will aber damit nicht sagen, daß man eine Verschanzung dünne besetzen müsse. Allein ich glaube, daß drey Glieder hinreichend und die übrigen nur überflüßig, wo nicht gar schädlich wären; denn wenn der Feind dem ungeachtet einbringt, und diese Truppen in Schrecken gerathen, so ist alles verlohren. Die wahre Gegenwehr beruhet

eine Granadiercompagnie vor die Kehle jedes Sägenwerks, und eine in die Mitte des Zwischenwalles, zwanzig Schritte von der Brustwehr. Diese können den Feind sofort angreifen, wenn er irgendwo die Höhe der Verschanzung erreichet, und sich anschicket hinein zu steigen. Sollte er dem ungeachtet durchsetzen, und sich haufenweis hinein werfen, so werden die in einer Entfernung von sechzig Schritten stehenden Cohorten ihm auf den Leib geben, ehe er Zeit hat sich zu stellen. Hier brauchen sie nicht verdoppelt zu seyn, sondern nur auf acht Gliedern zu bleiben: Man kann ihnen sogar Zwischenräume geben, wenn sie Reuterey im Rücken haben.

Wollte man während des Angriffs einen Ausfall thun, so müßten die Cohorten mit ihrer Flanke hervorbrechen. Je nachdem sie vermittelst einer Rechts- oder Linksschwenkung ausrückten, müßten sie wieder Fronte machen und gegen den Feind anlaufen. Zween oder drey solcher Ausfälle von Seiten der angegriffenen Fronte würden ihn unfehlbar irre machen, und in die Flucht schlagen. Wer die Commentarien des Cäsars gelesen hat, wird sich erinnern, daß wenn er oder seine Unterfeldherren im Lager angegriffen wurden, sie plötzlich auf die Feinde heraus fielen, und allezeit den Vortheil erhielten. Ja die Römer waren dieses Spiels gegen die Gallier so sehr gewohnt, daß sie sich bisweilen mit einer scheinbaren Furcht in ihre Verschanzungen einsperrten, blos um sich darinnen angreifen zu lassen. Diese

---

beruhet auf der Linie, welche hinten im Rückhalte stehet, und die man schwächen würde, wenn man zu viel Leute auf die Brustwehr stellen wollte.

Diese Ausfälle geschahen mit der größten Schnelligkeit, obgleich jede Seite des Lagers nur ein Thor hatte. (a) Die Breite mußte ungefähr dreyßig römische, das ist sieben und zwanzig und einen halben französische Schuhe messen; dieses war hinlänglich um eine Fronte von zehn bis zwölf Mann durchzulassen. In einer Minute konnten fünfzehn hundert Mann mit einer unserm verdoppelten Schritte gleichen Behendigkeit hervorbrechen. Die römischen Cohorten waren zu dieser Verrichtung sehr geschickt, sie mochten nun mit der Flanke oder in Zügen ausrücken. Die ersten griffen was ihnen im Wege stund an, und öffneten sich einen Durchgang; die andern wandten sich gegen den mit der Verschanzung beschäfftigten Feind, und fielen ihm in die Flanke oder in den Rücken. Die Reuterey schoß ebenfalls gleich einem Strome heraus, welches sie in ganzen Thurmen thun konnte, die nur aus acht Rotten bestunden.

Eine nach obigen Grundsätzen vertheidigte Verschanzung würde mit der gewöhnlichen Stellart niemals, und mit einer jeden andern sehr schwer überwältigt werden, es sey denn, daß der Feind sich gewisse Vortheile verschaffte, und zum Beyspiel von hinten herbey käme, oder in Ermanglung hinreichender Flügelstützen sich neben herumzöge und seine Anstalten hinter einem günstigen Erdreiche verbergen könnte. Wäre diese Stellart erst

---

Band 1. Hauptst. 6.

(a) Nämlich für eine Armee von vier oder weniger Legionen. War sie stärker, so hatte die große Seite zwey Thore: Sie waren durch Thürme vertheidigt, und mit einer bloßen Rasenmauer mastiert, welche umgeworfen wurde, wenn die Truppen hinaus wollten.

erst eingeführt, so würde man nach ihr die Verschanzungen einrichten, welche alsdann um die Hälfte kürzer als bey den Bataillonen, und folglich nicht mehr so fehlerhaft seyn würden. Wenn die Römer mit so vieler Sicherheit in ihren Lagern blieben, so kam dieses daher, weil sie darinn sehr nahe beysammen waren, und nicht fürchten durften, daß der Feind sie durch die Theilung ihrer Aufmerksamkeit, an irgend einem Orte schwach finden würde. Aus gleicher Ursache sind die Prinzen Moritz und Friedrich von Nassau, welche die Grundsätze dieser Weltbezwinger aus dem Staube hervor gezogen, mit ihren Verschanzungen und Linien so wohl gefahren; denn das Fußvolk wurde damals in zehn oder wenigstens in acht Gliedern geordnet. Man sieht hieraus, wie die Stellart auf alle Kriegsgebräuche einfließt, und nachdem sie gut oder schlecht ist, ihnen die nämlichen Eigenschaften mittheilet: ja man kann sogar sagen, daß sie die Form und die Natur der Kriegsverrichtungen bestimmet. Ein General würde mit einer schlechten Taktik das nicht versuchen, was er mit einer ungleich bessern ohne Bedenken unternehmen würde; man wird genöthiget behutsamer zu seyn und sich nach allerhand Vorsichtsregeln zu richten, die bey einer guten Stellerbauung wegfallen. Alexander würde im freyen Felde gegen die unzählbare Kriegsmacht des Darius kein Treffen gewagt haben, wenn die Höhe seiner schwachen Armee nur von drey Gliedern gewesen wäre. Eben so wenig hätte Epaminondas bey Leuctra die Lacedämonier, und Cäsar bey Pharsalus die zahlreiche Cavallerie des Pompejus angegriffen.

II. Theil.   Q   Die

Die von mir gewählte Stellart ist die zwote römische, welche ich unserm Genie und unsern Waffen angepasset habe. Die Anordnung der Manipuln wurde blos in der ersten Hitze des republikanischen Eifers gebrauchet, da man sich auf auserlesene Soldaten verlassen konnte, die durch den großen Bewegungsgrund des Ruhmes und der Liebe zum Vaterlande geleitet wurden. Diese Empfindungen haben in einem monarchischen Staate weit weniger Kraft, als in einer aufblühenden Republik: Dort sind die Tugenden nicht so lauter, die verschiedenen Classen der Bürger stehen weiter von einander ab, und die zahlreichste derselben, welche die Soldaten liefert, wird minder geschätzet: Mithin braucht man alsdann eine feste Stellordnung, worinn die Feigen durch die Menge aufgemuntert, beides durch den Strom fortgerissen, und durch das Exempel angefrischt werden können.

Vielleicht wird man gegen die angegebenen Vortheile meiner Cohorten einwenden, daß ich sie auf die Verkürzung der Linien gründe, und mich hierdurch der Gefahr aussetze beständig überflügelt zu werden. Ohne auf das heutige System zu schimpfen, will ich diesen Einwurf kurz und einleuchtend beantworten. Wenn man meine Elementartaktik befolget, so wird man sie zugleich auf die großen Kunstbewegungen anwenden, und sich in allen Fällen nach ihren Grundsätzen richten. Gesetzt aber, daß man bey Einführung dieser Stellart von dem alten Gebrauche nicht gänzlich abweichen wollte, so wird man bey meinem Lehrgebäude alle mögliche Leichtigkeit finden, es demselben anzupassen. Wenn ich zum
Beyspiel

Beyspiel dreyßig Cohorten eben so vielen Bataillonen von gleicher Stärke entgegen stellen soll, welche in einer vollen Linie drey Mann hoch geordnet sind, so hindert mich nichts, die Cohorten auf vier Glieder abzudoppeln, und ihnen einen Zwischenraum von sechs und zwanzig militairischen Schritten zu geben, welches mit Innbegriff desselben den vierten Theil der Fronte ausmacht; alsdann wird meine Linie eben so viel Ausdehnung, als die Linie der Bataillonen haben. Die Zwischenräume werden nicht gefährlich seyn, weil ich sie nach Belieben durch die Leichtbewaffneten, oder wenn man diese verwirft, durch die Granadiers des ersten und zweyten Treffens zuschliessen kann. Bey einer gleichen Fronte, werde ich alsdann noch ein Glied mehr in der Tiefe haben. Da ich mich nicht immer mit plätschern abgebe, so kann ich an einigen Orten vier oder fünf Cohorten verdoppeln, und sie durch eben so viel aus dem zweyten Treffen unterstützen; mit diesen werde ich den Feind über den Haufen werfen, dessen seichte Linie keines Widerstandes fähig ist. Ich hätte über diese Materie noch manches zu sagen, das ein militairisches Genie errathen kann. Zur Beantwortung des obigen Einwurfs mag dieses genug seyn. (†) Laßt uns dieses Hauptstück durch ein Beyspiel endigen,

---

(†) Manchem Lesern wird diese Widerlegung nicht ganz überzeugend vorkommen, weil darinn die Hauptfrage mehr abgelehnet als aufgelöset wird. Der Herr Verfasser hätte sie in Absicht der natürlichen Stellung seiner Cohorten, welche er auf acht Glieder setzt, beantworten sollen. Ein schräger Angrif ist wohl das sicherste Mittel die Ueberflügelung vorzubeugen.

endiget, welches über die abgehandelten Gegenstände ein neues Licht verbreiten wird.

In dem Feldzuge von 1716 gieng der Prinz Eugen, der sich mit den Türken schlagen wollte, unterhalb Peterwaradein über die Donau, und lagerte sich in alten halb zerstörten Verschanzungen, die sich unweit dieser Festung befanden. Die Türken näherten sich durch Laufgräben, warfen große Parallelen aus, und legten verschiedene Batterien an, von welchen sie das Lager der Kaiserlichen beschossen. (a) Der Prinz Eugen hielt nicht für rathsam, sie darinnen zu erwarten, und beschloß ihnen ein Treffen zu liefern. Die Türken welche seine Absicht erriethen, setzten sich ebenfalls in Bewegung, und rüsteten sich zur Schlacht. Die kaiserliche Armee war so gestellet, daß die Infanterie des rechten Flügels durch die Verschanzung bedecket wurde. Das Treffen hub zur Linken, und zwar mit dem besten Erfolg für sie an. Die Reuterey des rechten Flügels hatte ebenfalls einen Vortheil über die türkische erhalten: Alles gieng vortrefflich, als man auf den Einfall gerieth das Fußvolk dieses Flügels gegen den Feind marschieren zu lassen; es konnte anders nicht, als durch die Thore oder Oeffnungen aus der Linie hervor kommen, so daß es in acht Colonnen, und zwar unter dem Feuer der Türken ausrückte, welche in ihren Parallelen stunden. Diese stürmten

---

(a) Die Türken durchwühlen die Erde wie die Maulwürfe: Ihre Laufgräben sind breit und tief aber ungeschickt angelegt. So oft sie sich ihrer in dergleichen Fällen gegen die Christen bedienet, haben sie selbst ihr Grab darinnen gefunden.

ſtürmten mit ſchrecklichem Geſchrey aus ihren Löchern, fielen auf die Spitze dieſer Colonnen, denen ſie keine Zeit ließen ſich zu entwickeln, und jagten ſie in die Verſchanzung zurück. Der Feind ſetzte ihnen ſo ſcharf zu, daß er zugleich hinein drang, und ſie ſich nicht herſtellen konnten; ſo gar das zweyte Treffen ward in Unordnung gebracht. Die Schlacht wäre verlohren geweſen, wenn nicht der Prinz Eugen, welcher auf alles ein wachſames Auge hatte, eiligſt zwey tauſend Reuter von dem linken Flügel hätte vorrücken laſſen: Sie hieben in die Flanke der Janitſcharen ein, die ſich mit einer Verſchanzung beſchäfftigten, und im Begriffe ſtunden, ſie gleich der erſten zu erſteigen. Hierdurch kamen die Sachen in ihre erſte Lage, das deutſche Fußvolk richtete ſich wieder, und die Schlacht wurde gewonnen.

Es braucht nur ein wenig Nachſinnen, um die Urſache einzuſehen, welche die Kaiſerlichen in ſo große Gefahr ſtürzte. Wären ſie in verdoppelte Cohorten formiert geweſen, ſo hätten die acht Colonnen, welche aus den Verſchanzungen giengen, ſich augenblicklich in eine Linie geſtellt, und mittlerweile, daß die erſten Cohorten Fronte gemacht hätten, würden die folgenden mit der Flanke marſchiert, und auf alles hergefallen ſeyn, was zwiſchen die Colonnen eingedrungen wäre. Statt deſſen aber giengen ſie vermuthlich in Viertels - oder Achtels-Bataillonen von vier Gliedern, mit Beobachtung der in ſolchen Fällen üblichen Abſtände heraus: So wie jede Abtheilung hinter der Linie hervortrat, mußte ſie ſich halb ſchwenken: Die Türken welche nur

einige

einige Schritte von ihnen waren, fielen sie hastig an, fanden schwache Flanken die keinen Widerstand leisten konnten, und gar bald in Unordnung kamen. Dieses mußte so gehen, und wird sich in ähnlichen Gelegenheiten mit Bataillonen allemal ereignen.

Zweytes Hauptstück.

Vom Angriff einer durch Redouten bedeckten Armee.

Ich habe im zweyten Theile von den Fehlern der Verschanzungen, und den Vorzügen der Redouten geredet. Ich habe mich auf die wichtigsten Zeugnisse und auf verschiedene Beyspiele gestützt. Ich will noch eines der merkwürdigsten anführen, welches mir zugleich Stoff zu einigen Anmerkungen über die dienlichste Art eine hinter Redouten postierte Armee anzugreifen, an die Hand geben wird.

Der Czaar Peter I belagerte Narva mit beynahe hundert tausend Russen. Er hatte sich mit einer Circumvallation und mit einer Contravallation bedeckt, welche nur einen halben Zirkel ausmachten, weil diese Festung auf dem linken Ufer der Narva liegt. Es befand sich nur ein kleiner Corps Sachsen jenseits des Flusses. Karl XII erschien mit höchstens zwanzig tausend Mann, und besann sich keinen Augenblick diese so erstaunende Uebermacht anzufallen. Er bildete zwo Angriffsordnungen; die zur Rechten war in zwo, die zur Linken in drey Colonnen; die Reuterey folgte der Infanterie in halben Schwadronen. Vierzig Feldstücke mußten den Angriff vorbereiten, welcher überall mit der größten Lebhaftigkeit erfolgte.

1700

Adlerfelds Geschichte Karl XII.

erfolgte. Die russische Cavallerie versuchte es zwar auszurücken, und den Colonnen in die Flanken zu fallen; allein der König in Schweden ließ nicht mehr hervorbrechen als er gern wollte; dann griff er sie an, hieb sie zu Schanden, und jagte den Rest wieder hinein. Sobald die Schweden die Höhe der Verschanzung erreicht hatten, verbreitete sich überall Schrecken und Unordnung; ein Theil der Russen nahm die Flucht; eine grosse Menge ersoff als sie über den Fluß wollte; die andern streckten das Gewehr, und gaben sich gefangen.

Es ist unleugbar, daß der damaligen schlechten Kriegszucht der Russen, und der Unerfahrenheit ihrer Anführer ungeachtet, der König in Schweden doch nimmermehr das Herz gehabt hätte, sie anderswo als in Verschanzungen anzugreifen: Die Ungleichheit war allzu groß, und wenn sie sich hätten entwickeln können, so wären die Schweden bey aller ihrer Tapferkeit übermannet worden. Wir sehen, daß die Russen einen Cavallerieausfall versuchten, und nicht damit zu Stande kommen konnten. Sie waren auch zwischen die beiden Verschanzungslinien eingepreßt, welche den Schweden, als sie hinein gedrungen zu vortheilhaften Stützen für ihre Flanken dienten; dahingegen die verworrene Masse der Russen keine Freyheit mehr hatte zu agiren.

Der Czar der durch seine Niederlage gewitzigt wurde, fürchtete sich nach der Hand eben so sehr von den Schweden in Verschanzungen angegriffen zu werden, als sie im freyen Felde zu erwarten: Seine gemachten Ueberlegungen bewogen ihn bey Pultawa seine Fronte mit Redouten zu besetzen. Dennoch scheint es, daß er

nur

nur seine Cavallerie dahinter stellte, und den größten Theil der Fußvölker in seinem verschanzten Lager zurück ließ. Er war auf dem Punkte die Schlacht zu verlieren; der König in Schweden drang schnell zwischen den Redouten des rechten Flügels hindurch, fiel die Cavallerie an, warf sie über den Haufen, und sprengte sie dermaßen aus einander, daß sie im Begriffe stund über die Worsкla zurück zu gehen, welche die Russen auf ihrer Linken und im Rücken hatten. Während dieser Zeit griff der General-Major Rosen die Redouten des linken Flügels an; er nahm sie weg; allein es kostete ihn viele Leute, und brachte ihn so sehr in Unordnung, daß die Russen Zeit gewannen, sich wieder zu sammeln. Die Infanterie, welche in den Verschanzungen stund, rückte heraus, und richtete ihn vollends zu Grunde. Der König hatte sich jenseits der Redouten in Schlachtordnung gestellt, und erwartete das rosensche Corps. Als er den Unfall desselben vernahm, beschloß er mit dem Reste seiner Truppen auf den Feind loszugehen. Ungeachtet er wegen seiner Wunde auf einer Feldbahre getragen werden mußte, so wandte er doch eine fast übermenschliche Gewalt an; endlich aber mußte er unterliegen, und gegen den Dulepre fliehen.

Das einzige Mittel eine durch Redouten bedeckte Armee zu überwinden, ist eben dasjenige, so Karl XII bey dieser Gelegenheit wählte. Es ist zu verwundern, daß er dem General Rosen keinen gemessenen Befehl gegeben, sie nicht anzugreifen. Ohne Zweifel hatte er keine Zeit dazu, oder sein Verbot wurde unrecht verstanden, weil die Schweden die Redouten eher nicht erblickten,

als

als bis sie ganz nahe daben waren. Rosen hielt es bey der Schwäche der schwedischen Armee für gefährlich, diese Posten hinter sich zu lassen, wovon jeder mit zwey Bataillonen besetzt war. Gleichwol hätte diese Ursache ihn abhalten sollen, sich daran zu wagen, und nicht seine Kräfte dabey zu erschöpfen.

Wenn ein aus Cohorten bestehendes Heer sich in diesem Falle befände, so müßte man die Angriffsordnung colonnenweis bilden, das ist, eben so viel Colonnen verdoppelter Cohorten machen, als die Redouten Zwischenräume haben. Die Cohorten müssen unter sich einen Abstand von zwanzig Schritten beobachten. Während dieser Zeit wird man die Infanterie der Redouten durch abgesenderte Haufen beschäfftigen, welche sie mit einem Angriffe bedrohen, und ihn auch würklich vornehmen können, falls man stark genug an Fußvolk ist, wo nicht, so müssen sie sich begnügen, sie mit einem heftigen Kanonenfeuer zu beunruhigen.

Mit der gewöhnlichen Stellordnung der Bataillonen würde man nimmermehr zwischen den Redouten durchbringen können; (†) sie würden wegen ihrer Ausdehnung und der Schwerfälligkeit ihres Marsches zernichtet seyn, ehe sie den Zwischenraum zurück gelegt hätten. Wenn sie aber auch ja hindurch kämen, so müßten sie nothwendig in Unordnung seyn, und würden keine Zeit haben

---

(†) Bey einer solchen Gelegenheit würde ein General auch schwerlich die gemeine Stellart der Bataillonen beybehalten, welche übrigens, wenn der Zwischenraum einmal erreicht wäre, bey weitem keine so große Flanken bloß geben würden als die Colonnen.

haben sich aufzustellen, sondern von der feindlichen Linie flugs über den Haufen geworfen werden. Mithin ist die Stellung der verdoppelten Cohorten zu dieser Angriffsart allein dienlich, und wenn ich diese Anordnung nicht kennete, so würde ich die Folardischen Colonnen, oder vielmehr die Plesionen dazu gebrauchen. Der Durchgang der Reuterey zwischen den Redouten ist schon etwas mißlicher; dennoch haben wir gesehen, daß Karl XII mit der seinigen ohne allzu große Mühe durchbrang. Was er gethan hat, kann noch itzt mit gleichem Erfolge geschehen.

Die durch die Infanterielinie unterstützten Redouten lassen sich schwerer überwältigen, als die so vor der Reuterey liegen. Daher würde ich mich vorzüglich an sie machen, und auf dieser Seite meine größte Gewalt anwenden. Aus gleicher Ursache würde ich, wenn ich hinter Redouten postiert wäre, mein erstes Treffen aus lauter Infanterie, und mein zweytes aus Reutern mit einigen untermengten Bataillonen formieren. Der Grund dieser Anordnung ist, weil ich es als eine moralische Unmöglichkeit ansehe, daß eine gute Infanterie in acht oder auch nur in sechs Gliedern, welche wohl gestützet und durch starke Redouten flankiert ist, durch Reuterey überwältigt werden könne, und wenn auch irgend ein Theil erschüttert werden sollte, so würde meine in der zwoten Linie stehende Cavallerie in den verworrenen Feind einhauen, und das Treffen wieder herstellen. Sollte hingegen dieser irgendwo zurück getrieben werden, so marschiert die Reuterey vor, macht sich diesen Augenblick der Unordnung zu Nutze, und vollendet
seine

seine Niederlage. Will man an einigen Orten Cavallerie vorrücken lassen, so müssen die Cohorten sich verdoppeln, und indem sie sich rechts und links zurück ziehen, ihr einen freyen Durchgang öffnen.

Einige haben den Redouten einzelne Sägenwerke oder getrennte Baſtionen vorgezogen, und man findet hievon ein ganzes Lehrgebäude in dem Anhange, welcher den militariſchen Abhandlungen des Hrn. von Vauban iſt beygefügt worden. Die Urſache die man zur Vertheidigung dieſer Meynung beybringt, iſt, daß wenn der Feind ſich einiger Redouten bemächtiget, es nicht mehr möglich iſt, ſie wieder einzunehmen, indem ſeine Linie ſie unterſtützen wird; weil aber auch die meinige ſie unterſtützet, ſo wird es eben ſo unmöglich ſeyn ſie zu erobern; folglich muß die dahinter ſtehende Linie zerriſſen werden, ehe man ſie angreift. Ueberdieſes kann ſie ſich ja wieder ſammeln, und durch einen Rückhalt verſtärkt den Angriff erneuern, mittlerweile daß der Feind noch mit den Redouten zu thun hat; dahingegen wenn die Kehlen offen ſind, und die dahinter ſtehenden Truppen nur ein wenig wanken oder zurück weichen, die Sägenwerke ſogleich ohne Rückkehr verlaſſen werden müſſen. Denn wenn der Feind keine Stützen darinnen findet, ſo hat er auch die Mühe nicht ſich zu brechen, um ſie anzugreifen. Er kann ganz gemächlich in Schlachtordnung dazwiſchen durchgehen, und die geſchlagene Armee, welche keinen Schutz mehr vor ſich ſieht, verlieret den Muth und ziehr ſich zurück.

Geſetzt ich hätte einen ganzen Cavalleriefügel, der durch Redouten beſchützt wäre, ſo würde ich anſtatt ihn dahinter

dahinter zu stellen, meine erste Linie vortreten lassen, um sie zu verdecken, so daß dieselben sich zwischen den beiden Linien befinden würden. Will der Feind angreifen, so ziehe ich die erste Linie zurück, und lasse sie durch die Zwischenräume der zwoten durchmarschieren, welche zu gleicher Zeit hervortreten muß, um sich den Redouten zu nähern. So würde der Feind in die Falle tappen, und plötzlich mit einem starken Kartätschen- und Musketenfeuer empfangen werden, welches ihn gewaltig beschädigen müßte. Gehet nun in diesem Augenblicke meine Linie auf ihn los, so muß sie ihn gänzlich über den Haufen werfen. Wenn ich hingegen die Redouten auf der Fronte ließe, so würde der Feind alle nöthige Maßregeln nehmen, um den glücklichen Erfolg seines Angriffs zu versichern; er würde seine Artillerie spielen lassen, sich mit einer Menge Fußvolks verstärken, die Reuterenlinie durch sein Feuer entfernen, und die Redouten anpacken, um seinen Schwadronen einen freyen Durchgang zu verschaffen.

Das erst beschriebene Manduvre wird unfehlbar gelingen, wofern man sich angelegen seyn läßt, dem Feinde den Bau dieser Schanzen zu verbergen, welches sehr leicht ist, wenn man sie entweder des Nachts verfertigt, oder des Tages die Arbeit durch eine Reihe Schwadronen verblenden läßt. Im Nothfalle kann eine Redoute binnen vier Stunden aufgeworfen werden.

Ich habe mehrmals gesagt, daß eine Armee die sich auf die Gegenwehr einschränkt, keine bessere Stützen finden kann, als wenn sie sich mit Redouten bedeckt. Ich habe die Anstalten des Königs Sobiesky bey Zurauno,

des

des Czaar Peters bey Pultawa, und des Marschalls von Sachsen bey Mastricht angeführet; doch bis jetzt habe ich noch einen der wichtigsten Vortheile verschwiegen, den dieser Gebrauch hauptsächlich bey einer mit dem System der Cohorten übereinstimmenden Taktik verschaffen kann. Jedermann weiß, daß es einer der größten Fehler eines Generals ist, wenn er sich in die Flanke fassen läßt. Indessen wird man auch bey der genauesten Wachsamkeit bisweilen durch Blendwerke getäuschet, wodurch der Feind einen Marsch verbirgt, den man eher nicht als zu spät gewahr wird. Da dieses dem Feldmarschall Montecuculi in seinem Lager bey Renchen (a) und dem König in Preußen bey Hochkirchen begegnet ist, wie kann der geschickteste sich schmeicheln, daß er nicht könne hintergangen werden? In solchen Umständen läuft ein in zwo seichten und weitschichtigen Linien gelagertes Heer die größte Gefahr. Laßt uns aber annehmen, daß es

1675. (a) Der Marschall von Turenne war in seinem letzten Feldzuge dem Montecuculi gegenüber gelagert, und von ihm durch den kleinen Fluß Rench getrennet, der nicht weit von seinem rechten Flügel in den Rhein fiel. Auf seiner Rechten nach dem Gebürge zu, war das Land mit Wäldern und Sümpfen bedeckt, die man für undurchgänglich hielt. Turenne fand Mittel, sich einen Durchweg zu bahnen; er besetzte verschiedene Posten oberhalb der Rench, und zog hierauf mit seiner ganzen zwoten Linie hinüber, die sich der linken Flanke des Feindes nahete. In dieser Lage hatte die französische Armee sechs Posten inne, welche einen Winkel bildeten, und durch die Beschaffenheit des Landes sowol als durch eine leichte Gemeinschaft beschützet wurden. Montecuculi den auf der andern Seite der Rhein in die Enge trieb, faßte den Entschluß sein Lager abzubrechen,

es aus Cohorten bestehe, und nach dem Muster der Figur (*A*) gelagert sey: Wenn dann der Feind aller Vorsicht ungeachtet über den kleinen Fluß gehet, und gegen die Flanke (*B*) vorrückt, welche durch Redouten bedeckt seyn muß, so kann man seine Stellung gar bald verändern. Die Dragoner der Rechten (*C*) dürfen sich nur auf die linke Seite schlagen, und diesen ganzen Cavalleriefügel nach sich ziehen; die fünf Cohorten (*D*) besetzen die Redoute (*E*) und den Rand des Waldes; der rechte Flügel der Infanterie wird mit seiner Linken, und der linke Fülgel mit seiner Rechten auf den Wegen (*F*) und (*G*) vormarschieren. Die Küraßiers der Linken können sich durch den Weg (*H*) und die Dragoner durch den Weg (*I*) in Bewegung setzen. Alle Zugänge durch den Wald muß man zuvor geöffnet, sehr breite Brücken über die Bäche und eine Faschinenbahn über den Moraß (*K*) gemacht haben. Die Reuter und Dragoner müssen sich mit größter Geschwindigkeit vor die Redouten werfen, um den Feind zu beobachten, und in den Schranken zu halten. Unterdessen wird die Infanterie sich auf den Anhöhen in Schlachtordnung stellen; man wird alle Redouten besitzen, und die Cavallerie wird sich dann wieder auf die Flügel postieren. Ich habe ein durchschnittenes Erdreich angenommen, weil es am meisten Schwierigkeiten hat, und der Linie einen eingehenden Winkel gegeben, welche Stellung, wenn sie statt findet, eine der stärksten ist, die man wählen kann.

Die Wendung einer Armee, die sich auf ihrer Flanke in Schlachtordnung stellen will, erfordert eine große Behutsamkeit, damit die Colonnen einander nicht durchkreuzen,

kreuzen, und jede an den kürzesten Weg durch den ihr bestimmten Ort gelangen möge. Wollte die Armee (*A*) sich auf ihre Rechte in Schlachtordnung stellen, so müßte der linke Cavallerieflügel durch die Linke (*L*), und die Infanterie durch (*M*) nach dem Walde (*N*) und dem Schlosse (*O*) marschieren. Bey Verlassung des ersten Standorts muß man dennoch die vornehmsten Posten mit einem Beobachtungscorps besetzt lassen, weil der Feind den listigen Vorsatz haben kann, auch auf dieser Seite einzubrechen. Die Stellung der französischen Armee zu Crefeld im Fürstenthum Mörs, war ungefähr so beschaffen; vor sich hatte sie die Landwehr; (a) ihre Rechte stieß an Waldungen; ihre Linke aber war ohne Stütze. Der Prinz von Braunschweig gieng weit oben über die Landwehr, und erschien plötzlich auf ihrer Fronte. Diese Bewegung war durch zwey Corps masliert, wovon das eine nach Crefeld, welches vor dem rechten Flügel der Franzosen lag, das andere gegen die Fronte ihrer Linken marschierte. Sie nöthigten die Truppen, welche Crefeld inne hatten, sich hinter die Landwehr zu ziehen. Der Heerführer der Alliirten wußte wohl, daß die Franzosen es nicht wagen würden, über den Graben zu gehen, um diese Corps anzugreifen, und daß beide, ungeachtet ihrer Entfernung von der Hauptcolonne, in Sicherheit waren. Ich will über diesen Vorfall keine Betrachtungen anstellen. Freylich thaten die französischen Feldherren alles was sie in ihren verdrießlichen Umständen thun konnten; Man sieht aber, wie viel es darauf ankömmt,

23ten Junÿ 1758.

―――――

(a) Ein mit Zäunen eingefaßter Graben.

ankömmt, die Ränke des Feindes vorzusehen, und sich auf alle seine Bewegungen gefaßt zu halten.

Die Preußen waren zu Hochkirchen weit besser postirt als die französische Armee bey Crefeld; gleichwol wurden sie auf ihrer Flanke angefallen und geschlagen: So schwer ist es sich vor dergleichen Manöuvren zu schützen, so nöthig ist es, ihnen durch alle mögliche Maßregeln vorzubauen. Der Feldmarschall Daun, der sich die Lage des Landes zu Nutze machte, welches mit Waldungen bedeckt war, verbarg den Marsch seines linken Cavallerieflügels und eines Theiles seiner Infanterie. Dieses Corps setzten sich bey Nacht in Bewegung, und umzogen den rechten Flügel der Preußen. Um vier Uhr des Morgens * brach die östreichische Infanterie in drey Colonnen aus dem Walde hervor und gieng auf das vor der Flanke befindliche Edgenwerk los, mittlerweile daß die Reuterey, welche einen größern Umweg gemacht hatte, dem Feinde in den Rücken kam. Um dieses Manöuvre zu begünstigen, machte der östreichische linke Flügel auf seiner Seite einen verstellten Angriff. Der König in Preußen wurde genöthigt, sein Lager mit vieler Artillerie und allen Zelten im Stiche zu lassen. Doch diese Schlappe, welche seine Armee gänzlich hätte zu Grunde richten sollen, hinderte ihn nicht noch länger im Felde zu bleiben. Vermittelst der bewundernswürdigen Ordnung, welche in der preußischen Staatsverwaltung herrschet, wurde alles mit einer fast unbegreiflichen Schnelligkeit hergestellt. Wenn auch dieser Held unsers Jahrhunderts bisweilen einen Verlust litt, so ist er doch dem Glücke des Ueberwinders gleich wieder in

* 14ten Octobris 1758.

II. Theil.   R   den

den Weg getreten. Er hat sich durch das Geständniß seiner Fehler, (a) und durch seine Fruchtbarkeit an Hülfsmitteln, eben so groß in seinen Niederlagen, als bey seinen Siegen erwiesen.

(a) Der Brief ist bekannt, welchen er nach der Schlacht bey Chozemitz geschrieben, und worinn er gestund, daß er aus einer allzugroßen Sorglosigkeit zur Vertreibung des östreichischen rechten Flügels nicht genug Infanterie gebraucht habe. In seinem Kriegsunterrichte ist er eben so

Art. 23. offenherzig: Indem ich, sagt er, also gewisse Regeln von Schlachten gegeben habe, kann ich nicht in Vergessenheit stellen, daß ich solchen öfters aus Unvorsichtigkeit nicht nachgekommen bin. Meine Officiers aber sollen sich meine Fehler zu Nutze machen, und zugleich wissen, daß ich bedacht bin, sie zu verbessern. Hier sehen wir den großen Mann, und die wahren Talente.

Drittes Hauptstück.
Von den verschiedenen Arten der Lager.

Wenn man, sagt Vegez, eine Armee im Angesichte des Feindes aus einer Festung, oder aus einem Lager ziehen will, so muß man sich wohl in acht nehmen, daß er indem sie aus den Thoren defiliret, sie nicht mit vereinigten Kräften stückweis zu Grunde richte. Man muß ihm zuvorkommen, und die Truppen vor seiner Annäherung auf dem Schlachtfelde in Ordnung stellen. Wenn er sich zuerst zeiget, ehe man aus der Festung oder dem Lager ausgerückt ist, so muß man das Treffen auf ein andermal versparen, oder sich wenigstens so anstellen, als wolle man nicht heraus kommen, um ihn sicher zu machen, und ihm Gelegenheit zu geben, sich auf seiner Rückkehr unachtsam zu zerstreuen. Alsdann muß man mit dem Kern seiner Truppen über ihn herfallen.

Bey den Alten glich die Form des Lagers der Schlachtordnung nicht. Ein römisches Lager war einer festen Stadt ähnlich, aus welchem man in einer sehr schmalen Fronte zur Schlacht ausrücken mußte. Wenn zwo Armeen gegen einander gelagert waren, so pflegte die eine gemeiniglich die andere zum Treffen aufzufordern. Zu diesem Ende kam sie aus ihren Verschanzungen und rückte in Schlachtordnung vor; diejenige aber, welche sich nicht schlagen wollte, blieb eingeschlossen; oder wenn sie sich ehrenthalben zeigte, so that sie es nicht anders als auf einem vortheilhaften Erdreich, und nahe genug bey ihrem Lager, um von demselben Schutz zu erhalten. So betrug sich Pompejus bey Dyrrachium und eine Zeitlang bey Pharsalus." Im africanischen Kriege hielt Cäsar sich in seinem Lager bey Rhuspina, am Ufer des Meeres lange verschlossen, bis seine übrigen Legionen eintrafen. Er erduldete die höhnischen Aufforderungen der Gallier sehr oft, ohne heraus zu gehen; diese scheinbare Furchtsamkeit reizte zur Verachtung und machte sie tollkühn. Hierdurch zog er sie bald in diesen bald in jenen Fallstrick, oder er verleitete sie zur Hinlässigkeit, welches ihm verschiedene grosse Siege zuwege brachte. Wenn ein General das Treffen annehmen wollte, so war viel daran gelegen, daß er sich außerhalb des Lagers befand, ehe der Feind während dem Ausrücken einen Angriff thun konnte. Am Tage der Schlacht bey Elinga glaubte Asdrubal bey Erblickung der durch den Scipio voraus geschickten römischen Reuterey und leichten Truppen, daß es die ganze Armee wäre. Aus Furcht er möchte unter dem Defiliren angegriffen werden, rückte er eilends aus seinem Lager, ohne seinen Leuten Zeit zum Essen zu lassen, welches die erste Ursache seiner Niederlage war.

* De Bell. Civ. Lib. 3.

Polyb. Buch 2. Kap. 19.

Die Römer fürchteten sich nicht in ihren Lagern seitwärts oder von hinten angefallen zu werden. Da sie nicht

nicht in einer Panierfronte, das ist schlachtförmig darinn stunden, so galt es ihnen gleich viel, ob sie durch das Vorderthor, durch die Decumana (†), oder durch die Seitenthore heraus giengen: sie kamen nicht geschwinder durch das eine oder durch das andere in Schlachtordnung. In ihren Vertheidigungslagern suchten sie sich durch Flüsse und Moräste zu decken, oder sich auf Anhöhen zu setzen. Wenn sie aber gleich bey andern Gelegenheiten keine Stützen hatten, so findet man doch kein Beyspiel, daß sie durch einen Angriff im Rücken geschlagen worden. Aller dieser Vortheile ungeachtet, würde ich, wenn unsere Linie minder gedehnt wäre, die neuere Methode mit dem Unterschiede vorziehen, daß man die Flanken der Cavallerie durch gute Infanteriereserven wohl versichern und bedecken müßte. Man muß auch die nöthigen Maßregeln ergreifen, um seinen Standort geschwind und ohne Verwirrung ändern zu können.

Wenn man ein Lager beziehen will, welches ein ganzes Land bedecken soll, so wird hierzu diejenige Gegend gewählet, wodurch der Feind am geradesten zu seinem Ziele gelangen kann. Der gefaßte Posten muß auf der Fronte, sowol als auf den Flanken durch Natur oder Kunst befestigt seyn. Doch ist die beste Lage nicht vor der Hinterziehung gesichert, und sobald der Feind sich zu diesem Ende in Bewegung setzt, muß man seinen Standort verändern. Es ist also höchst nöthig, sich auf solchen Fall nach allen dienlichen Posten umzusehen, und

seinen

(†) So wurde das hintere Thor genannt, welches das größte war, und dem Vorderthor, welches eigentlich Porta prætoria hieß, gegenüber stund.

seinen Hinmarsch vorzubereiten. (a) Der Rücken dieser Lager muß frey seyn; es scheint überflüßig sie zu verschanzen, weil der Feind sie anders nicht als durch einen großen Umweg hinterziehen, und diese Bewegung insgeheim nicht machen kann, wofern man ihn nur ein wenig beobachtet; denn man muß die Hauptposten zur Rechten und Linken, und alle Zugänge bis auf eine gewisse Entfernung besetzt halten.

Wenn man im Angesicht eines schwächern Feindes gelagert ist, so muß man ihn nicht verachten, sondern ihm nur desto weniger trauen, da seine Schwäche ihn verleiten kann eine Kriegslist zu gebrauchen, und einen unvermutheten Anfall zu wagen: Daher pflegte der Herzog von Parma, Alexander Farnese, sich in allen seinen Lagern zu verschanzen. Da aber gleichwol die geschlossenen Verschanzungen weder die Vorposten noch die streifenden Partheyen entbehrlich machen, so scheint es meines Erachtens genug, wenn man diejenigen Orte verschanzet, welche dem Feinde zu Stichpunkten dienen könnten, und wenn der Platz wo man sich in Schlachtordnung

1674. (a) Als nach der Schlacht bey Ensheim der Churfürst von Brandenburg zu den Türken stieß, befand sich der Marschall von Turenne weit schwächer. Er lagerte sich bey Marlenheim, und hatte den kleinen Fluß Mutzig auf seiner Rechten. So deckte er Hagenau und Zabern, und da er der Gegend auf seiner Rechten nicht allerdings trauete, so ließ er daselbst auf einer etwas erhabenen Ebene Sternwerke anlegen. Durch dieses Mittel versicherte er sich dieser Seite, und bahnete sich seinen Rückzug in das Lager bey Dettweiler, welchen er einige Tage hernach bewerkstelligte.

ordnung stellen muß, nichts nachtheiliges an sich hat. Die Flanken aber sollen jederzeit durch einen Fluß, durch Waldungen, Moräste oder befestigte Posten gesichert seyn. Kann man ihnen keine solche Stützen geben, so müssen sie mit Redouten, Verhauen oder Graben verwahret werden.

Die Lager welche bestimmt sind eine Belagerung zu decken, den Feind zu beobachten, seine Absichten auszuspähen, und von seinen Bewegungen Vortheil zu ziehen, müssen befestigt, und dabey wohl gelegen seyn. Man muß eine sichere Gemeinschaft unter den Truppen, seine Vorrathsniederlagen im Rücken, und um sich her ein freyes Land zu fouragieren haben. Die zu Kunnersdorf bey Frankfurt postierte russische Armee bildete auf einer Anhöhe einen Bogen, davon die Oder die Sehne ausmachte, und hatte die Stadt hinter sich liegen. Ihre beyden Flanken lehnten sich nicht ganz an den Fluß; sie waren aber durch die Natur des Erdreichs nicht minder gesichert. Die ganze Fronte sowol als das vorne daran liegende Dorf Kunnersdorf waren verschanzet. Der König in Preußen griff dieses Lager an; er brauchte seine größte Gewalt auf der Linken, drang in den ersten Feldwall,* und bemächtigte sich des Dorfes. Als aber die Russen sich auf dieser Seite verstärkt hatten, so thaten sie den Preußen Einhalt, und trieben sie nun auch zurück. Zu gleicher Zeit rückte der General Laudon an der Spitze seiner Cavallerie zur Rechten aus den Verschanzungen; er fiel der preußischen Reuterey in die Flanke, welche auf die Infanterie zurück stürzte, und sie in Unordnung brachte. Dieser Unfall nöthigte den König zum Rück-

1759.

* Enveloppe.

zuge. Die Russen waren vermöge ihrer Stellung sehr nahe beysammen, und im Stande sich mit vieler Geschwindigkeit von der Rechten zur Linken die Hand zu bieten. Die Preußen hingegen hätten sie nicht einschließen und an verschiedenen Orten zugleich angreifen können, als wenn sie sich übermäßig ausgedehnet, und ihre Linie getrennt hätten, welches sie nicht wagen wollten. Dem ungeachtet konnten sie den Einbruch in ihre linke Flanke, welche schlecht beschirmet war, nicht verhüten. So groß ist der Vortheil des eingebogenen Halbkreißes, welcher bey gewissen Gelegenheiten eine der besten Wehrstellungen abgiebt.

Ein verschanztes Lager, das unter einer Festung liegt, ist sehr gut, wenn es auf der einen Seite von ihr flankiert wird, und auf der andern nicht umzogen werden kann, sondern z. B. an die Krümmung eines Flusses, oder an unwegsame Moräste gelehnet ist: Es müßte auch von keiner Anhöhe bestrichen werden können. Dergleichen Gegenden sind selten anzutreffen, daher haben solche Lager oft kein bisseres Schicksal gehabt als andere. Dem ungeachtet führt man damit noch besser, als wenn man sich wie die Holländer im Jahr 1672, in Festungen zerstreuet, oder in eine große Stadt einsperret. Wenigstens verläßt man das Erdreich nur Schritt vor Schritt, und wenn auch die Armee zum Rückzuge genöthigt wird, so bleibt ihr immer noch ein Mittel die feindlichen Unternehmungen aufzuhalten. Auf den Fall eines widrigen Ausgangs muß der General seinen Rückzug vorbereiten, und ihn durch Schanzen versichern, die er an der Spitze seiner Brücken,

oder

oder eines im Rücken liegenden Passes aufwerfen läßt. Auch hier thun die Redouten die besten Dienste, wie ich bey Gelegenheit des Ueberganges der Flüsse bewiesen habe. Nachdem der Prinz von Bevern in seinem Lager bey Breslau überwältigt worden, veranstaltete er bey Nacht seinen Rückzug, und gieng über die Oder, ohne daß der Feind ihn daran hindern konnte. 1757.

Sollte man sich zwischen zwoen feindlichen Armeen befinden, so müßte man sich auf allen Seiten mit gleicher Sorgfalt bedecken. Statt der Verschanzungen würde ich Redouten anlegen, und die Zwischenräume mit Rüstwagen, spanischen Reutern, oder Sperrketten verschließen, welche von zehn zu zehn Schritten an Pfosten eingehackt werden müßten. Diese beweglichen Verschanzungen sind den andern darum vorzuziehen, weil sie das Ausfallen nicht verhindern: Sie dämpfen die erste Hitze des Feindes, und sobald man ihn in Unordnung siehet, kann man auf ihn losgehen und ihn angreifen. Man muß die Verschanzung mit Infanterie besetzen, die Reuterey hinter sie stellen, und in der Mitte hin und wieder Reserven vertheilen. Diese Anordnung kann nur mit Fußvölkern und einem heftigen Kanonenfeuer angegriffen werden, und der Feind muß nothwendig die Redouten wegnehmen.

Dem ungeachtet ist dieses der mißlichste Zustand für einen General, und er würde am besten thun, wenn er einem der feindlichen Heere seinen Marsch zu verbergen suchte, und das andere zu überfallen. (a) Wenn

---

(a) Nämlich das schwächste: Doch muß man dabey die Leichtigkeit

er ihm nur vier bis fünf Stunden abgewinnt, so kann ihm sein Anschlag gelingen. Schlägt er die Armee welche er angreist, so kann die andere ihn eher nicht als auf den Abend erreichen: inzwischen läßt er den Ueberwundenen durch ein paar fliegende Haufen nachsetzen, und rüstet sich die Nacht über zu einem neuen Gefechte. Zuvorderst muß er mit Redouten, Verhauen, Pachwagen

Leichtigkeit des Marsches in Erwägung ziehen: Sollte er auf dieser Seite zu schwer seyn, so müßte man sich ohne Bedenken gegen das andere wenden. Es kömmt viel darauf an, daß der General seine Bewegung durch ein Corps Truppen maskiere, welches bey seinem Rückzuge die Brücken abbrechen, die Wege verderben, und alle Zugänge durch Verhaue sperren muß, um den Marsch der im Rücken gelaßenen Armee zu verfrätigen. Der Herzog von 1635. Rohan, der sich während dem Veltlinerkriege in dieser Lage befand, faßte den Entschluß auf die größere Armee loszugehen, welche acht tausend Mann stark war. Der spanische General der ihn nicht erwartete, wollte sich zurückziehen, und stellte ihm daher seine Reuterey entgegen, um den Abmarsch der Infanterie zu begünstigen. Allein der Herzog von Rohan, dessen ganze Macht aus vier tausend Fußknechten und sechs hundert Pferden bestund, ließ ihm keine Zeit dazu: Er warf sich schleunig in das Bruseier Thal. Seine Reuterey welche die Vorderspitze ausmachte, wurde zwar anfangs zurück geschlagen; als aber seine Infanterie herzueilte, und gesenkter Picke auf den Feind einlief, so ward er aus einander gesprengt, und verlohr mehr als zwey tausend Mann. Wir sehen, daß der Herzog von Rohan bey dieser Gelegenheit sich als ein geschickter Feldherr, die Natur des Erdreichs zu Nutze machte, wo der Feind sich nicht ausdehnen, und von seiner Ueberlegenheit Vortheil ziehen konnte.

gen, spanischen Reutern, kurz mit allem was er habhaft werden kann sich bedecken, und hiernächst an irgend einem Orte einen Hinterhalt anzubringen suchen, um dem Feinde in den Rücken oder in die Flanke zu fallen. Vielleicht wird dieser die Lust verlieren ihn anzugreifen, und ihm Zeit lassen sich zurück zu ziehen, wo nicht, so kann der Sokrat, der bereits durch einen Sieg ermuntert worden, sich noch einen zweyten versprechen.

Ein Trutzlager nenne ich dasjenige, wodurch man dem Feinde seine Bedürfnisse abschneiden, und ihn nöthigen will, entweder eine Schlacht zu liefern, oder seine Unternehmung aufzugeben. In solchen Umständen muß ein General sich mit Vortheil schlagen, weil man seine Stellung sichern, und sich sein Schlachtfeld wählen kann. *Camp offensif.*

Eine Hauptregel bey den Lagern ist, daß sie nicht weit von Wasser und Holz entfernet seyn sollen. Man muß auch auf eine gesunde Gegend sehen, sonst wird ein Heer in kurzem ohne Schwertstreich überwunden. Endlich muß man die Truppen in Hinsicht auf das Erdreich und auf ihre Bestimmung vertheilen, und sich die Anhöhen, Häuser, Hohlwege, Graben u. s. w. zu Nutze machen. In einem Vertheidigungslager wird die Reuterey am füglichsten in das zweyte Treffen gestellt. Steht sie auf den Flügeln, so muß man ihre Flanken verwahren, und ihre Stützposten mit Infanterie besetzen.

Wenn gleich ein Flügel an einen Wald stößt, so ist er darum nicht in Sicherheit. Denn ist der Wald klein, so kann der Feind sich leicht dahinter durchziehen;

ist

ist er groß, so kann er Infanterie darinnen verbergen. Folglich muß man auch welche auf dieser Seite haben, die Zugänge verschließen, und auf seiner Flanke Verhaue machen. Ist man an einen Fluß gelehnet, so muß man alle Furthen verderben, und bewachen lassen; ist es ein Morast, so muß man wohl zusehen, ob er nicht irgendwo feste Bahn hat. Wenn der Fluß breit ist, so erfordert die Klugheit ebenfalls, daß man ihn mit Fußvolk und Kanonen bewache, weil der Feind diese Seite gar leicht mit bewaffneten Schiffen beunruhigen kann.

Die Feldzüge des Königs in Preußen waren besonders in dem letztern von ihm so rühmlich geendigten Kriege, sowol in Absicht der Lagerungen als Märsche überaus lehrreich. Mehr als einmal sahen wir diesen Fürsten mit einer erstaunenswürdigen Schnelligkeit, von einem Ende seiner Staaten an das andere fliegen. Im Jahr 1760. brach er aus der Gegend von Dresden auf, um sich nach Schlesien zu begeben. Er hatte den Feltmarschall Daun, der ihm zuvor kommen wollte, zur Seite, und wurde durch die Corps der Generale Lascy und Ried beunruhigt, welche ihm in gleicher Höhe folgten; nicht zu gedenken, daß die Oestreicher alle Brücken der Spree und Röder abgeworfen und alle Durchgänge verlegt hatten. Aller dieser Hindernisse ungeachtet, kam er nach Schlesien, schlug den General Laudon bey Liegnitz, und vereinigte sich mit dem Prinzen Heinrich seinem Bruder. Dieser hatte bisher die Russen jenseits der Oder gehalten, und den General Laudon genöthigt, die Belagerung von Breslau aufzuheben.

zuheben. Als der König vernahm, daß die Russen auf Berlin losgiengen, machte er lauter verdoppelte Märsche, durchzog Schlesien und die untere Lausitz, kam seiner Hauptstadt zu Hülfe, und zwang die Feinde über die Oder zurückzukehren. Zu gleicher Zeit näherte der Feldmarschall Daun, der ihn verfolgt hatte, sich der Elbe, um Dresden zu schützen, und sich mit dem Prinzen von Zweybrücken zu vereinigen, so daß der König sich immer zwischen den östreichischen und russischen Herren oder der Reichsarmee befand. Endlich beschloß er diesen schönen Feldzug durch den Sieg bey Torgau. Diese Schlacht ist zu sonderbar, als daß ich sie nicht beybringen sollte. Sie beweiset uns, daß eine Armee, wenn sie sich gleich an Dörfer, Anhöhen oder Wälder lehnet, bey der heutigen Lagerungsart darum nicht außer Gefahr ist, sobald die Natur des Erdreichs einen feindlichen Anfall von hinten begünstigt.

Die Reichsarmee hatte bey Annäherung des Generals Hülsen Wittenberg verlassen, und sich nach Leipzig gezogen. Wenig Tage darauf gieng der König in Preußen über die Elbe, und marschierte nach Eulenburg, da indessen der General Daun bey Torgau Posten faßte. In dieser Stellung befand der König in Preußen sich zwischen den Reichstruppen und der östreichischen Armee. Diese lehnten ihren linken Flügel an Torgau, und breiteten sich über Anhöhen, welche gegen die Leipziger Straße ziehen. Das Dorf Großwig lag auf ihrer Rechten, Zinna vor der Linken und Euptitz in der Mitte. Das ganze umliegende Land ist mit Waldungen bedeckt, und mit verschiedenen Bächen durchschnitten. Der König

sig näherte sich den Oestreichern und schlug sein Lager zwischen Schilda und Torgau. Da er entschlossen war ihnen ein Treffen zu liefern, so ließ er die gesammte Infanterie und Reuterey seines linken Flügels, welche aus dreyßig Bataillonen und fünfzig Schwadronen bestund, in drey Colonnen aufbrechen. Sie nahmen ihren Weg über Machern und Wildenhayn nach Neiden, welches hinter der östreichischen Rechten lag. Dieser Marsch war mit dem Zuge des rechten Flügels von dreyßig Bataillonen und siebenzig Schwadronen abgemessen, welcher sich längs der Leipziger Straße durchziehen, und seinen Angriff zwischen den Dörfern Suptitz und Großwig unternehmen sollte, so daß der Feind zu gleicher Zeit von vornen und hinten angefallen wurde. Die zwote Linie der Oestreicher schwenkte sich gegen den preußischen rechten Flügel, und schlug ihn zweymal zurück. Er griff zum drittenmal an, zertrennte verschiedene Regimenta, und die Reuterey schlug sich mit abwechselndem Glücke auf einem sehr engen Erdreich. Sie wollten ihre Stellung ändern, als die preußische Infanterie des rechten Flügels die Anhöhen zwischen Suptitz und Großwig erstieg, sie behauptete, und sich wieder mit einem Theile des Linken vereinigte. Das Gefechte hatte bis neun Uhr des Abends gedauert; endlich entwich die östreichische Armee, welche sich in großer Unordnung befand, und deren General verwundet war, unter Begünstigung der Nacht, über ihre drey bey Torgau geschlagene Brücken, auf das jenseitige Ufer der Elbe.

Bey dieser Gelegenheit vergalt der König in Preussen dem Feldmarschall Daun den Ueberfall bey Hochkirchen,

kirchen, wo dieser ihn auf gleiche Art in den Rücken faßte. Doch ist zu merken, daß der König seinen Marsch am hellen Tage vornahm, und unterwegs auf einige starke Vorposten fiel, welche in den Klitschner- und Wildhayner-Wäldern stunden, und daß er bey Trennung seiner beiden Flügel keine Gefahr lief; denn was auch der Feind für Bewegungen gemacht hätte, um den linken auf seinem Anwege anzugreifen, so hätte er doch den rechten nicht hindern können, ihm in den Rücken zu fallen. So entfernen erhabene Genies sich bisweilen von den gewöhnlichen Regeln.

Viertes Hauptſtück.
Von den Fouragierungen.

Erſter Abſchnitt.
Allgemeine Regeln.

Die Fouragierungen geſchehen vorwärts, auf den Seiten, oder im Rücken. Bald werden ſie von der ganzen Armee, bald nur von einem Theile derſelben vorgenommen. Gemeiniglich pflegt man ſie nach Cavallerie-, oder Infanterieflügeln abzutheilen. Bey einem bloſen Zuglager * hohlen die Truppen Futter auf dem nächſtgelegenen Erdreich; will man aber an einem Orte liegen bleiben, ſo wird das ganze Futterland überſchlagen, und auf die Zeit des Aufenthalts eingetheilet. Iſt man in der Nachbarſchaft des Feindes gelagert, ſo ſucht man ſich des zwiſchen beiden Heeren befindlichen Erdreichs zu bemeiſtern; was im Rücken liegt, wird auf die Letzte behalten, und mit den entfernteſten Orten der Anfang gemacht. Iſt der Futterplatz dem Lager nahe, ſo ſtellt man des Morgens die zur Bildung des Kreiſes beſtimmten Truppen aus, welchen die Fouragierer brigadenweis nachfolgen. Iſt er aber entlegen, ſo läßt man die Fouragierer durch die Bedeckung begleiten, deren Stärke nach der Nähe des Feindes,

und

* Camp de paſſage.

und der obwaltenden Gefahr abgemessen wird. Sobald die Truppen angelangt sind, wird die Reuterey auf die freyen Ebenen, das Fußvolk an die bedeckten Oerter gestellet; es besetzt die geschlossenen Plätze, sammt denen in dem Kreise befindlichen Häusern, welche mit Schießlöchern versehen werden. Die Truppen führen ihre Feldstücke mit sich, und wenn das Land ganz frey läge, so würde ich der Infanterie spanische Reuter oder Schwedtsfedern mitgeben.

Man muß sich wohl hüten ein allzu weitläuftiges Erdreich zu umziehen, sondern lieber mehrere kleine, als eine zu gedehnte Fouragierung vornehmen, damit die Kette desto enger, und die Mannschaft besser gedeckt seyn möge. In solchen Fällen kann auch die Vermischung der beiderley Truppen statt finden: Im Mittelpuncte hält man eine Reserve, welche sich sogleich überall hinwendet, wo Hülfe nöthig ist. Dieses wären die gewöhnlichen Anstalten, die auch ganz gut sind, wenn man blos durch fliegende Partheyen angegriffen wird, welche in die Kette einzubringen und Pferde wegzunehmen suchen; kömmt aber der Feind mit einem beträchtlichen Corps Fußvolk und Reuterey, sammt etwa einer Anzahl Kanonen zum Vorschein, so hat man keine andere Wahl, als die Fouragierer eiligst zu versammeln, und sie mit den Geleitstruppen zu decken.

Wenn der Befehlshaber sich für stark genug hält, um dem Feinde das Futter streitig zu machen, so stellt er seine Leute auf einem bequemen Platze in Schlachtordnung. Zu diesem Ende muß er die Gegend erkundigt und Partheyen ausgeschickt haben, welche vom Anzuge des Feindes Nachricht bringen können. Sobald man ihm aber bey allen Vortheilen des Erdreichs nicht überlegen ist, wäre es höchst unbedachtsam ein Gefechte zu wagen, worinnen man seine ganze Armee zu Grunde richten könnte. Gleichwol gibt es bisweilen Nothfouragirungen, welche der General durchsetzen muß, es koste auch was es wolle.

Es ist viel daran gelegen, daß die Wege von dem Lager zu dem Fütterangsplatze frey und brauchbar seyn: Sind enge Steige vorhanden, so kann man sie erweitern, oder sich auf einer andern Seite einen Weg bahnen. Der Mangel dieser Vorsicht verursachet auf dem Rückmarsche der Fouragierer oft große Verwirrung. Man solte sie auch immer nach Regimentern oder in Brigaden unter kleinen Bedeckungen zurück führen.

Ist das Futter gesammlet, und alle damit beschäftigte Mannschaft abmarschieret, so vereinigt, wenn das Erdreich eben ist, der Befehlshaber der Kette seine Posten, und formiret sie in Schlachtordnung, um sie gleichermaßen zurück zu ziehen. Wenigstens muß er ein Corps Reuterey und einiges Fußvolk mit Feldstücken bey sich behalten, um den Nachtrab zu decken; der Rest kann sich in Colonnen zurück ziehen. Ist aber das Erdreich uneben, und der Marsch gehet durch enge Wege, so muß er gleich anfangs etwas Infanterie zu ihrer Bewachung hinterlassen. - Die Anhöhen welche sie bestreichen, und selbst die benachbarten Häuser und Schlösser, dürfen nicht unbesetzt bleiben. Zuerst läßt er alle seine Reuterey defilieren, und beschließt mit einem Corps Infanterie und einigen Kanonen den Zug.

Ob man gleich im Rücken seiner Armee fouragieret, so muß man sich dem ungeachtet gegen die feindlichen Partheyen vorsehen, welche sich herbey schleichen, und Pferde wegnehmen, oder sonst die Fouragierung stören möchten. Man muß auch nicht glauben, daß der von dem Feinde entfernteste Futterplatz immer der sicherste sey: Es gibt mehr als ein Beyspiel von Heerführern, die sich hierinnen betrogen haben. Das folgende ist aus dem Frontin entlehnt, und beweiset, daß man niemals saumselig seyn darf. Sertorius war im Angesichte des Pompejus unweit Lauxona in Spanien gelagert; dieser hatte nur zwo Gegenden wo er Futter hohlen konnte; die eine war ganz in der Nähe, die andere schien, ihrer Lage und Entfernung wegen, gegen allen Angriff gesichert zu seyn. Das Heer des Pompejus hohlte sein Futter in beiden. Sertorius ließ diejenigen, welche in die nächste Gegend kamen, ohne Unterlaß zwacken, die andern aber ungestört fortmachen. Als nun Pompejus glaubte, daß er dort mehr Sicherheit haben würde, so beschloß er sein Futter nur immer in der Ferne zu hohlen. Allein Sertorius, der von dem hierzu gesetzten Tage zuverläßig unterrichtet war, ließ zehn auf römische Art schwerbewaffnete spanische Cohorten, und zehn leichtbewaffnete mit zwey tausend Pferden, die Infanterie unter den Befehlen des Octavius Gräcinus, die Reuter unter dem Tanquitius Priscus aufbrechen. Das Fußvolk ward in ein benachbartes Gehölze, die Reuterey etwas mehr abwärts postiret, damit man das Wiehern der Pferde nicht hören konnte. In dieser Stellung hielten sie sich ganz stille, bis an die dritte Stunde des Tages. Da die Fouragierer des

Buch 2. Kap. 1.

Pompejus

Pompejus ihre Bunde gemacht hatten, und auf ihren Rückweg bedacht waren, fiengen die Wachen, welche sich nun außer Dienst glaubten, ebenfalls an Futter zu sammeln. Alsdann kamen die versteckten Spanier zum Vorschein: Zuerst fielen die Leichtbewaffneten so schnell auf die Römer, daß sie keine Zeit hatten sich zu besinnen; indessen begunnte doch ein Theil der Bedeckung sich zu vereinigen; als aber die schwere spanische Infanterie hervorbrach, sprengte sie alles aus einander, und die Cavallerie setzte den Flüchtlingen nach. Es jagten sogar sieben hundert Reuter mit verhängtem Zügel voraus, um denen welche zuerst entlaufen waren, den Rückweg abzuschneiden. Pompejus hatte gleichwol von dem Vorfalle Bericht erhalten, und ihnen eine Legion zu Hülfe geschickt, welche in der Meynung, daß diese Cavallerie flöhe, mit schnellen Schritten vorrückte. Sie stieß aber plötzlich auf die ganze spanische Infanterie, und die sieben hundert Pferde, welche sich rechts geschwenkt hatten, schlossen sie ein. Pompejus wollte zu ihrer Unterstützung seine Armee in Bewegung setzen; allein Sertorius zeigte die seine in Schlachtordnung, und bereit den Hügel herunter zu kommen, wo sie gelagert war, welches ihn abschreckte. Der größte Theil der Fourageirer und die Legion ward in die Pfanne gehauen. So theuer mußte Pompejus seine allzu große Sicherheit bezahlen. Ich werde unten die Maßregeln angeben, wodurch man einen solchen Zufall vermeiden kann.

Die dürren Fouragierungen geschehen dorfweis, und es werden dabey ungefähr die nämlichen Regeln befolgt. Vor allen Dingen muß man den darinnen befindlichen

Vorrath

Vorrath an Heu, Stroh, Gersten oder Haber aufzeichnen, damit man iedem Regimente die Häuser anweisen könne, wo es etwas zu hohlen hat, und zugleich allen unzeitigen Schaden vermeiden möge. Man muß auch die Räubereyen und Verheerungen auf das ernstlichste verbieten; dieses verderbet ein Land, und macht ohne Noth viel unglückliche Leute. In allen Feldzügen denen ich beywohnte, habe ich unter den Franzosen in diesem Stücke sehr wenig Kriegszucht, und bey vielen Officieren eine ganz unverzeihliche Nachsicht wahrgenommen. Sie gehen auch gar nicht sparsam mit dem Futter um, welches ein großer Fehler ist, weil ein General oft dadurch genöthigt wird, wider seinen Willen seine Stellung zu verändern.

Zweyter Abschnitt.
Von dem Angriffe und der Vertheidigung der Fouragierungen.

Ich will mich hier nicht bey allen Fouragierungen zwischen zwo benachbarten Armeen aufhalten, welche beide geschehen lassen, bis der stärkste oder beherzteste Theil sich des Erdreichs bemeistert. Man kann sie nicht anders als mit der größten Behutsamkeit vornehmen; die ganze Armee muß in Schlachtordnung und marschfertig vor ihrem Lager stehen; die eine Hälfte der Reuterey, welche die andere fouragierende bedecket, muß auch noch durch ein Corps Infanterie und mit Kanonen unterstützt werden. Man kann sie auch nicht anders als mit dem größten Theil der Armee angreifen, und läuft alsdann Gefahr, ein allgemeines Treffen zu veranlassen, welches man bisweilen aus guten Ursachen verhüten möchte. Uebrigens ist es in solchen Fällen schwer das Futter zur Nachtzeit wegzuholen, wenn der Feind wachsam ist, und die erforderliche Vorsicht gebraucht.

Ich werde also nur von den Seiten-Fouragierungen reden. Wenn die Kette wohl geschützet ist, wenn man alle Gegenden, wo der Feind sich verbergen könnte, sorgfältig durchsucht hat, und seinen Marsch durch ausgesuchte Patrouillen beobachten läßt, so ist die Armee blos den offenbaren Angriffen ausgesetzt, und hat keinen Ueberfall oder Schaden auf einer oder der andern Seite zu befürchten, wie solches deren oft begegnet ist, welche diese Vorsichtsanstalten versäumet haben. Ist ein General im Stande die Fouragierung zu unterstützen, so muß er die oben vorgeschriebene Stellung nehmen; denn da die Truppen einer Kette von einander getrennet stehen, so wäre sie sonst noch schwerer zu vertheidigen, als eine Circumvallationslinie.

Wenn der Feind nur mittelmäßig stark ist, und blos die Absicht hat einen Haufen Pferde und Fouragiere wegzufischen, so wird er auf einer Seite einen blinden Angriff thun, um die Reserve dahin zu locken. Sobald sie sich entfernet hat, wird ein verstecktes Corps an einem andern Orte hervor kommen, und in den Kreis zu bringen suchen. War nun der Anführer fein genug, um die List zu wittern, so wird er sich nicht ganz entblößt, sondern wenigstens einen Theil seiner Reserve
bepbehalten

in die Tactik.

bevbehalten haben, womit er den Feind zurück treiben kann, indeß daß verschiedene zusammen gestoſſene Schaaren der Kette ihn abzuschneiden trachten. Dieses wird ihnen unfehlbar gelingen, wenn er nicht ein hinlängliches Corps hinter sich gelaſſen hat, um seinen Rückzug zu decken. Bisweilen kann er auch leichte Truppen vorausschicken, mit dem Befehl sich der Kette zu nähern, und wenn man auf sie los geht, zurück zu weichen. Alsdann liegt gewiß irgendwo ein Fallstrick verborgen, und man muß ihnen nicht weit nachsetzen.

Ich habe gesagt, daß eine Kette wohl gestützt seyn, das ist, mit ihrer Rechten und Linken an einen Bach, an Sümpfe, Holzungen oder Berge stoſſen müſſe. Weil aber dieses nicht immer möglich ist, so muß man wenigstens die Gemeinschaft mit dem Lager offen halten, damit nicht die feindlichen Partheyen sich dazwischen einschleichen, und von hinten in den Kreis dringen, oder die Fouragierer auf ihrem Rückwege aufheben können. Zu diesem Ende muß man Truppen auf die Straſſen und Schlupfwege stellen, von wannen der Feind herkommen möchte. (a) Wenn der Futterplatz abgelegen ist, so würde ich eine Zwischenreserve anrathen, sowol um die Communicationsposten zu unterstützen, als den Rückzug der Fouragierer und selbst der Bedeckung zu versichern, wenn sie Noth leiden sollten. Einige vor

den

(a) Oft ist nicht weniger von einem benachbarten feindlichen Platze, als von den aus seinem Lager kommenden Truppen zu befürchten. Man muß daher seine VorsichtsAnstalten darnach einrichten, und auch den Rücken der Armee nicht verabsäumen, wo die feindlichen Partheyen gleichfalls einbrechen können.

den Ausgängen angelegte und mit Feldſtücken beſetzte Redouten können hieben vorzügliche Dienſte leiſten: Man muß in der Nacht vor der Fouragierung daran arbeiten. Je mehr auch die Fouragierer Wege haben, deſto weniger Verwirrung hat man zu beſorgen.

Wenn man voraus ſiehet, daß die Fouragierung mißlich ſeyn werde, ſo lockt man den Feind durch einen verſtellten Angriff auf eine andere Seite, oder ſetzt ſich zu einer erdichteten Unternehmung in Marſch; bisweilen läßt man auch einen auf ſeiner Flanke befindlichen Poſten würcklich angreifen. Wird er hierdurch veranlaßt, ihn durch eine beträchtliche Verſtärkung zu unterſtützen, ſo iſt es dem Anführer der Unternehmung ſchon genug ihn beſchäftigt zu haben. Er hält ihn ſo lang auf als er kann, und ziehet ſich dann zurück, worüber der größte Theil des Tages verſtreichet.

Bey gefährlichen Fouragierungen haben viele den Reutern ihre Pallaſche und Karabiner mitgegeben. Dieſes konnte zu einer Zeit nützlich ſeyn, da man weniger Fußvolk und keine leichte Truppen hatte; wird aber die Bedeckung mit genugſamer Infanterie verſehen, ſo kann alsdann das Feuer der Reuterey wenig helfen. Den Dragonern wollte ich endlich wohl ihre Flinten und den Huſſaren ihre Karabiner verſtatten. Alle Poſten der Kette müſſen durch Schildwachen oder Vedetten verbunden ſeyn, um die liederlichen Fouragierer, ſo heraus wollen, zurück zu weiſen; und wenn ſie angegriffen wird, ſo müſſen die Officiers, welche zur Begleitung und Aufſicht über die Fouragierer beordert ſind, ſie abhalten, gleich bey dem erſten Lärm zu entlauſten, oder

ihre

ihre Bunde wegzuwerfen. Bloß bey einem ernstlichen Angriffe, da man es nöthig findet die Bedeckung zusammen zu ziehen, muß das Abschneiden eingestellt werden. In diesem Falle schafft man geschwind alle Knechte auf die Seite, und läßt die bewaffneten Fouragierer aufsitzen.

Die Zeit wo ein Theil der Truppen, zumal der Cavallerie, sich mit einer entfernten Fouragierung beschäftigt, ist zum Angriffe der übrigen Armee vorzüglich günstig. Diesen Umstand machte der Herzog von Lothringen sich zu Nutze, als er bey der Ennkerbrücke über die Saar wischte, und den Hrn. von Crequi schlug. Wenn man eine solche Unternehmung argwohnet, so muß man nicht zu weit fouragieren, oder mehr nicht als den vierten, höchstens den dritten Theil der Cavallerie ausschicken. Der sicherste Augenblick ist der, da man weiß, daß der Feind auch seinerseits auf Futter ausgehet: man muß aber dergleichen Berichten nicht zu viel trauen; denn wenn er wahrnimmt, daß man diese Tage vor andern wählet, so möchte er ein falsches Gerücht aussprengen, welches die Ausreisser und die Spionen zu allererst betrügen kann.

Die Fouragierungen, welche in der Nachbarschaft des Feindes, und jenseits einer langen Wegenge geschehen, sind höchst gefährlich. Man muß sich in großer Noth befinden, um sie zu wagen, und in diesem Falle seinen Rückzug durch alle mögliche Vorsichtsanstalten versichern. (†) Ist es jenseits eines Flusses, so schlägt man

---

(†) Hievon wird in dem dritten Bande bey Gelegenheit der Rückzug-Ordnungen geredet werden.

so viel Brücken, als nur immer möglich ist, und läßt an der Spitze eine kleine Schanze, weiter hinaus aber Redouten aufwerfen. Als im Jahr 1742 die französische Armee unter den Kanonen von Prag eingeschlossen war, wollte man über eine Brücke, die sie auf der Muldau hatten, eine große Fouragirung vornehmen. Ganz nahe dabey erhob sich das Erdreich, welches an verschiedenen Orten mit Hecken und Waldungen eingefaßt war. Zuerst mußten dreyßig Granadiercompagnien und verschiedene Piketer hinüber gehen, um den Zug zu begünstigen. Zwey Hussarenregimenter folgten ihnen, und verjagten einige feindliche Partheyen. Die Oestreicher welche bereits in Schlachtordnung stunden, griffen die Spitze der französischen Reuterey an, sobald sie sich auf der Anhöhe (a) zeigte; sie ward über den Haufen geworfen, und der Marschall von Broglio, der sie von allen Seiten herkommen sah, war nur blos auf seinen Rückzug bedacht. Da die französischen Schwadronen angriffen, je nachdem sie hervor brachen, so ließ er der Brückenwache befehlen, diejenigen aufzuhalten, so noch nicht hinüber gegangen waren; eine Vorsicht, welche den ganzen Rest rettete: denn da die Flüchtlinge schon würklich mit denen zusammen stießen welche vorrücken wollten, so würden sie alles in Verwirrung gebracht haben. Es äußerte sich ohnehin schon eine große Unordnung, so daß verschiedene Menschen ertranken. Dennoch brachte der unverdrossene Heldenmuth des Marschalls, der sich immer an die Spitze der hintersten Schwadronen

---

(a) Dieser Ort hieß Troja.

nen stellte, und sie durch sein Beyspiel in den Schranken hielt, den Rückzug glücklich zu Stande. Man hat behauptet, sein wahrer Endzweck sey gewesen, sich an diesem Orte durchzuschlagen, und die Reuterey nach Sachsen zu führen, wenn er den Feind nicht zu stark gefunden hätte. Dieser Anschlag ist sehr wahrscheinlich; die Infanterie und einige Schwadronen Dragoner waren schon hinreichend Prag zu vertheidigen, und er sah wohl, daß es zu einer Belagerung kommen würde.

Bey dürren Fouragierungen findet keine Kette statt, wie bey grünen, zumal wenn die Dörfer weit von einander liegen. In diesem Falle thut der Anführer am besten, wenn er zween oder drey voraus liegende Posten besetzet, und eine Reutereyreserve bereit hält, um sich überall hinzuwenden, wo es nöthig ist. Diese Posten werden durch kleine Commandos verbunden; das Hauptcorps aber muß beysammen bleiben. Sie stellen sich auf die vornehmsten Wege, wo der Feind heraus kommen kann; man muß aber keine zu große Zahl von Dörfern einschließen, sondern sich lieber mit einigen der nächsten begnügen. Auf diese Art laufen die Truppen welche die Zugänge bewachen, keine Gefahr abgeschnitten zu werden; die Reserve wird sie desto leichter unterstützen, und sie können sich auch bequemer zurück ziehen, wenn es die Noth erfordert.

Man vertheilt die Dörfer unter die verschiedenen Brigaden. Der Brigadier, oder ein anderer Stabsofficier, führet seine Fouragierer unter einer Bedeckung, womit er seiner Sicherheit wegen die Zugänge des Dorfes besetzt;

setzet; denn aller ausgestellten Vorposten ungeachtet, kann eine Parthey sich in einen unbewachten Ort schleichen, und einige Leute oder Pferde wegfischen. Es sind auch besondere Wachen nöthig, welche die Fouragierer im Zaum halten, und sie hindern müssen sich zu verlaufen, oder Unfug zu stiften. Hieher rechne ich das Abdecken der Häuser und eine Menge anderer Drangsale, die sonst zu nichts dienen, als die Einwohner zu vertreiben, welche das folgende Jahr ihr Feld nicht bauen. Man muß die unvermeidlichen Uebel des Krieges durch keine muthwillige und fruchtlose Unordnungen vermehren. Wenn die Truppen Zugemüße hohlen, so wird es dabey wie bey einer dürren Fouragierung gehalten, welche auch mehrentheils zu gleicher Zeit geschiehet.

Erklärung der Buchstaben und Ziffern
des neunten Kupfers, welches eine Fouragierung vorstellet.

A. Die feindliche Armee.

a. Stellung ihrer Vorposten; das Haus und die Anhöhe.

(9) enthalten Infanteriewachen. Die kleinen vorwärts bezeichneten Schwadronen sind die Reuterwachen. Wenn diese zurück geschlagen werden, so müssen sie sich immer auf einen Infanterieposten ziehen können.

B. Eine feindliche Festung.

C. Die

C. Die durch die Truppen der fouragierenden Armee (D) gemachte Kette.

1. Zwey Reservecorps.
2. Redouten auf den Flanken der Armee, welche auch die Fouragierung versichern.
3. Truppen auf einer Anhöhe zur Unterhaltung der Gemeinschaft.
4. Die vordersten Beobachtungsposten der Kette.
5. Weg, auf welchem der Feind aus seinem Lager anrücken kann.
6. Weg, auf welchem er aus der Stadt kommen kann.
7. Weg der Fouragierer.
8. Vorposten der Armee.

Fünftes Hauptstück.
Von den Winterquartieren.

Erster Abschnitt.
Von ihrer vortheilhaften Einrichtung.

Eine Hauptregel bey den Winterquartieren ist, daß sie nicht zu weitschichtig, zu einer schnellen Vereinigung der Truppen bequem, auch, wo möglich, durch einen Fluß oder durch Gebürge bedecket, und durch einige Festungen unterstützt seyn müssen. Wir haben im eilften Hauptstücke des zweyten Theiles gesehen, in welcher Gefahr das Heer des Eumenes sich durch seine weite Ausdehnung gestürzet, und was für einen Verlust die deutsche Armee durch eben diesen Fehler im Elsaß erlitten hat. Als im Jahr 1741 der Churfürst von Bayern eine zu große Strecke Landes behaupten wollte, verlohr er seine Eroberungen eben so geschwind, als er sie gemacht hatte. Seine französischen Hülfsvölker besetzten Ober-Oestreich und Böhmen von Linz bis nach Prag. Der Marschall von Belleisle welcher diese schlechte Stellung wohl einsah, hatte das bevorstehende Unglück mehr als einmal prophezeyet; allein er fand keinen Glauben, weil man die Königinn von Ungarn für allzu niedergeschlagen hielt, um etwas zu unterneh-

unternehmen. Kaum aber war die aus Italien und
Ungarn erwartete Hülfe angelangt, so setzte sich der
Großherzog in Bewegung. Als man seinen Anmarsch erfuhr, wäre es noch Zeit gewesen, die entferntesten Posten
abzurufen, und sich zusammen zu ziehen; allein der Churfürst beharrte auf seinem ersten Entschlusse. Der Hr.
von Segur der mit acht tausend Mann in Linz commandirte, ward abgeschnitten, und weil dieser Ort keiner großen Vertheidigung fähig ist, gar bald zur Uebergabe genöthigt. (a) Zu gleicher Zeit nahmen die Oestreicher, welche durch Tyrol in Bayern einfielen, Schär-
ding weg, und kamen bis nach München.

Wenn eine Armee ihre Quartiere in einer großen Strecke Landes nehmen will, so muß sie gewiß seyn, daß
der

(a) Man hat damals in Frankreich den Hrn. von Segur
ungemein getadelt, weil der große Haufen blos den Ausgang beurtheilt. Gleichwol war die Einnahme von Linz
nichts als eine natürliche Folge der allgemeinen Unordnung.
Einige haben behauptet, er hätte sich durchschlagen und
zurückziehen können; allein diejenigen, welche diese Sprache führten, kannten vielleicht weder die Lage des Platzes
noch des Landes. Wenn eine Sache ein oder zwey mal geschehen ist, so folgt nicht daraus, daß sie sich allezeit thun
lasse. Dieser General hat bey vielen Gelegenheiten gezeiget, daß es ihm weder an Entschlossenheit noch an Einsichten fehlte. Bey dem Rückzuge von Pfaffenhofen hatte 1745.
er nur sechs tausend Mann zu Fuß, und sechs hundert
Pferde gegen zwanzig tausend Oestreicher. Er muste das
Erdreich so wohl zu benutzen, und so kluge Maßregeln zu
treffen, daß er alle feindliche Anfälle aushielt, und sich
in guter Ordnung nach Donauwerth verfügte.

der Feind eben so viel Erdreich inne hat, und daß es ihm nirgends möglich ist sich zu vereinigen, ohne daß sie es erfährt, und ihm eine gleiche Macht entgegen stellen kann. Im Winter von 1744 auf 1745 reichte die Kette der preußischen Quartiere von Sagan, am äußersten Ende Schlesiens, bis Troppau an der mährischen Gränze. Sie beschützte den Rand der Lausitz, erstreckte sich längs dem Riesengebürge, welches Böhmen von Schlesien trennet, und deckte zugleich diese Provinz gegen Mähren zu. Ihre Linie hatte zween Theile; der eine gieng von Sagan am Bober, bis an die Grafschaft Glatz, wo der General Truchseß commandierte; die andere stund unter den Befehlen des Generals Lewald. Alle Zugänge waren bewacht, und durch Verhaue gesperret, die Gemeinschaft versichert, und die aus Böhmen kommenden Wege zu Grunde gerichtet. Jeder von diesen Feldherren hatte eine Reserve bey sich, um den ersten angegriffenen Posten mit Nachdruck zu unterstützen. Diese Quartiere waren eben so weit gedehnet, als die französischen 1741 in Böhmen; allein die Lage sowol als die Einrichtung war ganz verschieden. Die Preußen konnten an keinem Orte beunruhigt werden, ohne im Stande zu seyn, ihn mit einer beträchtlichen Macht zu entsetzen, und wäre der Feind auf einer Seite in Schlesien eingedrungen, so hätten sie auf der andern durch einen Einfall in Böhmen eine Diversion gemacht.

Kriegs-Unternehmungen des Königs in Preußen. S. 141.

In den Jahren 1759 und 1760 breiteten die französischen Armeen, welche in Deutschland überwinterten, sich durch alle niederrheinische Provinzen von Westf bis nach Franken, wo sie sich an die Reichstruppen schlossen,
welche

welche in dieser Landschaft und in Ober-Sachsen cantonnirten. Jede Abtheilung hatte ihre Vereinigungspunkte, und die Feinde, welche ihrer seits eben so gedehnt waren, konnten an keinem Orte zusammen stoßen, ohne daß die Franzosen sich mit gleicher Leichtigkeit hätten versammeln können; daher versagten auch den Alliirten ihre meisten Unternehmungen. Im April 1759 machte der Prinz Ferdinand einen Versuch in Franken; er gieng über die Fulda und bemächtigte sich einiger Quartiere der Reichstruppen, welche genöthigt wurden sich bis nach Coburg zurück zu ziehen. Der Herzog von Broglio schickte eine beträchtliche Verstärkung ins Würzburgische, und ein Corps leichter Truppen nach Hessen. Zu gleicher Zeit rückte er mit seiner ersten Linie gegen die Nidda und Altorf. Hätte der Prinz Ferdinand sich nicht geschwind zurück gezogen, so wäre er abgeschnitten worden. Wenig Tage darauf kam er mit vierzig tausend Mann wieder, und gieng dieses mal aus Hessen auf die Quartiere los, welche die französische Armee zwischen dem Mayn und der Lahn inne hatte. (a) Der Herzog von Broglio versammelte sie den zwölften eine Stunde von Frankfurt auf einem Platze, den er sich ausersehen hatte; die Feinde

---

(a) Der Prinz kam nur ein paar Stunden zu spät: Da er anfänglich nur einige Regimenter sah, so glaubte er, daß es blos eine vorgezeigte Spitze wäre, womit man ihn berücken wollte. In der That waren auch die französischen Truppen noch nicht alle beysammen, als der Feind angriff; allein die Spitze war schon sehr stark, und so wie die übrigen eintrafen, wurden sie auch aufgestellt.

erschienen den folgenden Tag, und fielen den Posten Bergen an, der auf der französischen Rechten lag; sie wurden aber mit einem Verlust von fünf bis sechs tausend Mann zurück geschlagen.

Die Ausdehnung der Standquartiere eines Heeres wird durch seine Stärke und durch die Entfernung der Orte bestimmet, welche seines Unterhalts wegen besetzt werden müssen. Am besten ist es, wenn sie sich auf zehn bis zwölf Stunden in der Länge, und fünf bis sechs in der Breite einschränken läßt, weil die Truppen in Zeit von einem Tage versammelt, und die weiter ausgedehnten Feinde wegen der Leichtigkeit eines überlegenen Angriffs beunruhigt werden können. Oft ist es besser, man behilft sich mit magern Quartieren, als wenn man, um bequemere zu haben, sich zu weit ausbreitet. Uebrigens richtet ein General sich dießfalls nach den Anstalten der Feinde, nach der Lage und nach den Absichten die er hat, entweder den Winter über etwas gegen sie zu unternehmen, oder ihnen bey Eröffnung des Feldzuges zuvor zu kommen. Die zu Stützpunkten dienlichen Orte befestigt er mit aller Sorgfalt, und läßt hingegen diejenigen unbesetzt, welche zu weit vorwärts liegen, und dabey nicht haltbar sind. Er merket sich ein vortheilhaftes Lager, um sich darinn zu versammeln, wenn der Feind mit Macht anrückt, und aus welchem er die vornehmsten Posten unterstützet. Da dergleichen Unternehmungen die Absicht haben, einen Platz zu überrumpeln oder in die Mitte der Quartiere zu fallen, und einen Theil der Armee zu schlagen ehe sie beysammen ist, so erfordern sie eine große Behendigkeit. Wenn der Feind

ſeines Zieles verfehlt, ſo nöthigt die ſtrenge Witterung
ihn gar bald zum Rückzuge. In den flandriſchen Feldzügen hat die Menge der Feſtungen die franzöſiſche Armee jederzeit in Sicherheit geſetzt. Das Heer der Alliirten war in keiner ſo vortheilhaften Lage; denn weil ſie
nicht alle in Brabant überwintern konnten, ſo mußten
ſie zum Theil ihre Quartiere jenſeits der Maas wählen.
Dieſes gab dem Marſchall von Sachſen Gelegenheit,
mitten im Winter die Belagerung von Brüſſel zu unternehmen.

Es iſt eine Hauptregel, daß man ſeine Armee nie ſoll
aus einander gehen laſſen, ohne gewiß zu ſeyn, daß der
Feind ein gleiches thut, und man muß keinen falſchen
Bewegungen trauen, die er in dieſer Abſicht machen
kann. Unter der Regierung Ludwigs XII wurde die
franzöſiſche Armee im Königreiche Neapel von dem Mangel und der ſchlechten Witterung hart mitgenommen.
Die Officiers der Reuterey* erſuchten den Marquis von   *Gendar-
Saluces ſie in Standquartiere zu verlegen, um deſto   merie.
beſſer leben zu können. Dieſer General bewilligte ihre
Bitte, weil er glaubte, daß der ſpaniſche Feldherr,
welcher gleichem Ungemach ausgeſetzt war, ſeinem Beyſpiele folgen dürfte: Allein Gonſalvo von Cordua, der
ſich mit der Hoffnung ſchmeichelte, daß die natürliche
Ungeduld der Franzoſen ſie zu Fehlern verleiten würde,
die er ſich zu Nutze machen wollte, blieb ganz ruhig im
Felde ſtehen. Sobald er hörte was vorgieng, näherte
er ſich dem Garigliano, der die beiden Armeen trennete. Er ſchlug insgeheim eine Brücke über dieſen Fluß
zwo Stunden oberhalb der franzöſiſchen, welche er zu

gleicher

gleicher Zeit angreifen ließ; er gieng hinüber, hob verschiedene Quartiere auf, und zerstreuete diese ganze Armee, welche genöthigt wurde das Königreich zu verlassen.

In Austheilung der Quartiere pflegt man gemeiniglich zwo oder drey Linien zu formieren; die Infanterie wird vornehmlich auf die erste und auf die Flanken verlegt; man vermischt sie mit Dragonern und leichten Truppen, welche auch die Vorposten besetzen. Wenn ein Cavalleriequartier eine mißliche Lage hat, so muß man ihm zu seiner Vertheidigung Infanterie zugeben; die Magazine und Krankenhäuser müssen an versicherten Orten errichtet, und von der ersten Linie bedecket werden; die Quartiere müssen unter sich zusammen hängen; die Befehlshaber jeder Abtheilung alle Zugänge kennen, und bequeme Vertheidigungspunkte haben: Von jedem Quartiere bis zu dem zur Schlachtordnung bestimmten Orte müssen die Wege frey, die Päsfe offen, und die Flüsse mit Brücken belegt seyn. Jedes Regiment muß den Posten den es in der Schlacht einnehmen soll, und den kürzesten Weg wissen, der dahin führet. Der Commandant eines Quartiers muß auch die andern benachbarten mit ihrer allerseitigen Gemeinschaft, die Wege, von wannen er auf den Fall eines Angriffs Hülfe erwartet, und den Ort kennen, wohin er nach Erforderniß der Umstände sich zurück ziehen kann; diesen muß er so gut, als es die Lage verstattet, befestigen. Ist der Umfang zu groß, als daß er ihn mit seinen unterhabenden Truppen behaupten könnte, so wählet er sich den vortheilhaftesten Platz, als das Schloß, die Kirche, den Kirchhof, und bereitet sich einen Zufluchtsort, wo er sich

sich vertheidiget. Er muß schlechterdings die Befestigungskunst ein wenig verstehen, und zugleich ein richtiges Augenmerk haben, um sich die verschiedenen Lagen zu Nuze
zu machen. (a) Uebrigens muß er alle nöthige Vorsicht
gebrauchen, um nicht überfallen zu werden, ohne jedoch einige Unruhe zu äußern, oder seine Leute ohne
Noth abzumatten.

Alle Zugänge der Linie, sie mögen auf die Fronte
oder auf die Flanke führen, müssen durch besondere
Haufen bewacht werden. Man läßt sie fleißig vorwärts patrulliren, um von der Bewegung des Feindes
Bericht einzuziehen. Die leichten Truppen werden zu
diesem Dienste vorzüglich gebraucht, und wenn man sie
in großer Anzahl hat, so schüzen sie die Quartiere vor
den feindlichen Partheyen, welche sie sonst unaufhörlich
anfechten könnten. Da die Kantonnirungen vornehmlich dazu dienen, die Truppen ausrasten zu lassen, sie
zu rekroutiren, und in allwege in Stand zu setzen,
so kömmt viel darauf an, daß sie nicht darinn gestöret werden.

Wenn die Armee gleich einen Fluß vor sich hat, so
muß er darum die Vorsichtsanstalten nicht vermindern.
Wie leicht kann ein Commando schwimmend oder in
kleinen Fahrzeugen hinüber sezen, ein verwahrlostes
Quartier überfallen und es aufheben? Der harte Frost
zernichtet diese Vormauer ohnedem, und eben diese Zeit
wählet der Feind zur Ausführung wichtiger Anschläge.

Die

(a) Die Befestigungskunst im Felde* des Ritters Clairac
ist das lehrreichste Buch, so ich über diese Materie kenne.   * Inge-
nieur de
Campa-
gne.

Die kleinen Unternehmungen sind eine Arbeit für die streifenden Partheyen und die leichten Truppen. Es wäre ganz widersinnig, bloß in der Absicht den Feind zu beunruhigen, die andern Corps auszumergeln. Wenn man sich in Bewegung setzt, so muß es zu einer großen Unternehmung geschehen; als z. B. ein Magazin zu verbrennen, eine Zwischenniederlage zu verderben, eine Festung zu überrumpeln, die man nach ihrer Einnahme behaupten kann, oder einen starken Posten aufzuheben, der sich durch seine Lage bloß gibt. Von dieser Art war die mislungene Unternehmung des Prinzen Eugens auf Cremona, der Franzosen ihre auf Asti*, welche glücklich von statten gieng, und die so der Prinz Ferdinand gegen Giessen* versuchte, aber aufzugeben genöthiget wurde.

* 1746.

* 1760.

Die Winterfeldzüge richten die Truppen zu Grunde, jedermann gestehet es; und dennoch waren sie in den beiden letzten Kriegen in Deutschland sehr gemein. Der Grund hievon ist, weil diese Regel von einer noch triftigern, daß man nämlich seinem Feinde zuvorkommen muß, verdrungen wird; eine Regel, welche die guten Staatsmänner wie die guten Feldherren befolgen, und die sich der König in Preußen jederzeit genierkt hat. Da es in Deutschland wenig Festungen aber desto mehr Posten giebt, welche sich mit Sturm ersteigen oder überrumpeln lassen, so geschieht es, daß sobald eine mächtige Armee in eine Landschaft einbringt, sie sich alsbald festsetzet, hingegen der schwächere Theil genöthiget wird, seine Posten zu verlassen, und sich weit zurück zu ziehen. Ganz anders dürfte es in einem mit

Festungen

Festungen besetzten Lande stehen, wo man langwierige Belagerungen unternehmen müßte, welche bey dieser Jahreszeit die Truppen gänzlich aufreiben würden. Daher müssen die Winterfeldzüge in keiner andern Absicht unternommen werden, als um einem unbereiteten Feinde vorzukommen, den man, ehe er Hülfe bekömmt, über den Haufen werfen kann, oder um dem Fortgange seiner Waffen Einhalt zu thun, und ihm einen wichtigen Platz wieder wegzunehmen. (a)

Bey solchen Gelegenheiten marschieren die Colonnen in gleicher Höhe, und herbergen in den nächsten Ortschaften. Ist aber der Feind beysammen, so müssen sie, sobald sie ihm nahe kommen, sich der Zelten bedienen. Je mehr die Befehlshaber Klugheit und Achtsamkeit besitzen, desto mehr werden sie Mittel finden, die Truppen nach Möglichkeit zu schonen. Als die hannövrische Armee im Jahr 1761 die Eroberung von Cassel unternahm, so rückte der Erbprinz von Braunschweig und der General Luckner an den Ohmfluß, um die Belagerung

---

(a) Im Jahr 1757 bezwangen die Oestreicher das preußische Lager bey Breßlau, und nahmen diese Stadt weg. Nachdem der König in Preußen durch den Sieg bey Roßbach sich die Reichstruppen und die Franzosen vom Halse geschafft hatte, führte er mit einer wundernswürdigen Schnelligkeit einen Entsatz nach Schlesien. Er vereinigte sie mit den Trümmern seines Heeres, erfochte einen grossen Sieg bey Lissa*, und nahm Breßlau wieder ein. Hierdurch kam er in den Stand, im folgenden April die Stadt Schweidnitz zu belagern, und diese Festung auch wieder zu erobern.

* gten Christmonat.

rung zu decken, und sich des Postens Ziegenhayn zu bemeistern. Der Marschall von Broglio schlug den Prinzen bey Grünberg, verfolgte hierauf die Feinde auf ihrem Rückzuge, nahm ihnen bey Ziegenhayn ein Corps weg, und trieb alle ihre Postierungen bis nach Fritzlar, wo sie über die Eder zurück giengen, welches die Befreyung von Cassel zuwege brachte. Während diesen Verrichtungen waren die Truppen täglich cantonniert, ungeachtet der März schon würcklich zu Ende lief.

Der König in Preußen ermahnet seine Heerführer die Winterunternehmungen mit der größten Geschwindigkeit zu vollziehen; wenn sie aber einmal angefangen sind, so ist man nicht immer Herr und Meister sie nach Belieben zu endigen. Oft erfordert ihre Berichtigung eine größere Zeit und die muß man sich nehmen. Dieser Prinz erfuhr es mehr als einmal bey den glorreichen Arbeiten, die er in der strengsten Jahreszeit vollführet hat.

Zweyter Abschnitt.
Von dem Angriff und der Aufhebung der Quartiere.

Die Quartiere können nur alsdann mit Vortheil angegriffen werden, wenn sie zu weitschichtig sind, oder wenn dabey die nöthigen Vorsichtsanstalten versäumet werden. Läßt man die ganze Armee aufbrechen, so geschieht es in der Absicht, die vornehmsten Posten wegzunehmen, einen Theil abzuschneiden, und den Feind zu nöthigen, sich zurück zu ziehen. Wenn dieser keinen festen Platz hat, der ihm zum Stützpunkte dienet, oder sein versammeltes Heer sich nicht an einen vortheilhaften Posten halten kann, so bleibt ihm freylich nichts als die Entfernung übrig. Dieses begegnete dem Feldmarschall Montecuculi und dem Churfürsten von Brandenburg, die an der Weser cantonnierten. Der Marschall von Turenne überfiel sie, trieb sie über den Fluß zurück, und bezog ihre Quartiere. (a)

1672.

Die beiden Scipionen, welche sich in Spanien zu weit getrennt hatten, wurden von den Karthaginensern geschlagen, und ohne die Geschicklichkeit des Tribuns Marcius, der nach dem Tode der zween gebliebenen Feldherren das Commando übernahm, wäre die römische Armee gänzlich aufgerieben worden. Der junge Scipio kam von Rom an, und sprach den Truppen wieder Muth ein, indem er ihre erlittene Niederlage den vorgegangenen Fehlern zuschrieb. (b) Er zog sie ganz

Livius.
Dec. 3.
B. 5.

T 5 nahe

(a) Er nahm die seinigen nach der Schlachtordnung; seine erste Linie stund längs dem Flusse in geschlossenen Städten und Flecken, und das Fußvolk war mit der Reuterey vermischt. Die zwote befand sich in gleicher Ordnung, und wurde gegen die Besatzung von Lippstadt, eines auf ihrer Flanke liegenden churfürstlichen Platzes sicher gestellet; falls aber der Feind Lust bekommen hätte, wieder über den Fluß zurück zu kehren, so hätte Turenne sich an der Spitze seines ersten Treffens ein Schlachtfeld auserschen.

Mem. de Chavagnac. pag. 312.

(b) Cäsar hatte gleiche Gewohnheit, er betäubte die Truppen nicht durch Vorwürfe, sondern pflegte das schlechte Betragen

nahe zusammen, und da die Karthaginenser in der eingebildeten Ueberzeugung ihrer Ohnmacht, durch Bätica und Lusitanien zerstreuet lagen, so machte Scipio sich diese Entfernung zu Nutze; er traf seine Anstalten in der größten Stille und mit aller Geschwindigkeit, gieng gerade auf Karthagena los, nahm diese Stadt mit stürmender Hand ein, schlug sodann die Feinde in getrennten Haufen, und nöthigte sie Spanien zu verlassen.

Polyb. Buch 10.

Wenn ein General die feindlichen Quartiere durch einen allgemeinen Angriff überfallen will, so rüstet er sich ins geheim, und marschiert in drey oder vier Colonnen, die nach den vornehmsten Posten gerichtet sind. Die Hussaren, Dragoner und leichten Truppen machen den Vortrab jeder Colonne, sie umzingeln die Posten und die nacheilende Infanterie greift sie hastig an. Die Reuterey stellt sich in Schlachtordnung, und zwar so, daß sie dem Feinde die Gemeinschaft abschneidet, und die Flanken der verschiedenen Angriffe beschirmet.

Da die Quartiere gemeiniglich mit Gehölzen und engen Pässen durchschnitten sind, so wird der Feind die Wege gesperret, sich durch Brücken die Zugänge versichert, und an den Enden Redouten erbauet haben; man muß sie daher wegnehmen, und mit Infanterie besetzen. Meine Leichtbewaffneten werden die Mündung der Wälder bewachen; die leichten Reuterplotonen müssen

---

Betragen ihrer Anführer öffentlich zu schelten, oder er verwies den Soldaten ihre übermäßige Hitze und Zuchtlosigkeit. Er hütete sich beständig ihnen eine Verachtung gegen sich selbst beyzubringen. Wer die Menschen kennet, sieht die große Triebfeder ihres Thuns, die Eigenliebe.

müssen überall voranschwärmen, um die Bewegungen der verschiedenen feindlichen Corps zu beobachten. Sind die ersten Quartiere bloße Flecken und Dörfer, so können sie sich nicht lange halten, weil sie mit bloßen Feldwehren * befestigt seyn werden. Dem ungeachtet muß man sich mit Werkzeugen, Bohlen, Zimmerwerken zu Brücken, mit Leitern und sogar mit Faschinen versehen, wovon jeder Soldat gar füglich eine tragen kann. Die Wagen, welche die Pontons und Werkzeuge führen, müssen unter einer Bedeckung von fünfzig Mann vor der Infanterie hergeben; nach ihr folgt die Artillerie von einem ähnlichen Commando begleitet. Man muß zwölf bis sechzehn pfündige Kanonen haben, um die Verschanzungen oder Mauern eines geschlossenen Postens zu beschießen. Einige Mörser sind auch nicht zu vergessen, um nöthigenfalls Bomben zu werfen. Keine dieser Vorsichtsanstalten muß überflüßig scheinen, weil man ein Quartier vorfinden kann, dessen Commandant sich nicht so leicht ergeben, sondern vielmehr zu einer tapfern Gegenwehr gerüstet seyn möchte: Sein Widerstand würde den andern Zeit geben sich zu sammeln, um ihm zu Hülfe zu kommen. Ist man über einen Fluß oder durch einen engen Weg gegangen, so soll man, um allenfalls seinen Rückzug zu versichern, Truppen hinterlassen, welche sich daselbst so gut als möglich festsetzen und verschanzen müssen.

* Ouvrages de campagne.

Wenn die Quartiere nicht zu weit zerstreuet, und auf der Fronte sowol als auf den Flanken bedeckt sind, und die gegen einen Ueberfall dienliche Maßregeln genommen worden, so gehen dergleichen Unternehmungen selten gut von statten, weil der Feind Zeit hat, eine starke Macht an der Spitze seiner ersten Linie zu versammeln, oder sich mit gesammter Hand unter eine Festung an einen guten Posten zurück zu ziehen. Hat er nun mit einem starken Commando zu thun, so flößen die Truppen der wehrlosen Orte auf die haltbarern, da indessen die entferntesten sich zusammen ziehen und ihnen zu Hülfe kommen. Im Jahr 1705 zog der Marschall von Villars aus den Besatzungen von Diedenhofen, Luxemburg und andern benachbarten Plätzen tausend Granadiers und dreyßig Schwadronen, mit welchen er vier Stunden oberhalb Saarlouis über die Saar gieng. Seine Absicht war Homburg zu überfallen, die ihm aber fehlschlug. Inzwischen zogen die zu Zweybrücken stehenden Truppen sich eilfertig zurück. Da die Blies ausgetreten war, sah er sich genöthigt über eine Brücke zu gehen, welche durch eine Redoute vertheidigt, aber dennoch erstiegen wurde: Allein das Feuer benachrichtigte die Quartiere von St. Wendel und den

Mem. de Villars Tom. 1. pag. 225. umliegenden Orten, welche Zeit gewannen sich zu entfernen. Das eingefallene Regenwetter und die Ueberschwemmungen hielten den Marschall auf, so daß ihm sein Streifzug wenig Vortheil brachte.

Supf. 10. Mein Plan stellet einen Angriff auf der Fronte vor, den ein Corps unternimmt, welches in zwo Colonnen marschiert, und oberhalb sowol als unterhalb einer durch den Feind bewachten Brücke, über einen kleinen Fluß setzet. Dieses ist allemal sicherer, als wenn man gerade auf die Brücke los geht, und ihre Wache angreift, welches den benachbarten Quartieren zur Losung dienet. (a)

Falls

(a) Zu eben der Zeit, da man auf die Quartiere los geht,

Falls die Flanken leichter zu gewinnen oder schlecht bewachet wären, oder wenn man auf denselben einen wichtigen Posten wegnehmen wollte, so könnte man zu gleicher Zeit einen blinden Angriff auf der Fronte machen, um die Aufmerksamkeit des Feindes zu theilen, ihn zu beunruhigen, und in der Ungewißheit zu lassen, welcher Seite er zu Hülfe kommen soll. Alsdann muß der Marsch der beiden Colonnen so abgekartet seyn, daß sie zu gleicher Zeit anfallen, oder wenigstens daß der wahre Angriff den Anfang macht, wofern man den Posten übertrümpeln will, auf welchen Fall die Truppen bey Nacht davor eintreffen müssen. Bey einem offenbaren Angriffe hingegen, thut der Befehlshaber am besten, wenn er den falschen zuerst unternimmt, weil der sich verbreitende Lerm die Feinde auf diese Seite ziehen kann. Ob er hier gleich ein bloses Blendwerk macht, so wird er dennoch seines Vortheils wahrnehmen, wenn er siehet, daß etwas zu thun ist. Sobald die Nachricht einläuft,

gebt, bemächtigt man sich von hinten der feindlichen Brücke. Eine gewisse Art leichter Schiffe, die von Weiden geflochten, mit Leder überzogen, und durch zween Zoll dicke Kiele und Rippen verbunden sind, würde in solchen Fällen sehr gute Dienste leisten. Das Commando, welches die Brückenwehr angreifen soll, setzt in diesen Fahrzeugen hinüber, mittlerweile daß man die Schiffbrücken für die Colonne zubereitet. Zwey oder drey Pontons sind bisweilen für kleine Flüsse hinreichend. Unterdessen werden die Redouten, so der Feind am Ufer haben mag, ebenfalls angegriffen. In Ermanglung der Schiffe kann man die hierzu tauglichen Soldaten hinüber schwimmen lassen. Sie legen ihre Kleider und Waffen auf kleine Flöße von Baumzweigen, die sie hinter sich herziehen.

einläuft, daß der Feind sich versammelt und der Entsatz herbey kömmt, so läßt man die aufgetriebene Beute, das Vieh und die Gefangenen unter einer Bedeckung nach dem Sammelplatz (B) abgehen, der jenseits des Passes oder Brücke seyn muß, so man im Rücken hat. Sollten sie von der Spitze der Quartiere über eine Stunde entfernt seyn, so müßte man außer den zu ihrer Wache hinterlassenen Truppen, in den unterweges befindlichen Schlössern oder einzelnen Häusern noch Zwischenposten anlegen. Der Anführer einer solchen Unternehmung kann nicht zu viel Sorgfalt anwenden, seinen Rückzug zu versichern, und den Ränken der Feinde vorzubauen. Diese können von dem Marsche Nachricht haben, einige der vordersten Quartiere zurück ziehen, um ihn tiefer hinein zu locken, und ein Corps bereit halten, das ihm in den Rücken kömmt, da indessen die andern ihn auf allen Seiten angreifen. Der Rückzug über den Fluß oder durch die Wegenge kann nach einer der oben beschriebenen Methoden geschehen, welche an einem andern Orte noch umständlicher entwickelt werden soll.

Band 3. Hauptst. 4.

Bey dergleichen Unternehmungen fallen fast immer an unterschiedlichen Orten besondere Gefechte vor: Denn indem ein Theil der Truppen die Posten angreift, begegnen andere, welche zwischen denselben eindringen wollen, oder schon weiter vorgerückt sind, den feindlichen die sich zusammen ziehen. Daher müssen die Anführer von der Einrichtung der Quartiere und des Angriffes eine gute Kenntniß haben, damit sie wissen gegen welchen Ort sie sich vorzüglich wenden müssen, um

den

den Feind abzuschneiden und seine Bestürzung zu vermehren. Der Befehlshaber eines jeden abgesonderten Corps muß bey dieser, wie bey allen andern Gelegenheiten, seine Absichten, auf den Fall ihm ein Unglück zustieße, seinem ersten Untergebenen eröffnen. Wird er zurück geschlagen, so muß er auch vorgesehen haben, wohin und auf was Art der Rückzug geschehen soll. Bey diesen Vorfällen sind die leichten Truppen unumgänglich nöthig. Es wäre überflüßig ihren Nutzen und ihre Verrichtungen umständlich zu beschreiben, da solches bereits von dem Grafen von Turpin (†) geschehen ist, welcher beständig unter denselben gedienet hat, und folglich mehr als jemand im Stande war, ihren Werth kennen zu lernen.

Was die Ordnung betrifft, die nach einem gelungenen Angriffe zu beobachten ist, so läßt der Sieger, falls er den Posten nicht behalten mag, die Beute und alle Geräthschaften, die er mitnehmen will, als Waffen, Montierungsstücke und Artillerie wegführen. (a) Die Magazine welche man nicht ausleeren kann, werden in Brand gestekt; man schickt kleine Patrullen aus, um

---

(†) General-Lieutenant der französischen Armeen, und ehemaliger Innhaber eines Huffarenregiments, der sich durch seine *Essais sur l'art de la guerre*, worauf hier der Verfasser zielet, großen Ruhm erworben, und denselben erst neulich durch seine *Commentaires sur les memoires de Montecuculi* versiegelt hat.

(a) Es ist gut, wenn man angeschirrte Pferde und einige Wagen in Bereitschaft hält, sonst ist man bey der geringsten Eilfertigkeit genöthigt, die Kanonen im Stiche zu lassen.

um die zerstreuten und im Plündern begriffenen Soldaten zusammen zu treiben; hierauf zieht man sich nach Maßgabe des Erdreichs in guter Ordnung zurück, und läßt immer eine Gattung Truppen durch die andere unterstützen.

Wenn ein Posten zu groß oder nicht haltbar ist, oder aus Mangel der Zeit nicht befestigt worden, so wird ein geschickter Commandant sich in einen Theil desselben einschließen, oder ihn gänzlich verlassen. Er wird sich auf Anhöhen oder auf ein anderes vortheilhaftes Erdreich postieren, wo er bis zur Ankunft des Entsatzes Stand halten, oder auch seiner gesammten Mannschaft einen Rückzug versichern kann. (a) Wenn bey solchen Gelegenheiten der angreifende Theil auseinander läuft, und sich aus Begierde nach Beute zerstreuet, so kann der abziehende Haufen, wenn er es wahrnimmt, gar leicht umkehren, und sich diesen Augenblick der Unordnung zu Nutze machen. Es ist also höchst nöthig, daß man sich auf diesen Fall bestens vorsehe, seine Truppen beysammen halte, und nur einem Theile derselben das Plündern erlaube, wenn keine Gefahr mehr vorhanden ist.

1742. (a) Im bayerischen Kriege wurden die Franzosen genöthigt, ihre Posten an der Inn zurück zu ziehen. Da die Feinde über den Fluß giengen, so lief das zu Hilstein liegende Regiment La Couronne Gefahr aufgehoben zu werden; allein der General, der daselbst commandirte, setzte sein ganzes Vertrauen auf den Obrist-Lieutenant Ritter von Hauterive. Dieser erreichte einen vortheilhaften Posten, formirte mit seinem Regiment ein Viereck, und zog sich in bester Ordnung zurück.

ist. Noch besser ist es, man hindert es ganz und gar, dafern keine teuftige Ursachen zu dessen Duldung vorwalten.

Der Krieg ist die größte und gemeinste von allen Landplagen. Es ist freylich ein Jammer für die Menschheit, daß man diese schreckliche Kunst in Regeln gebracht hat. Da sie aber leider nöthig geworden sind, so muß man wenigstens Lehren der Ordnung, der Mannszucht, und der Mäßigung hineinstreuen. Auf diesem weiten Schauplatze des Blutvergießens, der Verwüstung und Räubereyen, muß man auch die schönsten Tugenden glänzen sehen. Dem Officier, der eine bessere Erziehung genossen als der Soldat, liegt es ob sie auszuüben, und durch sein Beyspiel zu empfehlen. Der wilde und unwissende Barbar kann nichts als überall Tod und Grauen verbreiten; der gesittete und durch die Ehre geleitete Krieger beklaget die Schlachtopfer seines Triumphes, er schonet der Ueberwundenen, thut den Grausamkeiten Einhalt, und selbst auf den Feldern des Mordens läßt er die Leutseligkeit und Großmuth herrschen.

Sechstes Hauptstück.
Von der Entsetzung fester Plätze.

Wenn der Feind die Belagerung eines festen Platzes im Schilde führt, so pflegt er gemeiniglich mehrere zu gleicher Zeit zu bedrohen. Er hält einen Gegner durch allerhand falsche Bewegungen in der Ungewißheit; er kann auch an verschiedenen Orten Magazine anlegen, und andere Anstalten vorkehren, um seine Absicht desto besser zu verbergen, oder auf diejenige Festung zu fallen, welche man am meisten entblösen wird. Zuerst umzingelt er sie mit seiner Reuterey, welche voraus gehet. Ehe die gesammte Infanterie anlangt, und in ihren Quartieren verschanzet ist, hat man noch Zeit einen Entsatz in den Ort zu werfen, der sich entweder bey Nacht hinein schleichen, oder einen schlecht bewachten Zugang überwältigen muß. Wenn einmal die Circumvallation gemacht ist, so können die Hülfstruppen nicht mehr hindurch bringen, es sey denn, daß die Belagerer irgend eine Gegend bloß geben, für die sie nichts widriges besorgen.

1557. Als Philibert Herzog von Savoyen, der das spanische Kriegsheer anführte, die Belagerung von St. Quentin unternahm, warf der französische Admiral Coligny sich auf die erste Nachricht in die Festung; er bemerkte, daß
ein

ein an die Somme stoßender Morast außerhalb der Vorstadt Ile genannt, sich sehr weit ausdehnte, und daß diese Seite von den Feinden, welche ihn für ganz unwegsam hielten, nicht bewacht wurde. Er nahm auch wahr, daß ein sehr tiefer Bach durch den Morast floß, und seinen Abguß in die Stadtgräben hatte. Er fertigte einen Spion ab, um den Connetable von Montmorency von dieser Lage zu benachrichtigen. Dieser nahm sie selber in Augenschein, und schickte dem Admiral den Spion mit dem Versprechen zurück, daß er den zehnten des Monats, als am Laurentiusfeste, sich frühe um vier Uhr an das Ufer des Morastes begeben wollte. Am bestimmten Tage brach er in der That auf, kam aber erst um neun Uhr an; dem ungeachtet erfuhr es der Herzog von Savoyen nicht. Zwo spanische Compagnien welche nicht weit von seiner Wohnung in einer Mühle lagen, wurden aufgehoben, und sein Quartier mit Kanonen beschossen. Während dieser Unordnung gieng der Entsatz unter der Anführung des d'Andelot in den Morast, wo er Schiffe fand, die ihn abführten. Weil aber die Einschiffung in größter Eile vor sich gieng, so blieben verschiedene überladene Fahrzeuge stecken, und konnten nicht geschwind genug wieder flott gemacht werden. Die meisten Soldaten warfen sich in den Morast, wo sie ersoffen, so daß nur fünf hundert die Stadt erreichten. Indessen stellte die spanische Armee sich in Schlachtordnung, und der Herzog von Savoyen, der sich von der ersten Bestürzung erhohlt hatte, ließ zwey tausend Reuter gegen einen engen Weg oberhalb des Morastes anrücken, wo man hindurch mußte, um die französische Armee anzugreifen. Hier fand er nichts als

eine

eine Compagnie Pistolierer, (a) welche bald über den Haufen geworfen wurde: Seine Reuterey brach hervor, und stellte sich zum Treffen: Der Connetable, der ein allgemeines Gefechte vermeiden wollte, fieng an sich zurück zu ziehen; er hatte nur den Herzog von Nevers mit den Compagnien schwerer Reuterey zur Unterstützung der Pistolierer abgeschickt; er kam aber zu spät, und da er Befehl hatte sich nicht einzulassen, so vereinigte er sich mit der Hauptarmee. Der Graf von Egmont war mit der ganzen Cavallerie durch die Enge gezogen; er folgte dem Connetable, und bedachte sich ob er ihn angreifen wollte, als plötzlich die Troßbuben und Marketender welche damals hinten an der Armee lagen, einen Schrecken faßten, und sich zwischen die Truppen warfen. Dieses berichtete der Graf von Egmont dem Herzog von Savoyen, welcher ihm erlaubte anzugreifen. Die französische Gendarmerie und die leichte Reuterey welche den Hinterzug ausmachte, wichen auf allen Seiten: Der Connetable, welcher mit der Infanterie allein geblieben war, zog sich in guter Ordnung zurück, als der Herzog von Savoyen mit grobem Geschütz anlangte, sie zwischen Essigni und Lisrole anfiel, und gänzlich in die Flucht jagte.

Diese für Frankreich so unglückliche Begebenheit war verschiedenen Fehlern des Connetable beyzumessen. Denn erstlich hatte er den Rath des Marschalls von St. Andre verworfen, der ihm angab, nichts als seine Reuterey

(a) Eine Art leichter Reuter, welche unter Heinrich II in Frankreich aufkamen, und ihren Namen von den Pistolen empfiengen, womit sie zuerst bewaffnet wurden.

terey mit sich zu nehmen, welche zu Bedeckung des Ueberganges hinreichte, und sich hernach gleich hätte zurück ziehen können. Dieses hätte er in der That thun sollen, weil er um die Hälfte schwächer als die Feinde, und nicht in der Absicht gekommen war, eine Schlacht zu liefern. Der zweyte Fehler war, daß er den Paß nicht durch ein hinlängliches Corps besetzen ließ, welches den Graf von Egmont aufgehalten, und dem Connetabel Zeit gegeben hätte sich zu entfernen. Er hätte sich auch die Troßbuben und Marketender vom Halse schaffen können, die er ohne Grund mit sich schleppte, und wenigstens ganz weit hinter sich hätte zurück lassen sollen. Die Versäumung dieser Vorsicht nöthigte ihn zum Treffen, und machte daß er schändlicher Weise durch einen Theil der feindlichen Armee geschlagen wurde; denn es kamen mehr nicht als vier tausend Reuter und die nächste Infanterie zum Gefechte. Der Connetable war von Natur stolz und gebieterisch; er gab keinem Rathe Gehör, sobald er einmal etwas beschlossen hatte. Dem Marschall von St. Andre antwortete er in einem verächtlichen Tone: Er könne es seiner Erfahrung zutrauen, daß er wisse, was zum Besten des Staats zu thun sey. Als aber dieser hochmüthige Geist alles in Unordnung sah, wandte er sich zum d'Oignon, dem Lieutenant seiner Reutercompagnie, und fragte ihn, was zu thun wäre. Jetzt weis ich es nicht, erwiederte dieser Officier, allein vor zwo Stunden wußte ich es wohl. So ein großer Feldherr der Herzog von Savoyen war, so wäre er doch beynahe überfallen worden, weil er vom Marsche der Franzosen keine Nachricht hatte; ein unverzeihlicher Fehler, welcher beweiset, daß man den Spionen nie zu viel trauen soll, weil sie betrügen oder übel berichtet seyn können. Da er den Connetable so nahe wußte, so hätte er ihnen beständige Parthenen entgegen schicken, und alle seine Bewegungen belauschen sollen.

Wenn ein General in der Absicht marschiert einen Entsatz zu unterstützen, den er in eine belagerte Festung werfen will, so muß er das Land vollkommen kennen, und zur Versicherung seines Rückzuges alle dienliche Maßregeln ergreifen. Als der König von Sardinien der Festung Coni zu Hülfe kam, war es so stark, daß er sich vor keiner Schlacht zu fürchten hatte; weil es aber schon gegen den Winter gieng, so wollte er blos eine Verstärkung hinein werfen, und nichts auf ein ungewisses wagen. Er traf so gute Anstalten, daß er des ihm nachtheiligen Gefechtes ungeachtet, sich in bester Ordnung zurück ziehen konnte. Da das eingefallene Regenwetter große Ueberschwemmungen verursachte, und die Franzosen in ihren Angriffswerken noch nicht weit gekommen waren, so wurden sie genöthigt die Belagerung aufzuheben.

1744.

Wenn ein Kriegsplatz an einem beträchtlichen Flusse gelegen ist, so sucht man auf demselben des Nachts Truppen, Lebensmittel und Kriegsvorrath hineinzuschiffen. Weil aber der Feind die Durchfahrt gar bald durch bewachte Brücken oder Estaketen sperren, und durch Kanonen vertheidigen wird, so läßt sichs alsdann nicht ohne große Schwierigkeit hindurch bringen. (a) Die Einwohner von

(a) Da der Belagerte bisweilen Taucher ins Wasser läßt,
so

von Antwerpen ſuchten vergebens die Brücke zu zertrümmern, welche der Herzog von Parma über die Schelde geſchlagen hatte. Sie gebrauchten dabey verſchiedene gemauerte und mit Pulver beladene Schiffe, welche abgewandt wurden, und keine andere Würkung hervorbrachten, als daß ſie mit gräßlichem Getöſe in die Luft flogen.

Wenn um die Seile der Brücke abzuſchneiden, ſo kann man ſie mit Ketten verſichern. Wenn der Platz am Meere liegt, ſo ſperret man den Eingang des Hafens oder der Rhede durch beſchwerte Schiffe, welche verſenket und mit ſtarken Ketten zuſammen gehänget werden. Man muß aber dieſe Staketen jederzeit von dem Ufer her unterſtützen. Bisweilen baut man gar in der Mitte eine kleine Schanze, die mit Kanonen beſetzt wird; doch ſind die Dämme weit ſicherer, falls welche ſtatt finden; allein ſie erfordern eine ungeheure Arbeit. Derjenige, den der Kardinal Richelieu bey der Belagerung von La Rochelle machen ließ, wurde vor. ſeiner Vollendung verſchiedene mal durch die Wellen eingeriſſen, obgleich das Meer in jener Gegend nicht ſonderlich hoch iſt. Man bedienet ſich auch zur Sperrung der Flüſſe langer mit eiſernen Stacheln beſchlagener Balken. Wenn der Fluß ſehr breit iſt, ſo werden mehrere zuſammen gekettet, welche ſogar gleich den Fallgattern die Taucher aufhalten. Auf dieſe Art hat Scipio in Spanien den Durius geſperret: Man kann auch zuſammen gekettete Bäume* mit ihren Aeſten gebrauchen, welches eine faſt unüberwindliche Sperrung macht, wenn ſie nur entweder vom Ufer, oder durch Truppen unterſtützt ſind, die hinten daran auf platte und mit Bruſtwehren verſehene Schiffe geſtellet werden.

* Chapelets d'arbres.

Einleitung

Wenn die großen Städte schlecht berennet sind, und den Feind nöthigen seine Quartiere zu trennen, so können sie, dafern die Belagerung nicht durch ein Beobachtungsheer unterstützt wird, leicht entsetzt werden; es sey nun, daß man Truppen hinein werfen, oder blos dem Mundvorrath einen Durchgang verschaffen will. Der berühmte Herzog von Parma hatte nur zwölf tausend Mann zu Fuß und drey tausend zu Pferde, womit er Heinrich IV zwang die Belagerung von Paris aufzuheben. Bey dessen Annäherung lagerte sich der König mit seiner ganzen Reuterey zu Claie, um ihn zu beobachten. Als er hierauf für gut fand dieses Lager zu verlassen, so postirte er sich zu Chelles unterhalb Lagny, wo er alle seine Truppen versammelte, welche sich auf achtzehn tausend Fußknechte und sieben tausend Reuter beliefen. Der Herzog lagerte sich auf den Abhang eines Berges, dessen Fuß durch einen Morast bedeckt war. So blieb er sieben Tage liegen, ohne sich in ein Gefecht einzulassen, so sehr es auch der König wünschte. Hierauf zog er sich nach Lagny in ein Lager, wo er sich verschanzte. Der König verstärkte zwar die dasige Besatzung; weil es aber ein schlechter Platz war, so wurde er bald durch die Kanonen geöffnet, und vermittelst einer über die Marne geschlagenen Brücke durch Sturm erobert. Da nun der Herzog von Parma von den beyden Ufern des Flusses Meister war, so konnte er ungehindert Paris erreichen, wodurch der König bewogen wurde, sich zurück zu ziehen.

Wenn eine Festung eine mittelmäßige Größe hat, und der Feind sich in eine zusammenhängende Circumvallation einschließt, deren Quartiere sich überall berühren, so darf man nicht wohl daran denken, einen Entsatz hinein zu bringen, es sey denn, daß man die Linien angreifen wolle. Alsdann wird der Ort und die Zeit mit dem Stadthalter verabredet, damit er seiner seits den Angriff durch einen Ausfall begünstige. Um die Macht des Feindes zu theilen, werden zween oder drey falsche Unternommen. Wenn die Stadt von einem Flusse oder Kanal durchströmet wird, so muß man diesen Ort vorzüglich zum wahren Angriffe wählen, es sey denn, daß unübersteigliche Hindernisse dabey vorkämen, und es leichter wäre, in einer andern Gegend durchzubringen. Die Ursache hievon ist, daß der Entsatz wenigstens auf einer Seite durch den Fluß bedecket wird, da er hingegen auf einem andern Erdreich umzingelt werden kann. Bey solchen Gelegenheiten muß man eine schmale Fronte zeigen, und die Stellordnung in Colonnen ist hier unstreitig die beste, weil der Feind von allen Seiten herkömmt, um mich in die Flanken zu fassen, mich zu trennen, und wenigstens einen Theil der Truppen abzuschneiden. Doch ist es lange nicht so schwer, ein Corps Fußvölker durchzubringen, als zu gleicher Zeit eine Proviant-Zufuhr hinein zu werfen. Sobald man sich einen Durchgang geöffnet hat, postiren die Truppen sich also, daß sie diese letztere bedecken. Es geschieht aber selten, daß nicht ein Theil abgeschnitten, und einige Mannschaft aufgeopfert wird: Dieses muß man sich gefallen lassen, wenn man keinen andern Zweck hat, als die Belagerten zu unterstützen, und ihre Vertheidigung zu verlängern.

Ein General der eine Festung entsetzen will, campiret in der Nachbarschaft des Belagerers, um alle vortheilhafte Gelegenheiten auszuspähen. Er sucht ihm die Gemeinschaft abzuschneiden, oder die Zufuhren wegzunehmen, welches ihn unumgänglich nöthigt die Belagerung aufzuheben.

Man kann auch eine Festung vermittelst einer Diversion entsetzen, indem man einen feindlichen Platz angreift, dessen Uebergabe den Eingang in sein Land öffnen, seine Eroberungen vereiteln, und seine Entwürfe hintertreiben würde. Als der Admiral Coligny vor Poitiers lag, unternahm der Herzog von Anjou (a) die Belagerung von Chatelleraut, welches nur sieben bis acht Stunden davon entfernt ist. Da nun der Admiral in Furcht stund, er möchte diesen Platz eher verlieren, als er Poitiers erobern würde, so hob er die Belagerung auf, um denselben zu befreyen. Der Herzog von Anjou hatte bereits eine Bresche in die Mauer gemacht, als er vernahm, daß die protestantische Armee auf ihn los käme, und dennoch brach er nicht eher auf, als bis sie ihm ganz nahe war, um sich zu versichern, daß die Belagerung gänzlich aufgehoben, und daß ein Entsatz, der sich durch einen Querweg in die Stadt Poitiers werfen sollte, würklich angelangt sey. Weil nun sein Endzweck erreicht war, so wollte er kein Treffen wagen. Er hatte bereits seine Artillerie in den Hafen Piles, fünf Stunden von Chatelleraut, abführen lassen, und

---

(a) Nachheriger König von Frankreich unter dem Namen Heinrichs III.

und er nahm denſelbigen Weg um über die Creuſe zu gehen. Zwey tauſend Mann ließ er an dem Ufer, um den ihm nachſetzenden Admiral aufzuhalten, und bezog bey Celle ein Lager, das mit lauter unzugänglichen Moräſten umgeben war. Da die Vortruppen des Admirals bey dem Hafen Biles zurück geſchlagen wurden, gieng er an einem andern Orte über die Creuſe; als er aber die catholiſche Armee ſo wohl poſtiert fand, zog er ſich zurück. Dieſes ganze Manouvre des Herzogs von Anjou iſt vortrefflich und legt eine groſſe Geſchicklichkeit zu Tage. (a)

Ich will dieſes Hauptſtück mit einem Beyſpiele beſchlieſſen, woraus erhellet, daß die Berennung eines an einem breiten Fluſſe liegenden Platzes die gröſte Vorſicht erfordert, um die Gemeinſchaft zwiſchen den beiden Ufern zu verſichern. Thamas Koullikan belagerte Bagdad, welches auf der linken Seite des Tigers liegt. Auf einmal ſchwellte der geſchmolzene Schnee dieſen Strom, und riß die Flöſſe fort, deren man ſich zur Ueberfahrt der Truppen bedienet hatte, welche die Stadt auf dem Ufer umzingeln ſollten. Als der Seraskier von Aleppo dieſes erfuhr, machte er ſich ungeſäumt mit vierzig tauſend Mann auf den Weg, um eine Verſtärkung in die Stadt zu werfen. Fünf und zwanzig tauſend Perſer, die auf dieſer Seite ſtunden, befanden ſich in kurzem ohne

---

(a) Die Art wie er es zu Charnac angriff, um vor den Augen des Admirals über die Charente zu gehen, und denſelben zu einer Schlacht zu zwingen, die er vermeiden wollte, iſt ebenfalls ein Beweis, daß dieſer Prinz viel Talente zum Kriege beſaß.

Siebentes Hauptſtück.

Von der Ueberraſchung feſter Plätze.

Unter allen Kriegsunternehmungen können die Ueberfälle, wenn ſie gelingen, die meiſten Vortheile verſchaffen, weil ſie gemeiniglich ohne großen Verluſt ausgeführet werden, die Anſchläge des Feindes zernichten, oder ihm in einem Augenblick alle Früchte ſeines Feldzuges rauben. Als der Commandant von Dorlan, Porto-Carrero, den Vorſatz faßte Amiens zu überrumpeln, ſo wußte er, daß der König Heinrich IV ſich zu einem Kriege in Flandern rüſtete; daß dieſe Stadt ſeine Niederlage werden ſollte, und daß er bereits ſeine Artillerie nebſt großen Geldſummen dahin abführen laſſen. Er bewog den Statthalter der Niederlande, daß er ihn durch eine unmerkliche Verſtärkung der benachbarten Beſatzungen unterſtützte, welches keinen Argwohn verurſachen konnte, weil dieſe Plätze bedrohet wurden. Porto-Carrero, der oft nach Amiens gekommen war, als dieſe Feſtung es mit der Ligue hielt, kannte ſie von innen und außen. Er ſchlich ſich noch einmal verkleidet hinein, und bemerkte, daß die Wache ganz nachläſſig beſorgt wurde. In der Nacht vom zehnten auf den eilften März ſtellte er Schildwachen an alle Zugänge um die Leute aufzuhalten, die ihren Weg dahin richteten,

richteten, und setzte sich mit einem Corps Truppen in Marsch. Er stellte fünf hundert Mann unweit der Stadt hinter einige Zäune und Steinhaufen. Dreyßig Soldaten wurden theils als Bauern, die jüngsten aber als Weiber verkleidet, und mit Rückkörben und Wannen versehen. Sie begleiteten drey Wagen, wovon zween bestimmt waren, die Gasse gegen die auf den ersten Lerm heraneilende Hülfe zu sperren; der dritte sollte unter dem Thore stehen bleiben, um das Fallgatter aufzuhalten, wenn man ihn herunter lassen würde. Als einer von den Soldaten der einen Sack mit Nüssen auf den Schultern trug, vor das Wachthaus kam, rüttelte er ihn, als ob er ihn bequemer aufladen wollte: Die mit Vorsatz nachläßig gebundene Schnur gieng los, und die Nüsse platzten heraus. Die Bürger der Wache verspotteten ihn mit großem Gelächter, und rafften die Nüsse auf. Plötzlich fielen die mit Degen und Pistolen bewaffneten dreyßig Mann über sie her, tödteten die einen, und jagten die andern in die Flucht, und bemächtigten sich des Thores. Zu gleicher Zeit wurden die Stränge des aufgehaltenen Wagens abgeschnitten, aus Furcht, die Pferde möchten durch das Getöse scheu werden, und ihn wegziehen. Indessen ließ sie die über dem Thore befindlichen Wachen den Fallgatter schießen, der, weil er aus abgesonderten Zimmerstücken bestund, einen Theil des Eingangs versperrte; weil aber der Wagen einige aufhielt, so blieb immer noch eine hinlängliche Oeffnung übrig: Auf die gegebene Losung erschienen die versteckten fünf hundert Mann, wovon einige auf die Wälle stiegen, die Schildwachen tödteten, und den Fallgatter wieder aufzogen; ein Corps

Reuterey

Reuterey, welches etwas weiter stund, jagte zu ihrer Unterstützung herbey. Man bemächtigte sich der Wälle, der Plätze und des Rathhauses; die Bürger welche sich nicht sammeln konnten, flohen in alle Winkel, und überließen die Stadt den Spaniern.

Man kann die Plätze auch durch geheime Verständnisse übertrumpeln, indem entweder einige Officiers und Soldaten der Besatzung, oder einige Bürger bestochen werden. Diese letztern sind entweder zahlreich genug, um selbst ein Thor zu öffnen, und Truppen einzulaßen, oder sie verbergen in ihren Häusern Soldaten, die sich in verstellter Kleidung, oder durch einen entdeckten Zugang in die Stadt schleichen, welches letztere der Prinz Eugen zu Cremona gethan hat. Es kann sich fügen, daß man ohne ein Verständniß in einer Stadt zu haben, dennoch einige Mannschaft hinein bringen kann, welche sich bis auf die verabredete Losung verborgen hält. Der Prinz Moritz von Nassau ließ das Schloß zu Breda durch siebenzig Soldaten übertrumpeln, die in einem Torfschiffe verborgen waren. Dieser Ueberfall wurde damals dem von Troja verglichen, weil die Soldaten der Schloß-Besatzung das Schiff selber auf den Platz ziehen halfen.

Hist. Mil. de Louis XIV. T. 3.

Die Verfassung des Dienstes in den Festungen, und alle durch die Kriegsgesetze verordnete Vorsichtsanstalten haben keinen andern Endzweck, als sich vor den Ueberfällen zu schützen. Man kann sie nicht zu genau befolgen, weil die geringste Vernachläßigung seines einzigen Punktes von einem wachsamen Feinde bemerkt werden kann, der auf die Ausführung eines wichtigen Streiches lauret. Man

Man hat schon feste Plätze mit Hülfe der Landes-
sprache, und mit Truppen überraschet, welche nach
S. seine Art der Feinde gekleidet waren. So eroberte Gustav
Gesch.
Th. 1. Adolph Christianstadt. Man hatte ihm einen Dänen
S. 170. zugeführt, welcher vom Commandanten dieser Stadt
an den König von Dännemark abgeschickt worden, um
sich fünf hundert Reuter auszubitten, womit er sich er-
bötig machte, die Streifereyen der Schweden aufzuhalten. Gustav ließ fünf hundert Schweden dänische
Kleidung anziehen, und näherte sich der Stadt bey
Nacht. Die Dänen öffneten ihre Thore, und die Besatzung ward in Stücken gehauen, ehe sie sich zur Wehr
setzen konnte.

Ein kluger Stadthalter hegt auch bey den scheinbarsten Proben ein beständiges Mistrauen. Er muß sogar weder einem Briefe noch einem Siegel glauben,
weil man sie nachmachen kann, noch einige Truppen
bey Nacht einlassen, wenn sie auch noch so beweglich
darum ansuchten. Die strengste Witterung muß ihn
nicht erweichen, weil sie schon oft feindlichen Truppen
zum Vorwande gedient hat, welche sich anstellten, als
ob sie commandiert, oder durch den Feind verfolgt wären, und um eine Freystatt anhielten. Wenn die Sache ihm bringend und wahr vorkömmt, so muß er seine
Garnison ins Gewehr stellen, die Officiers des Haufens
einlassen, sie ausfragen, und sie offenbar für das erkennen, wofür sie sich ausgeben, bevor er ihren Leuten
den Eingang verstattet.

Selbst die Entlegenheit des Feindes muß einen wachsamen Befehlshaber nicht allzu sicher machen. Die aus
einer

in die Taktik.

einer solchen Entfernung entstehende Sorglosigkeit kann jenen gar leicht anreizen, durch einen geheimen und eilfertigen Marsch einen kühnen Anschlag auszuführen. Eine römische Legion, welche Cicero, der Bruder des Redners anführte, war auf dem Punkte aufgehoben zu werden, ob sie gleich mehr als fünfzig R. Meilen vom Rheine lag. Dieser Fluß hatte nur eine einzige Brücke, welche zum Theil abgehauen und wohl bewachet war. Labienus stund mit drey Legionen in Geldern; man hatte keine Nachricht von dem Feinde. Indessen giengen vier tausend sigambrische Reuter, acht Meilen oberhalb der Brücke über den Rhein, setzten ihren Zug mit größter Geschwindigkeit fort, und erschienen plötzlich vor dem Lager, welches sie durch das Hinterthor angriffen. Bisher hatte Cicero seine Truppen nicht hinausgelassen, um Lebensmittel und Futter zu hohlen; endlich gab er ihrem Murren nach, und an eben diesem Tage war die Hälfte seiner Legion abwesend. Die Tapferkeit eines Hauptmannes, der die bestürzten Soldaten anfrischte, hielt die Feinde auf; sie wurden zurück geschlagen, aber ein Theil von denen, die sich auswärts befanden, mußte über die Klinge springen. Wir sehen hieraus, daß ein einziger saumseliger Augenblick einen Officier um seine Ehre und um seinen guten Namen bringen kann. *Lib. 3. de Bell. Gall.*

Wenn jemand durch List oder durch ein geheimes Verständniß einen Ueberfall ausführen will, so muß er sich in acht nehmen, daß er nicht selbst in ein Netz lappe. Die römischen Bürgermeister Crispinus und Marcellus fielen in einen Hinterhalt, und der letztere kam ums

II. Theil.   X   Leben.

Leben. Hannibal, der seines Siegels habhaft wurde, dachte sich desselben zur Ueberraschung der Stadt Salapia zu bedienen. Zu diesem Ende schrieb er dem Stadthalter, daß er die folgende Nacht mit Völkern ankommen würde; er sollte seinerseits die Besatzung bereit halten, weil er sie zu einer Unternehmung gebrauchen wollte. Allein die Salapianer waren bereits durch den Crispinus gewarnet, der das Unglück seines Amtsgehülfen allen benachbarten Städten kund gethan, und sie ermähnet hatte, keinem in dessen Namen geschriebenen Briefe zu glauben. Der Bote ward an den Hannibal mit dem Versprechen zurück gesandt, daß man seinen Befehlen nachkommen würde. Indessen griff die Besatzung zu den Waffen, und besetzte die Thore und Wälle. Als nun Hannibal anlangte, stellte sich der Stadthalter, als ob er untersuchen wollte, ob es würcklich der Consul wäre: Da die vordersten Truppen römische Ueberläufer waren, welche die Kleidung und Waffen ihres Landes führten, so schien man keinen Zweifel mehr zu hegen, und bezeugte eine große Begierde sie zu empfangen. Der gesenkte Fallgatter wurde blos zu einem nothdürftigen Durchgang aufgezogen, und als sechs hundert Mann darinn waren, plötzlich wieder herab gelassen. Die Eingerückten wurden zusammen gehauen, und die Anwendigen mit einem Hagel von Steinen und Pfeilen begrüßet. Der Befehlshaber von Salapia hätte sich meines Erachtens einen weit größern Vortheil von seiner Kriegslist verschaffen können, wenn er außerhalb der Stadt einen Hinterhalt gestellt, und den Hannibal damit umzingelt hätte. Vermuthlich war seine Besatzung zu schwach sich theilen zu lassen, oder vielleicht hoffte er,

Hannibal

Hannibal würde mit den ersten Truppen hinein ziehen und gefangen werden.

Die Festungen werden auch durch Einsprengung eines Thores, oder mit Sturmleitern überrumpelt. Die Petarde dienet nur bey solchen Fällen, wo das Thor durch kein Ravelin bedeckt ist. Der Sturmleitern bedient man sich, wenn die Gräben trocken sind, wenn in denen, welche Wasser haben, sich ein seichter Platz mit einem festen Grunde findet, wenn das aus Quellen, Sümpfen oder kleinen Bächen herkommende Wasser bey starker Hitze versieget. Ueber die mit Wasser gefüllten Gräben kann man auch bey einem strengen Froste leicht kommen, und die Stadt ersteigen, weil die Höhe von der Oberfläche des Eises bis zur Krone der Brustwehr bisweilen sehr gering ist. In diesem Falle läßt ein kluger Befehlshaber das Eis seiner Gräben täglich aufhacken, welches aber die andern Vorsichtsanstalten nicht ausschließet. Auf den Wall bringt man große Haufen Steine, starke Balken, die auf den ersten Stoß von der Brustwehr herab schießen, lange Partisanen, Sturmsensen, und alle Arten von Reichwaffen*, *Armes de die bey solchen Gelegenheiten nützliche Dienste leisten. longueur. Die innere Böschung* des Grabens wird, wenn sie *Escarpe. nicht verkleidet ist, mit Sturmpfählen gespicket, und auf die Abdachung der Brustwehr könnte man noch eine Reihe spanischer Reuter oder Schlagbäume mit eisernen Stacheln befestigen.

Die meisten Plätze sind blos aus Unachtsamkeit ihrer Befehlshaber, und in dem ersten Schrecken der Besatzung überrumpelt worden. Da verschiedene Unfälle

zugleich

zugleich geschehen, so weis keiner wo er hinlaufen soll, und der unbereitete Commandant verliert in der Verwirrung und bey dem allgemeinen Geschrey den Kopf. Der Befehlshaber einer Festung sowol als eines Standquartieres muß allen und ieden Truppen den Posten anzeigen, den sie auf den Fall eines Lerms einnehmen sollen. Einige bestimmt er zum Rückhalt, und weiset ihnen mitten in der Festung, oder wenn sie groß ist, an zween oder drey Orten einen Sammelplatz an, damit sie desto leichter dahin eilen können, wo man ihrer Hülfe bedarf. Ist der Commandant solchergestalt versichert, daß alle seine Posten besetzt sind, und weis er, wie er sich vermittelst seiner Reserven helfen kann, so hat er einen freyern Geist. Er verfügt sich dahin wo er seine Gegenwart am nöthigsten findet, und gibt seine Befehle ohne Unruhe. Es ist aber nicht genug, daß man in dem Innern des Platzes auf Ordnung halte, man muß auch auswendig Patrullen und Spionen haben, welche von den Bewegungen des Feindes Nachricht bringen. Im Jahr 1741 überrumpelte der Fürst von Anhalt-Dessau die Festung Großglogau, ohne daß der Graf von Wallis, der darinn commandierte, den geringsten Argwohn von seinem Marsche hatte; daher gieng ihm auch seine Unternehmung mit der größten Leichtigkeit von statten. Er machte drey Angriffsordnungen; zwo waren gegen die Stadt und eine auf das Schloß gerichtet. Die ersten Pallisaden wurden niedergerissen und die Leitern angeleget Die Besatzung that einige Kanonenschüsse welche wenig würkten, und die Preußen sahen sich in einem Augenblick Meister von der Stadt, wo sie die beste Mannszucht beobachteten,

indem

indem noch am nämlichen Tage die Gewölber und Buden ausgeschlossen wurden.

Wenn man den Vorsatz fasset eine Festung zu ersteigen, so nimmt man zuerst ein genaues Maß von der Höhe des Walles, nach der die Sturmleitern verfertigt werden, denen man die nöthige Länge des Fußes zugibt. Die Zubereitungen geschehen ganz insgeheim: Verschiedene dergleichen Anschläge sind nur darum mislungen, weil sie verrathen worden; oft auch deswegen, weil die Leitern, die man für gerecht hielt, sich im Augenblicke der Aufführung zu kurz fanden. Die meisten haben auch aus Mangel der gehörigen Uebereinstimmung des Marsches fehlgeschlagen; oft ist der Augenblick des Aufbruchs durch einen Zufall verzögert, oder die Truppen sind durch die schlimmen Wege aufgehalten, bisweilen auch durch die Wegweiser irre geführt worden. Gemessene und pünktliche Befehle müssen alle Maßregeln versichern, die Stunde des Aufbruchs festsetzen, und die Ordnung des Marsches bestimmen. Die Verzögerung der engen Wege läßt sich ausrechnen, und die Wegweiser müssen versicherte Leute seyn. Ist es ein Seeplatz, und die Truppen werden zu Schiffe hingebracht, so muß man sich nach der Zeit der Ebbe und Fluth, und nach dem Winde richten. Nichts destoweniger kann dieser sich drehen und das Meer steigen. Die Unternehmung der Franzosen gegen Savona schlug 1748. darum fehl, weil die Völker welche in Schaluppen von Genua abgeseegelt waren, und an dem Strande aussteigen sollten, um vermöge eines geheimen Verständnisses in die Stadt geführet zu werden, nicht zur bestimmten Stunde anlangten.

Einleitung

Es gibt im Krieg unstreitig Zufälle, welche den gründlichsten Ueberlegungen der Klugheit entwischen, und wofür die Befehlshaber nicht haften können. Oft werden sie ohne Schuld verdammet; allein sie haben alles zu verantworten, was von der Vorsichtigkeit abhängt, und ihr Fach erstrecket sich viel weiter als manche sich einbilden. Eine der feinsten und glücklichsten Unternehmungen ist die Ueberraschung von Schweidnitz durch den General Laudon. Da der König in Preußen sich zu gleicher Zeit der russischen und der östreichischen Armee entgegen stellen mußte, so war dieser Feldzug unter lauter Wendungen verstrichen, welche sich nach den Bewegungen der beiden feindlichen Armeen richteten, deren Vereinigung er hintern wollte. (a) Anfänglich zog er sich von Schweidnitz über die Neyß, weil die Russen auf dieser Seite vorrückten; hierauf gieng er über diesen Fluß zurück, um das Lager bey Strehlen zu beziehen, weil er von dem Anmarsche der Russen gegen Breslau Nachricht erhielt. Als diese sich nach der Niedern-Oder gewendet, lagerte der König sich bey Kant an der Weistritz, und einige Zeit hernach erschien er bey Kunzendorf, um sie anzugreifen. Da er aber ihre Vereinigung mit dem General Laudon nicht verhindern konnte, der an der Spitze von vierzig Schwadronen auf der Anhöhe von Wahlstatt zu ihnen stieß, so zog er sich zurück und nahm zwischen Reichenbach und Schweidnitz

1761.

(a) Der Prinz Heinrich, Bruder des Königs, stund damals gegen den Feld-Marschall Daun, der in Sachsen kommandirte, und gegen die Reichsarmee. Durch seine vortheilhafte Stellung und durch seine Geschicklichkeit wußte er sie diesen ganzen Feldzug über im Zaume zu halten.

Schweidnitz ein vortheilhaftes Lager. Der rußische Feldherr, der seine Stellung für einen Angriff zu furchtbar fand, und einigen Mangel an Futter litt, zog sich gen Liegnitz zurück; der General Laudon aber fuhr fort ihm die Spitze zu bieten, und die böhmische Gränze durch abgesonderte Corps zu decken. Als endlich der König seinen Posten verließ, um sich nach Münsterberg gegen die Neyß zu ziehen, so begnügte sich der Hr. von Laudon, der seinen längst gefaßten Anschlag nicht aus dem Gesichte verlohr, das Corps des General Brentano zu verstärken, um die Grafschaft Glatz zu decken, und blieb in seinem Lager bey Freyburg stehen. Endlich rückte der Augenblick zur Ausführung seines Vorhabens heran, und die Statt wurde den dreyßigsten des Herbstmonats durch kleine Haufen Hussaren und Croaten umzingelt, damit niemand weder hinein, noch hinaus gehen konnte. Um neun Uhr des Abends setzten die Truppen sich in Marsch, und trafen zwischen zwey und drey Uhr des Morgens ein. Sie machten vier Angriffe, (a) mittlerweile daß die leichten Truppen welche sich vereinigt hatten, die Garnison auf einer andern Seite beschäftigten. Die Oestreicher drangen in den bedeckten Weg, und bemeisterten sich aller Aussenwerke, dann legten sie die Sturmleitern an die Festung selbst, und um sechs Uhr des Morgens war sie völlig in ihren Händen. Der Commandant * wurde mit seiner ganzen Besatzung

* Gen. v. Jahrow.

(a) Die Anordnung derselben wurde dem General Amadäi anvertraut. Es war ein Rückhalt vorhanden, der sie im Nothfall unterstützen sollte. Diese Stadt ist mit einer altmodischen Mauer umgeben, deren Thürme durch Winkelschanzen * oder halbe Monde bedecket sind.

* Fortins.

Beſatzung, die aus fünf Bataillonen beſtund, gefangen genommen. Die Eroberung dieſes wichtigen Platzes gab den Oeſtreichern großen Vortheil in Schleſien; ſie verſicherte die Ruhe ihrer Winterquartiere, und nöthigte den König in Preußen, die ſeinigen gegen die Oder zuſammen zu ziehen.

* Escalades de vive force.

Die offenbaren Beſtürmungen * werden ungefähr wie der Angriff einer Verſchanzung angeordnet, ſo daß man verſchiedene zugleich, und zwar einige blos zum Schein unternimmt, um die ganze Aufmerkſamkeit des Feindes dahin zu ziehen, den man an einem Orte überraſchen will, welchen er für unerſteiglich hält. Als Scipio den Vorſatz gefaßt hatte die Stadt Karthagena mit ſtürmender Hand einzunehmen, ſo bemerkte er, daß ein Theil derſelben durch einen Moraſt bedecket war, den ein Kanal mit dem Meere verband, und welchen man zur Zeit der Ebbe durchwaden konnte. Er poſtirte fünf hundert Mann an das Ufer, und befahl den Angriff auf einer andern Seite in dem Augenblicke vorzunehmen, da er wußte, daß die Ebbe anfangen ſollte. Die Feinde wandten ſich mit ihrer ganzen Macht dahin. Die fünf hundert Mann welche Scipio anführte, giengen durch den Moraſt, fanden die Mauer unbeſetzt, und eroberten die Feſtung. (a) Bisweilen wird eine belagerte Stadt um

Polyb Buch 10. Kap. 8.

(a) Scipio hatte ſeinen Völkern weis gemacht, daß Neptun ihm erſchienen ſey, und ihm die Eroberung der Stadt verſprochen habe. Der glückliche Erfolg machte, daß ſie ihn als einen göttlichen Mann betrachteten: So weis ein feiner Kopf ſich die Unwiſſenheit anderer zu Nutze zu machen. Der Pöbel will durch Betrug geführt werden; wenn

M. ſ. Band 1. S. 403. Anm.(†)

um so leichter überrumpelt, da die Besatzung alle ihre Aufmerksamkeit gegen die feindlichen Angriffspunkte wendet, und die andern Seiten öfters vernachläßigt.

Die Gründe welche den Entschluß veranlassen können, eine Stadt mit Sturm zu ersteigen, sind, wenn sie sehr weitläuftig und die Besatzung schwach ist, wenn eine förmliche Belagerung sich in die Länge ziehen könnte, wenn man an den benöthigten Dingen einen Mangel hat, oder wenn ein Entsatz anrückt. Dieser letztere Umstand brachte die Franzosen auf den Entschluß, die Stadt Prag zu überraschen. Der Großherzog, welcher ihr mit dreyßig tausend Mann zu Hülfe kam, war nur noch fünf Meilen entfernt. In eben dieser Nacht machte man unter dem heftigsten Donner der Kanonen zween falsche Angriffe, welche die Besatzung auf diese Seite lockten: Zu gleicher Zeit näherte sich der Graf von Sachsen einer Gegend der Neustadt, welche von den Angriffen sehr weit entfernt war; der unbesetzte Wall wurde erstiegen, und die Stadt erobert.

1741.

25sten Wintermonat.

Ein General muß dergleichen Unternehmungen nicht verabsäumen, wenn er eine Möglichkeit vor sich sieht sie glücklich auszuführen. Eine langwierige Belagerung kostet

er mehr Einsicht hätte, so würde er bisweilen nicht so willig folgen. Marius führte ein Weib nach, welches sich für eine Prophetinn ausgab. Sertorius beredete die Spanier, daß er vermittelst seines weißen Rehes mit den Göttern Umgang pflege. Mahomet berückt die Araber durch lauter ähnliche Kunstgriffe. Je abergläubischer die Menschen sind, je mehr wird ein geschickter Anführer Wege finden, sie nach Gefallen zu leiten.

koſtet nach und nach faſt immer mehr Leute, als ein ſtürmender Angriff, und verzögert den Lauf der Kriegsverrichtungen, an deren Lebhaftigkeit vieles gelegen iſt. Nichts deſtoweniger muß in ſolchen Fällen die Klugheit alle Schritte regieren. Ein ſchlechtes Neſt, das ſich nach zween oder drey Tagen von ſelbſt ergeben müßte, kann viele Leute und wackere Officiers koſten, wenn man es mit Sturm erſteigen will, und oft hat man noch gar die Schande zurück geſchlagen zu werden. Wir haben hievon ſchon mehr als ein trauriges Beyſpiel geſehen. Ein General thut alſo beſſer, wenn er bey gewiſſen Gelegenheiten zaudert, als daß er den Kern ſeiner Truppen auf die Schlachtbank liefert. Er muß, ſo viel er kann, das Menſchenblut ſchonen, und diejenigen Wege einſchlagen, die am wenigſten Leute koſten. Freylich wird dieſe Regel der Menſchlichkeit von manchem Befehlshaber verachtet, der blos ſeinen Ehrgeiz zum Augenmerk hat; allein ſie glänzte als ein Hauptzug in dem Karakter des Turenne; ihm war nicht nur das Blut ſeiner eigenen Soldaten koſtbar, ſondern er ſparte auch, ſo oft er konnte, das Blut ſeiner Feinde.

Achtes Hauptſtück.

Von den viereckigten Stellordnungen.

Erſter Abſchnitt.

Unterſuchung der Lehrſätze des Ritters Folard von dem Feuer ſeiner Colonnen.

Man ſtreitet ſich ſchon lange über die Eigenſchaften des Vierecks; dennoch iſt dieſe ſo oft getadelte Stellart immer gebraucht worden, und wird bey allen ihr vorgeworfenen Mängeln jederzeit die Oberhand behalten. Dieſe Mängel ſind die Schwäche der Winkel, die Schwerfälligkeit und Trägheit ihrer Bewegungen, und die Schwierigkeit ein ihr angemeſſenes Erdreich zu finden, wo ſie ſich nicht brechen darf. Ich würde hier nichts von dem vollen Viereck reden, das ich verwerfe, wenn ich nicht den Vorſatz hätte, einen falſchen Erweis des Ritters Folard zu rügen, wodurch er ſeiner Colonne das Wort reden wollte. Er nimmt ein volles Viereck von drey tauſend ſechs hundert Mann an, welches durch eine Colonne von zwölf hundert Köpfen angegriffen wird. Zuerſt bemerkt er, daß außer ſieben oder acht Gliedern auf jeder Seite, alle andere des innern Vierecks zum feuern untauglich ſind, welches wir

ihm

ihm ohne Anstand zugeben. Hieraus folgert er, daß das Fauer seiner Colonne dem Feuer einer Seite des Vierecks unendlich überlegen sey. Es ist leicht darzuthun, daß diese Ueberlegenheit nicht nur ein Traum ist, sondern daß sie sich ganz auf der Seite des Vierecks befindet. Diese ist von sechzig, und hingegen die Seite der Colonne von fünf und vierzig Köpfen. Wenn man acht Glieder des Vierecks zum feuern nimmt, so kommen achtzig Schüsse heraus. Eben diese Anzahl Glieder auf der Face der Colonne wird drey hundert und sechzig Schüsse geben. Weil aber die Spitze acht und zwanzig Mann in der Fronte hat, so liefert sie noch acht Glieder jedes von zwanzig Mann und in allem hundert und sechzig Schüsse; folglich wird die Spitze (1) und die Seite (2) der Colonne zusammen fünf hundert und zwanzig Schüsse ausmachen: Hievon aber muß man die Pickeniere abziehen, welche die beiden Seiten svicken. Der Hr. von Folard setzt ihr Verhältniß auf den fünften Theil; mithin wird bey seiner Colonne die Zahl der Schüsse nicht so groß seyn als bey dem Viereck, welches außer dem noch einen andern Vortheil hat; denn seine Glieder schießen vor sich hin, und ihr Feuer vereinigt sich gegen die Colonne, anstatt daß vermöge der schiefen Richtung dieser letztern, die Glieder der Face (2) nur schräg feuern, und die Soldaten, welche gegen den Schluß der Colonne stehen, sich sogar queer drehen müßen, um auf das Viereck zu zielen; eine sehr unbequeme Stellung, welche noch dabey den Soldaten über dem zwoten Gliede das Feuern ganz unmöglich macht. Ferner ist auch anzumerken, daß der ganze Theil (4) der dem Winkel der Colonne gegenüber steht, gar nicht von

M. s. die nachfolgende Figur.

ihr

ihr bestrichen wird; denn es hat mit ihm eben die Bewandtniß, wie mit dem Winkel einer Redoute. Die Seite (3) kann auch kein Feuer geben. Diesemnach verschwindet der so große Vortheil, den der Ritter von seiner Clonne erwartet, und fällt ganz auf die Seite des

Traité de la Colonne, T. I. pag. 81. Fig. 5.

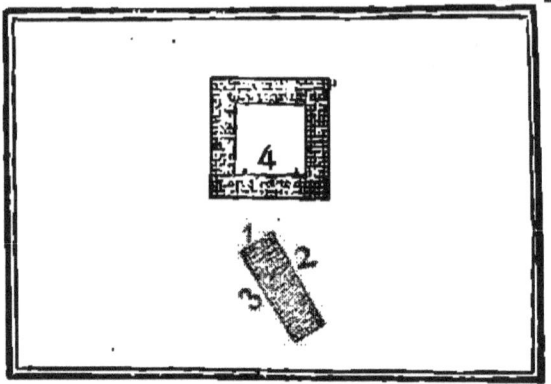

Vierecks. Nun wollen wir sehen, was beym Anlaufe heraus kömmt. Wenn man ihn reden hört, so hat seine Colonne keinen einzigen unnützen Mann, weder für den Anlauf noch für das Feuer, noch in Absicht der Leichtigkeit der Bewegungen. Wenn sie mit ihrem ganzen Gewichte auf einen der Winkel des Vierecks fällt, so wird sie ihn abstoßen, und heraus sprengen. Ist dieser Winkel weggerissen, wie er denn in der That dem Stoße dieses belebten Sturmbockes nicht widerstehen kann, so wird sie hinein bringen, und alles in Verwirrung setzen. Sollte man nicht glauben, daß diese Colonne das Viereck gleich einem Mauerbrecher zerschmettern werde, dagegen eine leinene Wand anprellet? So-

Sobald Folard auf sein Lehrgebäude kömmt, überläßt er sich seinen vorgefaßten Meynungen; er geräth in eine Art von Entzückung, und erblicket überall die Siegsgöttinn an der Spitze seiner Colonne. Die sinnreichen Aussprüche einer lebhaften Einbildungskraft finden in der Taktik keinen Glauben; man muß überzeugen, und wie in der Meßkunst alles erweisen. Wenn er seine Gedanken durch Berechnungen geprüft hätte, welches niemals geschehen ist, so würde er vieles besser gesehen und eindringender vorgetragen haben. Er hätte auch seine Tadler mehr geschonet, welche, um mich seines Ausdruckes zu bedienen, ihr Pulver nicht immer in die Luft geschossen haben; er hätte blos die Wahrheit zu beweisen gesucht, und seine Werke nicht mit falschen Lehrsätzen angefüllt. Wenn seine Colonne ein Sturmbock ist, wie er sie uns vorstellen will, so ist die volle Masse, gegen die er anprellt, eine eherne Mauer von welcher er zurück fahren muß. Ihre Glieder sind eben so gedrungen, die Rotten eben so tief und noch tiefer; folglich ist der Widerstand, wo nicht stärker, doch wenigstens eben so stark als der Anlauf. Ich sehe auch nicht, worinn der Winkel des vollen Vierecks schwächer seyn soll als der Winkel der Colonne; man wird solches durch keinen geometrischen Erweis darthun können. Der Winkel der Colonne der mit seiner schrägen Richtung an das Viereck anführt, wird noch eher daran scheitern als hinein dringen; besonders wenn das Viereck sich in Bewegung setzt, und ihm entgegen kömmt. Diese Masse, würde Folard sagen, ist zu plump um sich zu bewegen, und mit so vieler Lebhaftigkeit als meine Colonne anzugreifen. Warum denn? Eine Höhe von

sechzig

sechzig Mann ist gegen eine von fünf und vierzig kein so großes Uebermaß. Die Colonne des Epaminondas bey Leuctra hatte ungefähr diese Zahl. Wenn übrigens das ganze Viereck zu dichte ist, so darf sich ja nur die Hälfte davon abtrennen; alsdann wird dieser Theil von sechzig in der Fronte, und dreyßig in der Höhe gewiß mit eben so vieler Behendigkeit marschieren, als ein Corps von fünf und vierzig Mann in der Tiefe; sein Anlauf wird eben so gewaltig seyn, und die schief angestoßene Colonne wird den Vortheil verlieren, den der gerade Druck seiner Rotten ihr gewähret. Ich bediene mich hier der eigenen Grundsätze des Ritters Folard: Ich kehre seine Waffen gegen ihn selbst, ohne daß ich mich ihrer bey andern Gelegenheiten bedienen möchte; denn ich bin weit entfernt, ein solches Viereck vortheilhaft zu finden; ich weis daß nichts schwerfälliger seyn kann, und daß man durch diese Stellung zwey Drittheile seiner Kräfte unbrauchbar macht. Zugleich aber bin ich überzeugt, daß Folard die Vortheile der Colonne aller Orten übertrieben hat; daß sie bey weitem die Leichtigkeit nicht besitzt, die er davon erwartet, und daß er ihr auf eine allzu freygebige Weise ein furchtbares Feuer andichtet, welches in der That wenig Schaden anrichten würde. Dieses habe ich so eben in Absicht des Vierecks erwiesen, dem er das Feuer seiner Colonne entgegen setzen will. Bey Untersuchung der sechsten Figur, wo er vier Colonnen vorstellet, die auf eine Linie von Bataillonen los gehen, wird man denselben Irrthum wahrnehmen. Diese Colonnen welche schräg marschieren, geben seiner Meynung nach ein Kreuzfeuer, das um so schrecklicher und zerstörender ist, da die Schüsse

schief

schief und gedrungen sind.... Ich behaupte, sagt er, daß ihr Feuer dreyfach stärker sey als das
Traité de la Colonne. findliche: Man wird sich hierüber wundern; gleichwol ist die Sache unwidersprechlich....
Dieses ist die Beweisart des Ritters Folard; ein sehr bequemer Weg, der ihn der Berechnung überhebet. Die obige ist hinreichend die Wunderkraft zu zernichten, so er seinem Feuer beylegt. Die Stellart, wovon jetzt die Rede ist, muß als eine Vervielfachung des nämlichen Exempels betrachtet werden, die auf denselben Grundsätzen beruhet. Ich will hier nur wiederhohlen, **S. die folgende Figur.** was ich schon gesagt habe, daß das Feuer welches er aus den beiden Facen zugleich ziehen will, ein Hirngespinnst ist. Die Schüsse der Seite (2) gehen so schief, daß meines Erachtens blos das erste und höchstens das zweyte Glied feuern kann. Noch muß man bey den Truppen eine große Achtsamkeit in der Stellung vor

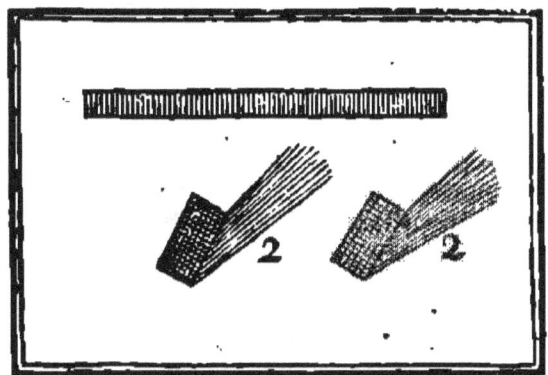

aufsehen; sonst würden sie eher die benachbarte Colonne als

als den Feind treffen. Die Erfahrung lehrt uns, daß der Soldat maschinenmäßig vor sich hin schießet. Will man ihn in eine Lage stellen, welche ein gewisses Geschicke, und eine kalte Vorsichtigkeit erfordert, so verlanget man mehr von ihm, als er leisten kann. Einige der standhaftesten werden sich zwar bemühen, wohl zu zielen; die andern aber werden ganz getrost vor sich hin feuren, und ihre Kameraden niederschießen. Ich behaupte daher, daß die Stellordnung der Folardischen Colonnen zum feuren nichts taugt, und daß sie einander selbst ungleich gefährlicher seyn würden als den Feinden. Es gibt sich auch hierdurch dem Feuer der Bataillonen weit mehr bloß; da doch die Vermeidung desselben unter die Vortheile der Colonne gehöret, indem sie nur eine kleine Fronte darbietet; sie muß also jederzeit gerade, und niemals schief auf den Feind los gehen. Weil überdem nach den Grundsätzen dieses Lehrgebäudes ihre Stärke in dem Drucke der Rotten und in der Schwere ihrer Masse bestehet, so muß sie auch deswegen mit der Vorderseite, und nicht mit dem Wirbel anrennen, welches der schwächste Theil ist.

Der Ritter Folard hat sich ohne Grund den Vortheil des Feuers zueignen wollen. Aus einem allzu großen Ehrgeiz ist er, ohne es zu merken, von seinen eigenen Grundsätzen abgewichen. Ich habe ihn nicht in diesem unrechtmäßigen Besitze lassen wollen. Indem ich ihm aber das nehme, was ihm nicht gehört, so ist auch billig, daß ich ihm das zuerkenne, was man ihm mit Rechte schuldig ist.

II. Theil.

Es ist gewiß, daß die Colonne, wenn sie aus verschiedenen Abschnitten bestehet, welche in einiger Entfernung von einander marschieren, sowol zum Angriff als zum Rückzug ungleich besser ist als die heutige Ordnung der Bataillonen. Der Marschall von Puyſegur sagt: Wenn ein Corps Infanterie von seiner Reuterey verlassen, und mit einem feindlichen Unfalle bedrohet wird, so muß es ohne Zeitverlust seine Länge vermindern, und seine Bataillonen verdoppeln, um die Seiten zu verstärken: Er läßt sie hierauf ein langes Viereck bilden, das an den beiden Enden durch ein Bataillon zugeschlossen wird. Wenn das Viereck sich in Bewegung setzt, welches mit der schmalen Seite geschiehet, so marschiert das Bataillon, so die Spitze ausmacht, gerad aus, und die von den langen Seiten brechen sich in Züge, jedoch mit Beobachtung ihrer Zwischenräume, damit sie, wenn der Feind sie angreifen will, sich in Schlachtordnung stellen können. Der Hr. von Puyſegur hat gar wohl eingesehen, daß bey einer solchen Gelegenheit die Bataillonen von vier Gliedern (†) nichts taugen; er verdoppelt sie, um sie auf achte zu setzen. Nichts destoweniger bekennet er, daß wenn der Feind Zeit gehabt ein großes Corps Reuterey und Fußvolk zu versammeln, um dem Viereck den Weg zu verlegen, indem er dasselbe auf den Flanken und im Rücken angreift, diese Stellordnung nicht Stärke genug besitzt, hineinzubrechen und sich einen Durchweg zu öffnen. Die engen Pässe, die Hecken, die Dörfer sind

Lb. 1. Art. 10.

(†) Zur Zeit da der Marschall schrieb, stellte die französische Infanterie sich noch vier Mann hoch.

sind ebenfalls Hindernisse, die seinen Zug aufhalten, und dem Feinde Zeit geben es abzuschneiden.

Wenn das lange Viereck, welches ich hinfort Plesion nennen werde, auf seinem Rückzuge so viel Schwierigkeiten findet, so muß das gleichseitige noch weit grössern unterworfen seyn. Indessen liefert uns doch die alte und neue Geschichte Beyspiele gnug von Infanterie, welche sich durch dieses Mittel gerettet hat. Die griechische Stellart war insonderheit zu dieser Bewegung sehr geschickt; die Phalanx hatte eine seile Höhe und wenig Ausdehnung; ihr Manövre war gleich fertig, und sie setzte sich alsbald in Marsch. Wenn ihr Anhöhen, Dörfer, und enge Pässe aufstießen, so gieng das leichte Fußvolk voran, und machte sich Meister davon. Da die Abschnitte mit ihrer Flanke marschierten, so brauchten sie in ihrer Ordnung fast nichts abzuändern. Die römischen Cohorten kamen eben so gut weg; hievon zeuget der berühmte Rückzug des Antonius, wovon ich bey einer andern Gelegenheit reden werde.

Um das Viereck zu bezwingen, muß man ihm ein Corps Infanterie entgegen stellen, welches dasselbe aufhalten kann, und ihm zugleich mit Reuterey und Kanonen zu Leibe gehen. Geschieht dieses, so wird es allemal das Schicksal des Vierecks bey Rocroy haben, welches gänzlich zernichtet wurde. Diese Stellordnung ist nicht zum siegen gemacht; sie kann blos eine geschlagene Armee vor dem Nachhauen einer zahlreichen Reuterey, oder aus den Klauen einer zucht- und ordnungslosen Infanterie retten, wie die Panduren und andere ungarische Miliz waren. Die Winkel sind zu solchen Gelegenheiten genhatten allzeit stark genug, weil man sie durch die Granadiers verstärket, und sie noch durch Reserven unterstützen kann.

Es ist also sehr unnütze, daß wenn man Halt machen und fechten muß, man, wie Hr. von Puységur meynet, eine runde Stellung nehme. Dieses heißt bey einer Gelegenheit, wo man keine Zeit zu verlieren hat, die Zahl der Bewegungen ohne Noth vermehren. Ich sehe auch nicht, was die runde Form, welches die elendeste Kriegsbewegung ist, die man jemals erdenken konnte, für Vortheile gewähren soll. Das Schicksal, welches sie fast immer bey den Römern gehabt hat, kann uns eben keine Lust darnach einflößen. Dieses Manöuvre taugte blos sein Leben desto theurer zu verkaufen, oder es durch Streckung des Gewehres zu erhalten. Sobald man es machte, war es ein Zeichen, daß man alles verlohren gab. Dieser bloße Gedanke war hinreichend den Muth des Soldaten niederzuschlagen. So urtheilte Cäsar bey Gelegenheit der fünfzehn Cohorten, welche unter den Befehlen des Sabinus und Cotta im Lüttticherlande überwinterten. Auf die Nachricht von einer allgemeinen Empörung der Gallier und dem Anmarsch der Deutschen, wollten sie sich unbedachter weis aus ihrem Lager zurück ziehen, und wurden umringelt. Die Anführer welche sich nicht zu rathen wußten, gaben Befehl das Gepäcke im Stiche zu lassen, und eine runde Stellung zu nehmen. (a) Bisweilen trennten die Cohorten

---

(a) Etsi in ejusmodi casu reprehendendum non est, tamen incommode accidit, nam & nostris militibus spem minuit & hostes ad pugnandum alacriores fecit.

horten sich von dem Zirkel um einen Angriff zu wagen; allein die Menge der Feinde, welche zu gleicher Zeit von vornen und von den Seiten auf sie los stürmten, nöthigte sie gar bald wieder hinein zu treten. In dieser Stellung fochten sie vom Aufgang der Sonne bis um zwey Uhr Nachmittags: Als sie aber von Mattigkeit erschöpfet und aller Orten durch einen Pfeilhagel eingestürzt wurden, mußten sie endlich unterliegen. Der größte Theil ward in die Pfanne gehauen, und nur wenige entrannen durch die Waldungen. Jede viereckigte Stellart, sie hätte nun voll oder leer, lang oder gleichseitig seyn mögen, würde sie vielleicht errettet haben; mit dem Zirkel hatten sie kein anderes Mittel, als die Feinde zu ermüden. Weil aber diese in großer Menge waren, konnten sie sich unter einander ablösen; da hingegen die Römer keine Erhohlung genossen. Die Geschichte des Livius ist ebenfalls mit dergleichen Beyspielen angefüllt. Wie hat also Hr. von Puysegur auf runde, achteckigte und dreywinklichte Stellungen verfallen können, darunter keine besser ist als die andere. Wenn er sie als ein Zeitvertreib vorgeschlagen hätte, so wäre es noch hingegangen; allein es ist ihm nicht zu verzeihen, daß er sich im Ernste darauf gelegt, und ihre Stärke hat erweisen wollen.

Er behauptet, daß das Scheibenfeuer, zumal für die Schwadronen, sehr gefährlich sey. Ich will glauben daß die Infanterie sich in jeder Stellung furchtbar machen kann; aber die Gestalt der Scheibe ist wegen der Zerstreuung der Feuerstrahlen in aller Absicht die nachtheiligste. Dieser Mangel vermehrt sich nach dem abnehmenden Maße des Durchschnittes, so daß die Schüsse eines einzigen rund gestellten Bataillons viel weiter aus einander fahren als bey mehrern. Eine andere Unbequemlichkeit bey seiner Anordnung ist, daß da sein Bataillon sechs gleiche Glieder hat, die Rotten durch die Bildung des Zirkels so gedrungen werden, daß sie inwendig bersten müssen, und im ersten Gliede zu weit offen stehen, welches gegen die Reuterey kein geringer Fehler ist. Ich wüßte wohl ein Mittel ihm abzuhelfen; da ich aber von der Untauglichkeit dieser Stellart überzeugt bin, so halte ich es für eine vergebliche Mühe, mich damit abzugeben.

Zweyter Abschnitt.
Von dem Plesion oder langen Viereck.

Ein leeres Viereck, das mehr Länge als Breite hatte, hieß bey den Griechen ein Plesion. Wenn Aelian von dieser Anordnung redet, die man mit der Phalanx machte, so sagt er, daß die Schleuderer und Bogenschützen ihren innern Raum einnahmen. Sie kamen heraus und traten wieder hinein, um sich in Sicherheit zu sehen. Bisweilen pflegten sie auch die Endspitzen desselben zu schließen. Die Taktikverständigen unterschieden das Plesion von dem Plinthion, indem dieses letztere ein vollkommenes Viereck war, dessen sämmtliche Seiten gleiche Stärke hatten. So beschreibet es Arrian in seiner Taktik: Er führt den Xenophon an, der es sonst auch ein gleichseitiges Plesion nennet. Es scheint daß einer oder der andere dieser Ausdrücke jemals ein volles Viereck bezeichnet habe, wie der französische Ueberseher des Aelian es geglaubt hat. Ihre wesentliche Absicht war eine gute Wehrstellung, und man hat ihnen ohne Grund andere Eigenschaften beylegen wollen.

Unter allen geschlossenen Stellarten ist das Blesion die stärkste, und für ein beträchtliches Corps Truppen die schicklichste. In dieser Anordnung wurden die berühmtesten Rückzüge vollzogen. Nach der Niederlage des jüngern Cyrus traten die zehn tausend Griechen den ihrigen in Form eines Vierecks an: Sie bemerkten aber gar bald, wie viele Beschwerlichkeiten für den Marsch daraus entstunden; sie mußten auch am ersten Tage vieles ausstehen, und der Nachtrab wurde dermaßen gezwackt, daß sie mehr nicht als fünf und zwanzig Stadien, das ist, kaum vier Stundenmeilen zurück legen konnten. Sie hatten wenig Bogenschützen, und da die andern leichten Truppen blos mit Wurfspießen bewaffnet waren, so reichten sie nicht so weit als die Schleuderer und Bogenschützen der Perser. (a) Xenophon that Cyrus, den Vorschlag zwey hundert Rhodier, die unter seinen *Xenophon Gesch. des innnern Buch 3.*

Truppen

(a) Die Anzahl der Griechen, welche dem Cyrus folgten, belief sich auf dreyzehn tausend Mann mit Innbegriff der leichten Fußvölker, welche wenigstens zwey tausend Köpfe betragen mußten: Denn am Ende des Rückzugs machten sie noch achtzehn hundert Mann aus. Es befanden sich einige Bogenschützen bey ihnen. Es sey nun, daß diese leichten Truppen nicht mitgezählt worden, oder weil sie um ein merkliches geschmolzen waren, so hat der Ruf die Zahl der Griechen auf zehn tausend gesetzt, unter welcher auch dieser berühmte Rückzug bekannt ist.

Truppen dienten, mit Schleudern zu bewaffnen; er machte auch fünfzig Mann vermittelst der Packpferde beritten. Am dritten Tage wurde die Marschordnung abgeändert. Man fand das gleichseitige Viereck zu beschwerlich, und wegen der schlimmen Wege öftern Trennungen ausgesetzt, welches häufige Oeffnungen veranlaßte, worein der Feind sich werfen konnte. Man vertauschte daher diese Figur mit dem langen Viereck. Die Schwerbewaffneten zogen in zwo Colonnen, das ist, sie machten zwo Phalanzen aus, welche mit ihrer Flanke marschierten: Das wenige Gepäcke so sie bey sich behalten hatten, und die Kranken befanden sich in der Mitte. Eine kleine Schaar Peltasten diente zum Vortrabe. Die leichte Infanterie machte die Spitze und den Hinterzug aus; jene bemächtigte sich der Anhöhen und engen Pässe, die ihnen auf dem Wege vorkamen; die mit den Bogenschützen vermengten Schleuderer entfernten den Feind von der Seite wo er sich nahen wollte; die kleine Reuterschaar verfolgte ihn wenn er die Flucht nahm. Xenophon verordnete einen Rückhalt von sechs hundert auserlesenen Leuten, welche in Centurien, halbe Centurien und Decurien abgetheilt waren. Dieses Corps mußte den Raum zwischen den beiden Colonnen von hinten ausfüllen; schlossen sie sich zusammen, so blieb es am Ende, oder warf sich auf die rechte und linke Flanke, und stellte sich immer so, daß es seinen Posten wieder einnehmen konnte, sobald das Erdreich den Colonnen erlaubte sich zu trennen. Von diesem Rückhalt ward in unerwarteten Fällen die benöthigte Mannschaft gezogen. Mußte man über eine Brücke oder durch einen Paß gehen, den die Feinde vertheidigten, so verstärkte er den

Vortrab;

Vortrab; wenn sie hingegen vom Rücken herkamen, so blieb er beym Nachzuge. In dieser Ordnung legten diese tapfern Griechen eine Strecke Landes von sechs hundert und zwanzig Stundenmeilen zurück, giengen über eine Menge von Bergen und Flüssen, und waren immer genöthigt sich entweder mit den Persern, die ihnen nachsetzten, oder mit den Barbaren, welche ihnen den Durchgang streitig machten, und bisweilen mit beyden zugleich herum zu schlagen.

Als Agesilaus aus Asien zurück berufen ward, um seinem von den Thebanern angegriffenen Vaterlande Hülfe zu leisten, so mußte er durch Thessalien ziehen, dessen Einwohner sich mit Theben verbunden hatten. Er nahm seinen Marsch in eben der Ordnung wie die zehn tausend, außer daß er, weil er mit Cavallerie versehen war, sie an die Spitze und den Schluß vertheilte. Nachher warf er sie ganz auf den Hinterzug, weil die Feinde ihm auf dieser Seite am meisten zusetzten.

Ebend. Lob des Agesilaus.

Man findet noch einen andern Marsch in gleicher Ordnung unter den Befehlen des athenienssischen Feldherrn Timotheus, welcher durch das Olynthische Gebiete zog; doch hat seine Form noch etwas besonders. Er machte aus den Schwerbewaffneten zwo Colonnen und warf den Troß in die Mitte; seine wenige Reuterey kam innerhalb des Vierecks zu stehen. Der Zwischenraum der Spitze und des Hinterzuges wurden durch eine Linie von Wagen geschlossen, welche in einer Fronte marschierten: Diese zwo Seiten ließ er durch die Schützen verstärken, davon er auch einen Theil in kleinen Schaaren auf die Flanken zerstreute. So deckte er sich gegen die feindliche Cavallerie, welche so zahlreich war, daß die seinige es nicht mit ihr aufnehmen durfte.

Diese Stellordnung des Timotheus diente blos im flachen Felde; sobald das Erdreich sich änderte, konnte sie nicht mehr bestehen; sie war aber alsdann auch nicht mehr nöthig, und in diesem Falle that er, was die Umstände ihm angaben. Eine Armee welche in dieser Ordnung einen langen Marsch unternimmt, kann sie nicht immer beybehalten; sie verläßt sie und nimmt sie wieder an, nachdem die Landesgegend und andere Ereignisse es erfordern. Der vom Xenophon beschriebene Rückzug der zehn tausend Griechen ist nicht nur in Absicht der Marschordnung, sondern auch wegen der bey mancherley Vorfällen getroffenen Anstalten überaus lehrreich. Dieser geschickte Heerführer, der zu dieser glorreichen Begebenheit das meiste beygetragen, hat uns die vornehmsten Umstände davon aufbehalten, und ein Kriegsmann kann sie nicht zu viel studieren.

Man sieht im Thucydides einen andern Rückzug des Brasidas, eines spartanischen Feldherrn, welcher nebst dem macedonischen Könige Perdiccas in Thracien Krieg führte. Als die Barbaren sich in großer Menge versammelt, und die Illyrier, auf welche die Griechen zählten, sich zu ihnen geschlagen hatten, geriethen die Macedonier in Schrecken, und nahmen die Flucht. Brasidas, der mit seiner Infanterie allein blieb, ordnete sie in zwo Colonnen, denen er einen Rückhalt auserlesener Mannschaft beyfügte. Er selbst beschloß mit drey hundert Mann den Zug. Die Barbaren welche glaubten er flöhe, fielen in Unordnung über ihn her; er schlug sie

Thucydides, B. 4.

sie zurück, und ließ hernach die Leichtbewaffneten auf
sie los gehen, die er anfänglich in die Mitte zwischen
seine Colonnen gestellet hatte. Da die Feinde sich nicht
mehr getraueten ihn anzugreifen, so begnügten sie sich,
ihm zu folgen, und eine Wegenge zu besetzen wo er
hindurch mußte. Als Brasidas in dieser Gegend ankam,
ließ er seine Schwerbewaffneten in Schlachtordnung
stehen, und schickte den Rückhalt mit den leichten Truppen voraus, um den vornehmsten Berg zu ersteigen,
welcher die Enge beherrschte. Als die Thracier von diesem Posten vertrieben waren, ließen sie den Spartanern
einen freyen Durchzug, welche ihren Marsch bis nach
Macedonien fortsetzten.

Diesen schönen Rückzügen des Alterthums kann man
auch einige aus den neuern Zeiten beyfügen, welche
ihre Anführer mit Ruhme bedecket haben. Der kühne
Marsch des Obristen Päffer von Meaux bis nach Paris
ist bekannt. Der zu Meaux befindliche Hof wurde durch
den Prinzen von Conde überfallen; Päffer bildete mit
seinen Schweizern ein Viereck, in dessen Mitte er den
König trotz aller Cavallerie des Prinzen fortführte, welcher ihn verschiedene mal angriff, ohne im Stande zu
seyn hindurch zu brechen. Nach der ersten Schlacht bey
Hochstädt, wo der Graf von Stirum durch den Marschall von Villars geschlagen wurde, machte der Fürst
von Anhalt aus seinem Fußvolk ein Viereck, und zog
sich zurück, ohne daß man ihm etwas anhaben konnte.
Als der General Starenberg bey Villa Viciosa geschla- 1710.
gen worden, so durchstrich er auf gleiche Art das ganze
Land von Castilien aus bis nach Catalonien, ungeachtet
ihm

ihm die französische und spanische Reuterey beständig in-
setzte. La Noue führt ein Beyspiel von vier hundert
Spaniern an, die es in Afrika wagten, durch eine Ebene von fünf bis sechs Stunden im Angesichte von zwanzig tausend mohrischen Reutern zu ziehen, welche sie
nicht aufhalten konnten, und über acht hundert Mann
dabey verlohren. Allein der berühmteste Rückzug ist der
Schulemburgische von der Weichsel bis an die Oder:
Karl XII der ihn mit seiner ganzen Reuterey verfolgte,
griff ihn verschiedene mal an, und mußte endlich gestehen, daß dieser General überwunden habe.

Disc. 37.

Wir sehen aus allen diesen Beyspielen, was die Tapferkeit, von guten Anstalten unterstützet, zu leisten ver-
mag. Die Infanterie muß daraus ihre Stärke und
ihre Hülfsmittel auf alle ähnliche Fälle kennen lernen;
sie muß aber auch in einer gewissen Tiefe stehen, welche
nicht geringer als von acht oder sechs Gliedern seyn kann:
Daher würden meine Cohorten sich besser als alle andere
Schlachthaufen dazu schicken. Sie müßten in Viertels-
gliedern, das ist, mit einer Fronte von zwo Compagnien marschieren, welche nur zwanzig Mann betragen
würden. Die Cohorten des Vortrabs und des Nachzuges könnten eben so fortrücken, wenn das Erdreich ihnen nicht erlaubte eine Fronte zu bilden, und wenn sie
auch ziemlich geöffnet wären, so würde so lange der
Feind nicht auf sie los käme, sie nichts hindern, divi-
sionsweis in Colonnen zu bleiben. Der Marsch würde
weit behender geschehen, und sobald man den Feind anrücken sieht, könnte die Schlachtordnung in einem Augenblicke veranstaltet werden.

Ich

Ich habe ein langes Viereck von zwölf Cohorten ab- Kupf. II. gebildet, wovon acht die großen Seiten und vier die Fig. I. Spitze und den Schluß formieren. Sie sind auf die obige Weise zum Marsche geordnet; die bey dem Hinterzuge müssen eine umgekehrte Colonne darstellen. Acht leichtbewaffnete Plotouen, jedes von sechzig Mann, eröffnen den Marsch, und bemächtigen sich der Anhöhen sowol als der benachbarten Häuser. Muß man durch ein Gehölz oder Dorf ziehen, so durchsuchen sie beide, und bewachen die Zugänge. Auf diesen ersten Vortrab folgen die Pionierer, und zwar fünfzig von jeder Colonne: Sie müssen die Gräben ausfüllen, und die Hecken durchhauen, um die Trennung der Marschordnung und das Defilieren so viel möglich zu verhüten. Acht andere leichte Plotenen beschließen den ganzen Zug; sie müssen die Posten und Ausgänge besetzt halten, bis die Colonnen vier bis fünf hundert Schritte davon entfernet sind: Die übrigen Leichtbewaffneten würde ich in kleinen Schaaren auf die Flanken vertheilen. Die zwölf Granadiercompagnien formieren vier Reserven im Innern des Vierecks. Mit Hülfe der Leichtbewaffneten setzt das Plefion seinen Weg ruhig fort, ohne durch die Scharmützler einen Augenblick verspätigt zu werden; blos ein ernstlicher Angriff ist vermögend es aufzuhalten. Sollten bey diesem Fußvolke sich drey oder vier Schwadronen befinden, so müßten sie, so lange der Zug durch die Ebene geht, ihren Posten am Schlusse der Colonnen haben, und von den Leichtbewaffneten unterstützet seyn. Sobald der Feind einen lebhaften Angriff im Schilde führt, wird man bey seiner Annäherung eine dem Erdreich gemäße Stellung nehmen; sind einige

Stützpunkte

Stützpunkte vorhanden, so entwickelt man sich und stellet sich mit Beybehaltung einer Reserve in eine Linie. Ist man aber auf einer weiten Ebene, und genöthiget einen kreisförmigen Angriff auszuhalten, so muß die Reuterey in das Viereck eintreten, und sich hinter den Cohorten in Schlachtordnung stellen. Wird der Feind zurück getrieben, so bricht sie hervor um ihn anzugreifen, und bis auf eine gewisse Entfernung zu verfolgen. Wenn das Plesion seiner los ist, so setzt es seinen Marsch fort: Kömmt es in ein mit Wäldern, Zäunen oder *Pays hohlen Wegen durchbrochenes Land,* so läßt man die fourré. Reuterey zum Vortrabe stoßen, falls nämlich der Feind jederzeit im Rücken ist.

Was man auch gegen das Viereck einwenden mag, so schickt sich doch keine Stellart besser zu einem Rückzuge, wofern die Truppen wohl geordnet sind. Sollte der Feind sich in den Weg stellen, oder den Eingang eines Passes verlegen, so müssen die vordersten Cohorten sich verdoppeln, oder auch blos ihre Divisionen zusammen drängen um colonnenförmig anzugreifen. Die Leichtbewaffneten werden, von den Grenadierern unterstützt, die Anhöhen ersteigen, und den Feind herunter jagen, falls er sie besetzt hätte, mittlerweile daß die Cohorten aus vollen Kräften anlaufen, um hindurch zu bringen. In weiten Ebenen sind die Wagen eine sehr gute Schutzwehr gegen eine zahlreiche Cavallerie; wenn aber das Erdreich abwechselt, so machen sie den Marsch langsamer und beschwerlicher. Da die Deutschen sie zur Fortbringung ihres Gepäckes in großer Anzahl nachführen, so haben sie sich ihrer in den hungarischen Kriegen gegen die Menge und den ungestümen Anlauf der Türken oft mit gutem Erfolge bedienet.

In dem Feldzuge von 1695 kam der General Veterani mit sieben tausend Mann aus Siebenbürgen, um zu der bey der Donau gelagerten kayserlichen Armee zu stossen. Der Sultan Mustapha II, der von seinem Marsche Nachricht hatte, ließ ihn durch ein starkes Corps abschneiden, welchem er selber mit seiner ganzen Macht nachfolgte. Veterani deckte sich die Flanken und den Rücken mit seinen Wagen, und die Fronte mit spanischen Reutern; er hielt verschiedene Angriffe aus, wobey die Türken zurück getrieben wurden; durch die Vorwürfe des Sultans angespornet, sammeln sie sich wieder, und fallen ihn auf allen Seiten an. Nach einem ziemlich langen Gefechte wird die linke Flanke überwältigt, die Türken zerreissen die Wagenburg, und dringen ins Lager. Ein Rückhalt eilet herbey, hält sie auf, wirft sie über den Haufen, und erobert das verlohrne Erdreich wieder. Man stritt sich auf beiden Seiten mit gleicher Wuth um den ungewissen Sieg. Endlich wurden die Deutschen durch eine empfangene Wunde des Veterani, der sich tragen lassen mußte, zum Rückzuge bewogen, den sie in eben der Ordnung, wie sie gefochten hatten, das ist, unter Bedeckung ihrer Wagen, antraten. Mustapha der über einen so starken Widerstand und über das Blutbad seiner Truppen erstaunte, fürchtete die Verzweiflung dieser tapfern Leute, und wollte es nicht wagen, sie lebhaft zu verfolgen. Dieses ist einer der glorreichsten Vortheile, den der Gebrauch der Wagen jemals verschaffet hat; dennoch haben sie ihre Unbequemlichkeiten, welche ich in dem folgenden Hauptstücke zeigen werde.

Anmerkungen und Lehrsätze.

Die viereckigte Stellordnung hat nicht nur in den Rückzügen, sondern auch zum Angreifen gedienet. Als Alexander mit Ersteigung der Pässe des Hemus sein erstes Probstück abgelegt, und in einem großen Gefechte die Triballier und Thracier geschlagen hatte, faßte er den Entschluß die Geten anzugreifen, welche zehn tausend Mann zu Fuße und vier tausend Pferde stark jenseits der Donau gelagert waren. Er bewerkstelligte sein Vorhaben bey Nacht, und ließ vier tausend Fußknechte und fünfzehn hundert Reuter in Kähnen und auf Häuten übersetzen. Als der Tag anbrach, näherte er sich mit seiner Cavallerie zur Rechten, und befahl dem Nicanor das Fußvolk in vier Fronten zu führen. (a) Der Grund dieser Ordnung war, weil er das jenseitige Land nicht kannte

(a) Es heißt im Texte, daß die leichten Fußknechte in der Mitte waren. Auf diese Art wurden sie öfters vor den Schwerbewaffneten beschirmt, falls man sie entbehrlich fand, oder bis sie auf den Feind anlaufen sollten. Wenn sie sich verschossen hatten, oder zurück getrieben wurden, so flüchteten sie sich hinter die Phalangiten. Dieses Manouvre wird bey dem Rückzüge der zehn tausend häufig angetroffen. Da die Pfeile der Perser sehr weit trugen, so wären die Leichtbewaffneten, welche keine Schutzrüstung führten, genöthiget sich hinter den Pickenierern Schutz zu suchen.

kannte und das Getreyde sehr hoch stund, so daß er fürchtete in einen Hinterhalt zu gerathen: Vermittelst dieser Stellung aber war er bereit auf jede Seite, wo man ihn angreifen würde, die Spitze zu bieten. Er marschirte den Fluß hinunter, welchen er auf seiner Rechten hatte, und nachdem sich der Fall ereignete, konnte er entweder in einer viereckigten Schlachtordnung bleiben, oder sich entwickeln, und einen seiner Flügel an die Donau lehnen, oder auch, wenn er es dienlicher fand, diesen Fluß auf dem Rücken behalten. Die Barbaren, welche erstaunten, daß er ohne Brücke über einen großen Fluß gegangen, und durch die trotzige Standhaftigkeit seiner Truppen abgeschreckt wurden, getrauten sich nicht den Anfall derselben zu erwarten; sie verschlossen sich in ihre Stadt, die eine Meile von der Donau lag, und da sie sich auch hier nicht sicher glaubten, so verließen sie dieselbe, um sich mit ihren Weibern und Kindern in die Wüste zu verbergen.

Crassus hatte bey seiner Unternehmung gegen die Par- *Plutarch.* ther ein Viereck gebildet, wobey seine Cohorten in zwo Linien stunden, und jede eine Turme Reuter auf ihrer Flanke hatte. Diese Vermischung diente zu nichts als seine Fußvölker zusammen zu drängen, und ihre Bewegungen zu hindern; im übrigen hätte sich das Viereck vorzüglich auf diesen Fall geschickt. Die Ebene welche Crassus durchzog, war unermeßlich, das Erdreich sandigt und so flach, daß man keinen Stützpunkt hoffen konnte. Es war schwer zu errathen, wo der Feind herkommen würde; diese Ungewißheit erfordert eine Schlachtordnung, welche auf allen Seiten die Spitze bieten kann. Eine ähnliche findet man in dem hungarischen Feldzuge von 1661.

Montecuculi der mit einer sehr schwachen Armee nach Siebenbürgen marschirte, und von den Türken umzingelt zu werden fürchtete, richtete seinen Marsch völlig nach seiner Schlachtordnung ein. Ihre Figur war ein langes Viereck, welches zu allen Arten von Bewegungen geschickt war, und den Troß in der Mitte hatte. Das Fußvolk, die Reuterey und die Artillerie waren also gemischt, daß sie einander unterstützen konnten. Die Absicht dieses Feldherrn war, auf jeder Seite wo der Feind sich zeigen würde, Fronte zu machen; er wollte auch das Feldgeräthe vor den Tartarn schützen, welche das Land überschwemmten. Wären die Türken ihm entgegen gekommen, so würde er seine Wagen nicht in der Mitte seiner Linien gelassen, sondern sie nach dem obigen Beyspiel des Generals Veterani zur Bedeckung seiner Flanken und seines Rückens gebraucht haben; allein die Türken kamen nicht zum Vorschein; sie zogen sich zurück, und ließen Siebenbürgen fahren.

Memoires de Montecuculi, Chap. 6.

Wenn man seine Flügel weder durch natürliche Stützen, noch durch Wagen oder andere Mittel decken kann, so gibt der Hr. von Santa-Cruz folgenden Rath: Stellet euer Fußvolk in zwo Linien bis auf einige Corps, die ihr zwischen dieselben postieren müsset, um allenfalls den weichenden Theilen beyzuspringen. Die zwote muß gegen den Nachtrab Fronte machen, dafern der Feind ihn angreifen sollte. Bieget eure Reuterey in zwey Treffen von den Flanken der ersten bis auf die zwote zurück.

Disposition avant la Bataille, Ch. 11.

Die

Die Winkel dieses langen Vierecks müssen durch
grobes Geschütz und Granadierplotonen verstärkt
werden. Der Verfasser hält diese Anordnung für die
schicklichste, weil, sagt er, die Reuterey sich dem
Feuer der Feinde nicht aussetzt, und wenn diese
euch einschließen wollen, eine vortheilhafte Stellung hat, um sie vermöge einer Schwenkung von
vornen oder auf den Seiten anzugreifen, je nachdem ihre Unordnung sie entblösen wird. Der spanische Kriegslehrer hat nicht erwogen, daß seine Reuterey der feindlichen die Flanke blos geben, und besonders die erste Linie jeder Seite ganz ohne Hülfe seyn
würde. Er hat sich auch ohne Grund eingebildet, daß
ihre Stellung den feindlichen Flanken sehr gefährlich
seyn müßte. Allein zu dieser Absicht könnte sie nicht
schlechter seyn. Da der Feind weit über das lange Viereck hinaus ragen und seine Flügel vorbiegen wird, um
dasselbe zu umklammern, so können die kleinen Seiten
das was ihnen vorkömmt anders nicht als vorwärts anfallen. Wollten sie eine Schwenkung wagen, so würden sie bey diesem Manöuvre selber ihre Flanken entblösen; nichts ist leichter zu begreifen. Ferner ist zu merken, daß man durch diese Stellung die Frente der Armee zu sehr vermindert, und mithin dem Feinde die
Umzingelung derselben erleichtert. Dieser Plan ist also
blos auf den Fall brauchbar, wenn man nur sehr wenig Reuterey hat, weil mehr als sechs Schwadronen
auf jeder Seite keinen Platz finden würden, es sey denn,
daß man den Abstand der Infanterielinien vermehren
wollte, welches wieder ein Fehler wäre. Uebrigens
will diese Methode, die Flanken der Linie mit Reuterey

zu bedecken, mir gar nicht gefallen. Wenn man zu wenig hat, und sie gegen die feindliche nicht aufs Spiel setzen will, so würde ich sie lieber in die Mitte der Schlachtordnung stellen, und meine Flanken mit Infanterie verwahren. Diesen Weg wählten die Maccabäer in der Schlacht bey Modin, wovon ich oben den Abriß mitgetheilt habe. Laßt uns nun sehen, ob es mir in einem ähnlichen Falle nicht gelingen würde, mit meinen Cohorten eine Schlachtordnung zu bilden, welche den Unbequemlichkeiten, die wir bey der Santa-Cruzischen oder bey der vermischten Stellart des Crassus bemerken, nicht unterworfen wäre.

Kupf. 11.
Fig. 2.

Ich will meine Armee auf zwey und dreyßig Cohorten, und vier und zwanzig Schwadronen setzen. In das erste Treffen stelle ich zwölf Cohorten mit sechs Schwadronen in dessen Mitte (1); eben'so viel ordne ich in das zweyte Treffen mit einer gleichen Anzahl von Schwadronen, die ich in zwey Theile absondere (2). Die Flanken sind auf jeder Seite mit drey Cohorten (3) gedeckt. Alle Granadiers werden in vier Haufen den Winkeln gegen über gestellet. Zwey Plesionen oder leere Colonnen (4), jede von einer Cohorte, stehen als eine Zwischenlinie hinter der Reuterey des Mittelpunktes. Vier Schwadronen (5), wovon ebenfalls zwo zur Rechten und zwo zur Linken eine Zwischenlinie formieren, brauche ich, um überall, wo es nöthig ist, Hülfe zu leisten. Nun bleiben mir acht Schwadronen übrig, wovon ich zwo Reserven (6) mache, die hinter meinem zweyten Treffen hackenförmig gestellet sind. Die Artillerie müßte auf die Spitze, auf den Rücken und auf die

Flanken

Flanken vertheilet seyn. Es ist augenscheinlich, daß ich bey dieser Anordnung alle Fehler des Hrn. von Santa Crux vermeide, und daß meine Reuterey durch die Infanterie beschützt wird, ohne mit ihr vermischt zu seyn.

Nun wollen wir auch die andern Vortheile untersuchen die darinn liegen. Die beiden Plesionen können die Wiedervereinigung der sechs Schwadronen des ersten Treffens, falls sie weichen sollten, unterstützen und den Rückzug der leichten Infanteriehaufen begünstigen, welche ich darunter menge. Meine Flanken sind gesichert, und durch die Cohorten (3) sowol als durch die in den Winkeln stehenden Granadiers nach Möglichkeit bedecket. Will der Feind mich umflügeln und mir in den Rücken fallen, so muß seine Ausdehnung die meinige wenigstens um das gedoppelte übertreffen; auch alsdann wird er nur die Enden meines zweyten Treffens einklammern können. (a) Diese Bewegung muß die Reuterey machen, und es ist nicht wahrscheinlich, daß sie Kanonen mit sich führen werde; dahingegen die meinigen

3 3   sie

(a) Man müßte hieben voraus sehen, daß die feindliche Linie dichte an die meinige schlöße; weil aber diese Bewegung in einer gewissen Ferne anheben muß, so folgt daraus, daß da ihr Durchmesser größer ist als der meinige, der daraus entstehende Umkreis um eben so viel größer seyn müße. Doch da er seine Flügel von dem Mitteltreffen absondern kann, so habe ich meine Reserven hinter den Mittelpunkt der zwoten Linie gestellet, damit sie desto gesicherter, und nicht selber der Umflügelung ausgesetzt seyn mögen. Meine Anordnung gleichet der Stellart des Cyrus bey Thymbra, und muß eben die Würkung hervor bringen.

sie mit Kartetschen empfangen sollen. Zu gleicher Zeit müssen meine Reserven los brechen, und ihr in die Flanken fallen. Die drey Schwadronen (z) welche in der Linie stehen, werden den Rückhalt unterstützen, und wenn man sie anderswo brauchet, so können die in der Zwischenlinie (6) ihren Platz einnehmen: Sie können sogar zu den andern stoßen, um die feindliche Reuterey vollends zu verjagen, weil die Lücken des zweyten Treffens alsdann nichts mehr zu bedeuten haben. Zur Verstärkung dieser Stellart würden die spanischen Reuter sehr brauchbar seyn; man könnte vornemlich die Flanken und Winkel damit bedecken.

Vor kurzem fiel mir ein neues Buch, unter dem Titel *l'Esprit des loix de la Tactique* unter die Hände. Ich habe darinn einen Vorschlag von spanischen Reutern auf Rädern gefunden, welche ich in Ermanglung der Wagen gänzlich billigen würde. (†) Sonst macht der Verfasser in allen seinen Schlachtordnungen einen sehr wunderlichen Gebrauch davon. Er will mit diesem Schirmwagen

---

(†) Eben so gute und vielleicht noch bessere Dienste könnte man sich in ähnlichen Fällen von den berühmten Lyonnoisen des Hrn. von Bonneville versprechen: Blos in dieser Rücksicht kann man seiner neuen Erfindung einigen Werth beylegen. Sonst mag man das System des Verfassers militärisch oder politisch betrachten, so ist es weiter nichts, als ein seltsamer Traum aus einer andern Welt. Der prächtige Titel seines Buches ist: *Les Lyonnoises protectrices des Etats souverains, & conservatrices du genre humain, ou Traité d'une découverte importante & nouvelle sur la Science militaire & politique*, dédié aux Rois & Princes. Par *Mr.* PAZZI *de* BONNEVILLE. Amsterdam 1771.

wagen nicht nur die ganze Armee, sondern jede Brigate und oft jedes Bataillon einrahmen. Er meynet sogar, daß man vermittelst dieser Erfindung sich bloß der leichten Reuterey bedienen, und die Küraßiers, die ihm mißfallen, gänzlich abschaffen könnte. Allein da er sich überall mit spanischen Reutern verbrämen will, so ist ihm wohl nicht eingefallen, daß sie bey Fußvölkern gegen Fußvölker nichts helfen. Die so sich damit decken wollten, würden es blos aus Schwäche thun, und in diesem Falle könnte der angreifende Theil sich seines überlegenen Feuers bedienen; er würde sie zu Grunde richten, oder doch leicht von der Stelle treiben. (a) Noch schlim-

---

(a) Es ist wohl zu merken, daß es oft Wehrstellungen giebt, deren Vortheil blos scheinbar ist; dieses kann man in solchen Fällen von den spanischen Reutern sagen. Hier ist ein anderes Beyspiel: Wenn ein Kriegshaufen einen Bach oder einen Graben vor sich hat, und sich dichte an den Rand stellet, so wird der Feind ihn durch sein Feuer nöthigen sich zu entfernen. Beym Rückzuge wird es ohne Unordnung nicht abgehen; die Feinde werden hinüber setzen, ihn verfolgen und ihn unfehlbar in die Flucht jagen. Läßt er aber den Graben sechszig Schritte vor sich liegen, und die Feinde wagen sich hinüber, so können sie dieses nicht thun, ohne sich zu trennen: Alsdann wird er, ehe ihre Glieder wieder hergestellt sind, auf sie los gehen. Steht man an einem Bache oder Hohlgraben, so kann man sich schwenken und dem Scheine nach zurück fliehen; der Feind wird nachkommen und hinüber setzen; plötzlich kehrt man um und greift ihn an. Man muß aber in diesem Falle sich auf seine Leute verlassen können, und die Officiers nebst den Soldaten von allem unterrichtet haben.

Auch

mer würde es den Schwadronen ergehen. Wenn der Feind sie mit fränischen Reutern verschanzt sieht, so darf er sie nur durch einige Bataillonen angreifen lassen, deren Feuer sie bald zum Rückzuge nöthigen wird. Diese Infanterie wird ihre Schutzwehr zernichten, und die schwere Reuterey, welche nur leichte vorfindet, wird einen kurzen Proceß mit ihr machen. Der Colonne würde es nicht besser ergehen, wenn sie sich mit dergleichen Maschinen spicken wollte; das Feuern ist ihre Sache nicht, und eben damit würde man sie angreifen. Man muß den Verfasser auf den Ritter Folard verweisen, der ihm eben so wenig zugeben würde, daß die Erfindung des Pulvers und des Feuergewehres die Streitart verändern mußte, daß man sich aus sehr guten Gründen nur drey oder vier Mann hoch gestellet hat; daß man von den Alten sehr wenig lernen kann, und daß die Nachahmung derselben ohne Dürftigkeit des Verstandes zu Tage lege. Dieses würde wahr seyn wenn man sklavisch nachahmen wollte; allein der geschickte Mann entlehnet nichts als die Grundsätze, und passet sie den Umständen an. Die besten Feldherren als la Noue, Rohan, Montecuculli, der Marschall von Sachsen, haben die Alten studiert, und ihre Vorschriften nach Möglichkeit befolget. Es ist ihnen nicht in den Sinn gekommen, daß die großen Manœuvres

Auch muß man in einem Loche oder hinter einem Zaune etwa fünfzig Mann zurück lassen, welche, wenn der Feind vorbey zieht, unversehens heraus fallen und auf ihn feuern, um ihn noch mehr zu verwirren, und den andern Zeit zu geben umzukehren, und ehe er formiert ist, auf ihn los zu gehen.

Manouvres sich nicht in Regeln bringen lassen, daß alles willkührlich ist, und daß die Siege gemeiniglich vom Zufall abhängen. Der Verfasser des Werkes von den Gesetzen der Taktik, der sonst viel Einsicht besitzet, wird blos durch die Nothwendigkeit sein Lehrgebäude zu vertheidigen, auf diese Irrwege verleitet. (a) Endlich kömmt er zur Wahrheit zurück, deren Macht ihn hinreißet, und gestehet, daß unter den verschiedenen Stellarien dennoch eine Wahl zu treffen, ein besseres zu finden sey. Nun aber ist alles was einer Vervollkommnung fähig ist, unstreitig auf Regeln gebauet. Diese legt das Genie zum Grunde, und erweitert oder verändert sie nach den vorkommenden Umständen.

Alles was wir gutes haben, ist von den Alten entlehnet. Nur in sofern man sich ihnen nähert, kann man die Vollkommenheit erreichen. Sie haben die wahren Grundsätze der Taktik, die ächte Stärke der Schlachtordnungen eingesehn. Alle neue Gebräuche die man einführen will, sind bloße Deckmäntel unserer Schwäche. Ein Bataillon von drey Gliedern hat weder die Stärke noch den Muth dem Anlaufe der Cavallerie zu widerstehen; (b) es muß durch einen Wall von Wagen

J 5 oder

(a) Er fügt den parthischen Reutern noch Erdsäcke bey, die er zu eilfertigen Verschanzungen vorschlägt. Dieses gehet auf einem sandigten Boden an. Die Perser bedienten sich derselben weil sie in ihrem Lande nur selten Rasen fanden, und die Erde sehr schwer zusammen hielt. Degen meldet uns diesen Umstand Buch 3. Kap. 3.

(b) Freylich müssen Rotten von drey Mann durch eine Cavallerie, die gleich der preußischen in vollem Zügel anrennet, oder spanischen Reutern gesichert werden, oder es wirft sich gar auf die Erde, (a) um sie über sich wegjagen zu lassen. Gibt man ihm eine Tiefe von acht Gliedern, so wird es alsdann seine Stärke fühlen, und auf keinen Schutzwall mehr denken. Die Vollkommenheit der Taktik beruhet auf einer solchen Ordnung der Truppen, welche ihnen ohne fremde Hülfe Stärke mittheilet. Diese Ordnung muß auch noch die Geschmeidigkeit, Thätigkeit und Schnelligkeit der Bewegungen in sich vereinigen; folglich müssen wir bey den Alten unsere Muster suchen. Es ist wahr, daß wir bey ihnen weder spanische Reuter, noch Schirmwagen, noch Erdsäcke antreffen; dagegen haben sie uns gute Vorschriften, und die vortrefflichsten Ausordnungen hinterlassen.

---

rennet, leicht über den Haufen geworfen werden. Eine Schwadrone kann auch durch kleine voransprengende Schaaren fliegende Angriffe thun lassen. Wenn eine durchbringt, so wird das durchlöcherte Bataillon in die Flanken und in den Rücken gefaßt; die hereneilende Schwadrone läßt ihm keine Zeit sich herzustellen und zu schließen. Ein gleiches wird sich ereignen, wenn in einer Linie nur der geringste Zwischenraum ist.

(a) Ich bin niemals ein Augenzeuge von diesem Manöuvre gewesen; man hat mich aber versichert, daß es in Deutschland gemacht worden. Wenn dieses ist, so wird es einst wohl noch Mode werden.

Neuntes

Neuntes Hauptſtück.
Von den Zufuhren und ihrer Begleitung.

Erſter Abſchnitt.
Allgemeine Vorſchriften.

Unter allen Kriegsverrichtungen iſt wohl nichts ſchwerer, als die Begleitung einer Zufuhr wohl anzuordnen: Der ſo dieſen Auftrag hat, muß viele Fähigkeit und Einſicht beſitzen. Wenn man im freyen Felde übernachtet, ſo pflegt man ſich zu pferchen*, das iſt, mit den Wagen einen Kreis zu ſchließen, worein die Truppen ſich begeben. Dieſe Vorſicht dient gegen die Ueberfälle und unvermuthete Unternehmungen des Feindes. Wird man aber auf dem Marſche mit einem Angriffe bedrohet, ſo muß der Anführer nur im äußerſten Nothfalle, und bey einer allzu ſchwachen Bedeckung zu dieſem Mittel ſchreiten; denn er legt ſich dadurch ſelbſt Feſſeln an, und wenn keine Hülfe kömmt, ſo wird er zuletzt unfehlbar genöthigt ſich zu ergeben. Wenn die Zufuhr beträchtlich iſt, und man zwiſchen feindlichen Plätzen hindurch muß, wo ein Anfall zu beſorgen ſteht, ſo wird ihr eine ſtarke Begleitung mitgegeben. Alsdann muß der Anführer ſie dergeſtalt ordnen, daß er die Fuhren bedecket, und nicht von ihnen bedeckt werden

* ſe parquer.

den muß. Sobald er die Annäherung des Feindes erfährt, läßt er einige Mannschaft bey den Wagen, um sie vor den Partheyen zu schützen, welche die Spitze derselben auf die Seite führen, oder den Hinterzug abschneiden möchten. Seine übrigen Truppen sowol zu Pferd als zu Fuße versammelt er, und wählt sich die günstigste Lage die er finden kann, um den Feind aufzuhalten, oder sich nöthigenfalls mit ihm zu schlagen. Während dieser Zeit setzen die Fuhren ihren Weg beständig fort, und entfernen sich so geschwind sie nur immer können.

1708. Als die Alliirten Ryssel belagerten, ließen sie von Ostende eine starke Zufuhr abgehen, welche ihnen um so nöthiger war, da sie keine mehr von Brüssel beziehen konnten, seitdem die französische Armee, welche an der Scheldbrücke bey Espierre postiert war, ihnen die Gemeinschaft abschnitt. Die Franzosen hatten auch noch Gent und Brügge inne. Der Graf von La Mothe, welcher bey Lowenghen, nahe bey dieser letztern Festung gelagert war, hatte Befehl sich dem Abgang der Zufuhr zu widersetzen, oder sie wo möglich aufzuheben. Da aber die Feinde ihm bey den Posten von Essingen und Oudenburg (a) deren sie sich bemeisterten, zuvor gekommen waren, so blieb ihm kein anderes Mittel mehr übrig, als ihnen auf dem Marsche den Weg zu verlegen. In dieser Absicht rückte er bis nach Winnenthal vor. Der General Web der das Geleite commandierte, postierte sich in ein Loch zwischen zwey Gehölze, welches der einzige Ort war, wo der Graf von La Mothe heraus kommen

---

(a) Diese beiden Posten liegen an dem Kanal, zwischen Nieuport und Brügge.

men konnte. Er hatte zwey und zwanzig Bataillonen bey sich, die er in zwey Treffen theilte, nachdem er die beiden Gehölze zur Rechten und Linken mit Infanterie gespickt hatte. Diese Anordnung wurde durch drey hundert Reuter maskiert, welche gleich anfangs an die Mündung des Loches gestellt wurden, um die Franzosen aufzuhalten, und bey ihrem Rückzuge sie noch hinein lockten. Der Graf von La Mothe, dessen Corps ungefähr aus achtzehn tausend Mann bestund, tappte blindlings in diese Falle. Da er keine grössere Fronte machen konnte als die Feinde, so war seine Infanterie in vier Linien, und seine Reuterey welche hinter ihr stund, ebenfalls in verschiedene Treffen abgetheilt. In dieser Ordnung wagte er sich hinein ohne die Holzungen zu untersuchen, die er auf seiner Flanke hatte. Die Feinde die sich ihrer vortheilhaften Stellung bewußt waren, giengen nicht vom Flecke. Als die erste Linie der Franzosen sich zum Angriffe näherte, ward sie zu beyden Seiten durch das Feuer des Hinterhalts begrüsset. Anstatt daß der Graf sie nun hätte zurück ziehen, und auf die Vertreibung der im Walde versteckten Infanterie denken sollen, so vereinigte er sie wieder, um sie nochmals zum Angriffe zu führen. Sie wurde zum andern male getrennet, auf die zwote zurück geworfen, die sie in Unordnung brachte, und diese auf die dritte gestürzet. Als nun der Graf von La Mothe seine ganze Infanterie in Verwirrung sah, und seine Reuterey nicht brauchen konnte, war er genöthiget mit Schande zurück zu kehren. Während dieses Gefechtes zog sich die Zufuhr, welche aus sechs hundert Wagen bestund, hinter dem Winnerthaler-Walde durch, wo sie nur einige Schwa-

Kriegs-Gesch. Ludwigs XIV. Th. 5.

Schwadronen zur Bedeckung halte. So gelang es dem französischen General seine dem Feinde weit überlegene Macht durch eine schlechte Anordnung (a) nicht nur un‐ brauchbar zu machen, sondern sich sogar schlagen zu las‐ sen, indem er in ein Netz tarpte, welches er ohne große Verschlagenheit hätte entdecken können.

Wenn man sich mit den Wagen des Fuhrzuges decken will, so läßt man sie in zwo nicht weit von einander entfernten Colonnen marschieren, und sollte die Reihe zu lang werden, müßte man drey oder vier daraus ma‐ chen. Bey dieser Anordnung, welche das Erdreich nicht immer verstattet, kann man, sobald der Feind mit ei‐ nem ernstlichen Angriffe drohet, nicht umhin die Pfer‐ de abzuspannen, sie auf die Seite zu führen, und aus zusammen geschobenen Wagen einen Wall zu machen; sonst würden viele dieser Thiere getödtet, und der Be‐ fehlshaber leicht genöthiget werden, einen Theil der Fuhren im Stiche zu lassen. Dieses hält auf, und wenn man sich während dem Marschiren schlägt, geschieht ein gleiches, weil man immer einen Theil der Pferde verliert.

(a) Die Belagerung von Npffel ist eine der größten und schwersten Unternehmungen, welche die Alliirten in die‐ sem ganzen Kriege verrichtet haben. Die Franzosen wa‐ ren Meister von Ppern, Dornick, Gent, Brügge und Nieu‐ port, und hatten hundert tausend Mann im Felde stehen. Hätte der Hr. von La Mothe sich klüger betragen, und den Feinden diese Zufuhr weggenommen, so wären sie gezwun‐ gen gewesen, die Belagerung aufzuheben. Gegen das En‐ de mußten sie sich ohnedin sehr kümmerlich behelfen, weil man die Schleusen öffnete, und das ganze Land von Nieu‐ port bis Brügge unter Wasser setzte.

verliert. Hieraus fließet der Schluß, daß wer eine Zufuhr retten will, sich nicht mit derselben decken müsse. Der schwedische General Löwenhaupt verschloß sich nicht eher in eine Wagenburg, als nachdem er zwey Gefechte ausgehalten hatte. Sie ward überwältigt und er genöthiget sie zu verlassen, nachdem er sie angesteckt hatte.

Geschichte Karls XII.

Wenn man mit vielen Packwagen einen Rückzug unternimmt, muß man nicht sowol auf den Schutz den sie leisten können, als auf die Beschwerlichkeit sehen, die sie verursachen. Die zehn tausend Griechen schafften sich alle die Ihrigen vom Halse, behielten nur einige Lastthiere, und faßten den Entschluß sich unbedeckt zu schlagen. Uebrigens muß man auch das Land wo man durchmarschiert, und die Gattung der Feinde in Betrachtung ziehen, mit welchen man zu thun hat. Sind sie, wie die Türken, stark an Reuterey, und der Zug gehet durch eine weite Ebene, so können die Wagen gute Dienste leisten. Außer denen die das Gepäcke führen, und im Nothfall auch brauchbar sind, werden noch welche aus dem Lande aufgeboten, denen man spanische Reuter und die Kranken und Verwundeten aufladen kann. Ohne diese Beschirmung hätte das Veteranische Corps der ganzen Macht des Großherrn schwerlich widerstehen können.

Zweyter Abschnitt.
Besondere Anmerkungen.

Die Bedeckung einer Zufuhr erfordert bey dem Anführer viele Kenntniß, und eine genaue Beobachtung verschiedener Stücke, deren Versäumung schlimme Folgen haben kann. Vor allen Dingen muß er gute Wegweiser haben, und eine Anzahl Arbeiter mit ihren Werkzeugen voraus marschieren lassen, um die Wege auszubessern, sie zu erweitern, oder im Fall der Noth, neue zu machen. Zu ihrer Unterstützung muß er ihnen einen Vortrab leichter Truppen mitgeben; er thut wohl daran, wenn er einige leere Wagen mitführt, um diejenigen zu ersetzen, welche zerbrechen, und nicht immer zeitig genug ausgebessert werden können. Sind keine vorhanden, so zieht man das zerbrochene Fuhrwerk auf die Seite, um den Zug der übrigen nicht aufzuhalten. Je nachdem sie vorbey fahren, wird etwas von der Ladung darauf geworfen, und dabey eine gleiche Austheilung beobachtet. Auf den Märschen muß man einen regelmäßigen Schritt halten, und darauf sehen, daß die vordersten Wagen nicht zu geschwind fahren, weil sonst da, wo ein schlecht bespanntes Fuhrwerk die andern aufhält, nothwendig eine Lücke heraus kömmt. Um solches zu verhüten, müßte man diese letztern vorne hinstellen; oder welches noch besser wäre, die Pferde also vertheilen, daß alle Wagen wohl fortkommen können.

Bey Anordnung des Geleites ist es eine Hauptregel, daß man die Truppen an die Spitze, an den Schluß und in die Mitte vertheile, wie auch kleine Schaaren zur Rechten und Linken des Fuhrzuges marschieren lasse, sowol um die Wagen beysammen zu halten, als um sie gegen die feindlichen Partheyen zu schützen, welche neben der Zufuhr her schwärmen, und etwas davon zu erhaschen oder sie wenigstens aufzuhalten suchen. Wenn man

man neben einem Walde vorbey muß, so wird er zuvor mit Infanterie durchsucht, und so lange man in der Nähe ist, erfordert die Klugheit, daß man ihn durch einige Commandos bewache, um sich vor den kleinen Hinterhalten zu sichern, welche entweder unentdeckt geblieben, oder sich erst nachher hinein geschlichen haben (a). Gehet der Marsch über das freye Feld, so werden die Flanken mit kleinen Haufen leichter Cavallerie versehen, welche sich weit genug entfernen, um in Zeiten ihre Entdeckungen zu berichten, damit man allenfalls noch seine Gegenanstalten treffen möge. Diese Ausspäher untersuchen alle bedeckte Orte, Gehölze, Hohlwege, Büsche, Getreidefelder, Zäune, die Rückseite der Hügel und Anhöhen, hinter denen der Feind in Schlachtordnung stehen könnte. Der erste Vortrab muß sehr weit voraus gehen, die Dörfer durchsuchen, ihre Einwohner ausfragen, um zu erfahren, ob sie einige Kundschaft von dem Feinde haben, und sie bedrohen, wenn sie die Wahrheit verhehlen. Die Infanterie muß den Eingang und das Ende der engen Wege besetzen, worein man sich nicht wagen soll, ohne zuvor die jenseits liegende Gegend weit hinaus untersucht zu haben. Ist der Zug hindurch, so geht ein Theil der Reuterey voran; ein andrer bleibt zurück, um das Fußvolk aufzunehmen, welches die Zugänge des Dorfes besetzt hat. In Ermanglung der Infanterie, läßt man die leichten Reuter und Dragoner absitzen.

(a) Ihr Endzweck ist auf einen Theil des Zuges zu fallen, einige Wagen zu plündern, die Stränge der Pferde abzuschneiden, sie wegzuführen, und überhaupt die mögliche Unordnung anzurichten.

II. Theil.   K 4   Dies

Diese Vorsichtsanstalten schicken sich für ein Fuhrgeleite, so wie für jedes abgesonderles Corps; wird man aber auf dem Marsche ernstlich angegriffen, so muß der Befehlshaber sich zu stellen wissen. Ich habe schon oben gesagt, daß man nur im äußersten Nothfalle sich pferchen soll. Man versammelt daher die Bedeckung bis auf einige Haufen, welche bey den Wagen bleiben, und fasset einen Posten, um den Feind daselbst aufzuhalten, oder anzugreifen.

1691. Als der Marschall von Luxenburg bey Ninove gelagert war, schickten die Alliirten zwey tausend Reuter aus Oudenarde, um eine von Dornick kommende Zufuhr aufzuheben. Der Marquis von Villars nahm eine Stellung wodurch er sie deckte, weil aber der Zug sehr lang war, so konnte er nicht verhindern, daß derselbe an einigen Gegenden angepackt wurde. Auf gleiche Art betrug sich der Graf von Chavagnac im Jahr 1677. Dieser französische Officier, der in kaiserliche Dienste getreten war, begleitete eine Zufuhr zur Armee des Herzogs von Lothringen. Der Hr. von Crequi der an der Seille gelagert war, beorderte den Hrn. von Choiseul sie aufzuheben. Dieser marschierte hinter einem Walde, in der Absicht das Geleite anzugreifen, sobald es auf der andern Seite erscheinen würde. Der Hr. von Chavagnac erreichte vor ihm die Spitze des Wal-

Kupf. 12. des, stellte sich allda in Schlachtordnung, und ließ die
Fig. 1. Fuhren hinter sich weg ziehen, so daß der Hr. von Choiseul nichts unternehmen konnte. Dieser Vorfall hat mir so wichtig und so lehrreich geschienen, daß ich ihn auf einem Kupfer abgebildet habe. Der Graf von Dauf,

einer

einer der beßen Feldherren jetziger Zeit, betrug sich bey einer ähnlichen Gelegenheit auf gleiche Weise.

Wenn man auf einer mit Graben eingefaßten Landstraße marschieret, und nichts als Reuterey gegen sich hat, so ist es leicht, sie mit einer mäßigen Anzahl Fußvölker abzutreiben, ohne in seiner ersten Anordnung vieles zu ändern. Man darf nur die Infanterie in getrennte Schaaren abtheilen, welche jedoch nicht allzu weit von einander entfernt seyn müssen. Es gibt sogar bisweilen Wege, wo zwo Reihen Wagen neben einander fahren können.

Geschieht der Zug längs einem Bache, so muß man alle Truppen auf eine einzige Seite werfen: Da aber der Weg zwischen dem Flusse und einer Reihe Anhöhen hindurch ziehen kann, so muß alsdann die Infanterie diese letztern ersteigen, sich einen Weg darüber bahnen, und immer auf dem Gipfel bleiben, damit der Feind sich desselben nicht bemächtigen möge. An der Spitze und am Schlusse des Zuges wird ein Commando zurück gelassen. Wenn die Reihe der Wagen sehr lang ist, so kann man zwo, drey, oder auch vier daraus machen, je nachdem sie sich ausdehnet; hierzu aber wird ein ebenes offenes Land, und eine sehr trockene Witterung erfordert. Mit beladenen Wagen wäre es nicht wohl möglich, auf einem feuchten oder lettigten Erdreich, wo die Räder stecken bleiben, über das freye Feld zu fahren. In diesem Falle muß die Reuterey an dem Schlusse und an der Spitze der Colonne marschieren, um die Zwischenräume zu decken; die Infanterie wird die beiden Flanken einfassen; einige Schaaren leichter Reuter oder Jäger müssen ost-

Aa 2 wärts

wärts bleiben, um die streifenden Pärtheyen aufzuhalten. Die Schanzgräber vertheilen sich an die Spitze jeder Reihe, und wenn eine aufgehalten wird, so müssen die andern warten, bis der Weg gebahnet ist, damit sie alle beständig in gleicher Höhe bleiben. In dieser Ordnung, welche unter die viereckigten Stellarten gehöret, kann man sich allerdings vertheidigen. Sie hat aber doch auch ihre Unbequemlichkeiten, wenn sie durch eine beträchtliche Macht aufgehalten wird.

Währet der Marsch verschiedene Tage, und man übernachtet an keinem geschlossenen Orte, so pferchet man sich in der Nähe eines Dorfes ein, welches zu Verhütung des Plünderns mit Wachen besetzt wird. Ist Haber und Heu vorhanden, so wird der Reuterey und den Fuhrleuten das benöthigte regelmäßig ausgetheilt; weidet man aber im Grünen, so wählet man hiezu das nächst gelegene Erdreich, und stellt Wachen aus, bis die Fütterung geschehen ist.

Wenn man einen Angriff zu fürchten hat, so muß man sich nicht zu nahe bey den Dörfern und Waldungen pferchen, welche den feindlichen Anfall begünstigen würden. Man lehnt sich so gut es geschehen kann, an einen Fluß, Bach oder Hohlgraben, um wenigstens eine Seite zu decken; wo nicht, so macht man eine runde Wagenburg, welche das Fußvolk bezieht. Ist viel Reuterey vorhanden, so postiert sie sich außerhalb. Nebst den Wachen der Wagenburg, muß man auch Vorposten ausstellen, und die ganze Nacht patrulliren lassen, um sie wachsam zu halten.

Ich höre täglich sagen, daß bey solchen Gelegenheiten die Infanterie den innern Raum der Wagen besetzt, und die Cavallerie sich auswendig unter ihr Feuer stellet, so daß sie eine ihrer Flanken an die Wagenburg lehnet; in diesem Fall aber ist die andere entblößt und nicht allzu sicher. Steht sie vorne daran in Schlachtordnung, so kann das Feuer der Infanterie sie nicht mehr schützen; sind daher die Wagen in großer Anzahl, so ist es rathsam zween Kreise zu schließen, und die Reuterey, nach Maßgabe ihrer Stärke, in einer oder zwo Linien dazwischen zu stellen. Das Fußvolk beschützt die Wagen mit kleinen Reserven. Man rückt sie ganz nahe zusammen, und alle Pferde mit den Fuhrleuten werden in die Mitte versammelt, um ihrer so wenig als möglich zu verlieren. Die Artillerie wird auf den Kreis der Wagenburg vertheilet. Sollten zerstreute Häuser wie bey (A) vorhanden seyn, so müßte man sie zur Einfassung ziehen, und Schießlöcher hinein schlagen, damit man von den Flanken hinaus feuern könnte. *Kupf. 12. Fig. 2.*

In dieser Ordnung, deren Vortheile ich nicht weitläuftig erklären darf, wird man die Nacht über campieren, und im Fall eines Angriffs auch darinn fechten. (a) Wenn der Fuhren wenig sind, so kann man auch nur eine einzige Wagenburg machen, und ein einsames Haus suchen, welches die andere Cavallerieflanke decket, wo nicht, so muß man sie an irgend einen Ort lehnen, wo die feindliche sie nicht umflügeln kann.

(a) Wenn man nichts zu fürchten hat, so läßt man die Wagen mit ihren Pferden in verschiedenen Reihen stehen, damit sie des folgenden Morgens gleich aufbrechen können.

Der Befehlshaber einer Zufuhr muß auf dem Wege keine Vorsichtsanstalt versäumen, noch die Bedeckung von sich lassen, ehe er in das Lager oder in die Stadt eingerückt ist. Bey der Belagerung von Arras, unter Ludwig XIII, welche die Marschälle von Chatillon, Chaulné und de la Meillerale unternahmen, rückte dieser letztere mit sechs tausend Pferden aus den Linien, um eine Zufuhr einzuholen. Er stieß auf den Grafen von Buquoi, der eine gleiche Anzahl Reuterey bey sich hatte. Es kam zum Gefechte, und nachdem der Marschall die Feinde ziemlich weit fortgetrieben, kehrte er voll Stolzes über seine Heldenthat zurück. Er zweifelte nicht, die Zufuhr, die er ganz nahe beym Lager verlassen hatte, würde mit ihrer ersten Bedeckung welche Lechelle commandierte, in Sicherheit seyn; indem er aber dem Marschall von Chatillon hievon Bericht ertheilte, brachte ein Officier in vollem Jagen die Botschaft, Lechelle sey geschlagen, und die Zufuhr ausgehoben worden. Der Graf von Buquoi hatte seine Reuterey wieder gesammelt, und da er den Rückzug der französischen Truppen wahrgenommen, den Augenblick zu diesem Streiche ausgespähet, den er im Angesichte des Lagers vollführte.

Wenn man den Abgang einer Zufuhr einberichtet, so ist rathsam, sie nicht eher fortzulassen, bis man gewiß ist, daß der Courier nicht angehalten worden. Weiß der Befehlshaber daß der Feind auf der Lauer ist, so kann er ihn durch einige falsche Ueberläufer, oder vermittelst eines Couriers berücken, den er durch einen Ort gehen läßt, wo er vermuthet, daß man ihn aufheben werde.

werde. Einen andern läßt er auf einem sichern Wege mit der wahren Nachricht von dem Zuge des Fuhrgeleites, und dem Tage des Aufbruches abgehen. Man kann auch den Feind durch eine verstellte Unternehmung gegen einen wichtigen Posten, oder durch einen falschen Angriff seiner Armee beschäfftigen. Dieses hindert ihn starke Corps auszuschicken, und bewegt ihn sogar die entfernten an sich zu ziehen. Die nämliche List kann auch den Angriff einer Zufuhr begünstigen. Als im Jahr 1673 Montecuculi eine wegnehmen wollte, welche für das Lager des Turenne bestimmt war, der an dem Mayn stund, so bat er sich vom Bischoff zu Würzburg den Durchzug für ein starkes Commando aus. Während der Zeit, daß dieses seinen Auftrag verrichtete, griff Montecuculi mit vieler Lebhaftigkeit einen Posten an, den die Franzosen auf der andern Seite inne hatten. Dieses beschäfftigte die ganze Aufmerksamkeit des Turenne, der sich übrigens auf das gegebene Wort des Bischoffs verließ, daß derselbe die Kaiserlichen nicht durch seine Stadt lassen wollte. Als der östreichische Feldherr die Aufhebung der Zufuhr vernahm, stund er von seinem Anfall ab.

Das Sprüchwort sagt; ein angegriffenes Fuhrgeleite ist so gut als geschlagen. Dieses ist wahr, wenn es überfallen wird, wenn der Feind eine überlegene Macht hat, oder wenn man schlechte Anstalten trifft. Heut zu Tage kann die angreifende Parthey sich vermittelst der Kanonen einen großen Vortheil verschaffen; denn wenn man gepfercht ist, so wird er endlich die Wagenburg zerstören, und sich einen Eingang öffnen, welches

auch

auch das einzige Mittel wäre, die oben vorgeschlagene Unordnung zu überwältigen. Diese Betrachtung scheint einen neuen Grund gegen das Pferchen abzugeben, es sey denn, daß man aufgehalten, umzingelt und genöthiget wäre, zu diesem Mittel zu greifen, und entweder eine Hülfe zu erwarten, oder sein Leben theuer zu verlaufen.

Wenn ein Fuhrzug sich auf seinem Marsch überraschen läßt, so muß der Gegner die Spitze desselben mit einem Theil seiner Infanterie anfallen, mit der Cavallerie aber auf den Schluß, den Mittelpunkt und alle Orte los gehen, wo sich Truppen befinden. Wenn sie nicht Zeit gehabt haben sich zu sammeln, so wird das Spiel nicht lange dauern. Ist die Bedeckung geschlagen, so führt er ohne Mühe die Wagen fort, welche er durch kleine Schaaren beschützen läßt; das Hauptcorps bleibt dahinten, um den Rückzug gegen den allenfalls eintreffenden Entsatz zu versichern. Die Truppen die ein Fuhrgeleit feindwärts angreifen, müssen durch andere unterstützt seyn, welche zurück bleiben, sowol um jene zu verstärken, wenn sie weichen sollten, als auch um sich den Völkern der Spitze und des Nachzuges zu widersetzen, die ihnen auf die Flanken und in den Rücken fallen könnten. Es ist eine unveränderliche Regel bey allen Angriffen und Vertheidigungen, daß man sich Reserven halten, und eher nichts unternehmen soll, als bis man gegen die Hindernisse und Zufälle so die menschliche Klugheit vorsehen kann, verwahret ist.

Wenn jemand eine Zufuhr zu Wasser begleitet, und die Ankunft des Feindes auf einem der beyden Ufer befürchtet,

fürchtet, so muß er zu seiner Sicherheit mit Schanz-Kleidungen und Bohlen versehen seyn, und sogar einige bewaffnete Fahrzeuge mit sich führen, um sich den feindlichen zu widersetzen, oder wenigstens auf ihn feuern und ihn vertreiben zu können. Sie müssen sich in acht nehmen, daß sie dem Ufer, wenn es mit Waldung bedeckt ist, nicht zu nahe kommen, und vielleicht in einen an diesem Ort, oder auf eine kleine Insel gestellten Hinterhalt fallen.

Auf den großen Flüssen wie der Rhein und die Donau, kann man sich zwar vermittelst einer Anzahl Fregatten der Schiffahrt bemeistern; sollte aber der Feind dem ungeachtet eines der beiden Ufer besetzt halten, so muß man die Zufuhr nichts destoweniger durch eine starke Bedeckung begleiten lassen, weil ein Commando sich in Schiffe werfen, und dieselbe wegnehmen kann. Wenn man durch einen schmalen Arm fähret, der von einer Insel entstehet, so muß man sie zuvor durchsuchen und besetzen lassen.

Wer sich auf dem festen Lande in einen Hinterhalt stellt, um eine Zufuhr anzugreifen; oder ein Corps Truppen zu überfallen, muß sich ihnen nicht zu nahe in den Weg stellen, und wenn er Infanterie in einem Wald versteckt, so muß sie sich wenigstens zwey hundert Schritte hinein ziehen; weil die kleinen Schaaren, die man auf Kundschaft ausschickt, sich oft begnügen, den Rand zu durchsuchen, ohne sich tief hinein zu wagen. Stellt man Reuterey an einen verdeckten Ort, so muß sie ebenfalls in etwas entfernt seyn, damit die Auskundschafter nicht bis zu ihr gelangen können, es sey denn, daß man

einen

einen höchst nachläßigen Feind vor sich hätte. Wenn die Infanterie welche eine Zufuhr begleitet, von Reutern angegriffen wird, so wirft sie sich gemeiniglich hinter die Wagen, um auf diese zu feuern. Wenn aber der Feind auf beiden Seiten erscheint, und ihr keine Zeit läßt die Wagen in zwo Reihen zu stellen, so muß sie drey oder vier starke Haufen bilden, welche durch ihre Stärke der Reuterey widerstehen, und durch ihre Nachbarschaft die zwischen ihnen befindlichen Wagen schützen können. Vielleicht kann sie es nicht hindern, daß ein allzu mächtiger Feind einige wegnimmt; sie wird aber wenigstens den größten Theil retten, und der Anführer seine Ehre davon bringen.

Zehntes Hauptſtück.
Vom Rückzug eingeſchloſſener Armeen.

Es gibt wenig Heerführer, die während einer Reihe von Feldzügen ſich entweder aus allzu groſſer Zuverſicht, oder durch irgend eine mißliche Unternehmung nicht in eine Schlinge verwickelt haben. Selbſt Hannibal konnte dieſes mit aller ſeiner Schlauigkeit nicht vermeiden; weil er aber fruchtbar an Erfindungen war, ſo fand er Mittel ſich heraus zu reiſſen. Er war in Campanien eingefallen, und hoffte ſich von Capua Meiſter zu machen, wo er ein geheimes Verſtändniß unterhielt. Sein Vorſatz war, zu Caſinum Poſten zu faſſen, um ſich zwiſchen die römiſche Armee und das capuaniſche Gebiete zu ſtellen; allein durch eine Verwechſelung des Namens führte ihn ſein Wegweiſer irre, und brachte ihn gerade nach Caſilinum an dem Vulturnfluſſe. Fabius machte ſich alsbald dieſe falſche Bewegung zu Nutze; er ließ den Paß vor Caſilinum und die engen Wege des Berges Caniculus beſetzen: Zu gleicher Zeit lagerte er ſich mit ſeiner Armee vor die einzige Oeffnung, durch welche Hannibal aus dem Falerniſchen Gebiete, wo er eingeſchloſſen war, hervor brechen konnte. In kurzen riß der Mangel bey ihm ein, und als er ſah, daß der Conſul ſich in ſeine Verſchanzungen einſchloß,

Livius, Buch 22.

urtheilte

ertheilte er, daß er sich anders nicht, als durch die Schlupfwege des Caniculus würde retten können. Er ließ daher zwey tausend Ochsen zusammen bringen, und ihnen dürres Reisig an die Hörner binden. Beym Einbruche der Nacht befahl er sie auf die erhabensten Anhöhen zu führen, und näherte sich zu gleicher Zeit dem Fuße des Berges. Auf ein gegebenes Zeichen, wurde das den Ochsen aufgebundene Reisig angesteckt. Sobald sie die Hitze verspührten, liefen sie mit gräßlichem Brüllen aller Orten umher. Dieser Lerm und der Anblick der Flammen erschreckte diejenigen, welche die Pässe bewachten. Sie glaubten der Feind sey ihnen im Rücken, verließen ihre Posten und flohen davon. Hannibal nahm des Augenblicks wahr, und ließ seine ganze Armee hindurch ziehen.

Wenn man sich in den Gebürgen einen Ausweg öffnen will, so sucht man die Anhöhen zu erreichen, von welchen der Durchzug der Armee beschützet werden kann. In dieser Absicht bedienet man sich aller Ränke, welche Ort und Umstände an die Hand geben. Man macht an verschiedenen Enden Lerm, um sich an dem ersten dem Besten durchzuschlagen, wo man die Wachsamkeit des Feindes hintergehen kann.

Die letzte Zuflucht einer eingeschlossenen Armee ist die Lieferung eines Treffens; sie muß aber nicht eher zu diesem verzweifelten Mittel schreiten, als bis sie alle andere Wege versucht hat. Da der Feind sie zu bezwingen hofft ohne eine Schlacht zu wagen, so sucht er selber sie zu verschieben; er verschanzet und postieret sich so, daß er ihr ausweichen kann. Hiedurch findet der man Zeit auf Mittel zu denken, wie man ihm entwischen möge.

Nachdem der Herzog von Parma Paris entsetzet, und das belagerte Rouen befreyet hatte, wagte er sich unvorsichtiger Weise in die Landschaft Caur: Er unternahm die Belagerung von Caudebec, um die Gemeinschaft zwischen Havre de Grace und Rouen herzustellen. Dieser Ort ergab sich nach einem kurzen Widerstande; allein Heinrich IV, welcher eher, als der Herzog es für möglich hielt, Hülfe bekommen, und seine Armee versammelt hatte, zeigte sich plötzlich eine halbe Meile von Yvetot, wo die Spanier gelagert waren. Sein Vorsatz war, ihnen den Rückweg nach Rouen abzuschneiden, und sie in einem engen Lande einzusperren, welches ihnen nicht lange Unterhalt schaffen konnte. Die holländische Flotte verschloß ihnen die Seite des Meeres: Der König zog sich eiligst durch die engen Wege, welche die häufigen bey Yvetot gelegenen Hürden verursachten, ehe der Herzog von Mayenne im Stande war ihn daran zu hindern. (a) Er jagte die Feinde von einem Posten

---

(a) Dieser berühmte Heerführer der Ligue commandirte damals die Armee, weil der Herzog von Parma verwundet war. Er muste ihn um die Erlaubniß fragen, einen Angriff zu thun. Der Prinz stand eine Weile an, und überließ es endlich seiner Klugheit; allein der Augenblick war verstrichen; der König welcher die Gefahr einsah, hatte den Marsch beschleuniget, und stand würklich in Schlachtordnung. So hat oft der geschickteste Feldherr seine Vortheile, der Unwissenheit oder Unentschlüssigkeit seines Gegners bisweilen auch einem glücklichen Zufalle zu verdanken. In den meisten Geschäften dieser Welt, und besonders im Kriege kömmt alles auf einen Augenblick an.

ßen zum andern, und trieb sie dermaßen in die Enge, daß ihnen kein Mittel mehr übrig blieb als sich durchzuschlagen. Da er wegen der ungemeinen Breite der Seine nicht glaubte, daß sie über diesen Fluß würden setzen können, so hatte er auf dieser Seite wenig Vorkehrungen gemacht. Der Herzog näherte sich Caudebec dem Scheine nach blos darum, weil diese Gegend weniger verwüstet war, als der Rest des Landes. Hernach ließ er zwey tausend Mann in Schiffen übersetzen, welche auf dem jenseitigen Ufer eine Schanze aufwarfen. Er ließ auch eine dieffeits anlegen, und als er von Rouen Schiffe bekommen, welche mit allen erforderlichen Geräthschaften eben zu rechter Zeit anlangten, war die Brücke gemacht, die Artillerie, der Troß, und der größte Theil der Armee hinüber, ehe der König davon Nachricht erhielt. Selbst der Hinterzug entwischte ihm mit Hülfe der Schanze und der Redouten, welche die ersten königlichen Truppen zurück trieben. Hierauf wurde die Brücke verbrannt, und die Schiffe durch den Strom fortgetrieben, ohne daß man es hintern konnte. Es machte der Herzog von Parma mit vielem Ruhme seinen begangenen Fehler wieder gut. Freylich hatte er seinen Rückzug der allzu großen Sicherheit des Königes zu danken; allein wie viel gibt es Begebenheiten, wo die Vortheile der einen Parthey nicht von einem Fehler der andern herrühren? Die wahre Geschicklichkeit besteht darinn, daß man sie zu benutzen oder vorherzusehen wisse. Der Rückzug den ich noch anführen werde, ist blos durch ähnliche Ursachen gelungen, und verlieret dadurch nichts von seinem Glanze.

Nach

Nach dem Verluste der Schlacht bey Placenz, 1746. war die spanische und französische Armee genöthigt über den Po zu gehen, um zwischen den Flüssen Adda und Ambro ihren Unterhalt zu suchen. Hier blieb sie eine Zeitlang stehen; da aber diese Stellung ihr allen Rückzug versperrte, so sollte sie, um sich zu retten, im Angesicht eines siegreichen und weit stärkern Heeres über den Po zurück gehen. Der General Botta, welcher die Oesterreicher commandierte, bewachte das rechte Ufer dieses Flusses, von Placenz bis nach Pavia. Der König von Sardinien hielt das Linke besetzt, wo er die Gemeinschaft mit dem Venetianischen Gebiet abschnitt, aus welchem man Lebensmittel hätte ziehen können. Der Rückzug durch das cremonesische war durch Ghera und Pizzighitone verschlossen, und die Franzosen konnten anders nicht als über den Po nach Tortona kommen, wo ihre Magazine waren. Nach einem bey Pavia mislungenen Versuche wurde beschlossen, bey dem Ausflusse des Ambro hinüber zu setzen. Die Franzosen hatten ungefähr fünfzig Schiffe zusammen gebracht, und den Fluß hinauf gehen lassen. Sie beschäfftigten die Aufmerksamkeit des Feindes in verschiedenen Gegenden, und am gesetzten Tage wurden ungefähr drey tausend Mann eingeschifft, welche in zwo Colonnen durch die beiden Arme des Ambro hinunter fuhren, die sich in den Po stürzen. Ohne Zweifel hatte der General Botta den Uebergang an diesem Orte für unmöglich gehalten; denn weil das jenseitige Erdreich, einen Strich von zwey bis drey hundert Klaftern ausgenommen, mit unwegsamen Morästen bedeckt war, so hatte er nur zwölf hundert Mann alda zurück gelassen. Das Commando

mando landete diesem Platze gegenüber, jagte die zwölf hundert Mann in die Flucht, und die Schiffe kehrten zurück, um eine zwote Ladung zu hohlen. Als diese gleich der ersten glücklich hinüber war, arbeitete man an der Erbauung einiger Brücken. Es waren Schiffe genug zu dreyen vorhanden, weil gerade an diesem Platze sich eine sehr breite Sandbank befindet. Sobald die ersten Truppen ans Land traten, brauchte man die Vorsicht einen Theil derselben zur Zerstörung der Brücke abzuschicken, welche die Feinde auf dem untern Tidone hatten. Dieses hinderte den General Botta sich dem Uebergange zu widersetzen, und nöthigte ihn einen Umweg von einem Tagmarsche zu machen. Der König von Sardinien war des beobachteten Geheimnisses ungeachtet, von dem Rückzuge besser unterrichtet. Gleichwol fand man Zeit die Truppen und den gesammten Troß ungestört hinüber zu bringen, so daß der Prinz den Nachtrab eher nicht als in dem Augenblick angreifen konnte, da er auf den Brücken war, und die ersten Schiffe ansteckte. Das in Placenz befindliche französische Corps stieß zu der Armee, welche sich über Castel St. Giovanni nach Tortona zog. Der General Botta erreichte sie zu Pottilldone wo er sie angriff. Er ward aber zurück geschlagen, und nach dreyen Tagen langten die Franzosen zu Tortona glücklich an.

Hier sehen wir eine Armee welche im Angesicht eines gegenüber stehenden siegreichen Feindes, und in der Furcht während ihres Manöuvre durch ein anderes Heer im Rücken angegriffen zu werden, über einen großen Fluß wischet. Unter allen Kriegsverrichtungen ist dieses unstreitig die gefährlichste; sie erfordert am meisten Vorsicht und Genauigkeit in den Anstalten; die kleinste Verzögerung hätte sie ins Verderben stürzen können. Wäre diese Unternehmung mislungen, so hätte sie keine andere Wahl gehabt, als das Gepäcke zu verbrennen und sich in die Schweiz zu werfen. Der General Botta begieng zween große Fehler, davon einer den andern nach sich zog. Der erste war, daß er die Anführt zwischen den Morästen dem Ambro gegenüber verwahrlosete; der andere, daß er seine Brücke auf dem untern Tidoise nicht besser bewachte, über welche er vor der gänzlichen Bewerkstelligung des Uebergangs, auf die Franzosen hätte los gehen können.

Der Rückzug des Königs Sobieski, der von der türkischen und tartarischen Armee in den Bukowinischen Wüsteneyen eingeschlossen war, ist auch einer der schönsten die ich kenne. Allein die Schranken so ich mir gesetzt habe, nöthigen mich, diese Begebenheit zu übergehen, welche ich ohne das nicht schöner und deutlicher erzählen könnte, als es der Abbt Coyer in der Geschichte dieses großen Königes gethan hat. Theil 3. S. 44.

II. Theil. B b Eilftes

Eilftes Hauptstück.
Von der Marschordnung.

Erster Abschnitt.
Allgemeine Lehrsätze; Vortheile der neuen Cohortalstellung.

Die Wissenschaft der Märsche ist einer von denen Theilen der Kriegskunst, welche am meisten Aufmerksamkeit und Kenntniß erfordern. Wir können sie als den Schlüssel aller Operationen betrachten, weil man durch sie zu seinem Ziele gelanget. Ein General mag nun eine Schlacht liefern oder vermeiden, dem Feinde auf einem Posten zuvorkommen, ihn überraschen, oder sich in seiner Gegenwart zurück ziehen, ihm in gleicher Linie zur Seite folgen, oder ihn durch einen Gegenmarsch brücken wollen, so muß er auf alle diese Fälle nicht weniger Vorsicht, nicht weniger Geschicklichkeit in seinen Anstalten besitzen. Diese verändern sich nach Maßgabe der Umstände; indessen laufen sie doch alle auf eine Hauptregel hinaus; daß man nämlich in einer Ordnung marschieren soll, welche derjenigen, worinnen man fechten will, am nächsten kömmt, damit die Truppen, wenn der Feind während dem Marsch anrückt, sich schnell und ungehindert zur Schlacht stellen

ſtellen mögen. Die Beſchaffenheit des Landes wovon der Heerführer eine gründliche Kenntniß haben muß, wird die Wahl der zur Sicherheit des Marſches erforderlichen Einrichtungen und Maßregeln beſtimmen. Er muß auch auf die Stärke der feindlichen Armee, auf die Gattung ihrer Truppen, auf den Platz wo ſie ſtehet, auf den Poſten den ſie inne hat, und auf die benachbarten Feſtungen ſein Augenmerk richten.

Wenn man in einem Lager ſtehet, ſo läßt man alle Wege unterſuchen, welche von vornen, auf den Seiten, und von hinten heraus führen. Ein weiſer General hält auf alle Fälle verſchiedene Marſchplane bereit, und läßt daher im voraus die Wege ausbeſſern, welche ihm dienen können. Wenn es nöthig iſt, ſo öffnet er ſich breite Ausgänge, um die beſchwerlichen Umſchweife zu vermeiden, und in der möglichſten Fronte zu marſchieren. Da man aber mit dieſen Arbeiten nur bis in eine gewiſſe Entfernung vom Lager vorrücken kann, und der Marſch oft noch weiter hinaus gehet, ſo iſt es allemal nöthig, daß man an der Spitze jeder Colonne ein Commando Schanzgräber, Zimmerleute und Wagen voran ſchicke, die mit Balken und Bohlen beladen ſeyn, um über die kleinen Flüſſe und ſtarken Bäche Brücken zu ſchlagen. Man kann auch Pontons oder gemeine Schiffe dazu nehmen, welche, wenn die Colonne hinüber iſt, wieder aufgehoben werden, dafern man die Gemeinſchaft nicht offen halten will.

Durch die obenerwähnten Vorkehrungen werden die Märſche verſichert und abgekürzt, und den Truppen viele Mühſeligkeiten erſparet. Außer der Einrichtung der Wege, die der Sorgfalt und Wachsamkeit des Generalquartiermeisters überlassen wird, muß ein Feldherr unterschiedene Marschordnungen nach Maßgabe der vorkommenden Landesgegenden im Sinne haben. Wenn er aufbricht, und das Erdreich verlegt, höckerigt, mit Wäldern und Schlupfwegen durchschnitten ist, so muß die Infanterie zuerst marschieren, und einen hinreichenden Vortrab mit Kanonen voran schicken, um die Ausgänge zu besetzen.

Je mehr der Marschplan sich der Schlachtordnung nähert, desto besser ist er. Wenn man also mit der Fronte auf den Feind los geht, so kann man nicht zu viel Colonnen machen; denn je kürzer sie sind, desto eher ist man in Schlachtordnung. Mit einem Parallelenmarsche hat es eine andere Bewandniß. Diesen kann man linienweis vornehmen, das ist, jedes Treffen seine Colonne formieren lassen, da denn die Armee in einem Augenblicke vermittelst einer Schwenkung nach der Rechten oder Linken in Schlachtordnung stehet. (2) Gesetzt nun, daß man durch ein bedecktes und durchschnittenes Erdreich, wie es viele Gegenden in Italien gibt, einen Marsch mit dem linken Flügel vorzunehmen hätte, so müßte die ganze Infanterie die rechte, die Reuterey aber die linke Colonne ausmachen; die Colonnen des Troßes würden auf ihrem Marsche durch die obigen bedeckt seyn, und der Vortrab sowol als der Nachtrug aus Dragonern und leichten Truppen bestehen. Wenn der Feind sich

---

(2) Wenn man nämlich Cohorten hat, wird diese blos mit ihrer Flanke marschieren dürfen. Sind es von unsern Bataillonen, so muß man sie im Zuge brechen.

sich zeiget, so wird das Heer in einem Augenblicke die dem Erdreiche gemäßeste Schlachtstellung nehmen können: Die Infanterie wird in der ersten Linie stehen, und die Reuterey das zweyte Treffen ausmachen; das Gepäcke wird dahinten bleiben, und niemanden beschwerlich fallen.

Die Marschordnung nach Linien ist die einfacheste; man muß aber dabey versichert seyn, daß der Feind immer auf der Flanke bleiben, und nicht vor der Spitze, oder an dem Schlusse der Colonnen erscheinen werde; im Fall einer Ungewißheit würde man besser in vier Colonnen, und zwar die beiden zu Fuß in der Mitte, die zu Pferd auf der Rechten und Linken marschieren. Diese müßten mit einigen Infanteriebrigaden untermischt, und durch die leichten Truppen bedeckt seyn, welche auch den Vortrab und Nachzug ausmachen können. Ueberdas wird ein geschickter und kluger General niemals einen Marsch antreten, ohne von der Stellung des Feindes, von dessen vermuthlichen Bewegungen, und von der Zeit die er dazu braucht, genaue Kundschaft zu haben. Als man noch mit kleinen Armeen Krieg führte, war es leicht den Fehlern des Marsches auf das geschwindeste abzuhelfen, und sich in jeder den Umständen gemäßen Fronte zum Treffen zu stellen. Mit hundert tausend Mann hat es eine andere Bewandniß; es braucht eine lange Zeit die Schlachtordnung abzuändern, und eine neue zu veranstalten. Die kühnen Märsche lassen sich nur mit mäßigen Armeen unternehmen.

Ich habe gesagt, daß die Einrichtung eines Marsches der Natur des Landes gemäß seyn müsse: Da aber dieses öfters abwechselt, und es nicht möglich ist, die angenommene Ordnung eben so oft abzuändern, so ist es allemal rathsam, der Cavallerie, sie mag nun an der Spitze, am Schlusse oder auf den Flanken marschieren, eine Anzahl Fußvölker beyzuordnen, welche sie in ungünstigen Gegenden unterstützen können.

Wenn man in Gegenwart des Feindes einen Rückzug auf der Ebene vornimmt, so wird der Troß unter einer Bedeckung voran geschickt; die Infanterie folgt in eben so viel Colonnen als Wege vorhanden sind; die Reuterey bleibt bis zuletzt; die Dragoner, Hussaren und leichten Fußvölker können den Nachtrab ausmachen. Indessen hat diese Regel doch ihre Ausnahmen: Dann wenn man sich nicht fürchtet im Fall einer Verfolgung ein Treffen einzugehen; wenn man sich nur deßwegen zurück zieht, um in der Nähe eine bessere Stellung zu nehmen, oder wenn man die Absicht hat, den Feind durch einen verstellten Rückzug von einem vortheilhaften Posten wegzulocken, und zu einer Schlacht zu nöthigen, so muß man alsdann diejenige Form beybehalten, welche am meisten mit der Ordnung übereinstimmt, worinnen man zu fechten gedenket. Will man aber über Brücken und durch Wegengen zurück kehren, so muß man sie vor allen Dingen mit Fußvolk und Kanonen besetzen, und sich den Troß vom Halse schaffen; dann muß die Reuterey sich an die Spitze der Colonnen stellen, und die Infanterie nachfolgen; die Granadiers aber, und einige Bataillonen müssen den Zug beschließen.

Alle Kriegsschriftsteller haben die Lehre von den Märschen sehr kurz und überaus dunkel für solche Leser abgehandelt,

handelt, welche in einer so schweren Sache keine genaue Kenntniß besitzen. Ein vollkommener Officier wird den Montecuculi verstehen, dem aber, der von ihm lernen will, wird er räthselhaft seyn. Der Marschall von Puysegur ist es, dem wir eine genaue und ausführliche Theorie der verschiedenen Marschordnungen zu danken haben. Er liefert uns fünf und zwanzig Arten eine Armee zu brechen, und sie der vorhabenden Stellung gemäß zu bewegen. Seine Methode bestehet darinnen, daß er die Colonnen allezeit auf der rechten oder linken Seite des Erdreichs welches sie einnehmen soll, in das Lager rücken läßt. Die einfachste Art ist diejenige, da die Spitzen der Colonnen aus der ersten Linie zusammen gesetzt sind, worauf die zwote folget. Marschiert die Armee in acht Colonnen, so formiert jeder Cavalleriesügel zwo; der rechte Infanteriesügel auch zwo, und der linke eben so viel. In solchem Falle läßt der Hr. von Puysegur jeden Flügel mit der Linken und Rechten abgehen, und die Spitzen mitten auf ihrem Erdreich anlangen. Zu diesem Ende aber müssen die beiden Colonnen, je nachdem sie gegen das Lager kommen, wo sie zusammen stoßen sollen, sich einander gleichmäßig nähern: Alsdann dehnen sie sich, die eine rechts, die andere links, um sich zu formieren. Dieses ist ganz gut, wann das Land es zuläßt, und man keinen nahen Feind zu fürchten hat. Ueberhaupt schicken sich die meisten Marschplane dieses Generals nur für eine Armee, welche ein durch ihre Fouriers ausgestecktes Lager beziehet.

Mem. de Puysegur Chap. 15.

Die vornehmste Achtsamkeit muß darauf gehen, daß man den Marsch der Colonnen so einrichte, daß sie einander den Weg nicht abschneiden, oder sich bey ihrer Näherung verwickeln. Die Bewegungen welche in gerader Linie vorwärts, rückwärts oder seitwärts geschehen, sind leicht: Weit schwerer ist es die Richtung der Bauierfronte zu ändern, das ist, nach der rechten, nach der linken, oder nach der Rückseite Fronte zu machen. Doch ist die Schwierigkeit nur in so fern erheblich, als man in der Schlachtordnung den Truppen ihren Rang beybehalten will. Allein dieser eigensinnige Zwang ist beschwerlich und tausend Ungemächlichkeiten unterworfen. Wenn die Truppen von gleicher Güte sind, so sollten in den Schlachten wie auf den Märschen, das Recht des Alters und des Ranges der Bequemlichkeit weichen.

Als der Hr. von Puyseguer schrieb, war die Taktik noch nicht auf den Grad der Vollkommenheit gestiegen, den sie seitdem erreichet hat. Damals hielt man es noch nicht für möglich die Glieder anders als mit Zwischenräumen marschieren zu lassen, welche von zwölf Schuhen waren. Man behielt sie auch in den Schlachten, und alle Manöuvres geschahen mit offenen Gliedern, so daß sie nur in dem Augenblicke des Angriffs geschlossen wurden. Dieses verursachte öftere Hindernisse und eine grosse Langsamkeit in den Evolutionen. (a)

So

* demi-
  m....

(a) Man verminderte den Zwischenraum der Glieder nicht eher auf drey Schritte, als wenn das Bataillon in halbe Abschnitte * gebrochen wurde, damit es in der Colonne nicht mehr Erdreich als in der Schlachtordnung einnehmen sollte. Nachher wurde die Gewohnheit eingeführt, die Glieder bis an die Degenspitze des Vordermannes zu schließen; sie nahmen im marschieren ihre Zwischenräume wieder,

So wesentliche Fehler mußten auch auf den Mechanismus der Märsche ihren Einfluß haben: Die Colonnen waren um desto gedehnter; die Glieder konnten nicht lang eine Gleichheit in ihren Zwischenräumen beobachten. Einige öffneten sich zu weit, andere schlossen sich enge zusammen, und bald geriethen sie in Verwirrung. Um die in den Colonnen entstandenen Lücken auszufüllen, mußten entweder die hintersten Truppen laufen, oder die vordersten Halt machen. Da die Bewegungen durch lauter halbe Schwenkungen geschahen, so konnte man keines von jenen feinen und kühnen Manövren wagen, welche bloß durch die Täuschung des Feindes und die Geschwindigkeit der Ausführung gelingen. Die Veränderungen welche seitdem in der Taktik vorgenommen worden, haben diesen Theil der Kriegskunst einer Verbesserung fähiger gemacht. Die Colonnen können nun kürzer seyn und von der Spitze bis an den Schluß gleichförmig marschieren; die Truppen werden nicht so abgemattet, und halten eine bessere Ordnung. Man kann auch die Zeit des Marsches gegen die Zahl der Truppen, und die Strecke ihres Weges richtiger berechnen. Der Gebrauch die Officiers auf die Flanken ihrer Züge zu stellen, trägt auch nicht wenig dazu bey, die Soldaten in Ordnung zu halten, welche nebst dem auch nicht mehr durch die Pferde gestöret werden.

Alle wieder, und blieben auch in der Schlachtordnung geöfnet. Der Hr. von Puysegur schreyet gegen diesen Gebrauch, der zu seiner Zeit aufkam; gleichwohl war er besser als derjenige den er befolgt hatte und vertheidigen wollte. Auf diesem Fuße sind die Sachen bis zur Einführung der neuen Kriegsübung im Jahr 1752 in Frankreich verblieben.

Alle diese Vortheile werden noch weit wichtiger, wenn man auf den Feind los geht. Man wußte noch nicht, wie hoch man sie treiben konnte, als diese Kunst sich in Deutschland entwickelte. Diejenigen welche die Friedenslager des Königs in Preußen gesehen haben, sind darüber erstaunet; doch worüber erstaunt man nicht, wenn man die ächten Grundsätze nicht kennet? Die Schnelligkeit der Entwicklung seiner Colonnen mußten in den Augen des Schlendrians ein Wunder scheinen; jetzt aber, da man den Mechanismus davon einsieht, wird man sich ohne Zweifel bemühen ihn nachzuahmen. Hier ist der Fall, wo wir die Stärke und die Macht der Kriegszucht bewundern müssen. Die Schnelligkeit der preußischen Kunstbewegungen rühret nicht von der Güte ihrer Stellart her, welche in ungeschickten Händen nicht schlechter seyn könnte. Sie verbessern diesen Fehler blos durch eine große Uebung, und ertheilen ihr damit eine Lebhaftigkeit, deren sie gar nicht fähig scheint.

Th. 1.
Kap. 7.
S. 292.

Laßt uns nun eine Armee annehmen, die nach meinem Lehrgebäude aus Cohorten bestehet. Wir wollen sie in vollen Marsch setzen, um auf den Feind loszugehen, und sehen, ob wir die Schnelligkeit der preußischen Manöuvres nicht übertreffen, und sogar um das gedoppelte übertreffen können.

Eine Cohorte wird in acht Gliedern und achtzig Rotten gestellet: Hierdurch wird ihre Länge wenigstens um drey Fünftel schmäler als eines preußischen Bataillons, welches drey Mann hoch stehet. Dieses hat sechs und sechzig Klafter in der Fronte; die Cohorte hingegen braucht nur sechs und zwanzig Klafter und vier Fuß.

Wenn wir den Zwischenraum für die Leichtbewaffneten hinzu rechnen, so werden in allem ungefähr drey und dreyßig Klafter heraus kommen. Folglich wird eine Linie von acht Cohorten mit ihren Zwischenweiten, um die Hälfte kürzer seyn, als eine volle Linie von acht Bataillonen. Wenn sie in einer Colonne stehen, und sich aus einander schieben wollen, so werden sie zu Bildung der Linie um die Hälfte weniger Zeit brauchen als die Bataillonen. Die Schlachtordnung der acht Cohorten begreift zwey hundert vier und sechzig Klafter, welche sieben hundert und zwey und neunzig militarische Schritte von zwey Schuhen ausmachen. Wenn die Colonne auf der Mitte des Erdreichs das sie einnehmen soll, in zwo Divisionen anlangt, wovon die eine sich rechts, die andere links ausdehnet, so wird die äusserste Cohorte jeder Abtheilung nie mehr nicht als zwey hundert und sieben und neunzig Schritte zurück legen dörfen. Folglich wird die Linie im gewöhnlichen Schritte binnen fünf Minuten, und im verdoppelten in zwey und einer halben Minute formiert seyn. Dieser Ueberschlag ist auf die Erfahrung und auf die französischen Kriegsregeln gegründet, welche sechzig gemeine, und hundert und zwanzig verdoppelte Schritte auf eine Minute rechnen.

Die Cohorte kann wegen ihrer schmalen und tiefen Stellung noch weit leichter als ein Bataillon mit der Flanke marschiren. Folglich muß ihre überlegene Schnelligkeit vor diesem letztern nicht nur nach dem wenigen Erdreich, so sie zu durchschreiten hat, sondern auch nach der Verminderung ihrer Fronte und nach der aus ihrer Tiefe erwachsenden Dichtigkeit berechnet werden, wodurch sie dem Schwanken minder ausgesetzt wird.

Ich

Kupf. 13. Ich habe eine Armee vorgestellt, welche in vier Colonnen auf dem Schlachtfeld eintrifft. Sie bestehet aus zwey und dreyßig Cohorten, und eben so viel Schwadronen, nebst einer Reserve, die den beiden mittlern Colonnen folget. Man ersieht aus den Punctierungen auf welche Art sie sich entwickeln, um die beiden Linien zu bilden. Die Artillerie marschiret an der Spitze der Colonnen; die Leichtbewaffneten eröffnen den Zug, und zerstreuen sich plotonweis auf der Linie, sobald sie formiert ist. Die Dragonerplotonen, welche vor der schweren Reuterey herziehen, thun ein gleiches, mittlerweile sie sich in Schlachtordnung stellet. Die Armee hat auf dem Marsch einen Fluß auf ihrer Linken; eine fünfte aus Leichtbewaffneten und Dragonern bestehende Colonne deckt die rechte Flanke der Marschordnung. Die leichte Infanterie wirft sich in den Wald der den rechten Flügel beschirmet, und die Dragoner müssen sich auf die Flanke der Reuteren postieren, oder, wo thulich, hinter dem Walde durchschlüpfen, um dem Feind in den Rücken zu fallen.

Wenn ich diese Armee aus ihrem Lager geführt hätte, so würde ich ihre Marschcolonnen durch Halbierung der Flügel formiert haben. Gesetzt, die erste Linie des rechten Cavallerieflügels war von acht Schwadronen, so mußte die linke Hälfte der vierten Schwadrone, und die rechte Hälfte der fünften vormarschieren; die zwo benachbarten halben Schwadronen würden durch eine allmählige Näherung nachgefolgt seyn; die drey Schwadronen zur Rechten hätten mit halben Gliedern eine halbe Schwenkung links, die drey zur Linken eine ähnliche rechts

rechts gemacht, um den halben Schwadronen zu folgen, welche die Spitze der Colonne bildeten. Die zwote Linie hätte auf gleiche Art manöuvriert, um sich hinter die erste zu stellen. Man kann diesen Cavalleriefflügel als zwo gleiche Halbscheiden betrachten, deren jede ihre Colonne nach halben Schwadronen bilden mußte, und wovon eine mit ihrer Linken, die andere mit ihrer Rechten aufbrach. Diese beiden Colonnen marschierten sehr nahe beysammen, ohne jedoch völlig an einander zu stoßen, um sich nicht zu vermengen. Der rechte Infanterieflügel hätte sich auf gleiche Art nach halben Cohorten in Marsch gesetzt; die Linke der vierten und die Rechte der fünften würden die Spitze der Colonne gebildet haben; ein gleiches wäre auf den linken Flügeln des Fußvolks und der Reuterey geschehen. Falls das Erdreich keine so große Marschfronte verstattete, so müßte die Reuterey sich nach Viertelsschwadronen, und die Cohorten in Abschnitte oder Viertel brechen, und auf einer weiten Ebene sich wieder abdoppeln. Wenn man statt zwey und dreyßig Cohorten vier und sechzig, und sechzig Schwadronen hätte, so könnte in einem freyen und offenen Lande die Reuterey in einer Fronte von zwo Schwadronen, und die Infanterie mit zwo Cohorten marschieren, welche, im Vorbengehen gesagt, sich immer noch weniger ausdehnen würden, als ein Bataillon von drey Gliedern. Auf diese Art würden die Colonnen nicht länger als bey der Armee von zwey und dreyßig Cohorten ausfallen, und sich verhältnißweis in dem nämlichen Zeitraum entwickeln.

Diese

Diese Methode, die Colonnen durch den Mittelpunkt der Flügel zu bilden, hat verschiedene Vortheile: da sie mit demselben zuerst auf ihrem Erdreich eintreffen, so brauchen sie um die Hälfte weniger Zeit sich in Schlachtordnung zu stellen, als wenn sie mit der rechten oder linken Flanke anlangten. Die Anführer können die Gleichheit ihrer Zwischenräume genauer beobachten, und ein besseres Augenmaß von dem Erdreich nehmen, welches sie brauchen, um sich theils rechts, theils links in einer Linie zu schwenken. Man kann auch die Länge des Schlachtfeldes besser übersehen, und sich weit leichter nach der Fronte des Feindes einrichten.

Zweyter Abschnitt.
Von der Methode der Alten. Vorschlag einer neuen Marschordnung.

Die Märsche der Alten geschahen selten in mehrern Colonnen, außer wenn die Armeen besonders zahlreich waren. Bey den Griechen marschierte die Cavallerie voraus; hierauf kam die Phalanx; welche nach Maßgabe des Erdreichs in größere oder kleinere Divisionen gebrochen wurde; der Troß machte den Schluß, und war durch einen Nachzug von Reuterey bedeckt. Zog man sich zurück, so wurde diese Ordnung umgekehrt; die leichte Infanterie stellte sich an die Spitze, an den Schluß, oder auf die Flanken der Colonnen. Diejenigen Orte welche man für die mißlichsten hielt,

hielt, wurden am zahlreichsten damit versehen. Wenn man auf einem bedeckten Erdreich für eine Flanke besorgt war, so zog sich der größte Theil der Leichtbewaffneten auf diese Seite, theils um den Marsch der Phalanx zu versichern, theils auch um den Troß zu decken. Da sie nicht immer in Ordnung, und in einer Divisionsfronte marschieren durften, so war ihnen jeder Weg gut; man brauchte sie auch nicht auszubessern; blos an die Spitze der Schwerbewaffneten wurden Schanzgräber gestellet.

Auf einem mit dem Feinde gleichlaufenden Marsche brach sich die Phalanx nicht, sondern marschierte mit einem Flügel; dann durfte die Armee sich nur rechts oder links schwenken, um in Schlachtordnung zu stehen. In diesem Falle ließ man, wenn der Feind nahe war, den Troß unter einer Bedeckung auf der andern Seite fortziehen. Da die griechische Schlachtordnung nur aus einer Linie von Fußvolk und Reuterey bestund, so waren ihre Märsche sehr einfach, und die Armeen sehr leicht zu bewegen. Vermög ihrer liefen Stellart war die griechische Marschcolonne auch sehr kurz, und dehnte sich nie mehr aus als die Schlachtordnung. Bisweilen war sie so gar kürzer: Wenn z. B. die Phalanx gerade auf den Feind losgieng, um ihm ein Treffen zu liefern, und in breiten Abtheilungen, als von vier und sechzig oder hundert acht und zwanzig Köpfen marschierte (a), so mußten diese bis auf

---

(a) Man sehe die Beschreibung der Phalanx im zweyten Hauptstücke des ersten Bandes.

auf kleine Zwischenräume zusammen gerückten Divisionen sich aus einander schieben, um die Linie zu bilden. Man darf sich also nicht wundern, daß ihre Märsche nur in einer Colonne geschahen. Eine Armee von vierzig tausend Mann zog sich nicht mehr in die Länge als eine heutige Colonne von zehn tausend.

Die Märsche der Römer wurden nach eben den Grundsätzen, jedoch mit einigem Unterschied angestellt. Gleich den Griechen brachen sie allezeit mit dem rechten oder linken Flügel der Schlachtordnung auf. Geschah es mit dem rechten, so eröffneten die Bundesgenossen dieses Flügels den Zug, und hatten ihren Troß im Rücken: dann folgten die Legionen, davon jede ihr Gepäcke hinter sich nachführte; der linke Flügel der Bundesgenossen beschloß den Zug. Die Reuterey war auf die Spitze und den Schluß vertheilt, oder ganz an den Ort gestellt, wo man sie am nöthigsten glaubte. Die leichte Infanterie mußte, wie bey den Griechen, den Marsch versichern und den Troß decken. Sie hatten auch Spähewachen *), welche auf Kundschaft von aus giengen.

* Exploratores.

Diese Marschordnung war schon zu Cäsars Zeiten üblich, und es ist wahrscheinlich, daß man sich ihrer gleich nach Vereinigung der Manipuln in Cohorten bediente. Da die Truppen durch den Troß getrennet waren, so konnte solches im Fall eines feindlichen Angriffs Unordnung verursachen (†). Als Cäsar gegen die Nervier

---

(†) Ohne Zweifel war dieses einer mit von den Gründen, warum die Römer dem Trosse den Namen impedimenta, das ist, Hindernisse, beylegten.

Nervier und Atrebter ins Feld zog, welche ihn an der Sambre erwarteten, blieb dieser Fehler einigen von ihm entlaufenen Galliern so wenig verborgen, daß sie ihn den Feinden zu bemerken gaben, und ihnen anriethen, sie sollten unversehens die erste Legion angreifen, die wegen des eingemengten Trosses von den andern keinen Beystand erhalten konnte. Allein Cäsar, der die Gefahr eingesehen, änderte seine Marschordnung, als sie sich dem Feinde näherte. Er ließ sechs Legionen mit einander marschieren, und stellte den sämtlichen Troß, unter einer Bedeckung von zwo neugeworbenen Legionen, an den Schluß seiner Colonne. Wir sehen also, daß die Römer diese mit Truppen und Gepäcke abwechselnde Marschordnung nur alsdann befolgten, wann sie sich weit genug von dem Feinde entfernet glaubten, um in einer so augenscheinlich fehlerhaften Stellart nicht angegriffen zu werden. Alsdann waren die auf die Flanken vertheilten leichten Truppen hinreichend, sie gegen die streifenden Partheyen zu decken (a).

Hier

_____

(a) Man muß also die Marschordnung, darinn die Alten bloß nach einem Lager zogen, von derjenigen unterscheiden, in welcher sie auf den Feind losgiengen. Im letztern Falle marschierten sie oft wie wir in verschiedenen Colonnen. Machanidas, Tyrann von Sparta, führte seine Armee in drey Colonnen, als er sich in Marsch setzte, um dem Philopömen bey Mantinea eine Schlacht zu liefern. Im dritten Jahre des peloponnesischen Krieges marschierten die Lacedämonier und ihre Bundesgenossen auf ihrem Zuge gegen die Stadt Strata in Acarnanien ebenfalls in drey Colonnen. Die mittlere, welche den andern

Bell. G. U. Lib.

Mem. de Guischard Tom. I.

Hier ist eine andere Marschordnung, welche zur Zeit der ersten Stellart, nämlich bey den Manipuln gebraucht wurde. Alle Hastarier formierten eine Colonne, und jeder Manipul hatte seinen Troß vor sich; die Principes bildeten eine andere, die Triarier eine dritte, und zwar immer so, daß das Gepäcke zwischen den Manipuln mit fortzog. Die Freywilligen und Extraordinarii (†) machten den Vortrab, die Reuterey war an der Spitze und am Schlusse, bisweilen auch auf einer der Flanken (a). Diese drey Colonnen hielten sich ganz

---

Buch 2.

zuvor eilen wollte, fiel in einen Hinterhalt, wo sie sehr mißhandelt wurde. Thucydides meldet, die drey Colonnen wären so weit von einander entfernt gewesen, daß sie sich bisweilen aus dem Gesichte verloren.

(†) Von diesen wird in der Folge umständlicher geredet.

Livius Buch 31.

(a) Der Verfasser der *Mémoires militaires* behauptet, diese Marschordnung habe Agmen quadratum geheißen: hiemit wäre dieser Ausdruck zwoen sehr verschiedenen Stellarten beygelegt worden, welches ich schwerlich glaube. Man wird in der Folge sehen, was man davon denken soll. In dem Kriege, den die Römer mit Philipp, König in Macedonien, dem Vorgänger des Perseus führten, griff dieser Prinz mit seinen Reutern und Leichtbewaffneten eine Fütterung an, nachdem er sich zwischen das Lager und die Fouragierer gestellet hatte. Auf die erhaltene Nachricht setzte sich der Consul in gevierter Anordnung, in agmine quadrato, in Marsch. Diese Stelle giebt der Meynung des Hrn. Guischard gar kein Gewicht. Da der Consul seinen Fouragierern zu Hülfe eilte, und auf den Flanken sowol als im Rücken einen Angriff besorgte, mußte er nothwendig eine Stellung nehmen, die ihn

davor

ganz nahe zusammen. Da der Marsch linienweis geschah, so konnte die Armee vermittelst einer Schwenkung nach der Rechten oder Linken den Feind in Schlachtordnung empfangen; er mochte nun auf dieser oder auf jener Flanke zum Vorschein kommen. Gesetzt, sie wäre mit ihrer Linken marschieret, und der Feind hätte sich auf der Seite der Hastarier gewiesen, so boten ihm alle Manipuln durch ein Rechtsum die Spitze, und die drey Linien rückten so weit vor als nöthig war, um aus dem Gewirre des Trosses zu kommen, welcher dahinten blieb. Zeigte der Feind sich auf der Linken bey den Triariern, so schwenkte man sich links, und diese bildeten alsdann das erste Treffen. Wenn man übrigens nur ein wenig Zeit hatte, so war es leicht, vermittelst eines Gegenmarsches der Manipuln, die Hastarier hervor treten und die Principes auf sie folgen zu lassen. Erschien hingegen der Feind vor der Spitze der Colonnen, so konnte die Bewegung nicht so schnell von statten gehen. Die Reuterey, welche auf dieser Seite seyn mußte, breitete sich alsdann aus, um die Wendungen zu begünstigen und zu decken; die Leichtbewaffneten unterstützten sie, und bemächtigten sich aller Posten, welche den Feind aufhalten und stören konnten. Während dieser Zeit schafften die drey Linien sich den Troß vom Halse, und betraten das Erdreich, wo sie Fronte machen sollten. Wegen der biegsamen Leich-

tigkeit

davor schützen konnte. Wie sie auch immer beschaffen seyn mochte, so war doch der Troß nicht dabey, und folglich ist hier blos von einer Marschordnung die Rede, welche zugleich zur Schlachtordnung diente.

tigkeit aber der Manipuln war diese Bewegung nicht so langsam, als man wohl glauben möchte; der Troß verlängerte die Colonne nicht, weil die Zwischenräume der manipularischen Schlachtordnung hinreichten ihn zu fassen. Man kann sich leicht vorstellen, daß er nicht aus Wagen bestund; die Römer litten keine bey ihren Armeen, außer denen welche die Kranken und Verwundeten, das Zimmerwerk zu den Brücken, die Maschinen, die Werkzeuge, den Gewehrvorrath u. s. w. führen mußten. Daher konnten sich ihre Armeen auch sehr leicht bewegen, weil sie nicht durch eine Menge von Fuhren und überflüssigem Gepäcke daran gehindert wurden (a).

Vegez Buch 3. Kap. 2.

Die römische Marschordnung ward in der Folge nicht mehr abgeändert, außer daß der gesammte Troß in die Mitte oder an den Schluß gestellt wurde, bisweilen auch eine besondere Colonne formierte. Man bediente sich auch der aus den eroberten oder bekriegten Ländern gegangenen Hülfsvölker zum Vortrab und zum Nachzuge (b).

Die

(a) Der Weizen und die Gerste wurde aus den Magazinen ins Lager gebracht; und da die Soldaten ihr Brod selbst backen mußten, so war man des Geschleppes der Oefen überhoben. Jede Kameradschaft * die aus zehn Mann bestund, hatte eine kleine Handmühle, welche nebst den Zelten von Lastthieren getragen wurde.

* Contubernium.

(b) Auxiliares Galli Germanique in fronte, post quos pedites sagittarii, dein quatuor legiones, & cum duabus prætoriis cohortibus ac delecto equite Cæsar; exin totidem
alia

Die Marschordnung, welche Agmen quadratum hieß, war die ächte viereckigte Stellart, so wie die zehn tausend und viele andere Griechen sie gebraucht haben. Die römische Geschichte liefert uns hievon ebenfalls häufige Beyspiele. Als Germanicus auf seinem Rückmarsch von einem Feldzuge gegen die Marsacer erfuhr, daß die Bructerer, die Tubanten und die Usipeten (†) ihm in einem Walde auflauerten, durch welchen er ziehen mußte, so stellte er sich in eine viereckigte Schlachtordnung, Agmen quadratum. Er hatte vier Legionen, welche das Viereck bildeten und den Troß in die Mitte nahmen; die Reuterey und die Hülfscohorten, welche leicht bewaffnet waren, formierten eine Vorwache und einen Nachzug (a). Als sie in die Wälder kamen, wurde die Spitze und der Nachtrab genöthiget ihre Stellung zu brechen, und sich zu verlängern. Die Barbaren nahmen dieses Augenblickes wahr, um sie anzugreifen; die Leichtbewaffneten wurden übel zugerichtet; als aber die zwanzigste Legion auf die Feinde losgieng, so trieb sie dieselben zurück, und richtete ein großes Blutbad unter ihnen an. Germanicus machte diese Anstalt bey verschiedenen andern Gelegenheiten.

Annal. Tacit. Lib. 1.

Ee 3 Corbulo

---

aliæ legiones & levis armatura cum equite sagittario, cæteræque sociorum cohortes. Man kann auch im Josephus den Marsch des Titus nachsehen, als er in Judäa einfiel.

Annal. Tacit. Lib. 2.

(†) Alle diese Völker wohnten in den heutigen Niederlanden.

(a) Mox prima legio, & mediis impedimentis, sinistrum latus undevicesimani, dextrum quintani clausere... Vicesima legio terga firmavit: post cæteri sociorum.

Corbulo that ein gleiches in dem Kriege gegen die Parther. Antonius unternahm seinen Rückzug aus Meden in der nämlichen Ordnung.

Sallust. Hier ist noch eine ähnliche Marschordnung, welche Marius in dem Kriege mit dem Jugurtha gebrauchet hat. Nach einem grosen Gefechte, worinnen dieser General obgesieget hatte, marschirte er gegen die Seeküsten, um seine Quartiere zu nehmen. Da er sich der Stadt Cirta näherte, und besorgte, die Numidier möchten ihn auf allen Seiten überfallen, so gab er seiner Armee vier Fronten, quadrato agmine incedere jubet. Sylla stund mit der Reuterey auf der Rechten; Manlius mit den Schleuderern, den Bogenschützen und den ligurischen Cohorten auf der Linken: die Legionisten hatten die Spitze und den Rücken inne. Diese Armee zog sich längs einer Kette von Anhöhen, welche ihr zur Linken lag; daher hatte man fast alle leichte Fußvölker hieher gestellet. Die Reuterey befand sich auf der andern Seite, wo das Erdreich ihr günstiger war. Am vierten Tage erschienen die Ausspäher von allen Seiten mit dem Berichte, daß der Feind von verschiedenen Gegenden anrücke, woraus Marius abnahm, daß er umzingelt werden sollte. In der That hatten Jugurtha und Bocchus ihr Heer in vier Haufen getheilt. Sylla wurde zuerst angegriffen, und leistete einen mannhaften Widerstand. Bald hernach ward auch die Spitze und der Rücken angefallen. Nach einem sehr lebhaften Gefechte fieng das römische Fußvolk an den Kürzern zu ziehen, als Sylla, der sich die maurische Reuterey vom Leibe geschafft hatte, der Cavallerie

rie des Bocchus auf die Flanke fiel, welche dem Hinterzuge heftig zusetzte. Da nun Marius, der bey dem Vordertreffen fochte, die Feinde indessen ebenfalls geschlagen hatte, so ward ihr ganzes Heer getrennet und in die Flucht gejagt.

Diese Stellart schickte sich am besten für den Fall des Marius, und gegen die Feinde, mit denen er zu thun hatte. Weil aber das Erdreich abwechselt, und nicht immer eine große Marschfronte verstattet, so geschieht oft, daß die Spitze und der Hinterzug des Vierecks, welche in Schlachtordnung marschieren sollen, hin und her wanken und sich zertrennen. Hierdurch wird der Marsch sehr langsam, schwerfällig und mühselig für die Truppen. Diesem Mangel abzuhelfen muß die ganze Armee in Colonnen, und zwar in einer solchen Ordnung marschieren, daß sie sich auf den ersten Wink, und auf welche Art man es verlanget, zur Schlacht stellen können. Der folgende Marschplan erfüllet nicht nur alle diese, sondern auch noch einige andere wichtige Absichten, welche ich erklären will.

Die vier Colonnen A, B, C, D, marschieren in gleicher Entfernung. Auf die Nachricht, daß der Feind auf verschiedenen Seiten zum Vorschein kömmt, bilden die Spitzen der beiden Colonnen B, C, eine Linie, indem sie sich halb rechts und halb links ausbreiten: Die Schlußcohorten eben dieser Colonnen machen Rechtsum, und entwickeln sich auf gleiche Art; die Colonne des rechten Flügels schwenket sich schwadronenweis rechts, die von dem linken aber links (a). Die vier Corps

Kupf. 14.
Fig. 1.

(a) Der Herr von Santa Cruz, welcher bey der Stelle

Dragoner (1) füllen die Lücken aus, welche zwischen dem Fußvolk und der Reuterey bleiben, oder sie formieren in der Mitte einige Reserven. Die leichten Fußknechte stellen sich den Zwischenräumen ihrer Cohorten gegen über, und alle auf dem Felde zerstreuten

Fig. 2. Plotouen Dragoner oder Hussaren nähern sich der Cavallerie. Die acht Schwadronen (2) dienen zum Rückhalt. Das grobe Geschütz ist auf die vier Seiten gleichmäßig vertheilet. Wenn es nach meiner Art in die Mitte gepflanzt wird, so kann es auf der ganzen Face vorwärts, schräg, und beynahe parallel spielen; folglich schützt es die Winkel durch ein Kreuzfeuer; da es hingegen, wenn es auf den Winkeln steht, nur diesen Theil vertheidiget (a). Doch muß man bey dessen Vertheilung auch das Erdreich mit zu Rathe ziehen. Ich habe zwischen jede Reuterencolonne vier Cohorten eingestochten, welche Kanonen vor sich haben; solchergestalt wird der Cavalleriefügel durch ein Querfeuer unterstützet, wenn der feindliche auf ihn einstürmt. Die Dragoner, welche auf den andern Seiten die Flanke der Infanterie decken, können den Feind verfolgen, und ihn vollends aus einander sprengen, wenn er irgendwo zurück getrieben wird. Wenn die Reuterey sieget, und das Fußvolk noch im Gefechte begriffen ist, so wird sie den Feind in die Flanken und in den Rücken fassen.

---

lung seiner Artillerie bis zum Ekel umständlich ist, gibt den Rath, sie auf die Winkel als die schwächsten Theile zu pflanzen. Diese kann man allerdings mit einigen Stücken versehen. Diejenigen aber, welche auf die Facen vertheilt sind, werden durch ihr Kreuzfeuer die Winkel noch weit besser beschützen.

faſſen. Durch dieſes Manöuvre hat in dem obigen
Treffen Sylla, der die römiſchen Turmen anführte, die
Jnſanterie gerettet, und dem Marius den Sieg in die
Hände geſpielt. Doch dieſes ſind noch nicht alle Vortheile meiner Schlachtordnung, welche eine wachſerne
Kugel iſt, der man alle Formen geben kann. Geſetzt,
der Feind zeigte ſich auf der Seite E, welche die Spitze Fig. 2.
macht, und man dürfte an keine viereckigte Stellung
mehr denken, ſo ſind in dieſem Falle die vier Colonnen
alſo gerichtet, daß ſie gar bald in Schlachtordnung ſtehen. Die mit (3) bezeichneten Theile werden die erſte
Linie, und die mit der Ziffer (4) die zwote formieren;
der Troß wird hinter dieſer letztern durchziehen, ſich
vereinigen, und mit einer Bedeckung auf die Seite gehen. Geſetzt aber, der Feind ſtünde auf einer der
Flanken als A in Schlachtordnung, ſo wird die Caval-
leriecolonne ſich auf dieſer Seite öffnen, und mit der
Spitze vorwärts, mit dem Schluſſe aber zurück marſchieren; die benachbarte Jnfanteriecolonne wird dieſe
Lücke ausfüllen, und die erſte Linie bilden; die andere
Colonne wird ein gleiches thun, um die zwote zu formieren, und die von der Cavallerie D, welche das
Manöuvre der erſten wiederhohlen muß, wird die zwote
Linie der beiden Flügel ausmachen. Die im Mittelpunkte befindlichen Cohorten können als ein Rückhalt
ſtehen bleiben, oder zur Bedeckung der Jnfanterieflanken
dienen; die Dragoner müſſen nach Gutbefinden auf die
Flügel, die Kanonen auf die vortheilhafteſten Orte (a)
der

(a) Wenn man zur Pflanzung ſeiner Kanonen eine Anhöhe wählet, ſo geſchieht es, um eine groſſe Strecke Landes
ja

der Fronte vertheilt werden; der Troß aber muß sich mit seiner Bedeckung rückwärts ziehen.

Sollte man auf dem Marsche nur durch einige Partheyen beunruhiget werden, welche ihn verzögern wollen, so wäre es darum nicht nöthig die Ordnung zu unterbrechen, oder etwas daran zu ändern: Die an der Spitze und am Schlusse der Colonnen befindlichen Dragoner und leichten Fußknechte würden sich ihnen genugsam widersetzen. Im Nothfalle könnte man auch einige Cohorten und Kanonen vorrücken lassen. Diese Marschordnung ist also auf allen Seiten gleich stark, und gleich wohl verwahrt; sie schickt sich für jedes Erdreich; ihre Bewegungen sind einfach und kurz; die Armee kann sich ohne Mühe in Schlachtordnung stellen, und die verschiedenen Gattungen der Truppen können einander überall die Hand bieten.

Die

zu entdecken, die man in der niedern Ebene nicht übersehen würde: Sonst ist dieses in Absicht der Würkung des Glückes die ungünstigste Lage, weil es nur auf einen Punkt trifft. Ein Schuß, der flach über den Horizont hinstreicht, ist unendlich besser. Ueberhaupt ist das fallende Feuer nicht sehr gefährlich: Je steiler die Anhöhe ist, auf welcher ein Kriegshaufen stehet, desto weniger wird der hinaufsteigende Feind von seinem Musketenfeuer leiden, weil der Soldat vor sich hin, und allezeit mehr in die Höhe als in die Tiefe schießet, so daß der angreifende Theil, wenn er sich anfänglich nicht übereilet, und mit einem gemäßigten Schritte in guter Ordnung anrückt, unbeschädigt hinauf kommen, und den andern schlagen kann, den der Schrecken befallen wird.

Die große Menge Leute, woraus seit dem Ende vorigen Jahrhunderts die Kriegsheere bestehen, hat die Feldherren genöthiget, auf den Märschen die Colonnen zu vermehren, und aus dem Trosse sowol als aus der Artillerie besondere zu machen. Heinrich, Herzog von Rohan, sagt in seiner Abhandlung vom Kriege*: Wenn eine Armee die Zahl von zehntausend Fußknechten und tausend Pferden übersteiget, so sey es gut verschiedene Marschzüge zu formieren, oder wenigstens einen über das Feld für die Truppen zu veranstalten, und die große Straße dem Troß und der Artillerie einzuräumen. Wir sehen hieraus, daß man zu seiner Zeit meistens nur in einer einzigen Colonne marschierte. Jedes Corps hatte nach Art der Römer seinen Troß hinter sich, oder er folgte den Truppen mit einem Nachtrab der ihn bedeckte.

* Traité de la guerre.

Heut zu Tage braucht man mehr Vorsicht; man trennet das Gepäcke sowol als das grobe Geschütz jederzeit von den Truppen. Die Stärke der Armeen veranlasset auch verschiedene fliegende Lager, denen man ganz uneigentlich den Namen der Reserven beygelegt hat, welche vorwärts und auf den Flanken campieren. Diese abgesonderten Lager, welche bisweilen zahlreicher sind, als die Armeen eines Turenne waren, bleiben allezeit in einer gewissen Entfernung von dem Hauptheer, und ihre Bewegungen müssen mit den seinigen übereinstimmen. Sie würden die Kriegsverrichtungen erleichtern, und die Eroberungen beschleunigen, wenn ihnen der Feind nicht eine gleiche Macht entgegen stellte. So aber entstehet weiter nichts daraus, als daß die Truppen

pen auf beiden Seiten vermehret, die Ausgaben welche auf das Volk zurück fallen, gehäufet, ein großer Strich Landes in wenig Tagen verwüstet, und mehr Menschen aufgerieben werden.

Da der Krieg unvermeidlich ist, und man sich schlechterdings mit vieler Kunst und Mühe um einen Erdwinkel streiten muß, dessen Werth hundert mal geringer ist, als seine Eroberung kostet, so könnten die Fürsten den aus ihren Zwistigkeiten entstehenden Uebeln doch wohl durch die möglichste Verminderung des Aufwandes an Menschen ein Ziel setzen. Die Mächte könnten unter sich die Zahl der Völker bestimmen, welche eine jede nach Maßgabe ihrer Kräfte ins Feld stellen dürfte (†).

Der

(†) Wie wäre bey diesem System der letzte Krieg in Deutschland abgelaufen? Der europäische Reichstag des Abts St. Pierre ist nicht unmöglicher, und gewiß weit billiger, als dieser Vorschlag, der den mächtigern Nachbar gegen den schwächern begünstigen würde. Der Fürst, der vermöge seiner Besitzungen nur zehntausend Mann auf die Beine stellen dürfte, müßte in Ermanglung eines Bundsgenossen zuletzt nothwendig unter der Uebermacht desjenigen erliegen, dem die Größe seiner Staaten zwanzigtausend erlaubte. Denn es gibt doch allemal Fälle, wo die Vortheile einer überlegenen Anzahl nicht zu leugnen sind, zumal da sie sich mit den Vortheilen der Kriegszucht und eines guten Commando verbinden lassen. Warum hat Hr. von Maizeroy nicht lieber eine gesetzmäßige Einschränkung der Kriege auf eine gewisse kurze Dauer vorgeschlagen, welche zwar freylich auch ein bloßes Vernunftwesen ist, aber doch an und für sich weit mindern Unbequemlichkeiten

unter-

Der Krieg ist wie alle Dinge dieser Welt nur ein Spiel, und die Form aller Spiele hängt von den Verträgen der Spieler ab. So lächerlich dieser Vorschlag beym ersten Anblicke scheinet, so würde er doch nicht unmöglich, und allemal thunlicher seyn, als des Abts St. Pierre europäischer Reichstag, welcher bey allen Fürsten eine hinlängliche Mäßigung und Menschlichkeit erfordert, um sich ihrer Macht zu entäußern, und ohne Widerrede den Aussprüchen der Schiedsrichter zu gehorchen.

unterworfen wäre? Denn wollte man auch die Armeen aller Staaten auf einen gleich niedrigen Fuß herunter setzen, so würde dieses nicht nur die Kriege vermehren, sondern auch die Classen der Fürsten untereinander mengen, und den Großen manche Händel mit ganz kleinen Nachbarn zuziehen, die es sonsten nicht gewagt hätten, ihnen zu nahe zu treten. Man darf sich nur an Gleims Fabel vom kranken Löwen erinnern.

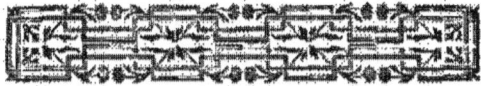

Zwölftes Hauptstück.

Fortsetzung der Lehre von den Märschen: Anwendung derselben auf die vermischte Stellart.

Erster Abschnitt.

Marschordnung in vier oder zwo Colonnen; ihre Entwicklung. Viereckigte Schlachtordnung. Gebrauch der Römer. Was bey einem Marsche zu beobachten ist.

Es ist, wie wir im vorigen Hauptstück angemerkt haben, eine fast allgemeine Regel, daß man in eben der Ordnung, worinn man fechten will, marschieren und sich lagern soll; das ist, die Truppen müssen in dem Lager nach ihrer Schlachtordnung eingetheilt, und wenn sie sich in Marsch setzen, die Colonnen also eingerichtet seyn, daß sie nach ihrer Entwicklung sich wieder in eben der Ordnung befinden, wie sie gelagert waren. Wenn man also mit dem Fußvolk im Mittelpunkte und der Reuterey auf den Flügeln ein Treffen halten will, so bilden diese die Colonnen der Rechten und Linken, die Infanterie aber die Mittlern.

Die

Die zwote Linie folgt auf die erste; Die Feldartillerie marschiert an der Spitze der Colonnen und hat leichte Truppen mit Schanzgräbern vor sich, welche die Wege öffnen, und sie ausbessern, wenn das Erdreich es erfordert. Die schwere Artillerie und der Troß beschliessen den Zug, oder sie machen eigene Colonnen aus, nachdem es auf etwas abgesehen ist. Denn wenn man einer Schlacht entgegen gehet, so schafft man sie sich so viel möglich vom Halse, und läßt sie mit einer Bedeckung an einem sichern Orte zurück.

Wollte man in einer vermischten Ordnung von Bataillonen und Schwadronen fechten, so müßte dieselbe vor dem Aufbruch aus dem Lager vorbereitet, und schon auf dem Marsche beobachtet werden. Da ich aber das Fehlerhafte dieses Lehrgebäudes außer einigen Vertheidigungsfällen hinlänglich dargethan habe, so will ich kein Beyspiel davon geben, sondern mich blos auf die Brigadenmischung einschränken, welche minder fehlerhaft ist, und bisweilen mit Vortheil gebraucht werden kann. Wenn eine Armee sich so stellen wollte, daß die Hälfte eines Cavallerieflügels wechselsweis mit einem halben Infanterieflügel vermischt wäre, so müßte sie in der Ordnung der Figur (A) marschieren; Sie mag nun in einer Linie, oder in einer viereckigten Stellart fechten, so kann diese Form ihren Nutzen haben. Die Schwenkung der an einander stoßenden Cavallerie, und Infanterieflügel geschieht so leicht, daß sie allenfalls in der gewöhnlichen Ordnung campieren kann. Kupf. 15. Fig. 1.

Fünde man für dienlich die beyden Reutercolonnen in die Mitte, und die zu Fuße auf die Flanken zu stellen, so so würde es sich eben so leicht thun lassen. Gleichergestalt könnte man in zwo Colonnen mit der gesammten Cavallerie an der Spitze oder am Schlusse marschieren, oder auch die beyden Flügel der ersten Linie, die Spitze, und die Schwadronen der zwoten, den Hinterzug machen lassen. Was die leichten Truppen betrifft, so mögen sie nach Gutbefinden zum Vor- und Nachtrabe dienen, und die Flanken beschützen. Die im vorigen Kupf. 14. Hauptstück angegebene Marschordnung ist überaus biegsam; sie läßt sich auf mehr als zwanzig Arten verändern, entwickeln, und während dem Zuge selbst mit der größten Leichtigkeit umschmelzen.

Man sagt, daß eine Armee auf ihrem Marsche ihre Flanke bloß gibt, wenn sie denselben colonnenweis im Angesicht einer andern vornimmt, welche in Schlachtordnung auf sie loskommen, oder sich früher als jene auf ihrer Flanke zum Treffen stellen kann. Dieses ist allerdings gefährlich, sobald die Märsche nicht genau zusammen treffen. Wenn sie aber so eingerichtet sind, daß man sich mit eben so vieler Geschwindigkeit auf der Flanke als auf der Fronte zur Schlacht ordnen kann; wenn die Anführer der Colonnen die Manduvers wissen, die sie in beyden Fällen machen sollen; wenn die Anordnung der Truppen in den verschiedenen Colonnen der Natur des betretenen Erdreichs gemäß ist, so hat man nichts mehr dabey zu befürchten, und das was in den Augen des Schlendrians eine verwegene Unbedachtsamkeit scheinet, wird alsdann eine ganz gewöhnliche Unternehmung heißen.

Ein General müßte sehr nachläßig, oder von den
siegenten

fliegenden Schaaren, welche seinen Marsch auf allen
Seiten beleuchten sollen, ungemein schlecht bedient seyn,
wenn er nicht immer wenigstens eine Stunde gewinnen
könnte, um sich in Schlachtordnung zu stellen. Unter
dieser Voraussetzung wird die Armee, welche, wie in
Figur (A) * oder auf dem vorhergehenden Kupfer, vier *Kupf. 15.
Colonnen hat, alle Zeit haben, sich in jeder Ordnung,
welche die Natur des Erdreichs angibt, auszudehnen
und zu formiren, zumal wenn sie die Zahl von vierzig
tausend Mann nicht übersteiget. Eine zahlreichere würde mehr Colonnen erfordern, oder sich mehr in die Länge dehnen, und mithin die Bewegung langsamer von
statten gehen. (a)

(a) Dergleichen Märsche fallen oft in einem Vertheidigungskriege vor: Sie sind besonders gefährlich, wenn man
durch enge Wege ziehen muß. Die Alliirten wurden bey
Senef vom großen Conde angegriffen, weil er bemerkte, daß
die eine Hälfte ihrer Armee, welche aus einer Wegenge
hervor kam, der andern nicht beystehen konnte. Sie unternahmen diesen Marsch unter seinen Augen, um die Ebene bey Mons zu erreichen. Der Prinz fiel sie schleunig an,
ohne seine gesammte Infanterie zu erwarten; allein die
Feinde behaupteten die Höhe des Waldes, und ihre ganze
Armee kam zurück, welches eines der blutigsten und zweifelhaftesten Gefechte veranlaßte. Wenn man im Angesichte
des Feindes einen Marsch unternimmt, so sucht man ihn
durch ein starkes Corps Reuterey und leichter Truppen zu
verbergen, welche sich gegen ihn wenden, doch so, daß sie
leicht wieder zur Armee fließen, und Hülfe von ihr empfangen können.

II. Theil.   D d   Ich

Ich nenne meinen Marschplan in vier Colonnen eine viereckigte Anordnung, weil er in der That zu dieser Stellung vorzüglich bequem ist, ohne sich weniger für jede andere zu schicken. Wollte ich zum Beyspiel ein langes Viereck bilden, wo die Cavallerie von der Infanterie bedeckt, und der Troß in der Mitte wäre, so würde die halbe Colonne der Reutereh sowol als des Fußvolks der linken Flanke einen Gegenmarsch machen, und die zwo halben Colonnen des rechten Hinterzugs würden ein gleiches thun. (a) Die Cohorten (5) (6) könnten zwey Plesionen oder leere Colonnen bilden, davon jede zwischen eine der Cavallerielinien eintreten müßte; die zum Rückhalt dienenden Dragoner und der Troß würden in der Mitte bleiben. Die Infanteriecolonnen müßten die kleinen Seiten formieren, sich oben und unten umbiegen, und die Flanken der Cavallerie bedecken.

Kupf. 15.
Fig. 1.

Fig. 2. Die Winkel könnten durch Granadiers (2) und einen Theil der Artillerie verstärkt werden; der Rest aber müßte auf den Facen, und vor den Plesionen bleiben. Man kann sich auch der Packwagen zur Deckung der kleinen Seiten bedienen. Die leichten Fußknechte würden sich, wie gewöhnlich, vor die Cohorten oder zu den Wagen, die leichten Reuter vor die Schwadronen stellen. Sie können auch nebst einer Anzahl Granadiers zur Besetzung der Häuser, Anhöhen, Gründe und anderer bedeckten Oerter dienen, welche auf der Linie,

oder

(a) Wenn das Erdreich frey und eben wäre, so könnte man die Schwadronen durch die Zwischenräume zwischen die Cohorten einrücken lassen, welche mit der Flanke marschieren müßten.

oder in der Nachbarschaft liegen, und nicht leicht ohne Gefahr übergangen werden.

Man darf nur einen Blick auf diese Schlachtordnung werfen, um ihre ganze Festigkeit einzusehen. Die durch Wagen und spanische Reuter bedeckte Infanterie, muß wie eine Mauer stehen. Auch ohne diesen Wall würden meine acht Mann tiefe Cohorten nicht minder Stärke besitzen: Die Reuterey wird durch das Feuer der beiden Plesionen, und durch die vor ihnen gepflanzten Feldstücke unterstützt; zu gleicher Zeit kann die Artillerie der Winkel schief auf den Feind spielen, und das Feuer der Cohorten (1) beschützet ebenfalls die Flanken, wann die Schwadronen auch hundert Schritt voraus gierten. Das Innere des Vierecks ist, des Trosses ungeachtet, völlig frey; die Truppen können sich in demselben ganz leicht überall hin bewegen; folglich ist diese Stellordnung beides dichte und biegsam, und das letztere weit mehr als das gleichseitige Viereck.

Will man auf der Fronte, oder auf einer von den Seiten, in der gewöhnlichen Ordnung eine Linie bilden, so habe ich dieses Manövre bereits im vorigen Hauptstück angegeben. Gesetzt aber, man wollte, anstatt die ganze Reuterey auf die Flügel zu werfen, zugleich eine vermischte Anordnung machen, so würde die Entwicklung keine Schwierigkeit kosten. Zum Beyspiel soll uns die Figur (A) und zwar eine von den Seiten (II) dienen, weil es mit der Fronte am leichtesten ist. Das Fußvolk der linken Colonne marschirt zurück, um der Reuterey der benachbarten Colonne Platz zu machen, welche ihr Erdreich einnimmt: Die Infanterie der

Kpf. 1c.
Fig. 1.

zwoten

420 **Einleitung**

zwoten Colonne rückt vor, um sich auf der Linken der Schwadronen (O) zu formieren, woraus denn die erste Linie entstehet. Die zwote wird durch ähnliche Bewegungen gebildet. Die vier Cohorten (5) machen den Mittelpunkt der ersten; die sechs Dragoner-Schwadronen (4) den auf der zwoten Linie. Diese Corps werden die Lücken des Trosses ausfüllen, welcher sich mit einer Bedeckung rückwärts zurück ziehen wird. Die sechs andern Schwadronen (7) müssen auf die Flügel kommen, oder wenn diese entblöst stehen, so kann man eine Reserve daraus machen, und die Flanken an Wagen lehnen, die von Fußvölkern vertheidigt werden. Die vier Cohorten (6) bleiben im Rückhalt; die beiden andern, welche vom zweyten Treffen genommen sind, werden samt einer Anzahl Granadiers zur Unterstützung der Flanken dienen. Solchergestalt hat das Fußvolk

Fig. 3. Reuterey hinter sich, und die Reuterey ist zu beiden Seiten an Infanterie gelehnet. Die nämliche Anordnung würde auf der zwoten Linie statt finden, wenn der Feind in den Rücken käme. (a) Sie würde sich nicht minder leicht formieren, wenn auch die Truppen in den Colonnen nicht untermischt wären, das ist, wenn die beiden Colonnen der Rechten und Linken aus Reuterey, und die beiden mittlern aus Infanterie oder umgekehrt bestünden. Man dürfte nur zwo halbe Colonnen von der Rechten an die Spitze, und zwo halbe Colonnen der Linken auf den Schluß versetzen. Die Truppen welche im Rückhalt bleiben, oder die Flanken bedecken sollen, lassen sich ohne die mindeste Hinderniß ordnen.

Wenn

(a) Die dritte Figur stellt diese Schlachtordnung vollendet vor.

Wenn man in zwo Colonnen marschierte, und den Troß in der Mitte hätte, so müßte die Cavallerie der ersten Linie an der Spitze seyn, die Infanterie auf sie folgen; die Reuterey der zwoten Linie käme an den Schluß, die Reserve würde den Nachzug, der größte Theil der leichten Truppen den Vortrab ausmachen; der Rest müßte auf die Flanke vertheilt werden. Diese Marschordnung ist auch eine der dienlichsten zur Bildung eines Vierecks, weil man nur die Zwischenräume der Colonnen zuschließen darf, welches durch die Reuterey geschehen könnte, die alsdann zwo Seiten einnehmen würde; oder man könnte in einem langen Viereck bleiben, das auf der einen Seite durch die Reserve, auf der andern durch die von einigen Schwadronen unterstützten leichten Truppen geschlossen seyn würde. Fig. 4.

Als Corbulo sich der armenischen Hauptstadt Artaxata näherte, richtete er seinen Marsch in solcher Ordnung ein, weil er von des Tiridates zahlreicher Cavallerie und den Schwärmen seiner leichten Partheyen überfallen und umzingelt zu werden fürchtete. (a) Will man sich in eine Schlachtordnung stellen, welche auf eine oder die andere Seite Fronte macht, so darf man sich nur rechts oder links schwenken; die zwote Linie nähert sich der ersten, und der Troß zieht sich hinter dieselbe zurück. Will man vorwärts Fronte machen, so werden nur die Bewegungen umgekehrt, vermittelst deren man aus

dem

(a) Latere dextro tertia legio, sinistro sexta incedebat, mediis decumanorum delectis: recepta intra ordines impedimenta. & tergum mille equites tuebantur: quibus jusserat, ut instantibus cominus resisterent, refugos non sequerentur. Annales Taciti, Lib. 13.

dem Lager aufbrach, um sich in der nämlichen Ordnung zu befinden.

In allen diesen Marschordnungen habe ich den Troß in die Mitte gestellt, weil ich einen langen Zug durch ein offenes Land voraus setze, wo man genöthigt ist ihn mit sich zu führen. In jedem andern Falle wird er nicht mit den Colonnen der Truppen vermengt, sobald man von der Stellung des Feindes versichert ist.

Marschiert die Armee vorwärts, so folgt das Gepäcke hinten nach; geht der Zug neben dem Feinde her, so wird es auf der Seite hingeführt, welche nicht gegen ihn gekehret ist. Bey einem Rückzuge gehet es voraus, und wenn man die Absicht hat ein Treffen zu liefern, so wird es unter den Canonen der nächsten Festung zurück gelassen.

Auf dem Marsche muß man mit allen nothwendigen Geräthschaften versehen seyn, um über kleine Flüsse Brücken zu schlagen (a), und wenn eine Colonne aufgehalten oder genöthigt wird zu defiliren, so muß ihr Anführer den andern Nachricht davon geben, damit sie nicht weiter vorrücken, ehe diese ihnen in gleicher Höhe folgen kann. Man muß sich auch in acht nehmen, daß die Colonnen nicht von der Spitze nach dem Schlusse durch einen unzugänglichen Bach, durch Moräste, oder durch Waldungen abgeschnitten werden. In diesem Falle müßte man den Marsch so einrichten, daß sie auf
einer

(a) Diese aus Bohlen gemachten Brücken müssen sehr breit und zahlreich genug seyn, um den Uebergang in ununterbrochener Marschroute vornehmen zu können.

einer oder auf der andern Flanke liegen bleiben: Denn wenn der Feind in diesem Augenblicke zum Vorschein käme, so könnten die Colonnen einander keine Hülfe mehr leisten. Eben so viel ist daran gelegen, daß man in keiner solchen Lage campire. Denn ob es gleich leicht ist, eine Gemeinschaft zu öffnen, so wird dadurch dem Feinde dennoch ein großer Vortheil eingeräumt, weil er die eine Seite aufhalten, und indessen den besten Theil seiner Truppen gegen die andern wenden kann, die beiden Flügel aber defiliren müssen, wenn sie zusammen kommen wollen.

Zweyter Abschnitt.

Von Vermischung der Truppen nach Brigaden; welches Erdreich sich zu dieser Stellung am besten schicke. Vorschriften zur Unterstützung eines Cavallerieflügels; Anmerkungen über die Vermischung; verschiedene Arten sie zu bewerkstelligen.

Der Ritter Folard hat vieles über die Nothwendigkeit der Truppen-Vermischung geschrieben*. Ich habe oben die Mängel der nach Bataillonen und Schwadronen gemachten Schränkung hinlänglich dargethan: Der Vermischung nach Brigaden würde ich weniger entgegen seyn. Verschiedene neben einander stehende Schwadronen können durch die benachbarten Fußbrigaden unterstützt, mit gutem Erfolg auf Cavallerie

* Nouvelles découvertes.

oder Infanterie los gehen. Werden die Bataillonen angegriffen, so kann die in ihrem Rücken befindliche Reuterey sie beschützen, und die so sie neben sich haben, kann den Feind in die Flanke fassen, oder sich seine Unordnung zu Nutze machen. Die Infanterie der zwoten Linie kann, wenn die Reuterey der ersten geschlagen ist, den Feind aufhalten, und die Lücke ausfüllen. Sie muß hinlängliche Zwischenräume haben, um die geschlagenen Schwadronen durchzulassen. (a) Meine Cohorten werden sich hiezu besser als Bataillonen schicken, weil diese Zwischenräume der siegreichen Cavallerie die Flanken bloß geben. Eine Cohorte von acht, oder auch nur von sechs Gliedern kann immer einen Widerstand leisten, zumal wenn sie von den Leichtbewaffneten unterstützt wird, welche bey dieser Gelegenheit hinten stehen, und auf alles was in die Zwischenweiten eindringen will, ein nahes Feuer geben müssen. Man muß annehmen, daß bey diesem Gefechte die Cavallerie-Brigade dem Feinde wenigstens fünfzig Schritte entgegen gegangen. Sobald sie weichet, muß die hinter ihr stehende Fußbrigade hurtig vorrücken, ehe das Erdreich von den Flücht-

lingen

(a) Man muß sich nicht vorstellen, daß eine von Cavallerie oder Infanterie zurück getriebene Schwadrone sich regelmäßig schwenket, und mit Bedacht auf einen zu ihrer Rechten oder Linken befindlichen Zwischenraum los geht. Sie stürzet voll Verwirrung auf sich selbst zurück. Die Alten, welche nicht wie wir in geschlossenen Gliedern ritten, konnten ganz bequem halbe Schwenkungen Mann für Mann machen. Die spanische Reuterey und die Husaren, wenn sie schwadronenweis angreifen, thun ein gleiches; daher ziehen sie sich auch mit weniger Unordnung zurück.

lingen eingenommen ist. Sie wird vielen dieser letzten, und zugleich auch dem Feinde begegnen, der ihnen nachsetzet. Es werden also Zwischenräume erfordert, und es ist nöthig, daß sie das verlohrne Erdreich schleunig wieder einnehmen, um die Truppen der zwoten feindlichen Linie aufzuhalten, welche bey Erblickung der Lücke heran eilen werden, um sich hinein zu werfen. Wenn dieses Fußvolk die Oeffnung verstopft hat, so kann die Reuterey sich wieder sammeln, und seinen Platz im zweyten Treffen einnehmen.

Bey aller der Stärke, so man dieser Stellordnung beylegt, welche allerdings ungleich besser ist, als die Vermischung der Bataillonen und Schwadronen, werde ich sie allezeit weit geschickter zur Gegenwehr als zum Angriffe halten. Da die wesentliche Bestimmung der Reuterey darinn bestehet, daß sie ihre Bewegungen mit Schnelligkeit vornimmt, und sich ausbreitet, um die feindlichen Flanken zu umzingeln, so kann man ihr keinen bessern Platz, als auf den Flügeln anweisen, und nichts als ein höckerigtes Erdreich sollte eine andere Ordnung veranlassen. Ich behaupte aber nicht, daß man die ganze Infanterie in die Mitte stellen müsse: Man kann die zwote Linie mit Bataillonen und Schwadronen vermengen, und die Cavalleriefügel durch Pelotonen (a) unterstützen. Kupf. 16. Fig. 1.

Die Hauptsache läuft wohl immer dahin aus, daß die Armee gute Stützen habe, und ihren Mangel durch die

---

(a) Die Bildung dieser langen und leeren Vierecke ist oben S. 139 u. f. beschrieben worden.

die Anordnung ersetze. Wenn sie das Treffen nicht auf ihrem Posten erwarten will, und in Schlachtordnung vorrückt, so verändert sich das Erdreich jeden Augenblick, und wird bald weiter, bald enger; der Cavallerieflügel kann daher oft entblößt werden. Alsdann sollte die zweite Linie sich ausbreiten, um den leeren Raum auszufüllen. Hat aber der General ein Plesion an das Ende des Flügels gestellt, so ist er dieser Vorsicht überhoben; dagegen muß auf dem Erdreich (1) der Rückhalt sich nach der Flanke ziehen, um sie zu schützen und auf den Feind zu fallen, der sich gegen dieselbe umbiegen würde.

Ebend.

Sollte der Cavallerieflügel an eine Anhöhe stoßen, so müßte man leichte Infanterie mit Amusetten (a) oder kleinen Bergstücken darauf stellen, welche sich leicht bedienen und überall nachführen lassen. Sie würden den Bewegungen der Linie folgen, ihre Flanken beschützen, und den Feind durch ihr Feuer nicht wenig beunruhigen. Sobald man merkt, daß er diese Höhen mit Infanterie ersteigen will, muß man die seinige verstärken, um ihn davon zu verjagen und sie zu behaupten. Wenn das Erdreich in einer gewissen Länge die Cavalleriestanke beherrschet, so darf man es nicht versäumen diese mit einigen Bataillonen zu verstärken. Da es oft ziemlich unwegsame Gräben gibt, so könnte der Feind, wenn

---

(a) Dieses von dem Marschall von Sachsen erfundene und den biscavischen Feuerröhren ähnliche Geschütz, trägt überaus weit. Die Seebüchsen welche fünf Fuß acht Zoll lang sind, würden sowol als die Doppelhaken in diesen Fällen sehr nützliche Dienste leisten.

wenn er sie gleich überflügelte, ihnen doch nicht auf die Seite fallen, weil er zu diesem Ende über den Graben setzen müßte, und eine einzige Division die Straße in ihrer ganzen Breite versperren kann. Wenn man sich an einen Fluß oder See lehnet, so hat man ein sicheres Mittel seine Flanken zu schützen und die feindlichen zu beunruhigen; ich nenne die bewaffneten platten Schiffe, welche sechzig Mann und zwo Kanonen führen. Sie haben eine Brustwehr die den Soldaten bedecket. Gehet der Marsch den Fluß hinab, so können sie noch vortheilhaftere Dienste leisten, als wenn er wider den Strom gerichtet ist. Wird das Ufer von jenseitigen Anhöhen beherrschet, so darf man nicht unterlassen Truppen hinüber zu setzen, und sich derselben zu bemächtigen: Denn wenn der Feind Kanonen hinauf pflanzte, so würde die Flanke so sehr Noth leiden, daß sie ihre Stellung in die Länge nicht behaupten könnte.

Die Vertheidiger der Truppenmischung stützen sich darauf, daß die beiden Gattungen gegen eine einzige vereinigt, nothwendig den Vortheil davon tragen, und daß die dem Fußvolk entgegen gestellten Schwadronen, wenn sie nicht selbst durch Infanterie unterstützt sind, den Kürzern ziehen müssen. Sie können auch noch anführen, daß wenn man in der Absicht den Feind zu umzingeln, die gesamte Cavallerie auf die Flügel stellet, dieses vergebens seyn werde, sobald seine Flanken Stützen haben. Im widrigen Falle, oder wenn er schwächer ist, wird er eine Wehrstellung nehmen. Will die Reuterey ihn hinterziehen, so ist sie genöthigt sich zu trennen; sie wird die zwote Linie so stark als die erste, die

Kupf. 15. Fig. 2. oder 3.

Flanken

Flanken mit Wagen bedeckt, und eine Reserve im Rücken finden. Man muß gestehen, daß diese Einwürfe stark sind und gegründet scheinen; gleichwol gehe ich nicht von meiner Meynung ab, daß diese Stellart blos zur Vertheidigung dienlich sey. Der Beweis hievon fließet aus den Einwürfen, die ich mir gemacht habe: Ein schwächeres und stützloses Heer ist genöthigt sie zu wählen; die Reuterey welche dasselbe umzingeln will, muß große Bewegungen und einen weiten Umschweif machen; denn sie darf nicht unter dem Feuer der feindlichen Flanke manöuvrieren, deren Kanonen sie mit Kartetschen begrüßen würden. Dieses ist nicht der Fall sie mit Fußvölkern zu vermischen. Kennet man einmal die Anordnung des Feindes, so läßt man ein Corps Infanterie mit Kanonen auf die Flanken los gehen, und die Reuterey wird hinten daran gestellt, um es zu unterstützen. Wenn ihre Menge hinreicht, so wird sie mit allen Hussaren und den leichten Fußknechten verstärkt, auch das zweyte Treffen umschließen.

Man hat das Beyspiel Heinrichs IV in der Schlacht bey Dorn angeführt: Allein zu geschweigen, daß der größte Theil seiner Infanterie in der Mitte stund, so hatte dieser Prinz seine Schwadronen blos deswegen mit Bataillonen gespickt, um seiner Schwäche an Reuterey aufzuhelfen. (a) Die Lanzierer-Schwadronen waren sehr

---

(a) Die königliche Armee bestund aus zehn tausend Mann zu Fuß, und zwey tausend drey hundert Pferden; das Heer der Ligue aus dreyzehn tausend Fußknechten und vier tausend Reutern. Die ganze Artillerie belief sich zu beiden Seiten

sehr stark; sie griffen nur im Trab an; folglich verlohr die Reuterey den Schutz der Infanterie weniger als heut zu Tage. Diese stund auf zehn Gliedern, und durfte mithin die Entfernung der Reuterey nicht fürchten. Ohne mich bey der folardischen Anmerkung aufzuhalten, daß sie einen Wall von Picken vor hatte, will ich nur beobachten, daß alle gute Taktiker stets geglaubt haben, man müßte, wenn die vermischte Anordnung statt finden sollte, in einer gewissen Tiefe stehen, welche der eine höher, der andere niedriger ansetzte. Ich sage noch mehr, daß von einer seichten Stellart sich gar nichts gutes erwarten läßt: Daher muß man sich auch nach dem heutigen ärmseligen Gebrauche blos mit Kanonen schlagen, und kann kein vernünftiges Infanterie-Manöuvre mehr anführen.

Folgende

Seiten auf vier Stücke. Die Armee des Königs war nach der damals noch üblichen alten Gewohnheit in ein einziges Treffen gestellet. Der Marschall von Byron commandierte einen Rückhalt; das mayennische Heer stund auf gleiche Art, nur daß die beiden Spitzen in Form eines halben Mondes hervor giengen, welches eben kein gar kluger Einfall war. Die Schwadronen der Lanzierer enthielten vier, fünf, bis sechs hundert Mann. Diejenige, an deren Spitze Heinrich IV stritt, hatte fünf Glieder, jedes von hundert und zwanzig Köpfen. Die Beyspiele sind in der Taktik oft sehr trügende Beweisthümer. Man hat sich wegen der Truppenmischung auf Heinrich IV in der Schlacht bey Dory berufen; allein der Herzog von Mayenne hatte ja gleiche Stellung, und wurde geschlagen. Jede Anordnung muß sich nach gewissen Umständen, nach dem Erdreich, und nach der Beschaffenheit der Truppen richten.

dieser Plan unnütze: Ist man aber schwächer, so gibt er ein Mittel an die Hand sich zu verstärken, und einer zwoten Linie zu entbehren, indem ein paar' Reserven hinreichen würden. Wollte ich eben diese Mischung brigadenweis vornehmen, so würde ich alle Plotonen leichter Reuter auf die Flanken hinter die letzten Schwadronen jeder Brigade stellen, weil sie dieselbe vor der Ueberflügelung decken, wenn sie zum Angriff aus der Linie hervorrückt.

Kupf. 16.
Fig. 5.

Man kann den Ritter Folard nicht tadeln, daß er die beiderley Truppen einander zu nähern gesucht hat; man muß aber wissen, in welchem Falle die Vermischung rathsam ist, und auf was Art sie sich mit Vortheil thun läßt. Aus den obigen Beyspielen siehet man, daß kurze aber hinlänglich tiefe Infanteriesquarren sowol als leichte Schwadronen sich am besten dazu schicken. (a) Diese Streitart

---

(a) Verschiedene Cavallerie-Majors haben mir zugestanden, daß es eine sehr schwere Sache sey, eine Schwadrone von achtzig Rotten zu führen, welches bis 1762 die Fronte der französischen war, und daß die beste Stellart eine Fronte von zwey und dreyßig Pferden in drey Gliedern wäre, damit, wenn man sich auf zwey Stellen wollte, nur acht und vierzig Rotten heraus kämen. Die meisten halten das dritte Glied für überflüssig, und wollen lieber die Fronte vermehren. Dieses gehet an, wenn es zur Ausfüllung des Erdreichs nöthig ist, sonst aber sind drey Glieder allemal stärker; das dritte dienet den beiden vordern, wie die zwote Linie der ersten, nämlich zur Ergänzung der Lücken. Man könnte auch nach Belieben die leichten Reuter in das dritte Glied stellen. Ueberhaupt müssen sich diese auf alle Art zu ordnen, und ihre Stellung sowol zu Fuß als zu Pferd, nach den Umständen abzuändern wissen.

Streitart verträgt sich nicht mit unsern Bataillonen; daher scheint auch die meinige jetzt ein Roman zu seyn. Man ist nicht mehr gewohnt Truppen zu sehen, die auf einander los gehen und handgemein werden; es gibt nur noch Postengefechte, weil keine andere mehr statt finden, und die Fußvölker es im freyen Felde mit der Reuterey nicht aufnehmen dürfen.

Ich will dieses Hauptstück mit der Beschreibung einer der besten Stellarten beschließen, wodurch man die Ge-
Kupf. 16. genwehr eines Cavalleriekügels unterstützen kann. (a)
Fig. 4. So lange die Linie in Bewegung ist, müssen die Plesionen, welche ich vor dieselben stelle, in grader Fronte vorrücken; sobald man aber Halt macht, und der Feind zum Angriffe bereit ist, muß der Anführer jedes Plesions ihm eine schräge Richtung geben, damit das Feuer der Spitze und der Seite (2) sich mit dem Feuer des andern Plesions kreuzen möge. Der Feind wird es nicht wagen dieser Stellung Trotz zu bieten, und wenn er es thut, so wird er in einen verheerenden Kugelregen fallen, und von der Linie, welche ihn zu gleicher Zeit angreifen muß, desto leichter umgestürzt werden. Sollte er wider alles Vermuthen die Oberhand behalten, so könnte er seinen Vortheil nicht verfolgen, ohne zwischen den Plesionen durchzubringen, welche ihm durch ein gleiches Kreuzfeuer aus der Rückseite (3), und der Seite (4) zusetzen würden, mittlerweile daß die Spitze und die Seite

---

(a) Ich habe in diesem Werk schon andere Muster gegeben, davon man im 2ten Theil den andern Abschnitt des 5ten Hauptstücks, und im 3ten Theil den 2ten Abschnitt des 7ten Hauptstücks nachschlagen kann.

Seite (2) die zwote Linie begrüßen könnten. Hierdurch müssen die Schwadronen in Unordnung kommen, und die meinigen Zeit gewinnen sich wieder zu richten. (a)

Um meine Plesionen noch besser zu benutzen, kann man sie so lange mit der Linie decken, bis der Feind sich zum Angriff in Bewegung setzt. Alsdann müssen sie hervorbrechen, und diese plötzliche mit einem Kugelregen begleitete Erscheinung wird ihn nicht wenig befremden. Ich halte sie sogar für fähig ihn bis zum weichen abzuschrecken, und diese Bewegung werde ich mir augenblicklich zu Nutze machen. Diese Stellart kömmt mit derjenigen überein, welche ich oben beym Gebrauche der Redouten vorgeschlagen habe. Vergebens wird man mir nun die vollen Cirkel, die Triangel und Achtecke der Hrn. von Puysegur und Santa-Cruz anführen. Ich schätze allerdings ihre Werke sehr hoch, aber nicht in diesem Punkte. S. oben, S. 260.

Procop erwähnet einiger runden Schlachtordnungen, welche damals bey den Mauren sehr üblich waren. Dieses Volk, das wenig von der Taktik verstund, wußte nichts bessers als sich zu pferchen, und den Feind in dieser Stellung zu erwarten: Doch konnte sie auch folgendes Grund dazu bewegen. Da sie mit den Wandalen zu thun hatten, deren größte Macht aus schwerer Reuterey

---

(a) Diese Stellart setzt eine Schwäche an Reuterey voraus. Auch kann man bey derselben einer zwoten Linie entbehren. Es ist schon genug, wenn man nur einige Schwadronen zurück behält, um hier und da einen weichenden Haufen zu unterstützen, oder die Oeffnungen zu verstopfen.

bestand, so hielten sie es für unmöglich, in den afrikanischen Ebenen den Anlauf derselben auszuhalten, noch sich anders als durch eine geschlossene Stellung davor zu schützen. Sie führten auch viele Kameele nach, womit sie sich eine Schutzwehr machten. Der Abscheu den die Pferde gegen diese Thiere tragen, hat oft den Einfall veranlaßt, daß man der Cavallerie nichts bessers entgegen stellen könnte. Cabaon, ein maurischer Heerführer wußte sie mit Vortheil zu gebrauchen; er stellte sie in verschiedene Glieder, welche seine runde Schlachtordnung umgaben. Diese Glieder wurden mit jungen Soldaten durchflochten, die mit Schilden und Speeren * bewaffnet waren. Die Wandalen stutzten lange, ehe sie den Angriff wagten. Als sie doch endlich anrückten, wurden ihre Pferde so scheu, daß sie sich nicht mehr lenken ließen. Da nun die Mauren diese Unordnung sahen, thaten sie einen Ausfall, und schlugen sie aufs Haupt. Zeit und Umstände geben oft Dingen einen Werth, die bey andern Gelegenheiten weiter nichts als leere Mummereyen seyn würden. Hätten die Wandalen Bogenschützen gehabt, und einen Theil ihrer mit Lanzen bewaffneten Cavallerie absitzen lassen, so wäre diese schwache Verschanzung bald überwältiget worden. Salomon ein General des Kayser Justinians, der mit eben diesen Mauren Krieg führte, fand gar bald das Mittel sie in dieser Stellung zu überwinden. Er ließ seine Reuterey absitzen, und befahl ihr sich allein mit dem Schilde gegen die Pfeile zu decken. Zu gleicher Zeit las er fünf hundert Mann aus, denen er auftrug mit dem Degen auf die Kameele loszugehen, und sie nieder zu machen. Er selbst führte sie gegen den Feind, und nachdem

S. oben, S. 15.

* Zaguaies.

Procop. de Bell. Vandal. L. 1. C. 8.

nachdem er in den Kreis gedrungen, entflohen die Mohren auf allen Seiten. Ueberhaupt ist von den barbarischen Völkern zu merken, daß da sie meistens nur eine einzige Gattung Miliz hatten, sie auch nur die ihr eigene Streitart kannten. Sobald man ihnen eine neue und unerwartete Anordnung entgegen stellte, geriethen sie in eine Verlegenheit, worinn sie sich selten zu rathen wußten, und liefen gemeiniglich übel an. Eben dieses konnte man bis ins fünfzehnte Jahrhundert von den christlichen Mächten, und vornehmlich von den Franzosen sagen, wie ich an einem andern Orte zeigen werde.

Ee 2   Maximen.

Einleitung

Maximen.

Die Wissenschaft des Krieges besteht aus zween Theilen. Der erste ist der mechanische, welcher die Zusammensetzung der Truppen, die Schlachtordnung, die Art sich zu lagern, zu marschieren, zu manövrieren und sich zu schlagen enthält. Alles dieses läßt sich scientifisch erweisen und in Regeln bringen. Der zweyte höhere Theil liegt in dem Verstande des Generals; er hängt von der Zeit, den Orten und den Umständen ab, welche bis ins Unendliche verschieden, und sich niemals vollkommen ähnlich sind.

Wenn am Tage eines Treffens ein General seine Verfügungen gemacht, und seine Befehle gegeben hat, so denkt er auf nichts mehr, als die Bewegungen des Feindes, und den Gang des Gefechtes zu beobachten. Hat er ein gutes Augenmerk, so wird er einen falschen Schritt seines Gegners benutzen, und des Augenblicks wahrnehmen, da er ihm einen Hauptstreich beybringen kann.

Der schicklichste Posten für einen General ist der wo man am besten entdecken kann was vorgehet. Bisweilen stellt er sich in die Gegend des Mittelpunktes unweit der Reserve, damit er an alle Orte, wo es nöthig ist, Hülfe senden, und falls er es für dienlich erachtet, sich selbst dahin verfügen könne. Wenn er ein wichtiges Manöuvre auf einem Flügel vor hat, so erfordert die Klugheit

Klugheit, daß er näher dabey bleibe, und sich des Cäsars erinnere, der bey Pharsalus die Bewegung seiner Cavallerie und seiner sechs Cohorten in Person regierte.

Weil aber der General nicht an allen Orten seyn kann, so muß der Anführer eines Flügels, oder einer Division sich zu helfen wissen. Oft kann ein einziges Regiment ein wichtiges Manöuvre unternehmen: Hierzu aber wird ein Mann erfordert, der ein scharfes Auge, und eine schnelle Entschlossenheit besitzet. Es gibt wenige von diesem Schlage, und die Armeen welche von Generalspersonen wimmeln, liefern nicht immer die meisten.

Die Schlachten sind nur ein Theil der höhern Kriegswissenschaft, welche noch verschiedene andere begreifet. Es ist eine große Kunst sie zu rechter Zeit zu liefern; es ist aber noch eine größere sie zu vermeiden. Eine gute Stellung wählen, die Absichten des Feindes zu errathen, und ihnen vorzukommen wissen, ihn durch kleine Gefechte schwächen, seine Zufuhren aufheben, ihm alle Erhaltungsmittel abschneiden, ihn stückweis zu Grunde richten, und aus dem Felde verdrängen, oder ihn in eine Falle locken, wo man ihn mit Vortheil angreifen kann; dieses ist die höchste Stuffe der Vollkommenheit eines Feldherrn. In diese Umstände hatte Turenne den Montecuculi versetzt, als er bey Saßbach durch eine Stückkugel weggerafft wurde.

Die Kunst womit ein geschickter General am Tage der Schlacht seine Bewegungen einrichtet, ist so zu sagen der kurze Begriff der Kriegsdialektik. Er bedrohet den Feind auf einer Seite, um ihn zu deren Verstärlang zu bewegen, und fällt hernach auf den geschwächten Theil. Er sucht ihn zu trennen, ihm die Flanken abzugewinnen, ihm in den Rücken zu fallen; oder ihn durch eine Rückbewegung in ein Netz zu locken. Ist er auf dem Marsche begriffen, so scheint er eine Festung, ein Lan zu bedrohen, und zieht sich hernach auf eine andere Seite; er trachtet dem Feinde die Gemeinschaft abzuschneiden, sich zwischen ihn und seine Plätze zu stellen. Der Tag einer Schlacht erfordert einen gesetzten Muth, einen freyen Geist, ein richtiges und schnelles Augenmerk; alles kömmt dabey auf eine Minute an. Das angenommene System des Feldzugs, und die täglichen Geschäfte des Krieges lassen wenig Zeit zur Ueberlegung übrig: Dagegen muß man eine große Scharfsichtigkeit, eine vernunftmäßige und nicht allzu verwegene Kühnheit besitzen; alle Schritte müssen abgemessen, mit einander verglichen, und die Zufälle vorgesehen seyn. Es gibt Feldherren, welche diesen Theil der Cabinetsarbeiten trefflich versehen, die zwar einen Operationsplan entwerfen können, aber am Tage einer Schlacht schwindlicht werden. Der so mit beyden Talenten gebohren ist, sie zur Vollkommenheit gebracht hat, eine lebhafte Einsicht mit einer schnellen Rathschaffung verbindet, die Menschen kennet und erforschet, aber selbst unerforschlich ist, den Wetteifer zu erregen und die Kriegszucht zu handhaben weiß, ohne einen Affekt, eine böse Laune, ein Ansehen der Person zu verrathen; dieser sage ich, kann rechtmäßige Ansprüche auf den Ruhm machen.

Ein Heerführer muß sich nur einer kleinen Anzahl Personen vertrauen, welche ihm zur Ausführung seines
Vorhabens

Vorhabens nöthig sind. Ja er gebrauchet sie oft, ohne ihnen von seiner Absicht mehr zu entdecken, als was einen jeden unmittelbar angehet: Ein geheimer Anschlag, der zu vielen Leuten eröffnet wird, stehet in Gefahr vor der Zeit ruchtbar zu werden.

Wenn er einen Kriegsrath versammelt, so geschieht es eben nicht um sich nach der Mehrheit der Stimmen zu fügen, sondern um die verschiedenenen Meynungen zu erfahren, sie gegen einander abzuwägen, und sodann selbst einen Schluß zu fassen. Vornehmlich muß er es verbergen, auf welche Seite er sich neiget. Rechthaberey und Eigendünkel sind auch unter allen Fehlern die gefährlichsten. Man muß denken, daß auch der geschickteste Mann nicht immer alles allein siehet, und daß der wahre Ruhm darinn bestehe, der Vernunft in jedem Munde beyzupflichten.

Wer ein Kriegsheer anführt, muß seinen eigenen Karakter kennen, und ein weises Mistrauen in denselben setzen. Ist er lebhaft, hastig, so hält er sich fest an seine ersten Ideen, beharret darauf, und verachtet die heilsamen Rathschläge, die man ihm giebt. Gegen das Ende des Krieges von 1741 wurde, nach dem unglücklichen Gefechte bey Astiette, welches gegen den Rath des Ritters Arnaud tollkühner weis unternommen worden, ganz Frankreich in Trauer versetzt. Dieser tapfere Officier, den sein General (†) angefahren hatte, 1747.

(†) Der Graf von Belleisle, Bruder des Marschalls; er blieb ebenfalls auf dem Platz. Der Ritter d'Arnaud war Generalmajor. Das Gefechte fiel unweit der Festung Exiles vor.

weil er ihm Vorstellungen machen wollte, ließ sich aus Verzweiflung tödten.

Ein Feldherr prüfet den Karakter des gegenseitigen Heerführers. Durch diese fleißige Beobachtung schlug Hannibal verschiedene römische Armeen. Der Prinz Eugen, der diese Kunst nicht minder besaß, erwartete die Franzosen auf dem Posten bey Chiari, den ihr General, welcher ein besserer Höfling als Kriegsmann war, (†) gegen allen Schein eines glücklichen Ausgangs angreifen wollte.

Das Oberhaupt einer Armee muß sich weder durch Klagen rühren, noch durch Spottreden aufbringen lassen. Marius antwortete dem Pomponius Silo, welcher ihm vorwarf, daß er als ein so guter General sich doch nicht getrauete von seinem Posten zu weichen: Wenn du selbst so geschickt bist, so zwinge mich ihn zu verlassen, und ein Treffen zu liefern. Perikles verstopfte seine Ohren bey dem Murren der Athenienser, welche ihre Felder im Brande sahen; er blieb eingeschlossen, wie er sich vorgenommen hatte. Man muß auf sein Ziel los gehen, und alles andere verachten. Fabius ließ den Spöttereyen der Römer freyen Lauf; der Erfolg rechtfertigte ihn, und erwarb ihm einen unsterblichen Ruhm.

Am Tage eines Gefechtes ermuntert man die Truppen dadurch, daß man ihnen eine Verachtung gegen den Feind einflößt, sie an ihre vorigen Siege erinnert, sie durch die Bewe-

---

(†) Der Marschall von Villeroy.

Bewegungsgründe der Ehre, der Wohlfahrt des Vaterlandes, durch die Hoffnung der Beute zu reizen sucht, und ihnen den Sieg als das Ende ihrer Arbeiten vorstellet: Oft wird der Muth durch einen glücklichen Scherz, durch einen guten Einfall entflammet, der mit einer lustigen Miene gesagt wird. (†)

Gleich nach dem Siege versorgt man seine Verwundeten, ohne die feindlichen zu vergessen; man läßt sie in die Lazarethe bringen; man verfolgt den Feind bis an die erste Enge; man sendet Truppen aus, um ihm wo möglich den Rückweg abzuschneiden. Hiernächst ist man auf die Vortheile des Sieges bedacht. Man muß sich nicht durch eine allzu große Sicherheit einschläfern lassen. Es gibt häufige Beyspiele von geschlagenen Armeen, die, nachdem sie sich wieder gesammlet, gegen die zerstreueten und mit Plündern beschäftigten Sieger zurück gekehret sind, und sie hinwieder geschlagen haben. Dieses begegnete den Römern nicht, welche für die Plünderung und die Theilung der Beute besondere Regeln hatten.

Nach des Thucydides Berichte giengen die Lacedämonier mit einem gesetzten Kaltsinn in das Treffen; und wenn sie das Feld erhielten, verliefen sie sich nicht bey dem Nachsetzen. Ihre vortreffliche Mannszucht hat weit

---

(†) Bey dem Angriffe von Cadix 1702 redete der englische General seine Leute mit diesen Worten an: Ihr Engländer, die ihr täglich gutes Rindfleisch esset, bedenket daß es die größte Schmach für euch wäre, wenn ihr euch von diesen elenden Spaniern schlagen ließet, die von nichts als Pomeranzen und Citronen leben.

weil mehr Bewunderer als Nachahmer gefunden; indessen gelingt es doch denen, welche es im Ernste versuchen.

Nach der Schlacht bey Gadebusch, welche der schwedische General von Steinbock gegen die Sachsen und Dänen gewann, ließen die schwedischen Regimenter ihre getödteten Feinde zu ihren Füßen liegen, und kein einziger Soldat wagte es sich zu bücken, um sie auszuplündern, ehe das Dankgebet auf dem Schlachtfelde verrichtet war. Bey einer solchen Kriegszucht läuft man niemals Gefahr überfallen zu werden.

1712.

Agesilaus pflegte zu sagen, der Feind muß nicht erfahren, daß es gefährlicher sey zu fliehen als zu fechten. Viele Feldherren haben diese Regel mißbraucht, und den Feind der ihnen nicht entgehen konnte, ruhig davon ziehen lassen. Gleich den eigennützigen Aerzten, welche die allzu frühe Heilung eines Uebels fürchten.

In der That ist es bisweilen gefährlich, die Feinde durch das Bild ihres gänzlichen Untergangs zur Verzweiflung zu bringen. Sollte man sie eingeschlossen halten, und wahrnehmen daß dieser Zustand ihren Muth entflammet, daß sie den Tod der Gefangenschaft vorziehen, so wäre es besser ihnen Luft zu machen, als ein Treffen zu wagen, welches unglücklich ablaufen könnte. Als bey einer gewissen Gelegenheit ein Haufen Janitscharen lieber verbrennen als sich ergeben wollte, sagte Montecuculi, man müsse sich dieses zur Warnung dienen lassen. Zu Djanit in Böhmen habe ich eine Schaar Panduren gesehen, die sich auf gleiche Art den Flammen preis

preis gaben. Diese Betrachtung hat verschiedene Feldherren bewogen, dem eingeschlossenen Feinde, den sie noch stark genug fanden, um seine Verzweiflung zu fürchten, die Fälle zu öffnen. Frontin hat hievon neun oder zehn Beyspiele aufgezeichnet, denen er ein eigenes Kapitel widmet, welches das sechste in seinem zweyten Buche ist.

Wenn Truppen geschlagen worden, so muß man sie nicht durch Vorwürfe schänden, welche ihnen eine Verachtung gegen sich selbst einflößen. Sind sie schuldig, so züchtiget man die strafbarsten, und ermahnet die andern ihre Ehre herzustellen. Ist der General beliebt, so beeifern sie sich seine Hochachtung wieder zu erwerben; sie halten mit glühendem Eifer um Gelegenheiten dazu an; hat er aber ihr Vertrauen verlohren, so werden ihnen auch die prächtigsten Standreden keinen frischen Muth geben.

Wenn ein Kriegshaufen vom Schrecken befallen wird, und fliehet, so sucht man ihn vergebens anzuhalten. In diesem ersten Augenblicke geben die Soldaten weder den Vorwürfen, noch den Drohungen Gehör; man thut besser, wenn man sie begleitet, ihnen anräthet, sich in besserer Ordnung zurückzuziehen, und sie unvermerkt wieder vereiniget. Sobald sie in etwas ruhig scheinen, so ist dieses der Augenblick, da man ihre Ehrbegierde rege machen, und sie zurück führen kann. Als in der Schlacht bey Cassano der Herzog von Vendome die hinter ihm befindliche Brücke mit Flüchtlingen bedeckt sah, ritt er mit ihnen hinüber; sammlete sie auf der andern Seite, und warf sie in das Schloß, wo sie vortreffliche Dienste leisteten. Da

Da ein General bey den besten Anordnungen geschlagen werden kann, so muß er vor der Hand seinen Rückzug veranstalten, und durch die Besetzung der hinter sich habenden Brücken oder Pässe versichern. Er bedient sich des Rückhalts oder des vollständigsten Theiles der zwoten Linie, um die andern zu decken und sich in der bestmöglichen Ordnung zurück zu ziehen. Bey dem ersten vortheilhaften Posten macht er Halt, um sich wieder in Stand zu stellen und Hülfe zu erwarten. Mit einer wohl geübten Armee kann der Verlust einer Schlacht bald wieder aufgewezt werden, weil er oft mehr in der Einbildung, als in der Sache selbst liegt. Zum Beweise kann uns das Beyspiel der Preußen dienen, welche im letztern Kriege verschiedene Stöße bekommen: Aber Truppen ohne Kriegszucht stehen beym blosen Namen des Feindes, so lange sie sich nicht in Sicherheit glauben.

In den Schlachten ist der Vortheil des Windes und der Sonne nicht zu verabsäumen, wenn man sich ihn verschaffen kann. Eine postirte Armee muß darauf verziehen, und dieses gehöret mit zu ihren Unbequemlichkeiten. Sieht der Feind sich von den Elementen begünstigt, so wird er diesen Umstand benutzen; sind sie ihm entgegen, so wird er nicht angreifen, und wenn man auf ihn los geht, so ist der Vortheil des Postens verloren.

In sandigten Ebenen und bey trockenem Wetter kömmt vieles auf den Wind an, zumal wenn er stark oder mit Regen begleitet ist. Man kann diesen Vortheil vermehren, wenn man die benachbarten Häuser ansteckt, oder

grünes

grünes Holz und nasses Stroh verbrennet. Dennoch hat Gustav Adolph den Tilli bey Leipzig angegriffen und überwunden, ob ihm gleich der Wind zuwider war. Nachdem die kayserliche Reuterey zurück geschlagen worden, ließ der König seine Infanterie so manouvrieren, daß sie ihn theilte.

Die Sonne kann ein General sich leichter verschaffen, wenn er des Morgens angreift, falls er den Aufgang im Rücken hat. Thamas Koulikan der in der Ebene von Aronia vor der türkischen Armee gelagert war, bemerkte daß die Feinde sich gerade gegen Osten kehrten; er befahl daher bey Anbruch der Morgenröthe den Angriff zu thun. Die Türken welche durch die ersten Strahlen geblendet wurden, führten lauter ungewisse Streiche. Dieser Vortheil erwarb den Persern einen vollkommenen Sieg. Hätten diese Osten im Gesichte gehabt, so würden sie nicht des Morgens angegriffen haben: Alsdann muß man warten bis die Sonne so hoch stehet, daß man nicht von ihr gehindert wird. Gleichwol müssen diese Betrachtungen oft andern dringenden Umständen weichen. Hannibal machte sich bey Cannd den Wind und die Sonne zu Nutze, welche er auf seiner Seite hatte. Er hätte sie gegen sich haben, und dennoch aus verschiedenen andern Ursachen die Römer schlagen können.

Die Nebel sind zur Begünstigung der Ueberfälle sehr dienlich. Wenn aber der Feind etwas merket, oder gar Bericht davon hat, so muß man sich wohl hüten, daß man nicht selber in einen Hinterhalt falle. Am Tage eines Treffens können sie auch dem Feinde höchst wichtige Bewegungen verbergen.

Es gibt mancherley Ränke, die nach Befinden der Umstände gebraucht werden, und wenn sie auch abgebrochen wären, so sind sie für die Unerfahrnen allezeit neu. Man sendet ein Corps aus, welches Befehl hat, von einem gegebenen Punkte zurück zu kommen. Schickt der Feind auf seiner Seite auch eines ab, und es befindet sich in einer gewissen Entfernung, so nimmt man des Augenblicks wahr, und greift ihn an. Bisweilen hat es den Auftrag erst während dem Treffen zurück zu kommen, und sich unvermuthet auf Anhöhen, oder auf der feindlichen Flanke zu zeigen. Da die Einbildung alle drohende Gegenstände vergößert, so wird alsdann ein Kriegshaufen immer für stärker gehalten als er in der That ist. Zu andern Zeiten hat man die Packknechte der Armee zusammen gerafft und ihnen einige Völker beygesellet, welche sich in der Entfernung zeigen mußten.

Wenn ein Theil der Linie während des Treffens weichet, so kann man die benachbarten Truppen dadurch beruhigen, daß man ihnen zu verstehen gibt, diese Bewegung geschehe mit Vorsatz, um den Feind in einen Hinterhalt zu locken. Als in der Schlacht bey Almanza der Ritter von Asfeld das Mitteltheer weichen sah, bediente er sich dieses Kunstgriffs mit gutem Erfolg, um den rechten Flügel, welchen er anführte, in Ordnung zu halten.

Ein geschickter General macht bisweilen dem Schelme nach eine schlechte Anordnung: Er schwächet einen Flügel, er läßt ihn ohne Stütze, oder er zeigt irgendwo eine Lücke. Wollen die Feinde sich anschicken Vortheil

theil daraus zu ziehen, so hat er Truppen und Bewegungen in Bereitschaft, welche sie für ihren Irrthum bestrafen.

Es ist nicht ungewöhnlich, daß man eine falsche Absicht äußert, um die wahre zu verbergen; allein die feinste Kunst besteht darinn, wenn man selbst durch die Wahrheit betrügt. Bey dem ersten asiatischen Feldzuge des Agesilaus, stellte er sich als wollte er in Carien einfallen, und wandte sich plötzlich gegen Phrygien. Im folgenden Jahre sprengte er aus, er würde nach Lydien gehen. Der Landpfleger Tissaphernes, der zum ersten mal angeführt worden, glaubte er wolle ihn wieder berücken, und wegen seiner Schwäche an Reuterey lieber nach Carien, einem rauhen und unwegsamen Lande, marschieren. Agesilaus aber zog würklich nach Lydien, und unternahm die Belagerung von Sardis. Der Landpfleger eilte herzu; Agesilaus aber urtheilte gleich, daß er nichts als seine Cavallerie bey sich haben konnte. Er griff ihn daher mit seiner ganzen Macht an, und schlug ihn aufs Haupt. In der Lebensgeschichte des Marschalls von Turenne findet man eine ähnliche List des Prinzen von Conde, als er die Stadt Cammerich entsetzen wollte, die der erstere berennet hatte. Dieses könnte gegen einen Unwissenden nicht angehen, welcher blos nach dem äußern Anschein urtheilen würde. Ein geschickter Kriegsmann, der die Sache muthmaßet, aber zugleich siehet, daß er sich betrügen kann, geräth darüber in große Verlegenheit. Nichts als ein genaues Bewußtseyn des Grades der feindlichen Verschlagenheit kann den Ausschlag geben. Der gemeinste Weg wird entweder

los, welches aber eine mächtige Armee erfordert, und sobald der Feind ebenfalls im Felde stehet, läuft man darum nicht weniger Gefahr einen Fehlstreich zu thun, weil es schwer ist die Gemeinschaft offen zu halten. Die Belagerung von Ryssel gelang dem Prinzen Eugen wegen der Ungeschicklichkeit des Generals La Mothe; allein die von Landreen schlug ihm fehl, weil der Marschall von Villars die Kunst besaß ihm einen Marsch zu verbergen, und sein bey Denain an der Schelde stehendes Corps zu schlagen, ehe es Hülfe erhalten konnte. Es scheinet allemal der Klugheit gemäßer zu seyn, wenn ein General Schritt vor Schritt vorrückt, und keinen wichtigen Platz hinter sich läßt. Dennoch muß er nach ihrer Eroberung keine zu große Anzahl derselben besetzen. Hierdurch schwächt man seine Armee, und wenn der Feind sich verstärkt hat, so siehet man sich auf die bloße Gegenwehr eingeschränkt. Dieses erfuhr Ludwig XIV in dem holländischen Kriege. Die Menge der Festungen fällt einem Staate nicht minder zur Last als einem Eroberer. Die beste Vertheidigung ist der Eifer des Volks, eine ergiebige Schatzkammer, wohl geübte Truppen, und geschwinde Mittel sie nach Belieben zu vermehren. 1672.

Bey den Kriegsunternehmungen ist es immer ein Vortheil von einem schiffbaren Flusse Meister zu seyn, zumal wenn er nach dem feindlichen Lande zufließt. Er erleichtert die Zufuhr der Kriegs- und Mundbedürfnisse, und kann auch zu Stützpuncten dienen. Gustav Adolph machte sichs zur Regel die großen Flüsse nicht zu weit aus dem Gesichte zu lassen.

II. Theil.   F f   Obgleich

Obgleich die besondere Einrichtung der Proviantlieferungen und Krankenhäuser den Intendanten der Armee zukömmt, so muß doch der General ein besonderes Auge darauf haben. Wer es nicht selbst gesehen hat, kann es nicht glauben, wie weit die Habsucht der Menschen den Betrug und die Barbarey treiben kann. Unter den Verwaltern dieses Geschäftes gibt es schnöde Seelen, denen der Eigennutz die verhaßtesten Mittel eingibt, ihren Gewinnst zu vermehren. Ich will meinen Leser mit dem schauerigten Gemälde der Unthaten verschonen, wovon ich ein Augenzeuge war. Diejenigen, welche dergleichen Ungeheuer begünstigen, sind so sehr als sie eine Schande der Menschheit.

Die Zusammensetzung der Truppen muß auf unwandelbaren Grundregeln beruhen, aus welchen alle Kunstbewegungen fließen, zu denen sie abgerichtet werden. Diese müssen einfach und in geringer Anzahl seyn, und die Kriegsspiele müssen jederzeit die Wahrheit vorstellen. Die erdichteten Manöuvren sind größtentheils gefährlich und vor dem Feind unbrauchbar. Sie dienen zu nichts als die Truppen zu verderben und ihnen irrige Begriffe beyzubringen, so wie die Romane den Verstand junger Leute verfälschen.

Das Mittel neugeworbene Truppen versucht zu machen, ist daß man mit ihnen keine andere als sichere Schritte thut, und sie allmählig an den Anblick des Feindes gewöhnet. Fällt eine Belagerung vor, so werden sie unvermerkt mit der Gefahr bekannt, wo nicht, so muß man sie zu allerhand unerheblichen Unternehmungen gebrauchen, sich aber dabey wohl hüten, daß man

nicht

nicht geschlagen werde. Dieses ist blos einem Potentaten gleichgültig, der ganze Schwärme von Menschen hat, wie der Czaar Peter I, welcher die Einbußen für nichts rechnete, wenn nur seine Russen den Krieg lernten.

Es gibt Zeiten, da die Truppen durch den Sporn der Rache oder durch einen Nationalhaß gereizt werden. Alsdann ist vieles daran gelegen, daß man sich die erste Hitze zu Nutze mache, welche sonst unfehlbar verrauchen würde. Während der Gefangenschaft Karls XII in Bender giengen die Dänen über das Meer um die Schweden anzugreifen. Der General Steinbock hatte nur acht tausend Mann alte Soldaten, denen er zwölf tausend zusammen geraffte Bauern beyfügte. Diese Landmiliz, welche man kaum Zeit gehabt hatte zu bewaffnen, fochten mit der Unerschrockenheit der alten Truppen. Haß und Grimm würkten bey dieser Gelegenheit so viel, als die beste Kriegszucht.

Es gibt eine Kunst die Menschen zu erforschen, und jeden an den Posten zu stellen, der sich für ihn schicket. Ein ehrsüchtiger Officier von einer lebhaften und hastigen Gemüthsart ist vortrefflich zu einer schnellen Unternehmung*, zu einem stürmenden Angriffe. Gebraucht man ihn aber bey einer Gelegenheit, welche viel Klugheit und Zurückhaltung erfordert, so wird er sich nicht mäßigen können; er wird die vorgeschriebenen Schranken überschreiten, und das ganze Ziel seines Oberhaupts verrücken. Die englische Armee welche aus der Falle entkam, worein sie sich bey Dettingen gestürzt hatte, kann uns hievon ein Beyspiel geben.

* Coup de main.

Oft liegt viel daran, daß man den vorhabenden Rückzug den Truppen verberge, und es ist allemal unnöthig, daß sie darum wissen. Als Turenne beschlossen hatte, sich in das Lager bey Dettweiler zurück zu ziehen, wendete er sich nach dieser Seite einen Spaziergang zu thun, damit man seinen Vorsatz nicht errathen möchte.

Bey einem Rückzuge müssen die Angriffe, wodurch man den Feind zu entfernen sucht, ebenfalls vorsichtige Führer haben. Denn wenn man sich zu weit hinaus wagt, so läuft man Gefahr umzingelt zu werden. Schon oft hat der Feind blos in dieser Absicht angegriffen, und sich listig zurück gezogen.

Ein Befehlshaber muß allezeit gegen die Ueberfälle und Hinterhalte wachsam seyn, und sich auf dem Marsche aller bedeckten Oerter sowol vorwärts als auf den Seiten versichern.

Die Rückmärsche sind bisweilen gefährlicher als die andern. Man glaubt den Feind im Rücken zu haben, mittlerweile daß er auf dem Wege wo man durch muß, in einem Hinterhalte lauret.

Alle Regeln und Lehrsätze die sich für das Oberhaupt einer Armee schicken, können zugleich den Anführern abgesonderter Corps gewissermaßen auch den Officiers dienen, welche einem Commando vorstehen. Unter diesen letztern habe ich verschiedene gesehen, die sich Ruhm erworben, und den großen Weg des Glückes betreten hatten, aber in einem Augenblicke aus Unachtsamkeit alle ihre Hoffnungen verscherzten. Es gibt Leute, welche entweder aus Furcht Unruhe zu verrathen, oder aus Prahlerey nachläßig sind; dieses ist eine wahre Thorheit.

Der

Der Marschall von Broglio hatte es bey seiner Armee eingeführet, daß jede Generalsperson sich zu einer Division halten mußte. Sein Endzweck war, nicht nur die einzelnen Geschäfte des Dienstes durch die Einführung einer größern Genauigkeit und Ordnung zu erleichtern, sondern er wollte auch unmittelbare Verhältnisse zwischen den Truppen und Anführern errichten, und diese letztern in Stand setzen, die Officiers kennen zu lernen. Hierauf müssen sie sich insonderheit legen. Ein Mann, der sich bekannt zu machen wünschet, ist gemeiniglich kein Dummkopf. Um ihn brauchen zu können, muß man nur den Grad seiner Talente zu bestimmen wissen.

Eine offene Generalstafel hat einigen Werth, wenn sie mit einem leutseligen Wesen begleitet ist; sie verbindet das Oberhaupt desto genauer mit den Gliedern: Sobald man aber keine andere Absicht dabey hat, als Pracht zu treiben, so gebühret die ganze Ehre dem Haushofmeister und dem Koche. Alsdann dient diese Gewohnheit, so wie ein zahlreicher Troß zu nichts, als den Mangel zu vermehren, und in gewissen Fällen dem Elende der Truppen Hohn zu sprechen.

Die Untergebenheit ist die Seele des Dienstes, und man muß nie davon abweichen. Es gibt viele Leute, die nur allzu geneigt sind, die Güte des Befehlshabers zu mißbrauchen, und sich eine ungeziemende Vertraulichkeit heraus zu nehmen. Er thut wohl, wenn er dieses vermeidet; nur muß es durch keine saure und trotzige Miene, noch durch die Forderung eines knechtischen Bezeigens geschehen. Der gebieterische Stolz ist das deutlichste Kennzeichen einer kleinen Seele; allein wie oft wird er mit der Würde des Ranges, so wie die Härte mit einem mannhaften Geiste, die Genauigkeit mit einer unruhigen Pedanterey, der Eigensinn mit der Entschlossenheit vermenget?

Es ist die Pflicht eines Generals und überhaupt eines jeden Obern, die Verdienste derer, welche sich unter ihm hervorgethan, oder ihm einen nützlichen Rath gegeben haben, nach Würden zu empfehlen. Da es aber in allen Ständen niederträchtige und falsche Seelen gibt, so findet man auch unter den Kriegsleuten Männer, welche es für eine feine Kunst halten, das Licht zu verbergen, das sie geleitet hat, und fremde Verdienste niederzudrücken, um ihre Beförderung darauf zu bauen; sie vergessen alle, nur sich nicht, und sind das Gegentheil des Turenne, der bey Erstattung seiner Berichte an einem jeden, ausgenommen an sich, dachte.

Bey den Barbaren ist Raub und Verwüstung der Zweck des Krieges. Bey gesitteten Völkern aber müssen Ordnung und Mannszucht die Unfälle desselben verminderen. Das Plündern und Sengen verheeret das Land, erbittert das Volk, und verstopfet alle Hülfsquellen. Die Verbrennung der Pfalz *1689.* und die Zerstörung von Magdeburg *1631.* werden jederzeit als barbarische Handlungen eines unmenschlichen Ministers, und eines grausamen Generals betrachtet werden. (†)

Die Erpressungen sind eben so unerlaubt, und entehren die Feldherren, welche ihre Hände damit besudeln.

(†) Louvois und Tilly.

deln. Das freundliche Land muß dem Anführer und den Truppen einen reichlichen Unterhalt liefern; die übrigen Brandschatzungen gehören zur Kaſſe des Fürſten, um dadurch die Kriegskoſten zu beſtreiten, und die verſchiedenen Corps der Armee nach Verdienſten zu belohnen.

Wenn die Häupter ſich Bedrückungen erlauben, ſo werden ſie gar bald von den niedern Officiers nachgeahmt. Dieſe Unordnung ſteckt hierauf die Soldaten an, welche tauſenderley Grauſamkeiten verüben; die Mannszucht geht verlohren, und die Nation, welche die geſitteſte ſeyn will, führt alsdann den Krieg nicht anders als das tartariſche Raubgeſindel.

Die Plätze waren vorzeiten nicht ſo gut befeſtigt, und vertheidigten ſich beſſer. Es ſcheint daß die Vollkommenheit der Kunſt die Hülfsquellen des Verſtandes erſchöpft, oder den Muth geſchwächet habe. Als noch die Belagerten eine bloſe Mauer vor ſich hatten, ſo bereiteten ſie ſich bis auf den letzten Augenblick neue Schutzwehren und Freyſtädten; ſobald aber heut zu Tage der bedeckte Weg und die Außenwerke erobert ſind, dienet der Hauptplatz beynahe zu nichts weiter, als zur Verſicherung einer Capitulation. (a)

Ein furchtſamer Mann findet immer Gründe ſeine

Schwach-

(a) Nach den alten franzöſiſchen Verordnungen durfte man ſich eher nicht, als nach drey überſtandenen Stürmen ergeben. Der Stadthalter von Fuentarabia ergab ſich nach dem erſten, worüber man damals erſtaunte; er wurde gleich dem von St. Quentin beſtraft. *Hiſt. de Henri II.*

Schwachheit zu entschuldigen, und sich je eher je lieber zu ergeben. Der Standhafte siehet bis ans Ende seine Hülfsmittel vor sich, und gebrauchet sie ohne sich durch Drohungen abschrecken zu lassen. Die schönste Capitulation ist schmählig, wenn man sie nicht verdient hat.

Als der Baron von Blaisel, der in Gießen commandierte, sich nicht ergeben wollte, so ließ der Prinz Ferdinand ihm entbieten, daß die hartnäckigste Gegenwehr die Hochachtung nicht vermehren könnte, die er für seine Tapferkeit hegte, daß aber alsdann die Bedingungen anders lauten würden. Schon dreyßig Jahre, antwortete der Baron, diene ich dem Könige, und ich bin schon vor einer ziemlichen Zeit von der Furcht genesen; wenn es dem Prinzen beliebt, so wollen wir wieder anfangen.

Wenn ein General vorsieht, daß er belagert werden soll, so läßt er so viel Lebensmittel, als möglich ist, in seine Festung bringen. Das übrige läßt er in der ganzen umliegenden Gegend verderben, die Mühlen zerstören, das Land unter Wasser setzen, die Vorstädte verbrennen, und die Häuser schleifen, die der Stadt zu nahe stehen. Mit diesen Verheerungen muß man sich nicht übereilen, um nicht ohne Noth Unglück anzurichten; noch zu lange zaubern, um nicht von dem Feinde daran gehindert zu werden.

Ist man eingeschlossen, so wird eine genaue Austheilung der Lebensmittel vorgenommen; man bemächtigt sich des Vorraths der Einwohner und Ordenshäuser, ohne sie jedoch des Nothwendigen zu berauben. Wenn die Belagerung sich in die Länge zieht, und der Entsatz ungewiß oder entfernt ist, so vermindert man die Mundkost, und schafft die unnützen Gäste hinaus. Dieses letztere sollte oft lieber vor der Berennung geschehen, weil der Feind sich sonst darwider setzt, und dem Befehlshaber nichts als die traurige Wahl übrig läßt, sich aus Hunger zu ergeben, oder diese Unglücklichen am Raube des Grabens umkommen zu sehen.

Sind die Bürger verdächtig, so werden sie entwaffnet und alle Arten von Zusammenkünften verhindert. Bey einer eroberten Stadt braucht man gleiche Vorsicht. Die Oestreicher versäumten sie zu Genua, und wurden mit Schimpf daraus verjagt. 1746.

Beym Anfang einer Belagerung nützt das viele Schießen nichts; wenn aber der Feind sich nähert, und seine Batterien errichtet, dann muß man ihn durch ein heftiges Feuer beunruhigen, und seine Arbeiten durch wohlbedachte Ausfälle verzögern.

Da der Zustand der Vertheidiger höchst beschwerlich ist, so verlieren die Truppen bey einer langwierigen Belagerung, und dem einreißenden Mangel öfters den Muth. Sie müssen daher durch die kräftigsten Beweggründe und durch die Hoffnung eines baldigen Entsatzes angefrischt werden. Man läßt sich sogar durch bestellte Boten öffentlich Briefe überreichen, welche einen baldigen Entsatz versprechen, und entschuldigt hernach das Außenbleiben mit erdichteten Ursachen. Wenn man endlich keinen Ausweg noch irgend ein Mittel siehet, die Einnahme des Platzes aufzuzielen, so kann man sich

* II. Theil. G g

sich nach einer schönen und langen Vertheidigung ergeben.

Ein untergebener Officier sollte nichts als den blosen Zustand der Festung, und das Verzeichniß der Besatzung unterschreiben; hierdurch setzt er sich über allen Vorwurf und alle Verantwortung weg. Wenn der Befehlshaber nach einer tapfern Gegenwehr eine rühmliche Capitulation schließt, so ist die Unterschrift eines niedern Officiers unnütze. Hat er sich hingegen schlecht betragen, so ladet man seine Schuld auf sich, und theilet seine Schmach. Die Officiers einer Besatzung müssen nicht eher ihre Meynung sagen, als bis sie darum gefragt werden. Der Commandant allein muß den Schluß fassen, weil das Pfand ihm anvertrauet ist.

Wenn die Officiers einer Besatzung sehen, daß der Statthalter seine Schuldigkeit nicht thut, und geneigt ist, die Festung durch Verrätherey oder aus Feigheit zu übergeben, so sind sie meines Erachtens berechtigt, zusammen zu treten, ihm Vorstellungen zu machen, und seinen Entschluß zu hintertreiben, falls er darauf beharret. Der Ritter Folard behauptet sogar, daß sie ihn absetzen, und einen andern an seine Stelle ernennen können, wofern er nicht einen Befehl des Hofes vorweiset, der sein Verfahren rechtfertigt und ihn zur Uebergabe bevollmächtigt.

Ende des zweyten Bandes.

Innhalt
dieses Zweyten Bandes.

Dritter Theil
Seite

Erstes Hauptstück. Von der mondsförmigen Schlachtordnung, der man drey abgesonderte Corps entgegen stellet.
  Erster Abschnitt. Allgemeine Lehrsätze: Kriegsverfassung der Türken. 1
  Zweyter Abschnitt. Schlacht bey Zalderan. . 13
  Dritter Abschnitt. Schlacht bey Aleppo zwischen Selim und Campson Gauri. . 23

Zweytes Hauptstück. Schlacht bey Alcazar zwischen den Portugiesen und Mohren. 39
  Anmerkungen. 51
  Erweis. 54

Drittes Hauptstück. Anmerkungen über verschiedene Treffen, wobey der Angriff durch die beiden Flügel, mit Zurücklassung des Mittelheeres, unternommen worden. 56
  Anmerkungen. 60
  Theorie. 67

Viertes Hauptstück. Von den Schlacht-Hinterhalten. 76

	Seite
Fünftes Hauptstück. Von der Angriffs. ordnung durch das Mitteltreffen.	81
Schlacht bey Höchstädt.	87
Schlacht bey Mobin.	90
Anmerkungen und Lehrsätze über die Vermischung der Truppen.	95
Sechstes Hauptstück. Schlachtordnung einer Armee, die einen Fluß im Rücken hat.	105
Siebentes Hauptstück. Von den Reserven.	
Erster Abschnitt. Regeln der Alten.	126
Zweyter Abschnitt. Regeln der Neuen.	134
Achtes Hauptstück. Betrachtung über den Keil der Alten.	145
Neuntes Hauptstück. Prüfung der Folardischen Colonne.	
Erster Abschnitt. Grundsätze des Alterthums, auf welche der Ritter sich stützet.	165
Zweyter Abschnitt. Anfangsgründe einer neuen Taktik.	171
Dritter Abschnitt. Betrachtungen über den Druck der Glieder, die laufende Angriffsart der Alten, und die Schutzwaffen.	180

Vierter

Vierter Theil

Seite

Erstes Hauptstück. Gebrauch der verdoppelten Cohorte bey verschiedenen Kriegsverrichtungen. 193

   Erster Abschnitt. Von dem Zuge über die Flüsse und durch enge Pässe 198

   Zweyter Abschnitt. Von den Seelandungen. 214

   Dritter Abschnitt. Von den Belagerungen. . 227

   Vierter Abschnitt. Angriff und Vertheidigung der Verschanzungen. 234

Zweytes Hauptstück. Vom Angriff einer durch Redouten bedeckten Armee. . . 247

Drittes Hauptstück. Von den verschiedenen Arten der Lager. 259

Viertes Hauptstück. Von den Fouragierungen.

   Erster Abschnitt. Allgemeine Regeln. . . 272

   Zweyter Abschnitt. Von dem Angriffe und der Vertheidigung der Fouragierungen. . 277

Fünftes Hauptstück. Von den Winterquartieren.

   Erster Abschnitt. Von ihrer vortheilhaften Einrichtung. 286

   Zweyter Abschnitt. Von dem Angriff und der Aufhebung der Quartiere. . . . 296

Seite

Sechstes Hauptstück. Von der Entsetzung
    fester Plätze. 306

Siebentes Hauptstück. Von der Ueberraschung fester Plätze 317

Achtes Hauptstück. Von den viereckigten Stellordnungen.

  Erster Abschnitt. Untersuchung der Lehrsätze des
    Ritters Folard, von dem Feuer seiner Colonnen. 331
  Zweyter Abschnitt. Von dem Plesion oder langen Viereck. 342
  Anmerkungen und Lehrsätze. . . 352

Neuntes Hauptstück. Von den Zufuhren und ihrer Begleitung.

  Erster Abschnitt. Allgemeine Vorschriften . 363
  Zweyter Abschnitt. Besondere Anmerkungen. 367

Zehntes Hauptstück. Vom Rückzug eingeschloßener Armeen. . . . 379

Eilftes Hauptstück. Von der Marschordnung.

  Erster Abschnitt. Allgemeine Lehrsätze; Vortheile der neuen Cohortalstellung. . 386
  Zweyter Abschnitt. Methode der Alten; Vorschlag einer neuen Marschordnung. . 398

Zwölf-

Seite

Zwölftes Hauptſtück. Fortſetzung der Lehre von den Märſchen; Anwendung derſelben auf die vermiſchte Stellart.

Erſter Abſchnitt. Marſchordnung in vier oder zwo Colonnen; ihre Entwickelung. Viereckigte Schlachtordnung. Gebrauch der Römer. Was bey einem Marſche zu beobachten iſt. 414

Zweyter Abſchnitt. Von Vermiſchung der Truppen nach Brigaden; welches Erdreich ſich zu dieſer Stellung am beſten ſchicke. Vorſchriften zur Unterſtützung eines Cavallerieflügels. Anmerkungen über die Vermiſchung. Verſchiedene Arten ſie zu bewerkſtelligen. 423

M a x i m e n. 436

Straßburg, druckts Joh. Heinrich Heitz, Univ. Buchdr.

Bericht an den Buchbinder.

Man überläßt der Willkühr des Liebhabers, den Zusatz zu dem ersten Bande, welcher dem Vorbericht zu diesem Theil angehängt ist, allda stehen zu lassen, oder an seinen Ort im ersten Theile zwischen die Bogen R. und S. einzurücken; zu beydem Gebrauch ist er bequem gedruckt worden. Die XVI. Kupfertafeln zu diesem Bande müssen gleichfalls wieder dem Buche hinten angebunden, und an diejenigen, welche zum Herausschlagen nicht breit Papier genug übrig haben, so viel weißes angepappet werden, als in dieser Absicht dazu erforderlich ist.

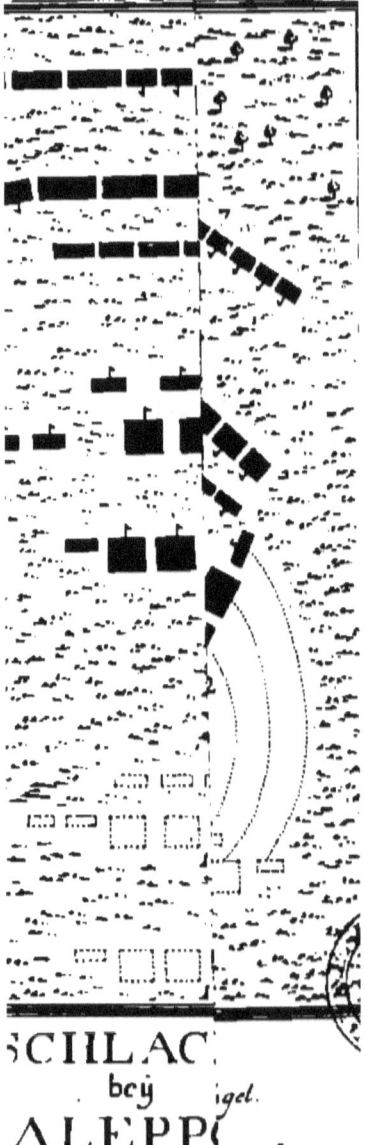

Plan 1

SCHLACHT bey Aleppo igel.

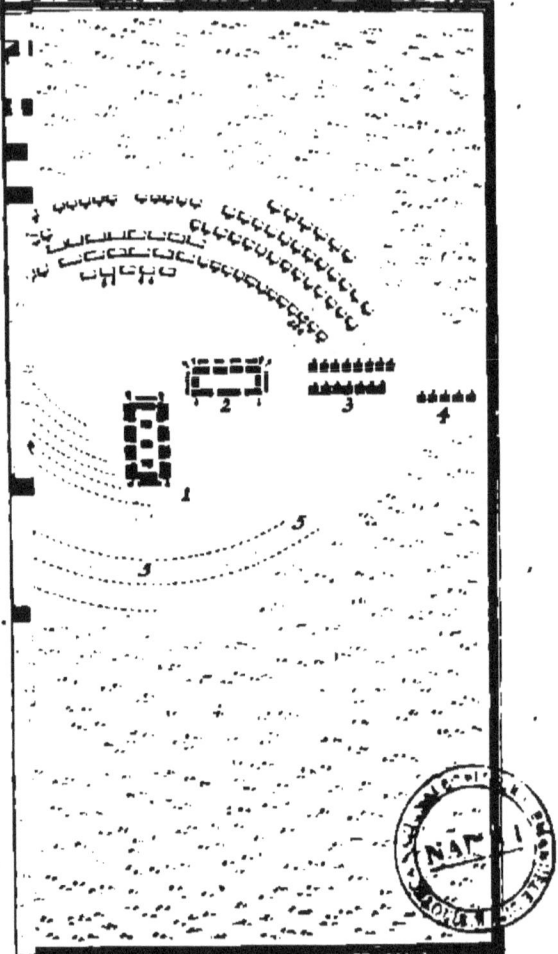

Ordnung, welche die Portugiesen hätten wählen sollen.

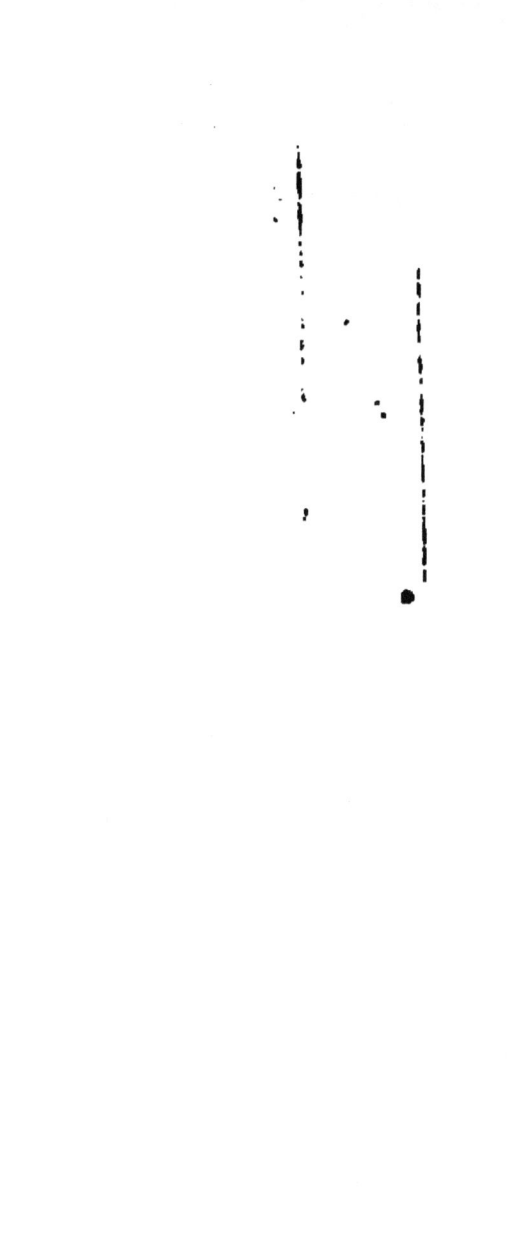

Plan. 3.

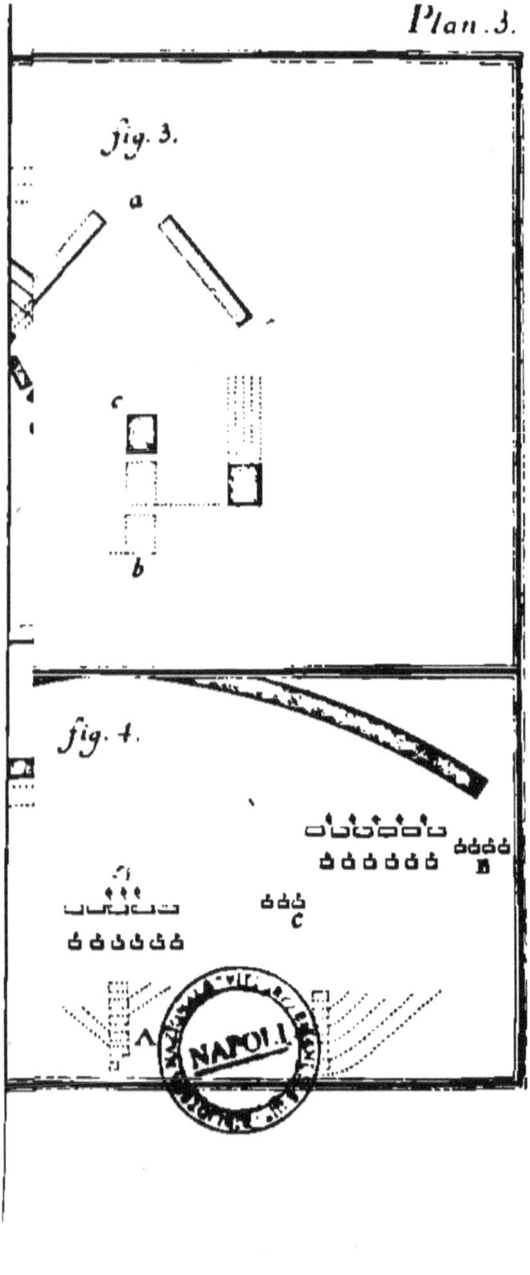

fig. 3.

a

c

b

fig. 4.

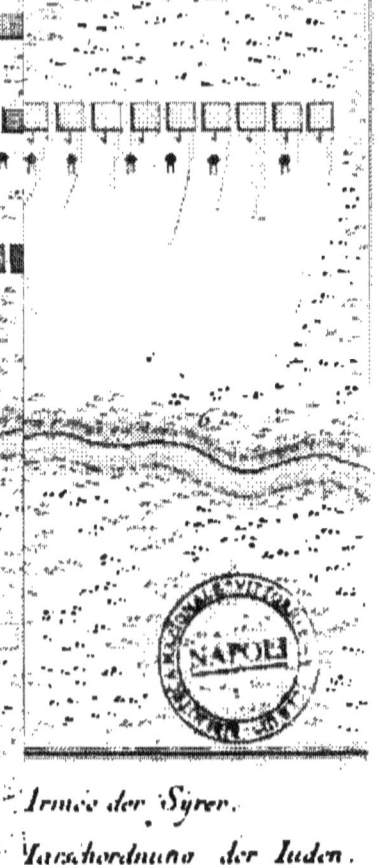

Armée der Syrer.
Marschordnung der Juden.
Schlachtordnung worinn die
Juden durch den Fluß setzen.

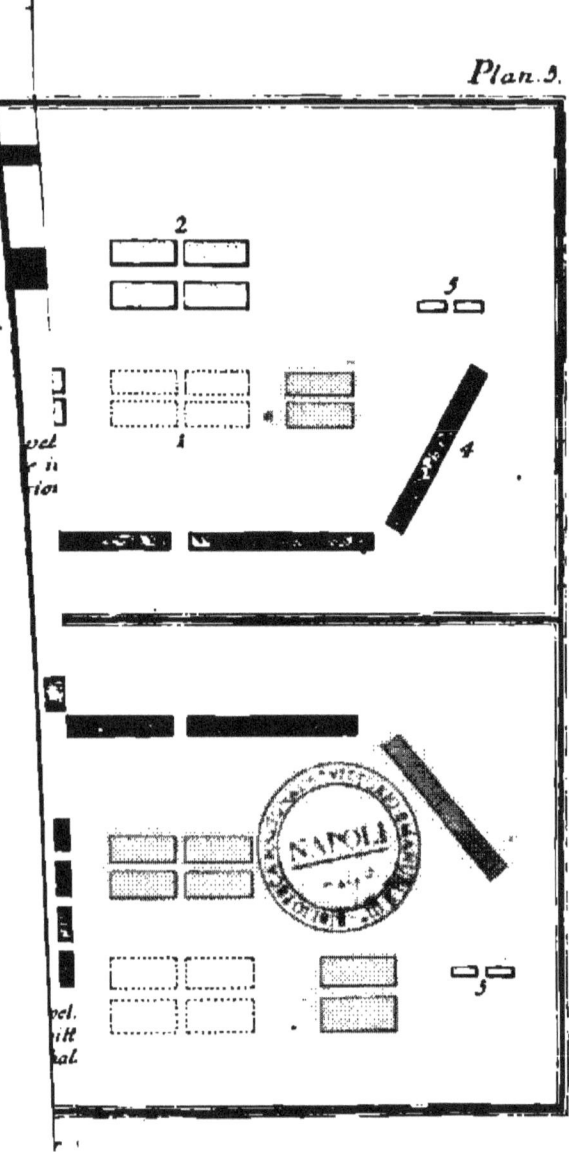

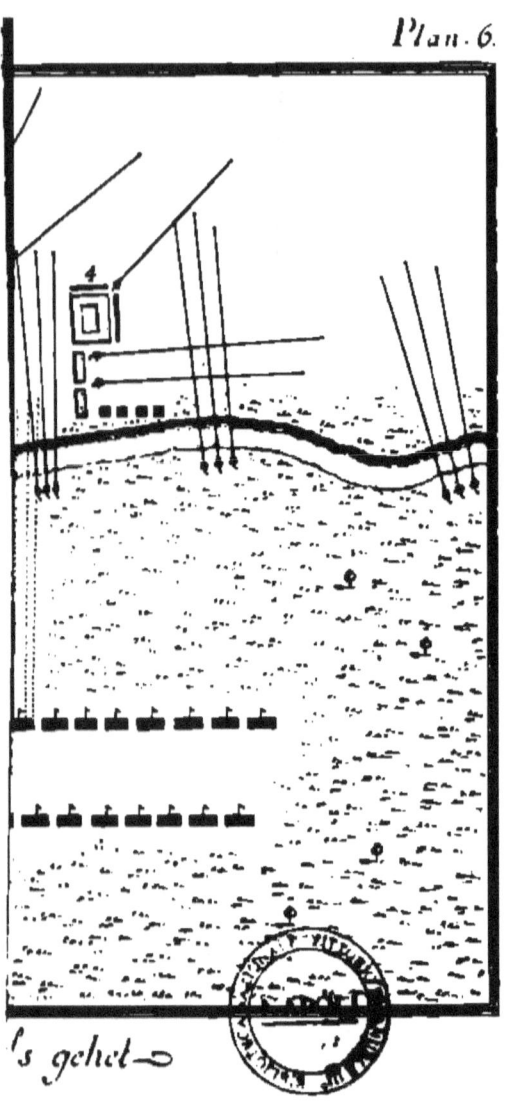

Plan. 6.

's gehet

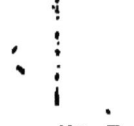

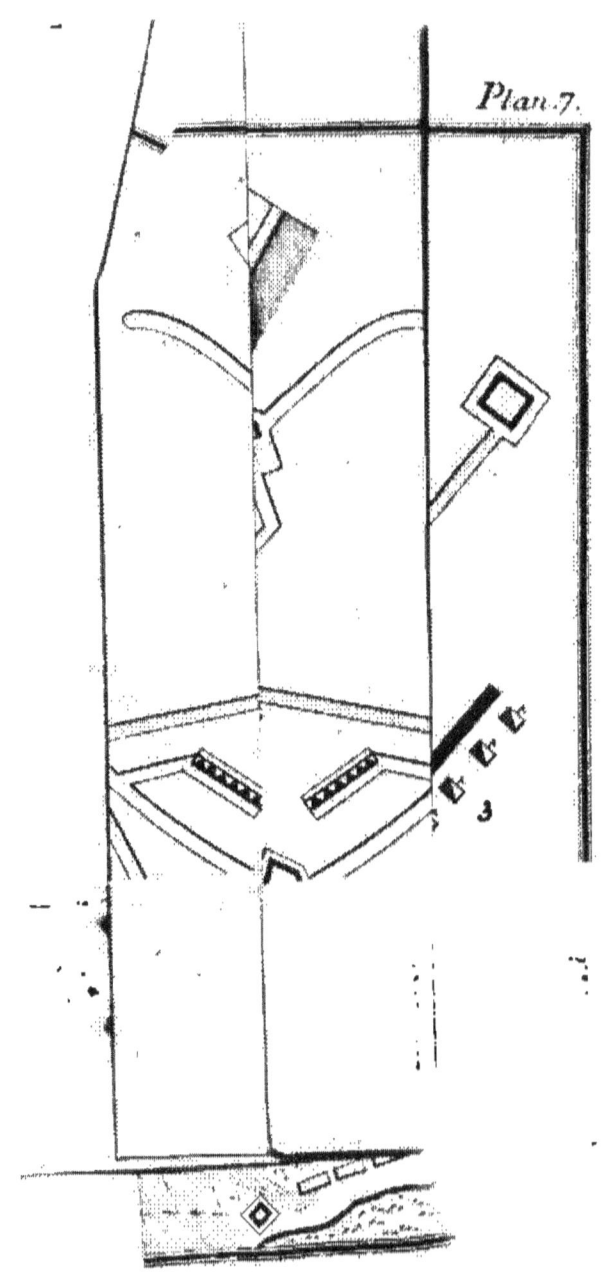

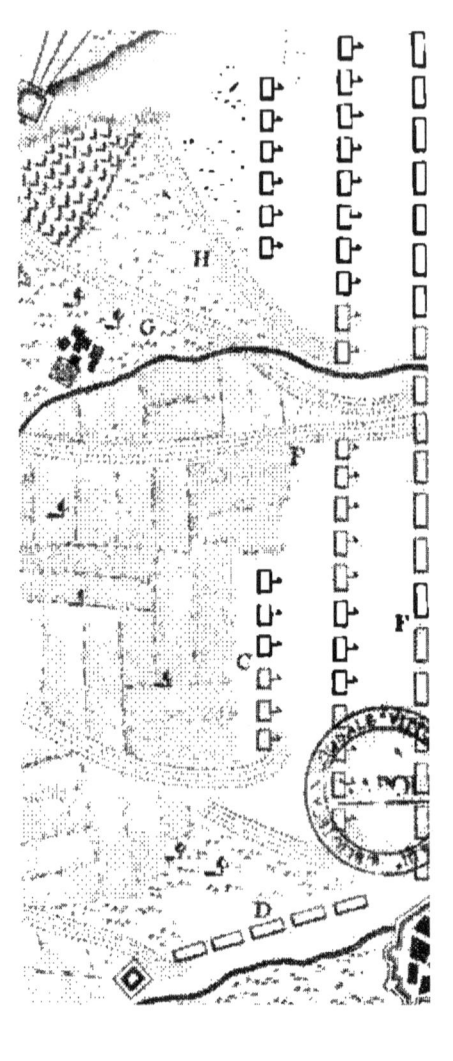

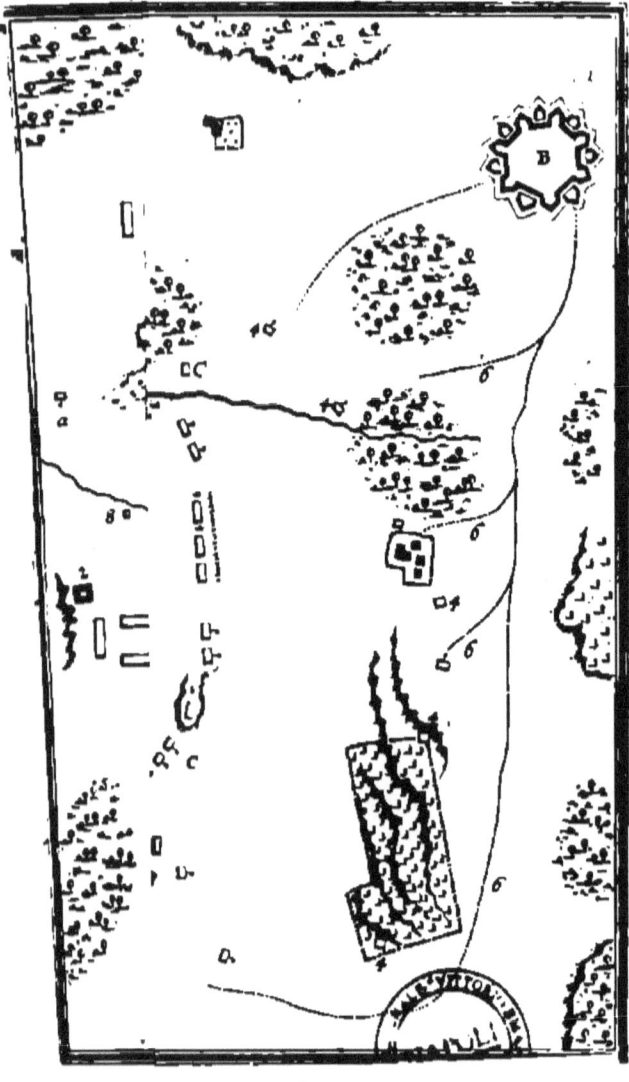

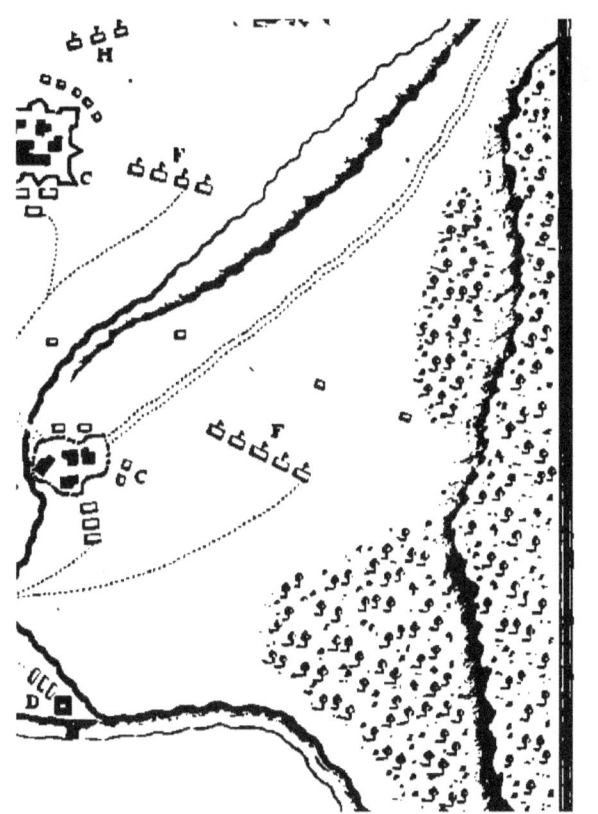

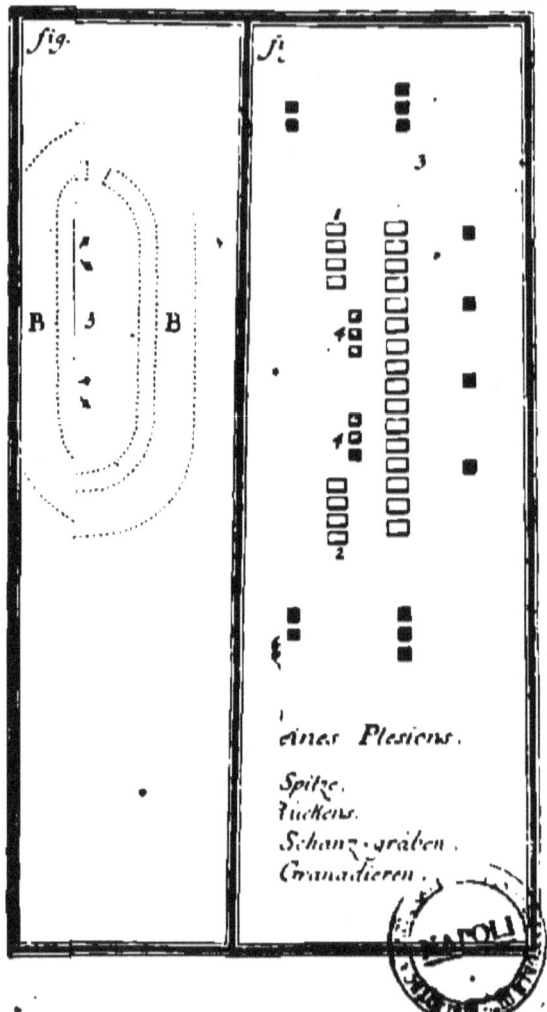

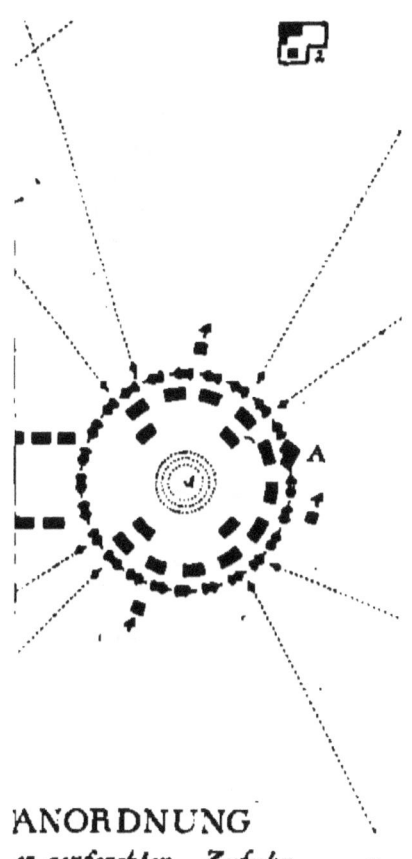

ANORDNUNG
er gepferchten Zufuhr.
1. Zugpferde.
2. Vorwachen.
3. Reuterey.
4. Lagerwachen.

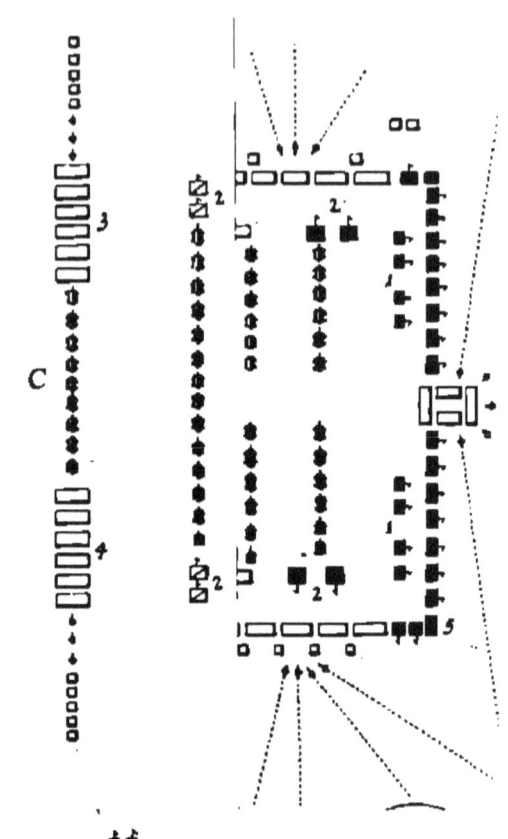

n das Viereck daraus
der mitten.

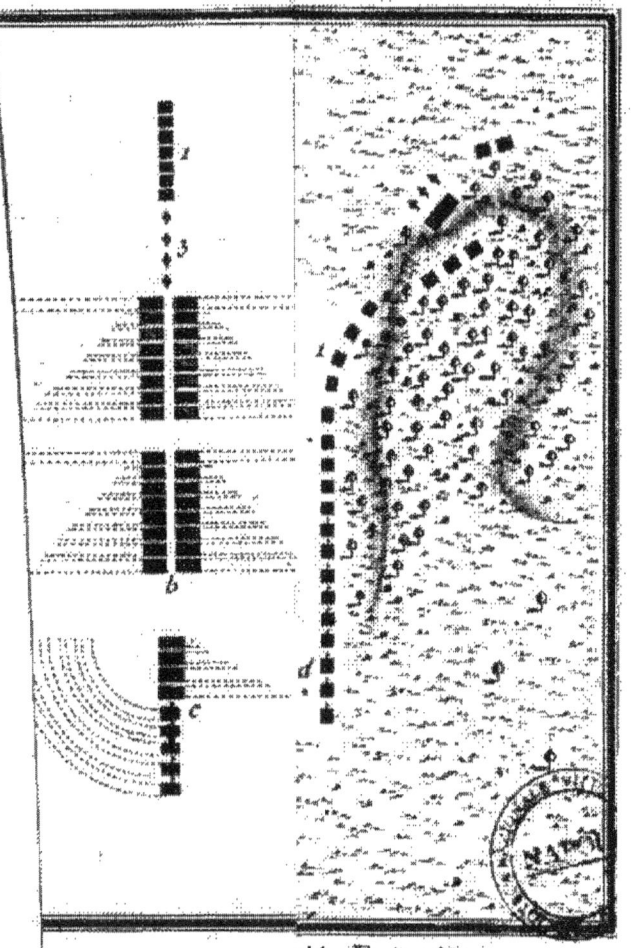

www.ingramcontent.com/pod-product-compliance
Lightning Source LLC
Chambersburg PA
CBHW020833020526
44114CB00040B/674